현대사회와 섹슈얼리티

현대사회와 섹슈얼리티

임인숙·김미영·김수영·김영란
김혜영·이동주·최은정 지음

고려대학교출판부
KOREA UNIVERSITY PRESS

서문

압축적 근대화의 길을 걸어온 한국사회에서 성문화 역시 짧은 기간 동안 크게 변화해 왔다. 1970년부터 가파르게 감소한 출산율은 2005년도에 이르러 급기야 세계 최저 수준을 기록하면서 우리는 세계에서 가장 빠르게 출산율이 감소한 나라가 되었다. 해가 갈수록 첫 성 경험 연령은 낮아지고 있고 초혼 연령은 높아지면서, 결혼을 전제로 하지 않은 혼전 성관계를 바라보는 사회적 시선도 달라지고 있다. 일부일처제 결혼제도가 공식화한 성적 배타성 원칙은 여전히 위력을 발휘하고 있지만, 남녀를 불문하고 외도를 경험한 인구가 늘어나면서 그로 인한 이혼도 증가하고 있다. 2000년도 후반에 들어 동성애를 다룬 영화 〈왕의 남자〉나 〈쌍화점〉이 흥행몰이를 하는 현상은 동성애가 서서히 매력적인 대중문화 코드로 부상하고 있음을 시사한다.

이처럼 자연스럽거나 정상적인 것으로 간주되었던 성적 욕망과 행위들이 변화하고 있지만, 그렇다고 전통적인 성 규범이 철저히 해체되었다고 단언할 수는 없다. 성문화의 변동 과정에서 영역별로 지체 현상을 발견할 수 있다. 예를 들자면, 혼전 성이나 외도의 형태로 결혼제도 밖에서 성 경험이 늘어나고 있지만, 출산은 여전히 결혼제도 안에서만 허용되고 있다. 그로 인해 사회적으로 인정받을 수 없는 임신과 출산은 여전히 낙태나 해외입양 또는 아동 유기 등 파행적인 결과로 이어지고 있다. 따라서 성문화의 변화를 이야기할 때는 변화와 지속성을 동시에 염두에 두면서, 어떤 영역에서 어느 정도의 변화가 진행되었는지, 그런 변화를 가능하게 하는 사회적 기제들은 무엇인지 논의할 필요가 있다.

이 책은 크게 두 가지 주제로 구성되어 있다. 첫째는 '사회변동과 섹슈얼리티'로 여기서는 성과 사랑, 결혼 및 출산에 대한 사회적 태도와 관행에 영향을 미치는 사회적 맥락의 변화를 논의한다. 성은 본능적이고 초역사적인 것이 아니라 사회 문화적 구성물이라는 푸코의 제안을 따라서, 개인화, 디지털화, 또는 재생산 기술의 발전으로 야기된 섹슈얼리티의 변화 양상과 의미를 살펴본다. 그 어느 때보다 친밀함과 정서적 관계가 중요해지면서 사랑을 확인하고 강화시키는 요소로서 성의 중요성이 커지고 있고, 성적 욕망을 실천하는 일은 매우 자연스럽게 인식된다. 성이나 사랑을 둘러싼 인간의 욕구는 어떤 시대나 동일한 형태로 표현된다기보다 다양한 방식으로 등장하고 있는 것이다.

1장 '현대사회와 탈젠더화된 사랑'에서 저자는 지금은 우리에게 너무나 당연시되고 있는 낭만적 사랑과 모성, 그리고 그것을 기반으로 남녀의 사랑이 규정되고 표준화된 시기는 유럽의 경우 18세기 이후부터라고 지적한다. 중세의 사랑과 결혼은 분리되어 있어서 애정 없는 부부 사이의 성행위는 자식을 낳아 대를 이을 목적으로 이루어졌고, 혼외 성관계에서 사람들은 연애감정과 성적 쾌락을 기대했다. 사랑해서 결혼하고 결혼한 사람들 관계에서만 성관계를 맺고 출산해야 한다는 사회적 통념과 관행이 자본주의와 개인주의가 발달하면서 형성되었다는 설명이 제시된다. 2장 '개인화된 사회의 친밀성과 가족'에서도 사랑과 친밀성이 강화되는 사회적 조건이 설명된다. 시장논리에 지배되어 인간관계가 물화되고 비인격적이고 경쟁 지향적인 공적 관계가 늘어난 사회에서 개인들이 진정한 자아를 총체적으로 표현하고 경험하는 것은 사적 생활에서만 가능해졌고, 그 결과 이 영역에서 '친밀한 관계'의 필요성이 증대되고 있다. 또한 친족 및 지역공동체가 개인의 삶을 규제하고 통제하는 힘이 약화된 사회에서 친밀성은 원자화된 개인들 사이의 유대관계를 이끄는 주요 동인이 되고 있다. 특히 부부 사이에서 친밀성의 확보는 부부관계의 질과 지속성을 좌우하는 관건이다. 친밀성은 쌍방이 평등한 관계에서 감정적으로 소통할 때 가능하다는 점에서, 관계의 평등성을 친밀성의 구조 변동을 이끌어 내는 본질적 요인으로 보는 기든스의 시각을 토대로, 저자는 한국 부부관계의 문제점과 변화의 방향을 제안한다.

성행위와 출산의 분리는 사람들의 가치관과 태도의 변화에 의해서뿐만 아니라, 기술의 발달에 의해서도 촉진되고 있다. 피임기술의 발전이 성교로부터 재생산을 분리시키는 1차 재생산 혁명이었다면, 재생산 기술의 발전은 재생산으로부터 성교를 분리시키는 2차 재생산 혁명으로 간주된다. 그러나 3장 '재생산 기술 시대의 출산'에서 저자는 1980년대 이후 인공생식기술을 통해 재생산이 '분절화'된 형태로 의료화 되면서 나타나는 여러 가지 문제점을 지적한다. 과거에는 성교, 수태, 임신, 출산에 이르는 일련의 과정을 한 여성이 연속적으로 경험했으나, 지금은 여러 단계로 분할된 재생산 과정에 다수의 여성들이 개입하고 전문가들이 각 단계를 통제하면서 부모나 여성의 의사결정권이 제약받고 있는 실정이다. 또한 재생산 기술이 상업화되면서 난자와 정자, 대리모 등이 국제적으로 거래되고 있는 현실은 여성의 몸이 생명공학 기술의 적용 대상이 되면서 분리되고 시험되고 팔려나가고 있음을 시사한다. 저자는 신자유주의 세계화 속에서 보건의료가 상업화되고 구조적 빈곤이 심화되면서 출산을 둘러싼 불평등이 심각해지고 있음을 우려한다. 나아가 재생산 기술이 대중화되면 독신자나 동성애자, 가임연령을 넘어선 여성 등이 새로운 소비집단으로 등장함으로써 부모됨에 대한 전통적 개념과 결혼제도가 크게 요동칠 수 있다는 전망을 내놓고 있다.

4장 '디지털사회와 섹슈얼리티'는 사회 전 영역에 새롭게 등장한 디지털문화가 현대사회의 성문화와 결합하는 방식에 주목한다. PC, 인터넷, 휴대전화와 같은 개인 미디어에 기초한 디지털라이프의 확산은 울리히 벡이 선언한 '제2의 개인주의' 기류와 결합하면서 섹슈얼리티 영역을 변화시키고 있다. 정보사회의 진전으로 또 하나의 생활 세계가 된 사이버 공간에서는 탈육체적인 온라인 만남과 디지털 연예가 성행하며 감각적 쾌락을 위한 성 담론이 주로 생산되어 유통되고 있다. 쾌락을 목적으로 한 성과 출산을 위한 성의 분리는 이제 사이버 공간에서 완벽하게 실현 될 수 있다.

이 책의 두 번째 주제는 '성의 해방과 상품화'에 관해 논하는 글들로 구성된다. 성은 사회질서를 이유로 통제받는 대상으로서 비윤리적이거나 비정상적으로 간주되는 성적 욕망과 행위는 사회적 제재를 받아왔다. 이 과정에서 특정 집단의 성욕은 정상적이고 합법적인 것으로 용인되는 반면, 다른 집단의 성욕은 유독 병리적인 것으로 낙인찍혔다. 예를 들어, 성별이나 성적 선호에 따라 성욕은 차별적으로 서열화되었고, 성적 주체로 인정받지 못한 집단들에게는 성의 쾌락성보다는 위험성이 더 적극적으로 선전되어 왔다. 마이너리티 집단의 사회적 편견은 그들의 성욕과 성행위가 초래할 수 있는 사회적 혼란과 불안을 과장한 것에 다름 아닐 수 있다. 성의 규범성과 정상성에 대한 기준은 특정 집단의 이해관계의 산물로서, 성은 지극히 내밀한 개인적 행위라기보다는 정치적인 것으로 해석할 수 있다.

따라서 성문화를 둘러싼 사회적 변동을 이야기하자면, 특정 시대에 어떤 집단이 어떤 전략을 통해 누구의 성을 통제해 왔는지 그리고 성을 둘러싼 권력 작용과 규제는 변화해 왔는지 질문할 필요가 있다. 또한 성이 사회적 통제의 대상이라면 사회 변동의 과정을 거쳐 이제 우리는 성 해방의 시대에 살고 있는가 하는 질문을 던질 수 있다. 성의 해방은 과연 무엇을 의미하는 것인가 하는 보다 더 근본적인 질문부터 제기할 수 있다. 성 해방은 성에 대한 가치판단이 전적으로 배제되고 사회적 통제가 완전히 멈춘 상태인가, 자유주의 성 해방론자들이 주장하는 것처럼 섹스는 섹스일 뿐 사랑도 구원도 생식도 결혼도 가족도 종교도 도덕도 아닌가?

5장 '자유주의 성 해방론의 의미와 비판'의 저자는 킨제이 보고서를 분석하면서 자유주의 해방론을 신랄하게 비판한다. 미국인의 성에 대해 방대한 수치 자료를 제공하고 있는 이 보고서에서 성은 신체적, 생리적, 성기적인 것으로 환원된다. 가치판단을 유보한 다원주의 사회 개념에 기초한 이런 접근방식은 성의 심리적, 종교적, 인간적 상황을 배제함으로써 섹슈얼리티 시장을 만들어 내고 있다고 저자는 비판한다. 섹스 자체를 위한 섹스, 성기 중심적 성문화, 배설로서의 성은 해방된 성이라기보다는 가치 절하된 성에 지나지 않기 때문이다. 훌륭한 성, 덕성스런 섹슈얼리티, 품위 있는 성생활, 심지어 정조나 정절을 언급하는 저자에게 성은 윤리적 고려의 대상이어야 마땅하다. 섹스는 몸의 언어이지만 동시에 인간의 통합된 인격이 개입하는 행위이고, 개인이 자신만의 쾌락을 추구하는 이기적 행위에 그치지 않고 상대와의 관계성을 담지한 행위이기 때문이다. 그러나 저자는 지난날 성 도덕론이 성적 주체로 인정받지 못한 집단에게 훨씬 더 엄격하게 강요된 이데올로기였다는 점을 인식하면서, 자율적인 성적 주체들 상호간에 적용될 수 있는 성 윤리를 제안한다.

이런 측면에서, 남성 중심적이고 이성애 중심적인 성문화에서 위축되었던 여성과 동성애자의 성적 자율권과 시민권이 복원되고 있는지 살펴볼 필요가 있다. 주변화되었던 이 집단들의 성을 통제하기 위해서 작동했던 규제 장치는 점차 해체되고 있는가? 일부일처제 결혼제도 속에 사는 부부는 배우자의 성을 독점할 수 있는 권리와 정조를 지킬 의무가 있는 것으로 간주된다. 그러나 이런 규범을 위반하는 정도나 그에 따른 사회적 제재는 여성과 남성에게 이중적으로 작용해왔다. 6장 '여성과 결혼제도 밖의 성'에서 저자는 여성의 외도를 다룬 최초의 한국영화인 〈자유부인〉(1956년) 시리즈와 1990년 중반 이후의 한국영화를 비교하면서 여성이 외도에 들어가게 된 동기와 그들의 성적 욕망과 실천에 가해지는 사회적 응징이 시대에 따라 어떻게 변화해 왔는지 논의한다. 또한 최근에 성적 욕망 해소를 목적으로 한 외도를 파격적으로 그리고 있는 영화들의 경우, 결혼 안에서 사랑 없이 이루어지는 섹스는 의미 있는 것인지 질문하는 한편, 일회적이고 가벼운 성을 묘사함으로써 상투화된 사랑과 과도하게 사랑에 집착하는 관계의 부담을 역설적으로 비판하는 효과가 있다고 해석한다. 나아가 결혼과 외도를 당당히 또는 은밀히 병행하는 여성을 그린 영화들은 성이 결혼 해체를 가져올 만큼 결혼의 절대적 부분이 아님을 암시하면서 만약 외도로 결혼이 해체된다면 그것은 외도 때문이라기보다는 성적 배타성에 집착하는 우리의 강박관념 때문은 아닌지 돌아보게 만든다고 해석한다.

이성애 지배체제의 자연성과 우월성에 대한 문제 제기도 이루어지고 있다. 이성애는 자연의 질서라기보다는 이성애자들의 이익을 위해서 강제되고 당연시된 생활 세계였다는 비판은 서구 동성애자들로부터 매우 강력하게 전개되고 있다. 7장 '동성애 정치학'에서는 강제적 이성애가 여성 억압의 핵심을 이루고 있다고 주장하는 레즈비언 여성주의 정치학을 소개한다. 이 진영은 이성애주의와 가부장제 타도를 실천하는 정치세력으로서 이성애/남성 섹슈얼리티와 진정한 여성 섹슈얼리티의 대립을 설정한다. 그런데 이런 시각은 젠더의 결정성을 강조하고 레즈비언의 젠더적 섹슈얼리티적 차이를 간과함으로써 레즈비언 현실 일부를 억압한다. 그렇다면 이성애는 남성 우월성의 토대라는 레즈비언 여성주의 비판이 정치적 효과를 발휘하기 위해서는 젠더와 섹슈얼리티의 연결을 당연시하는 입장부터 철회될 필요가 있다. 이런 맥락에서, 저자는 성의 전복적 의미를 강조하는 퀴어 이론을 대안적 입장으로 평가한다.

이 책을 구성하는 마지막 두 편의 글은 성매매를 주제로 삼고 있다. 성매매는 가장 극단적인 성의 상품화 현상으로서 젠더관계와 섹슈얼리티 문화를 왜곡시키고 여성을 성적 대상으로 통제함으로써 남성 지배를 실천하는 메커니즘이다. 그러나 성매매를 바라보는 시각과 정책은 각 사회의 성문화와 윤리에 따라 다르게 나타날 수 있다. 현재 한국사회에서 논란이 되고 있는 '성매매방지법'은 성매매를 바라보는 시각과 해법이 다른 다수 집단들의 실체를 드러낸다. 8장 '성매매방지법을 둘러싼 사회적 갈등과 섹슈얼리티 담론 변화'를 보면, 남성 중심적인 성문화를 고수하려는 보수적인 남성 집단만 법제화 과정에서 갈등 주체로 등장하고 있지 않다. 성매매업소가 사라지면 당장 일자리를 잃게 되는 성매매 여성들과 업주들의 이해관계, 성의 상품화와 시장화에 반대하는 좌파 진영, 성적 욕망에 대한 엄숙주의자들과 자유주의자들 사이의 긴장 및 여성운동 진영 내부의 갈등이 매우 복잡하게 얽혀 있다.

사실상 성매매를 해결하기 위한 정책과 법을 둘러싼 갈등은 근본적으로 성매매 여성을 어떻게 볼 것인가에 대한 논쟁과 직결된다. 성매매는 성을 파는 여성의 도덕성 타락 때문에 발생하는가, 아니면 그런 여성을 만들어내는 사회 구조적 환경이 더 큰 책임을 져야 마땅한가? 9장 '한국 성매매 반대 운동의 프레임 변화'에서 저자는 성매매 반대 운동과 그에 대한 저항 운동이 변화해 온 과정을 분석하면서 이런 질문들에 대해 답하고자 한다. 한국사회에서 성매매를 이해하는 방식은 도덕적으로 타락한 이른바 '윤락淪落여성'의 개인적 문제에서, 여성 집단에 대한 가부장적 폭력의 문제로 점차 변화해 왔다. 급기야 대대적으로 연대한 여성운동 조직들이 성매매 여성들을 가부장제 사회의 구조적 피해자로 집중적으로 부각시킨 과정을 거쳐서 2005년에 성매매특별법 제정에 이르렀다. 그러나 이런 쾌거를 이룬

여성운동은 뜻하지 않게 '성 노동권을 인정하라'는 성매매 여성들의 저항에 부딪히고 있다. 성매매를 하나의 직업으로 인정해 주고 자신들에게 덧씌워진 사회적 낙인을 제거해 달라는 요구를 시작으로 하여 성매매 여성들의 정체성과 노동권이 새로운 쟁점으로 부각되고 있다. 이제 '여성'이란 집단 동질성을 근거로 하여 같은 목소리로 여성의 권리를 외치기는 어렵게 된 것인지, 여성 집단 내부의 차이와 긴장을 드러내는 이 사안이 앞으로 어떤 진통을 거치면서 자리매김하게 될지 지켜봐야 할 것이다.

이 책은 고려대학교 사회학과에서 선후배나 동기로서 인연을 맺은 여성학자들이 모여 만들었다. 만만치 않은 세상에 나가 씨름하고 있는 서로를 격려하고 싶어서 함께하는 시간을 가졌다. 공동작업에 대한 다소 조급한 마음이 앞서서 그동안 각자가 써 온 글들을 주로 모았기 때문에, 한국사회의 성 전반을 보다 짜임새 있게 기획하여 다루지 못한 아쉬움이 남는다. 마지막으로, 기꺼이 출판을 허락하고 수고해 주신 고려대학교출판부 관계자들께 감사한 마음을 전한다.

2009년 2월
임인숙

차례

▶ 여기에 실린 글들은 이동주의 글을 제외하고 이미 전문학술지에 게재되었거나 국책연구소의 보고서로 출간된 내용을 수정, 보완한 것임.

제1부

사회변동과 섹슈얼리티

현대사회와 탈젠더화된 사랑[1]

부모애의 부상과 보살핌 노동의 공유

1. 서론

현재를 살아가는 사람들은 누구나 일생에 한번쯤 낭만적인 사랑romantic love을 기대하거나 관심을 갖고 있다. 낭만적 사랑은 사랑하는 사람을 그 사람의 동의 없이 선택하는 것으로, 예측할 수 없는 어느 날 별안간 찾아오는 신비스러운 것으로 생각한다. 그래서 사랑은 자신이 완전히 통제할 수 없는 삶의 영역이라고 생각하기도 한다. 개개인들은 자신들이 느낀 감정이 자기 내부로부터 비롯된 것이고 그런 감정의 체험은 자신들만 겪는 특별한 일처럼 여긴다.

그러나 낭만적 사랑은 어떤 추상적 가치나 화려한 수사로 환원하기 어려운 것일 수 있다. 남녀 간의 낭만적 사랑은 얼핏 보기에는 개인 대 개인의 관계로 보이지만 그보다는 훨씬 강력한 사회적 힘으로부터 영향을 받는다. 실제로 다른 사람과 관계를 맺으면서 살아가는 삶의 실제적 과정을 추적

1 이 글은《사회복지 정책》Vol. 18(2004.4), pp.199-221에 게재된 논문을 부분적으로 수정, 보완한 것이다.

해 보면 사랑은 감정만으로 이루어지지 않음을 알 수 있다. 사랑은 공적이며 동시에 사적인 세계에 속한다. 어떤 사람만 특별하게 느끼는 개인적 필요나 욕구보다 사회적인 힘들이 그 사람이 하는 사랑의 형태를 좌우할 수 있다.

근대성의 근간을 이루는 산업사회의 구조 및 노동시장을 보면 신분제를 기반으로 한 전前 산업사회와는 달리 일터는 가정과 분리되어 있으며 그 영역에서 하루의 대부분을 보낼 것을 요구하고 있다. 그리고 노동시장의 요구에 따라 이동하기 쉬운 가족 형태를 필요로 한다. 즉 산업사회의 노동시장은 가족관계, 인간관계로부터 자유로운 개인을 요구한다(Beck, 1999 : 9). 또한 정치제도, 권력, 행정체계가 형성되는 과정에서 일어난 공/사 영역 분리는 이성과 감정의 분리, 곧 남성과 여성의 분리라는 사회적 현실을 낳았다. 나아가 양성의 심리적 지향이나 자기 정체성 또한 다른 방향으로 전개되었다(Giddens, 1996 : 11). 성별 분리는 성별 분업으로 이어지며 이는 산업사회의 토대를 이루고 있다. 현대의 남녀 간 사랑은 이러한 사회 구조 위에 펼쳐진다. 따라서 사랑에서 남녀 관계는 자신들에게 특별한 개인적 일처럼 여겨지지만 훨씬 강력하게 성 역할로부터 영향을 받는다.

12세기 이후 시작된 낭만적 사랑은 18세기에 이르러 문화적으로 특수한 형태의 사랑이 되어 현실세계로 들어왔다. 신분제 사회에서는 사랑과 결혼이 분리되어 있었던 데 반해 낭만적 사랑은 사랑과 성, 그리고 결혼으로 이어지는 형태로 자본주의와 개인주의라는 사회 변화를 토대로 하고 있다. 낭만적 사랑은 여성과 남성에게 각기 다르게 영향을 미치게 된다. 여성은 사랑과 결혼, 그리고 모성으로 이어지며 가정 영역에서 그들의 사랑을 키워 가게 되었다. 특히 가정 영역에서 모성애는 여성의 이타적 사랑으로 강조되었는데 이는 여성을 가정에서의 보살피는 자carer로 규정하는 기반이 되었다. 이처럼 젠더화된gendered 사랑은 사회에서 여성의 자연스런 본성으로 통념화되었고 여성의 노동, 즉 사적 노동과 공적 노동에도 영향을 미치게 돼 남성 노동에 비해 상대적으로 낮은 수준의 가치평가를 받고 있다. 특히 이성을 강조하는 계몽주의의 유산은 감정의 문제를 사적 영역으로 내몰았으며 정서적인 면을 강조하는, 즉 사랑을 기반으로 하는 보살핌 노동은 지위나 대우에서 낮은 수준에 머물고 있다. 이런 점에서 사랑은 한편으로는 개인과 사회를 지탱하는 중요한 인자로서 인간의 삶에서 중요성을 인정받을 수 있게 해 주는 반면, 그 이면에는 분리, 배제, 소외 등이 내포되어 있다고 할 수 있다.

낭만적 사랑과 모성애는 사회 변화에 따라 문화적으로 특수한 형태를 지닌 사랑일 수 있다. 또한 낭만적 사랑과 모성애가 여성의 노동과 맺는 관계를 추적해 보면 공/사 영역에서 여성 노동의 위상을 알 수 있다. 그리고 성, 사랑과 관련된 인간의 욕구가 역사적으로 다양한 방식의 체계들로 등장하였다고 한다면, 18세기 이후 사회적 상황은 그 이전 시대와는 달리 이 낭만적 사랑과 모성을 기반으로 남녀 간의 사랑을 규정하고 표준화하였다고 할 수 있다. 현대사회는 핵가족만이 아닌 다양한 가족 형태를 보이고 있으며, 노동시장의 유연화에 의한 노동 불안정성이 증가하면서 남성-가장breadwinner/여성-보살피는 자caregiver라는 이분법적 구도가 해체되고 있다. 또한 성의식의 변화 등으로 인해 낭만적 사랑과 모성애를 기반으로 한 남녀 관계에 대해서도 새로운 방식의 문제가 제기되고 있다. 본 연구에서는 사회적 변화를 기반으로 젠더의 장벽을 넘어 새로운 남녀 간의 사랑, 보살핌 노동을 고찰해 보고 나아가 실제적으로 여성의 보살핌 노동이 여성의 복지정책에 미치는 영향을 살펴보고자 한다.

2. 젠더화된 사랑 – 낭만적 사랑과 모성애

1) 낭만적 사랑Romantic love

낭만적 사랑은 12세기에서 19세기에 이르는 시기에 일어난 사랑과 성 그리고 결혼에 관한 사고방식의 변화와 관련되는 것으로 두 가지 상반된 유형으로 나누어진다. 하나는 사회적으로 받아들여지는 행복한 사랑으로, 예를 들면 아름답고 벨벳과 같은 부드러운 마음씨를 가진 발렌타인 연인들의 사랑이자 결혼과 가정으로 이어지는 사랑이다. 낭만적 사랑의 또 다른 유형은 이룰 수 없는 불행한 사랑으로, 문학작품에 나오는 이런 사랑은 대개 고통이나 죽음과 연관되어 두 연인으로 하여금 세상과 세속적 이익을 등지게 하는 반사회적이며 파괴적인 정열과 관련된다. 사랑을 저항할 수 없는 청천의 벼락처럼 돌발적이고 우연한 것으로 보고 그 감정 자체에 충실하기만 하다면 여하한 사회규약을 거역해도 무방한, 통제할 수 없는 충동처럼 여긴다(Sarsby, 1985 : 18).[2] 흔히 후자를 열정적 사랑passionate love으로 부르는데 이는 어느 정도 보편적 현상이지만 일상의 생활과 구별되고 실제로 그것과 갈등하기도 하는 어떤 급박함으로 특징 지워진다는 점에서 사회적 질서와 의무를 위협하는 위험한 것이다. 이런 점에서 열정적 사랑과 낭만적 사랑을 구별하기도 한다(Giddens, 1996 : 81-85). 낭만적 사랑은 원래 12세기 음유시인들의 서정시와 함께 나타난 것으로 초기에는 혼외의 사랑만을 가리켰다. 낭만적 사랑은 성충동이라는 생물학적 상수와 겹쳐져 있었는데 사랑과 성적 애착 사이의 일반적 연관성을 표현한다. 12세기 이래 낭만적 사랑을 존속시켜 온 사회집단은 다름 아닌 귀족계급이다. 그런

2 살스비는 사랑에 빠지는 경험과 낭만적 사랑을 구분하고 있는데 전자는 긴밀한 관계(육체적, 정신적)를 맺고 싶어할 때 일어나는 것이며 후자는 여성을 구제한다는 의미로서의 결혼의 이상이라고 보고 있다. 여성의 종속 및 불평등과 연관된 사랑에 대한 특수한 사고방식을 주목하기 위한 것임을 밝히고 있다(Sarsby : 1985 : 237).

데 이러한 초기 낭만적 사랑은 인쇄물과 문학의 발달로 인해 16, 17세기 사방으로 널리 확산되면서 먼저 시인이나 극작가, 소설가에게 영감을 주었고 마침내 18세기 중엽에는 현실생활로 파고들어 갔다. 이 시기 낭만적 사랑은 사랑에서 결혼으로 이어지는 것으로 소설의 출현과 어느 정도 일치하는데 이 둘의 결합은 새로 발견된 서사 형식의 하나였다(Duby & Perrot, 1998 : 112). 초기 낭만적 사랑은 얼마간의 보편적 사랑이라고 할 수 있는데 반해 이러한 후기 낭만적 사랑은 자유와 자아실현을 결합시켜 가면서 출현한 것으로 사랑과 결혼, 그리고 가정으로 이어지는 좀더 문화적으로 특수한 현상으로 나타난다(Giddens : 1996 : 81-85).[3]

18세기 이전 유럽에서 대개의 결혼계약에 기초가 된 것은 서로 간의 성적 매력이 아니라 경제적 상황이었다. 가난한 사람들끼리의 결혼은 농업노동을 조직하는 수단이었다. 끊임없는 고된 노동으로 특징 지워지는 삶은 성적 열정에 맞지 않았다. 특히 중세의 남녀 간의 관계에서 사랑과 결혼은 분리되었는데 상층계급의 경우 배우자 선택은 남녀 간의 사랑에 의해서가 아니라 가문의 이익에 의해서만 결정되었다. 그 밖의 다른 계급에서도 결혼은 재산, 신분 등의 이해관계가 밀접하게 연관되어 있으며, 정통적인 혈육을 가진 상속인을 만들어 내는 생식 및 분만의 차원에 불과하였다. 그러므로 당시 이들 계급의 결혼은 아주 한정된 범위에서 주관적 애정에 기초하기도 했지만 대부분의 경우 객관적 의무에 불과하였다. 애정은 결혼의 토대가 아니라 결혼의 들러리였다. 따라서 가족의 이해관계가 대부분 결혼의 중심이 되었으며 결혼 안에서의 개인의 애정에 대한 권리를 끝까지 주장한다는 것은 매우 드문 일이었다. 즉 진정한 연애는 일반적으로

3 부가 중시된 도시에서 결혼 상대의 선택은 부모의 영향력이 절대적이었다. 16, 17세기 유럽에서는 부모의 동의가 없는 결혼을 금하는 칙령이 발포되었다. 젊은이들은 성관계를 가졌다고 하더라도 배우자를 선택할 수 있는 권리를 박탈당했다(Duby & Perrot(a) : 111).

결혼과 양립할 수 없었다(Fuchs, 1986(b) : 75-80 ; Sarsby : 203 ; Giddens : 86)

특히 중세의 사랑은 주로 성적 관계로 규정되는데 농노계급이나 중산계급의 야만성을 떨쳐 버릴 수 있는 품위와 감수성을 의미하는 것이었다. 사랑은 떠오르는 세력이었던 귀족계급만이 도달할 수 있었던 열정이었다. 성적인 자유는 권력에 따르는 것이었으며 또한 권력의 표현이었다. 물론 이 경우에도 성적인 쾌락은 결코 실제적인 결혼과는 관련되지 않았다. 열정적 사랑을 통해 영구적인 애착관계를 만들어 내려고 하다가 결국 파멸하고 만다는 내용의 이야기나 신화는 대부분의 문명에서 나타나고 있다. 그 후 16세기, 17세기는 두 가지 유형의 정형화된 성행위가 지배적이었다. 대부분의 애정 없이 이루어진 부부의 의도적인 성행위는 남자의 대를 이을 자식을 낳는 것 이외의 어떠한 목적도 없었던 반면 혼외 성관계는 연애감정과 성적 쾌락을 제공해 주었다(Duby & Perrot, 1998(a) : 112).

18세기 이후 낭만적 사랑은 시장생산을 위주로 한 자본주의와 개인주의적 자유의 소산이었다(Shorter, 1977 : 89). 18세기 후반 유럽 젊은이들은 성과 감정의 문제에서 자유로워지고 싶다는 욕구를 갖게 되었는데 이는 신분에서 벗어나 개인적 자유를 자각하기 시작한 계몽주의로부터 영향을 받은 것이다. 남녀 관계의 영역에서 자유롭고 싶은 바람은 낭만적 사랑의 형태로 나타난다. 개인적 행복을 추구하려는 충동과 내적 탐구에 대한 열정, 즉 성적 욕구의 발전과 자아 발견의 여정이 시작되는 욕구는 로맨스의 모습으로 의식의 표면에 떠올랐다(Sarsby : 1985 : 24). 낭만적 사랑은 새로운 자유로 받아들여졌으며 결혼을 위해 거치는 조건이 되었다. 따라서 결혼을 위한 여타의 동기, 즉 돈, 사회적 지위, 유산의 상속 등은 타산적 이해라고 여겨지는 반면 사랑이라는 동기는 자기 이익과 상관없는 것처럼 생각되었다. 사적이면서 사회적으로 잠재적 파괴성을 지닌 감정들이 결혼이라는 책임 있는 성인 생활과 가족생활을 하는 수단으로 변하게 된 것이다. 사랑이 관습적인 형태로 길들여지게 되었으며 그 후 개인적 성애는 점자 변혁을 보이기 시작하는데 남녀 상호 간의 헌신은 상호 간 계산이 아니라 어디까지나 개인적인 애정과 정열에 의해 이루어져야 한다고 보았다(Fuchs, 1986(b) : 75-80) .

배우자 선택의 자유, 자기 행복을 추구할 자유, 금전적 이득이나 복종심보다는 애정을 더 중요하게 생각하는 동반적 결혼은 점차 정서적이고 성적 헌신을 포함하게 되었다. 이러한 낭만적 사랑과 결혼은 18세기 상층 부르주아지와 대지주계급에서 먼저 나타났고 그 다음은 소지주계급, 나중에는 빈민들 사이에서까지 찾아볼 수 있었다. 부르주아지 계급은 부부간의 사랑, 개인적 자유, 자식 중심주의 등으로 특징 지워지는 현대적 생활을 처음 시작하였으며 노동자 계급은 맨 마지막에 가서야 가족 내부적으로 강한 유대을 맺게 되었고 자식에게 돈과 사랑을 투자하게 되었다(Bock & Duden, 1980 : 161).

낭만적 사랑은 자유와 자아실현을 결합시켜 가면서 기존의 제도 속에 포함되었는데 특히 자본주의 시장경제와도 연관된다. 배우자 선택에서는 확실히 애정이나 상대방의 매력과 같은 낭만적 요소도 중요했지만 결정적인 것은 경제적 요소였다. 결혼은 동반자 관계를 마련하기 위한 제도로 이해되었으며, 경제적 요구를 정확하게 인식하는 것이 무엇보다 중요했다. 결혼은 여성의 자연스러운 운명이며 여성을 변신시키는 힘을 가진 것으로 생각되었다. 결혼은 여성이 새로운 가족 속에서, 전체 사회의 기본 단위인 가정 속에서 전혀 다른 사회적, 경제적 존재로 변신할 수 있도록 해 주는 것으로 간주되었던 것이다. 남편은 아내에게 주거를 보장해 주고 가족을 먹여 살려야 했으며 세금을 내고 공동체에서 가족을 대표했다. 아내는 남편의 반려자이자 아이들의 어머니였다(Duby & Perrot, 1998(a) : 59-61).

낭만적 사랑에 대한 이상은 오랫동안 남성보다는 여성의 소망에 영향을 끼쳐 왔다. 18세기 중반 이후 여성에게 낭만적 사랑은 남성에 대한 사랑과 존경이라는 새로운 형태의 사랑으로 나타나기 시작하였는데 '사랑이라는 노동love-labour'으로 표현되기도 하였다(Sarsby : 6).

낭만적 사랑의 에토스는 남성과 여성의 상황에 이중적인 영향을 미쳤는데 여성들을 '그들의 장소', 곧 가정으로 밀어 넣는 데 일조를 했으며, 다른 한편 현대사회의 남성성maleness 발현에 적극적 영향을 미쳤다.

낭만적 사랑은 여성들에게 영향을 주어 온 몇몇 사실들과의 관계 속에서 이해될 수 있는데 첫째, 가정의 창조이며 둘째, 부모-자식 간의 관계에 일어난 변화이며 셋째, 모성의 발명invention of motherhood이라고 불리는 현상이다(Giddens : 87). 아리에스Aries는 부모-자식 간의 관계에서 '어린 시절' 그 자체가 상대적으로 최근에 만들어진 것이라고 보았다. 억압적인 빅토리아 시대를 지나오면서 모든 계급에서 부모-자식 사이의 상호작용 유형이 본질적으로 변화되었다는 것이다(Aries, 2003). 빅토리아 시대의 가부장적 권력은 이미 19세기 중반경부터 몇몇 측면에서 쇠퇴하고 있었다. 가족이 아직 생산체계의 중심에 있었을 때에는 가족에 대한 남성의 직접적 통치가 본질적으로 포괄적이었지만 점차 가정과 작업장이 분리됨에 따라 그 통치력도 약해질 수밖에 없었다. 권력을 궁극적으로 소유한 자는 분명 남편이었지만 부모-자식 간의 따스한 감정 교류가 중요시되기 시작하면서 종종 아버지의 권력 사용이 완화됐다(Aries, 2003). 가족 구성원의 수가 점점 줄어들고 아이들의 연약함과 장기간의 감정적 훈련의 필요성이 확인됨에 따라 아동 양육에 대한 여성의 통제권이 증대되었다. 가부장적 권위로부터 모성적 애정maternal affection으로 가족의 중심이 옮겨 간 것이다(Ryan, 1981 : 102).

생계 유지자인 남편과 가정을 지키는 아내, 그리고 두세 명의 아이들이 있는 가정은 19세기 초에 와서야 존재하기 시작한 규범이다(Beck, 248). 20

세기 들어와서 자본주의 시장경제 속에서 노동시장에 참여하는 남편을 쉬게 하고 자녀를 양육하는 일에 전념하는 주부 중심의 핵가족이 현대의 이상적 가족으로 대두되었다. 이런 상황에서 연애는 경제 생산자인 남성이 자신을 편안하게 해 줄 배우자를 모색하는 과정이며 낭만적 사랑은 여성으로 하여금 고립된 가정 안에서 남성을 내조하는 생활에 만족하게 하는 주요 기제가 된다. 부부간의 상호보완적 역할 분담과 결혼으로 완결되는 낭만적 사랑에의 기대는 이성 간의 매력에 대해 개인적 관심을 집중시켰고 이에 따라 남녀의 태도 및 외모상의 차이는 그 어느 때보다 강조되었다. 생계 유지자로서 경쟁적 일터에서 일을 해야 하는 남성은 그 기질에 있어 지배적이고 공격적이며 박력이 있어야 하는 반면 가정에서 정서적, 표현적 역할을 하는 여성은 유순하고 연약하며 민감하고 감성적인 기질을 지녀야 했다. 따라서 매력적 인간이란 자신의 성에 규정된 대로의 특성을 많이 가진 사람이며 이에 따라 남성의 남성다움, 여성의 여성다움의 정도가 개인의 정체성 확립의 본질적 내용처럼 간주되었다(조혜정, 1994 : 106).

이와 같이 한 사회에서 낭만적 사랑은 장래 파트너들이 서로 매혹되고 연결되는 수단으로 남성성과 여성성 간에 정립된 차이에 의해 강화된다. 즉, 낭만적 사랑은 시장과 분리된 세계인 가족생활에서의 낭만화romanticization로서, 여성은 가정에서 남편과 자녀에 대한 헌신을 기반으로 하는 '집안의 천사angels of the home'가 되어야 했다(Fobre, 2001 : 11-12). 이런 점에서 낭만적 사랑은 사랑, 결혼 그리고 모성으로 이어지는 새로운 인간관계로 파악할 수 있으며 사랑이 개인적 성취 수단이라기보다는 남녀 간의 여러 의무와 책임들을 새롭게 배열한 것이라고 볼 수 있다.

2) 모성애Maternal love

낭만적 사랑은 사랑과 결혼과 모성이 결합한 복합체다. 여기서 여성은 정숙한 여자라는 표시로 여성의 섹슈얼리티를 결혼 안으로 편입시키고 그 안에서 모성애라는 또 다른 사랑으로 들어가게 되었다. 이와 함께 어머니에 대한 이상화는 모성의 현대적 구성에서 한 축을 형성하였다. 낭만적 사랑이 전파한 가치들 속에서 '아내이자 어머니'라는 이미지는 활동과 감성에서 성 모델을 강화하였다. 여성 섹슈얼리티의 개념화는 인성적 특징으로서의 모성애와 여성성이 확실하고도 광범위하게 결합되어 유지되었다(Giddens, 1996 : 88).

적어도 19세기 이래 어머니가 되는 것은 여성의 중요한 사명으로 찬미돼 왔으며 여성을 정의하는 중요하고 영예로운 것이었다. 어머니와 자녀의 유대는 중요시되어 왔으며 애정적 보살핌, 자기희생, 이타주의라는 특성은 어머니다움의 본질이자 여성다움의 특성으로 정의됐다. 19세기 이후 여성이 일차적 자녀 양육자라는 것을 당연시했을 뿐 아니라 모성의 이상화된 이미지를 도덕적 정화를 위한 기초로 삼았다(Thorne, 1991 : 21).

그러나 최근 들어 모성은 임신, 출산, 수유와 같은 생물학적 요소뿐만 아니라 양육 및 이데올로기라는 사회적 요소까지 포함하는 복합적인 개념으로 본다. 과거에는 모성을 생물학적 기능이라는 차원에서만 파악하여 그것을 자연스런 속성 혹은 불가피한 것으로 파악하는 수준에 머무르거나 혹은 아예 논의의 대상으로조차 취급하지 않았다. 그러나 모든 생물학적 어머니가 강력한 모성애를 본능적으로 갖는다는 관념은 근대를 통해 구성된 것이라는 주장이 대두되었다. 즉 여성들의 경험을 통해 볼 때 어머니 되기 과정은 자연적인 것이 아니라 사회적이고 문화적 과정이라고 보는 것이다. 그래서 크리스테바는 어머니는 자연과 문화가 서로 대면하고 있는 단초라고 본다(Rudick, 1993 : 4, 121).

서구의 경우 근대 초기에 부모와 자식 간의 관계는 정성들여 보살펴 주는 관계가 아니었다. 오히려 부모는 어린아이에게 무관심했으며 가족 전체를 돌보는 문제에 비하면 아이들 문제는 부차적인 관심사였다. 그리고 17세기 말 어린아이는 유모에 의해 양육되었는데 역사가들은 이를 어린아이에 대한 어머니의 무관심의 표현으로 간주해 왔다(Duby & Perrot, 1998(a) : 68-71).

실제로 서구사회에서는 중세 말부터 16-17세기까지 아이를 타인에게 위탁하는 풍습이 성행하였다. 중세의 아동 교육은 어른 사이에서 견습수업을 통해 이루어지거나 7세 무렵 다른 가정에 위탁하여 이루어졌다. 그러나 18세기 학교교육의 보급은 가족의 괄목할 만한 변화를 가져왔다. 학교교육은 부모들과 아이들 간의 관계 변화에 영향을 주었으며 정서적인 관계로 들어갈 수 있었으나 보편화된 것은 아니었다. 가족은 '집안'이라는 관점에서 근대적인 정서적 가족이라는 관점으로 전환되었으며 사람들은 모든 가족적 실체의 토대를 부모들이 아이들에게 쏟는 애정에 두고 그것에 새로운 가치를 부여했다. 그러나 19세기 초 이론가들은 이러한 정서적 기반을 매우 불안정한 것으로 보았으며 중세적 가족에서 17세기 가족으로, 그리고 다시 근대적 가족으로의 변화는 오랫동안 귀족, 부르주아, 부유한 장인 등에게만 한정되었다. 19세기 초까지 인구의 다수를 차지하던 빈민층은 중세적 가족처럼 살았고 아이들은 부모 곁에 머물지 못했다. 이들에게는 자기 집, 가정에 대한 의식이 존재하지 않았다(Aries, 2003 : 584-628). 노동계급이나 빈곤계층의 여성은 공동작업장, 들판, 시장에서 노동을 했으나 작업장에 육아실은 없었으며, 사랑하는 어머니 역할loving mother role 또한 존재하지 않았다. 피임에 대한 인식은 거의 없었으며 여성의 출산 터울은 평균 2.5년이었다.

18세기 동안 부르주아 계층을 중심으로 현대 핵가족의 시발이 되는 문화적 양상 변화가 가족 영역에서 진행되었다. 전통적 자녀양육 형태에 대한 대규모의 중간계급의 개혁운동이 전개되었고 이 운동이 성공적으로 진행됨에 따라 어머니의 역할이 창조되었다. 어머니는 18세기 개혁적 교육

안에서 중심 인물이 되었다.[4] 자녀들을 더 이상 배내옷으로 감싸지 않았으며 어머니는 그들 스스로가 보살피는 자가 되었다. 다음 세대를 훈육할 수 있도록 하기 위해 여성 자신은 집안에서 자녀를 양육하고 가사를 돌보는 역할로 사회화되었으며, 19세기에 들어서면서 이 같은 어머니의 역할은 여성의 자연적 사명natural mission으로 선전되었다(Bock & Duden, 1984 : 159).

이와 같이 어머니가 집안 살림과 아동 양육의 전적인 책임자가 된 역사는 짧으나, 그동안 특정 시기, 특정 계급에 나타났던 계급 형태 및 성별 분업은 전 시기, 전 계급에 통용되는 보편적인 것으로 확대 해석되었다.[5] 모성애는 역사적 산물로서 변화하는 사회적 여건 속에서 변형될 수 있음에도 불구하고 여전히 여성에 있어 모성애는 본성이며 자연적인 것으로 여성적 이타주의feminine altruism라고 불리는 다음과 같은 특성을 가지는 것으로 간주되었다(Folbre, 2001 : 15).

첫째, 모성애는 보호와 책임을 포함하는데 이는 전적으로 자발적인 것으로 보인다. 또한 모성애는 무조건적이다. 반면 부성에는 자연적 가정을 의미하지 않는다. 아버지는 어린아이를 가르치는 사람이고 어린아이에게 공적 세계로 들어서는 길을 지시해 주는 사람이다. 이러한 기능은 사회적, 경제적 발달과 밀접한 관계를 갖고 있다. 아버지의 사랑은 조건이 있는 사랑으로 복종은 주요한 덕목이라고 본다(Fromme, 2000 : 44-45, 73).

둘째, 모성애는 이타적이고 비이기적인 성격을 갖는 것으로 이 점에서 모성애는 최고의 사랑, 모든 감정적 유대 중 가장 거룩한 것이며 본능적 기

4 이반 일리치는 교육제도 내에서 어머니의 역할을 교사의 조교라고 표현하고 있다. 전 근대 시기 성인이 되는 일은 경제적 과정이 아니었다. 소년과 소녀가 가정에서 생활에 필요한 기본적 기능을 습득할 수 있었다. 그러나 근대에 들어와 교육제도가 확립되면서 자녀가 인적 자본에 기초 투입할 수 있는 자격을 갖추게 하는 일을 부모, 특히 어머니가 맡게 되었다는 것이다(Illich, 1996 : 72).

5 서구의 경우 모성motherhood이라는 용어가 사전에 등장한 것은 19세기 들어와서였다. 옥스포드 사전에 1869년 'the warm sun of motherhood', 1875년 'true motherhood'로 실려 있다. 어머니mother는 항상 있어 왔으나 모성motherhood은 발명된 것이다. 어머니의 사랑mother love은 독특한 역사적 시기에서 창조되며 의미 있게 된다(Dally, 1982 : 17).

제에 뿌리박고 있다. 여성은 본성적으로 남성보다 특히 자식에 대해 이타적인 존재로(Folbre, 2001 : 5) "이상적 어머니는 자신만의 흥밋거리를 가지지 않는다"고 보았다(Thurer, 1995 : 27).

셋째, 모성애의 참된 본질은 분리에 있는 것으로 자녀에 대한 사랑은 가장 강렬한 애착일 뿐만 아니라 분리, 포기, 성장하게 하는 것이다(Ruddick, 1991 : 118). 따라서 어머니가 어린애를 아직도 그녀의 일부라고 느끼고 있는 한 어머니의 사랑과 탐닉은 자아도취적인 만족이다. 따라서 분리를 견디어 낼 수 있는가, 분리된 다음에도 계속 사랑할 수 있는가는 사랑하는 어머니인가 아닌가를 가려내는 시금석이다(Fromme, 2000 : 73-76).

이러한 모성애의 특성은 20세기에 들어와서도 여성과 어머니의 동질성에 기반이 된다. 그러나 모성은 하나의 사회적 범주이며 어머니의 사고방식은 실제적인 자녀돌보기 수행으로부터 도출되는 것으로 생물학적 부모됨은 필요조건도 충분조건도 아니다. 흔히 어머니의 사고방식이라고 하는 자녀의 생명 보존에 대한 관심, 자녀 성장을 촉진시키는 것에 대한 관심, 수용 가능한 자녀로 키우려는 관심 등 배려 깊은 사랑의 능력은 '여성다운' 사고방식의 한 측면일 뿐이다. 그럼에도 여전히 사회에서는 어머니의 사고방식을 타자에 대한 다양한 종류의 일과 돌봄으로 생각한다(Ruddick, 1991 : 118). 모성애란 보살핌을 유도하는 이미지가 되었다. 모성애를 위한 가이드로서 이러한 이념은 보살핌에 있어 중간계급 가구의 양식 안에 포함된 권력 없는 여성의 이미지에 매력적인 대안을 제공한다. 많은 어머니들에게는 대체로 배려 깊은 사랑과 애정이 있는 배려가 결여되어 있다. 어머니들은 자녀들을 보살피고 자제하고 애정 있는 배려를 하여 자녀들이 감정이입을 할 수 있게끔 자신을 훈련한다. 따라서 어머니 일의 수행mothering이 의미하는 것과 어머니가 놀라운 존재이며 한 인격체이자 현실적인 사람으로 간주되는 것은 별개로 생각해야 한다(Ruddick, 1991 : 118 ; Abel & Nelson, 1990 : 51).

3) 낭만적 사랑과 모성애를 기반으로 한 보살핌

낭만적 사랑과 모성애의 광범위한 융합은 현대 가족의 핵심을 정서적인 것으로 정의한다. 가족에서 여성의 일은 보살핌caring으로 나타난다. 여성이 보살피는 자가 되는 것은 문화적으로 여성에게 자연스러운 것natural으로 정의된 활동으로 물질적 수준뿐만 아니라 이데올로기적 수준에서 여성을 규정하고 있다.

보살핌이란 광의의 의미로서는 다른 사람의 안녕에 관심을 갖는 감정이며, 그 안녕을 돌보는 일은 모두 실제적이면서 심리적인 의미를 가지고 있다. '관심을 갖는다'라는 말은 광범위한 사회관계 속에서 우리와 다른 사람을 묶어 주는 유대의 의미를 전달하고자 할 때 쓰고 있다. 사랑하는 사람, 아이들, 부모, 고객, 환자 등 사람들에 대해 관심을 갖는다. 보살핌이란 사람들 간의(적어도 두 사람) 관계에 관한 것이다. 한 사람(보살펴 주는 사람)이 다른 사람(보살핌을 받는 사람)에 대해 염려와 관심, 애정, 애착을 보인다. 그런데 보살핌이란 물리적 지원만을 지칭하는 것이 아니라 심리적, 정서적 보살핌의 의미를 개념적으로 내포하고 있다. 따라서 보살핌은 관심을 갖는 감정과 돌보는 일을 포괄하는 개념으로 규정된다(Waerness, 1989 : 205). 실제로 보살핌이란 도구적 과업과 애정 관계 양자를 포괄하는 활동으로 간주되며, 보살피는 자는 노동뿐만 아니라 사랑을 제공하도록 기대되어진다(Badgett & Folbre, 199 : 312).

여성의 보살핌은 자본주의 시장과 관련된다. 자본주의 시장경제 아래서 가족은 도덕성에 의해 지배되는 애정적이고 영구적이며 중요한 관계를 대표하는 반면, 시장관계는 비개인적이고 경쟁적이며 계약적이고 일시적인 특성을 갖는다. 이러한 분리는 종종 사회적 성에 적용되는 것으로 보이는데 여성은 가족과 동격시되며 애정적으로 보살펴 주는 사람으로 정의되고 남성은 시장과 관련되며 경쟁 및 비개인성과 관련된다. 애정적 보살핌, 이타주의는 남성보다 여성에게 더 많이 요구되어 왔으며 여성은 모성과 자기희생으로 정의되고 있다(Thorne, 1991/Finch & Groves, 1986 : 15).[6] 특히 산업사회의 세계는 이성적이고 자율적인 남성과 의존적이고 보살피는 여성으로 나누어지며 남성의 동기는 남성적 영역 안에서 행동하도록 의도적으로 그들을 이끄는데 그들은 공적인 일, 법적 권리, 임금 노동 그리고 공식적 관계로 둘러싸여 있다. 여성의 동기는 여성적 영역 안에서 보살핌으로 그들을 유도하는데 사적인 일, 가족의 의무, 부불노동, 개인적 관계로 둘러싸여 있다. 이러한 이분화는 여성의 보살핌 동기를 강조하는 반면 노동이라는 측면을 상대적으로 비가시화invisiblity하며 보살핌을 신비하고 종속적인 개념으로 남게 한다(Abel & Nelson, 1990 : 36). 그러나 여성의 보살핌 행위들이 다양한 규범에 의해 의무화되어 있는 현실에서 보면 여성이 제공하는 서비스는 종종 자발적인 듯한 외양을 띠지만 실제로는 '강요받는 느낌' 속에 구조화되어 있다

리치Rich는 여성이 원래 남성과 달리 애정적 보살핌의 능력과 상호 배려의 능력이 더 많다고 주장하며, 루딕Rudick은 세심하게 배려하는 사랑attentive love 같은 사고의 특수성은 어머니일 수행을 통해서 발달되며 그러한 어머니의 사고방식은 존경받아야 하고 공적 세계로 확산되어야 한다고 본다. 그러나 자레스키Zaresky는 이러한 주장에 대해 사랑, 의존, 이타주의와 역사적인 여성 억압의 근거가 동일한 뿌리임을 발견할 수 있다고 보고 보살핌 노동에서 여성의 종속을 보고 있다.

6 많은 다른 문화들에서 여성이 된다는 것은 다른 사람을 보살피는 것과 관련된다. 여성은 일반적으로 남성보다 가족 책임에 있어 더 높은 기준을 요구받아 왔다. 부모를 소홀히 하는 딸, 남편을 떠난 아내, 자녀를 포기한 어머니, 이 모든 것은 아들, 남편, 또는 아버지의 소홀함보다 더 비난받아 왔다. 여성과 남성에게 적당한 행동을 다루는 젠더 규범은 사회적으로 가족에 대한 이타주의와 개인적인 이기주의 등 사회적으로 구성된 개념과 밀접하게 연결되어 있다. 지나치게 의존적이거나 가족 지향적으로 보이는 남성이 매력 없는 남성으로 간주되는 것처럼 독립적이거나 야망 있는 여성은 성적으로 매력 없는 여성으로 간주되었다. '젠더 수행하기doing gender'는 전형적으로 보살핌을 부과하는 것을 포함하는 것이다(Badgett & Folbre : 311).

3. 젠더화된 사랑과 보살핌 노동

낭만적 사랑과 모성애를 기반으로 한 보살핌 노동의 개념은 사람에 대한 관심, 서비스를 필요로 하는 일로 기술되며 이는 정상적으로 대면적 접촉과 사람에 대한 구체적인 지식person-specific knowledge을 기반으로 한 노동 집약적인 성격을 지닌다. 여성의 일로서의 보살핌caring-as-women's work은 사적 영역뿐만 아니라 공적 영역에서 특정 직업과 연관되기도 한다. 보살핌 전문직caring profession의 작업장은 주로 여성들로 이루어져 있다. 보육, 초등학교 교사, 간호사 등의 사회적 관계는 보살핌을 중심에 두고 있다. 보살핌은 상품과 서비스 거래를 포함하는 것으로 상징적 결속뿐만 아니라 물질적 결속을 구축한다(Finch & Groves : 15 ; Badgett & Folbre. 1999 : 312).

1) 사적 영역에서의 보살핌 노동—가사노동

가사노동은 아내이면서 어머니인 바로 그 여성에 의해 수행되는 감정적으로 밀접하고 관심과 배려의 노동이다. 여성이 가정에서 행하는 가사노동이 공적 영역의 여타의 노동과 구별되는 점은 가사노동이 근력이든 머리를 사용하는 일이든 간에 궁극적으로 노동 그 자체로서 존재하지 않고 가족에 대한 보살핌이라는 의미에 종속되어 있다는 것이다. 가사노동은 낭만적 사랑과 모성애를 이데올로기로 하여 오랫동안 여성의 사랑과 본성의 표현으로 간주되어 왔으며 지속적인 자연적인 요인으로 인식되었다. 따라서 가사일은 (돈을 위한) 노동이 아니라 사랑의 노동labour of love으로 간주되었다.

그러나 이러한 가사노동은 상대적으로 최근에 기원을 두고 있는 것으로 17, 18세기 자본주의 출현과 관련된다. 그 이전에는 가사일과 가정주부라는 개념조차도 존재하지 않았다.

자본주의 성립은 대중의 개인생활이란 새로운 역사적 영역을 창조하면서 가족을 사회화된 생산에서 격리시켰다. 이제 사회에서 개인 자신은 그 자체로서 가치평가를 받을 수 있게 되었으며 가족은 그 사회에서 주요한 위치를 차지하게 되었다. 이 과정은 산업혁명에 따라서 부수적으로 진행된 개인적 과정으로서 여성과 남성을 철저한 방식으로 격리시켰으며 남성 지배권에 새로운 의미를 부여하게 되었다. 주부들과 어머니들은 가사일, 자녀 양육 등 전통적인 생산 행위를 계속하게 된 반면, 그들이 노동과 잉여가치를 만들어 내는 사회화된 생산과의 격리는 가사노동에 대한 가치평가의 저하를 가져오게 하였다.

나아가 주부들과 어머니들은 개인 관계라는 정서적, 심리적 영역을 유지할 새로운 책임을 지게 되었다. 가정 내 여자들에게 일과 생활은 분리된 것이 아니라 양자가 서로 와해된 것이다. 이 같은 노동 결합 형태가 현대 자본주의 사회에서 가사노동의 특수한 성격을 형성하게 된 것이다. 생산의 사회화와 더불어 일과 생활, 가족과 경제가 점차 분리되었다. 이것은 자본주의 체제 아래서 실현될 수 없는 새로운 관념을 불러일으켰다. 즉 인간관계 및 인간 자체를 목적으로 보는 관념이다. 낭만적 사랑, 유년기, 그것들의 독특한 현대적 성격 등을 가정 안에 제도화시킨 것이 바로 이 관념이며 이것은 또한 지배적 이데올로기다(Bridental : 305). 이와 함께 수동적이고 부드럽고 우호적인 아내, 가정 관리자, 어머니로서 이상적 여성상이 우세하였다. 행복한 가정에 대한 기대와 여성은 가정에 속한다는 부르주아적 가정 이데올로기는 부상하였으며 가사노동은 사랑의 관념 아래 감추어졌다. 반면 일은 우선적으로 남성이 집 밖에서 임금을 버는 것wage-earning을 의미하게 되었다. 이러한 여성의 새로운 이미지는 상층계급의 여성들만의 규범이며 실제였으나 얼마 지나지 않아 대다수의 여성에게 전파되었다.

일리치Illich는 19세기 이래 여성에 불공평하게 부과된 경제활동, 즉 가사노동을 경제적 용어로 그림자 노동shadow work이라고 부른다.[7] 그는 기존의 학자들, 즉 인류학자들은 가사노동을 자급자족의 활동의 유물로 취급하거나, 경제학자들은 가사노동이 주는 기쁨으로 보상되는 사랑의 노동이거나 또는 금전이 아닌 방법으로 보상되는 보고되지 않는 부문의 활동으로 간주하고 있다고 본다(Illich, 1996 : 65-82). 이러한 평가는 가사노동이 현대사회의 특징이며 구조적으로 임금 노동과는 다르나 임금 노동보다 더 근본적인 인간 활동의 한 범주라는 사실을 흐려 놓고 있으며 임금 노동은 여성의 그림자 노동을 통하여 상대적으로 지위 상승하게 한다.

그런데 여성이 다른 사람을 보살피는 것과 연결된 사회규범은 공적 영역에서의 활동에도 여성을 불리하게 하는 중요한 경제적 결과를 가지고 온다. 보살핌을 여성의 일로 한다거나 무보수 노동으로 간주해 온 사회 통념은 노동시장에 참여하는 취업 여성에게도 영향을 미치고 있다.

2) 공적 영역에서의 보살핌 — 여성적 직업pink collar job

가정에서 보살핌에 대한 여성의 책임은 임금 직업 안에서도 놀라울 정도로 유사성을 띠고 있다. 여성들의 직업은 대체로 유치원 교사, 간호사, 보모, 사회복지사 등 특정 직업에 집중되어 있으며 보살핌에 대한 책임을 포함하고 있다. 흔히 '여성적 직업pink collar job'이라 불리는 이들 직종은 특정한 기술 없이도 여자라면 누구나 쉽게 할 수 있는 일로 여겨진다. 실제 공공영역에서 간호사와 유치원 교사의 98.4%가 여성이며, 어린이 보살핌 제공자의 97.4%, 등록된 간호사의 96.5%가 여성이다(Abel & Nelson, 1990 : 4). 이와

7 그림자 노동은 재화와 용역의 생산과는 달리 그림자 노동은 상품의 소비자 자신, 특히 소비적인 가정에 의해 이루어진다. 소비자가 구매한 상품을 이용 가능한 재화로 전환시키는 노동은 무엇이든 그림자 노동이라고 부른다. 구매한 상품을 쓸 수 있도록 만들기 위해 더 들여야 하는 시간, 노고, 노력 따위를 지칭한다. 그러므로 그림자 노동은 수준이 어느 정도이든 간에 사람이 상품으로 그들의 욕구를 충족시키고자 할 때 해야만 하는 활동을 가리킨다. 일리치는 그림자 노동이 여성의 일이 된 것은 남성의 일이 가정에서 공장이나 사무실로 이전되었기 때문이라고 본다(Illich : 65-82).

같이 여성이 가정적 서비스와 양육적 보살핌이 어울린다는 통념은 아내와 어머니 역할에 상응하는 직업에 여성의 배치를 지지해 준다.

일반적으로 보살핌을 필요로 하는 직업은 다른 직업에 비해 임금이 낮다. 반면 다른 사람에 대해 권위를 행사하는 것이 포함된 직업은 임금이 더 많다. 경제학자는 이러한 상황에 대해 '시장의 미덕the beauty of the market'이라고 본다(England, 1992). 다른 사람을 위해 보살핌을 제공하는 노동자는 그런 일을 함으로써 내적인/본질적인 만족감을 얻으며 따뜻한 기쁨/만족감은 낮은 임금을 보상한다고 본다. 또한 보살핌과 관련된 직업을 선택한 사람의 경우 그런 직업을 수행하는 개인은 내재적으로 사람을 보살피는 것으로 동기화되었으므로 다른 직종에 비해 더 낮은 임금을 받더라도 현실적으로 보살피는 대상을 사랑해야만 한다고 본다(Folbre : 44-46). 여성이 처우와 지위가 낮은 직종에 소속되는 것 같아 보이지만 사실상 여성들로 채워졌기에 여성 직종의 지위가 낮고 보상이 적은 것이다(Moulton & Rainone, 1987 : 194).[8]

여성적 직업들은 대체로 가사노동이나 보살핌 노동에서 요구되는 인내심, 보살핌, 부드러움, 친절함 등의 여성적 특질과 감정이 노동 과정에서 강조되는 노동 유형이다. 일반적으로 노동은 '인간의 합목적적인 활동'으로 정의되지만 경제학적 관점으로는 물질 내지 상품 생산을 하는 활동이다. 경제를 의식주의 물적 욕구를 충족시키기 위한 상호작용의 제도화 과정으로 한정하기에 여성이 실제로 수행하는 다양한 종류의 정서적 활동들의 제도화된 측면을 사회적 노동으로 포착하지 못한다. 이는 이분화된 노동 개념과 관련되는데 현재의 노동 개념은 육체/정신의 이원적 기준과 함께

8 OECD 국가들에서 상대적으로 낮은 두 개의 임금 직업을 들 수 있는데 아동 보살핌 노동자와 노인 보살핌 노동자다. 이들은 일반적으로 서비스 노동자의 범주에 속하는 것으로 낮은 임금, 높은 이직, 그리고 낮은 질의 사회적 보살핌의 급여 아래 있게 된다. 그러나 보살핌 책임은 가장 명백하게 보살핌 직업에 제한되는 것은 아니며 보살핌 책임을 지는 또다른 직업으로 비서나 항공승무원 등을 들 수 있다(Badgett & Folbre, 319).

남성=이성, 여성=감정에 대한 통념을 기반으로 한다. 즉 노동개념은 이성 중심적으로 구성되어 있어 감정을 개념적으로 고려하지 않고 있다. 감정은 인간이라면 누구나 가지는 생물학적 산물이며 합리적 이성과 대치되는 충동적 본능으로 인식된다. 그러므로 노동력의 요소나 교육되고 훈련되는 숙련의 구성 요소로 인정받지 못한다(박홍주, 1994 : 61). 이분화된 성 역할관 아래서 대부분의 여성들은 '여성적인 일'이란 인간의 감정 능력을 사용하는 일과 상당히 밀접한 관련을 맺고 있어 이에 기반하여 형성되는 세계관, 인식 등은 이성 중심주의적인 것과 매우 대조적인 모습을 보인다.

경쟁을 통해 이윤을 추구하는 자본주의적 기업에서는 인간의 진정한 자아와 내면으로부터 우러나오는 긍정적 감정보다는 상품화된 감정 표현을 중요시한다. 호츠쉴드(Hochschild, 1983)는 자신의 심리적, 감정적 상태를 의식적이고 합목적적인 방식으로 관리, 사용하는 일체의 노력을 지칭하는 것을 감정노동이라 불렀고, 노동자가 자신의 감정을 통제하고 정해진 표현 규칙에 따라 감정을 표현해야 하는 현상을 인간 감정의 상품화 commercialization of human feeling라 칭하고 이러한 감정노동을 사회 구조의 산물로 보고 있다(Hochschild, 1983). 이러한 감정노동은 특히 서비스 관련 직업에 요구되는 것으로 남성과 여성 모두가 수행할 수 있지만 남성보다는 여성에게 감정노동을 더 요구한다. 특히 여성적 직업에 종사하는 여성들은 긍정적인 감정 표현을 하도록 요구받는다. 판매 서비스직과 간호사 등은 인내심, 친절함, 봉사정신을 교육받고 있는데 교육 시 여성이라면 누구나 가지고 있는 타고난 특성이라는 점을 강조하게 된다. 또한 이들 직종에 종사하는 여성들은 어떤 상황에서도 친절한 돌봄이 가능하도록 서비스 교육을 받고 있다(강현아, 2002 : 142-168 ; 박홍주 : 42-61). 그런데 이러한 감정노동은 직무 능력에 고려 대상이 되지 않는다. 일반적으로 감정노동이 은폐되는 이유는 '마음을 쓰는 일'을 노동의 개념에 포함시키지 않는 협의의 기존 노동 개념에 기인한다고 볼 수 있으며 여성적 직업을 여성의 고유한 속성으로 규정하는 이데올로기에 원인이 있다고 하겠다.

4. 여성의 보살핌 노동과 여성복지

지금까지 살펴본 바와 같이 보살핌 노동은 가정에서 여성에 의해 행해지는 '사랑이라는 이름의 노동'으로서 무보수 노동unpaid work이며, 노동시장에서는 보살핌과 관련된 노동, 즉 보육교사, 간호사, 보모, 비서 등이 여성적 직업으로 불리는 직업들은 상대적으로 낮은 지위, 임금 체계에 놓여 있다. 그런데 사회복지에서도 여성의 보살핌 노동의 특성이 그대로 반영되어 복지에 대한 접근성과 급여의 권한에 있어 여성이 남성에 비해 상대적으로 불리한 위치에 놓여 있다. 사회복지 정책에서는 여성의 이 같은 취약성을 인식하여 여성의 사회적 위험 및 이에 따른 다양한 욕구에 대응하기 위해 여성복지에 대한 정책적 접근을 시도하고 있다.

지금까지 사회복지 정책은 사회보험, 공공부조, 사회복지 서비스에서 여성의 접근을 제한해 왔다. 비버리지Beveridge 보고서에 의하면, 기혼여성은 임금 노동을 하지 않으며 가사와 자녀 양육을 한다는 전제 아래 여성을 사회보험에서 남편이 보유한 법적 권리에 부속물로 위치 지우고 있다(Beveridge, 1958 : 49-51). 에스핑 안데르센Esping-Andersen은 사회권 실현으로서 탈상품화를 측정하면서 사회보험(노령연금, 질병수당, 실업급여)의 대상을 평균 (남성) 산업노동자an average (male) industrial worker로 하고 있으며 이들의 평균임금과 노동시장 참여 정도를 기준으로 소득대체 급부의 질을 평가하고 있다(Esping-Andersen, 1990 : 21-23). 이와 같이 사회복지 정책의 기반은 남성=생계 부양자, 여성=피부양자, 보살피는 자라는 이분법적 논리에 있으며, 복지 수혜에 있어 여성은 독립적인 존재라기보다는 가정에서 보살피는 자이자 남편의 피부양자로 간주된다. 현재 우리나라 사회보험의 경우, 남편과 아내, 자녀 등 피부양자의 가족 부양 원칙을 수용하고 있으며 여성이 보험 수혜자가 되기 위해서는 남편이라는 부양자를 통하여 적용받게 되거나 노동시장에 직접 참가해야 한다. 그런데 여성이 노동시장에 참여한다고 해도 가정에서의 보살핌 노동이 시장으로 이어져서 소위 여성적 직업이라고 하는 간호사, 유치원 교사, 사회복지사, 비서 등에 주로 종사하게 된다. 이들 직종은 상당히 노동 집약적임에도 불구하고 상대적으로 낮은 지위 및 임금 체계 속에 있으며 비정규직인 경우도 많다. 따라서 노동시장에 참여한 여성이 복지에 대한 접근성과 급여의 권한이 있다고 해도 사회적 위험을 대처하기에는 미약하며, 복지 수혜 대상이 정규직을 중심으로 하고 있어 상대적으로 비정규직 비율이 높은 여성들은 복지수혜 자격에서 배제되고 있다. 또한 공공부조의 경우 탈빈곤의 방안으로 국민기초생활보장세를 실시하고 있는데 현재 국민기초생활보장의 수급권자들의 경우 일반 수급자, 조건부 수급자에서 여성이 남성에 비해 상대적으로 많은 비율을 차지하고 있다. 특히 기초생활수급권자 중 여성 노인과 여성 가구주의 빈곤층 편입이 점차 증가하고 있어 빈곤의 여성화feminization of poverty 현상을 보이고 있다.[9] 빈곤의 여성화의 요인 중 하나는 기존의 복지체계에서 가정에서 보살피는 자, 피부양자 논리로써 여성의 노후 소득보장을 어렵게 하고 있으며, 여성 가구주의 경우 생계 부양자 및 보살피는 자로서의 이중 역할로 인해 탈빈곤이 어렵다. 현재 공공부조 중 자활사업의 경우 대상자 선정 과정에서 빈곤 여성들은 근로 능력과 의욕이 있더라도 가구 내에

9 2000년 현재 여성 빈곤 가구주의 경우, 절대빈곤 가구 21.9%, 차상위 가구 5.9%로 1996년 9.9%, 4.8%에 비해 상당히 높아졌음을 알 수 있다. 남성 빈곤 가구주의 경우 2000년 현재 절대빈곤 가구가 6.9%, 차상위 가구가 3.5%로 나타났다(한국보건사회연구원, 2004: 85).

서의 보살핌 노동으로 인해 근로활동에 참여하지 못하고 있다. 2003년 한국 여성개발원의 조사에 의하면 자활사업 참여자 중 96.6%가 집안일을 담당하고 있으며 이 중 50%가 자활사업이 부담된다고 답하고 있다(한국여성개발원, 2003 : 378).

이와 같이 여성의 보살핌 노동은 사회복지 정책에도 그대로 반영되어 여성이 사회복지 접근성과 급여에서 주변화되거나 배제되는 요인이 되고 있다. 앞으로 여성 복지정책은 사회보장의 요소인 사회보험, 공공부조, 사회복지 서비스에 의한 여성 복지급여를 의미하는 광의의 여성복지 개념하에 수행되어야 하며, 이를 위해서는 보살핌 노동에 대한 재평가가 필요하다. 즉 여성의 보살핌 노동은 한편으로는 보살핌 노동에 대한 가치평가와 함께 다른 한편으로는 보살핌 노동에 대한 사회적 분담화, 전통적인 성 역할에 있어서의 탈젠더화deconstructing gender, 즉 남녀 역할 공유화로 전환되어야 한다. 이러한 보살핌 노동에 대한 전환을 전제로 하지 않는 한 여성복지정책은 여전히 성 불평등한 상태에 있게 되며 여성은 사회적 위험에서 취약한 계층으로 있게 될 것이다. 또한 보살핌에 대한 사회적 분담이 이루어지지 않는 한 빈곤의 여성화는 지속될 것이다.

5. 탈젠더화된 사랑과 보살핌 노동에 대한 재평가

1) 탈젠더화된 사랑

지금까지 여성은 낭만적 사랑과 함께 결혼으로 이어지면서 모성과 합류하였다. 반면 낭만적 사랑에 심하게 지배된 낭만주의자를 제외하고는 대부분의 남성들에게 낭만적 사랑은 유혹이라는 정명the imperative of seduction과 긴장관계에 있다. 결혼과 개인적 삶에 영향을 주는 구조 변동이 시작된 이래 남성들은 가정 영역으로부터 자신을 대체로 배제시켜 왔다. 18세기 후반 남성들은 스스로 자신이 남자가 되어야 하며 될 수밖에 없음을 깨닫는 시기를 맞이한다. 즉 남성들은 모종의 남성성masculinity을 소유하고 있는 존재로서 자신을 발견해야만 했다. 그러한 과정에서 남성들의 여성에 대한 무의식적인 감정적 의존을 숨기게 되었다. 남성들은 관계 외적인 것에 의해 지탱되는 관계나 자기 외적인 것에 의해 지탱되는 자아 정체성에 안주함으로써 결과적으로 감정적, 정서적으로 취약해졌다. 여성의 경제적 빈곤, 그리고 남성의 감정적 빈곤, 이것이 바로 양성 간의 관계가 처해 있는 현실이다. 남성은 그들 속에 여성적 측면을 개발해야 할 필요가 있으며 감정, 의존하려는 욕구, 수동성, 유동성, 유희성, 감각성, 나약성 그리고 언제나 책임을 져야 하는 것에 대한 저항 등을 되살려 내야 한다(Giddens, 1996 : 241). 이러한 변화는 이분법적이고 대립주의적인 세계관 및 인간관을 극복하고 지금까지 사실상 생존을 보장해 온 다른 가치들을 전면에 세우는 새로운 전체적인 세계관 및 인간관을 확립하는 것과도 관련된다. 사랑에는 관대, 친절, 애정, 존경, 인간애가 강하게 혼합되어 있는 것으로 이는 사회 속에서 인간을 결합시키는 것이다(Smith, 1996 : 402).

새로운 사랑은 탈젠더화된 인간의 통합된 가치를 기반으로 하는 것으로 무엇보다도 사랑과 협동, 상호주의, 연대, 미래에 대한 책임, 타인에 대한 배려, 돌보아 주는 태도인데 이것들은 성별화된 것이 아닌 사람 사이에서 실현되어야 하는 가치다.

즉 경쟁, 공격성, 지배욕, 소유욕 등을 남성적 가치로 배려, 사랑, 연대, 생명에 대한 책임 등을 여성적 가치로 귀속시키는 것은 가부장적 자본주의 발전 과정에서 가치와 행동 방식이 성별에 따라 분류되었던 것일 뿐이다. 이들은 각 성의 해부학적 표현이 아니다. 앞으로 지금까지 여성에게 속한다고 여겨 왔던 가치 및 특징들은 남성도 공유해야 하는 것으로 이는 생존을 보장하는 것이 여성적 가치나 특징들이 아니라 인간 보편적인 가치와 특징들이기 때문이다(Mies, 1996 : 17).

2) 모성애에서 부모애로

이제까지 우리 사회는 여성에게 사랑과 희생, 헌신을 필요로 하는 보살핌 노동의 전담자로서 어머니 노릇mothering을 요구해 왔고, 남성들에게는 강하고 이성적이며 공정하게 규율을 강제하는 먹여 살리는 자로서 아버지 노릇fathering을 요구해 왔다. 이와 함께 여성에게 이타적인 양육자로서의 책임을 부여한 반면 남성에게 이기적인 이윤의 최대화에 대한 책임을 부여했다.[10] 전통적 관점에서 남성의 가족에 대한 감정은 가정에 대한 헌신이 아니라 역설적이게도 집안 살림의 물질적 형태를 이루는 직업에 스스로 종속시키는 데서 나타나는 일종의 이타적 자기 억압이라고 할 수 있다. 즉 자기 이익이 아니라 아내와 자식 때문에 연이은 고난을 감내하는 것이다(Beck, 263-264).

최근 경제학자들은 사회적 규범의 발전에 좀더 관심을 두기 시작하였다. '규범은 강제를 위한 도구'임을 인식하였다. 이와 함께 페미니스트들은 남성성과 여성성에 대한 사회적 규범의 강제적 차원을 강조하였는데 규범을 젠더화된 속박 구조의 요소로 기술하였다. 집단으로서 남성은 여성의 보살핌 성향을 고양함으로써 많은 것을 얻는다. 물론 그 반대도 사실이다. 여성도 남성 안에서 보살핌을 선호하며 규범을 수행함으로써 많은 것을 얻는다. 그러나 젠더화된 행동의 구조는 남성이 여성보다 문화적으로 경제적으로 더 많은 힘을 가진 사회에서 출현한다. 그 결과는 사회적으로 부과

10 어머니 되기Mothering를 이행하는 방식인 모성은 문화적으로 유래된다. 다수의 어머니에게 훌륭한 경험인 자녀 양육은 사회에서나 가정에서 돈, 지위, 권력의 원천이 될 수 없다. 만약 그렇지 않다면 아마 더 많은 남성들이 일 대신 자신의 자녀를 택할 것이다(Thurer : 12).

된 이타주의socially imposed altruism 또는 강제적 사회화로서의 젠더편향적 체계로 기술될 수 있다. 이는 차별적 의무도 수반하는 것으로, 이러한 사회적 부과는 고도로 젠더화된 가족 의무규범의 발전을 통해서 나온 것이다(Badgett & Folbre, 1999 : 315). 남성과 여성 간의 내적 차이의 정도와는 관계없이 사회적 규범은 성 역할 분리를 위해 강한 압력을 가하는 것이다. 구체적으로 그들은 여성에게 의존자의 보살핌을 위한 더 큰 책임을 부과하였으며 이는 문자 그대로 이타주의를 요구하는 것이다.

그러나 창조, 보살핌, 강한 친밀감, 부모 책임감 등은 자녀의 또 다른 부모인 아버지가 누릴 수 있는 권리이자 의무다(Thurer, 1996 : 35). 18-20세기 서양에서 일어난 인구혁명을 통해 지금까지 생물학적 속성 때문에 변하지 않을 것이라고 생각했던 구조들의 변화 가능성을 인식하게 되었다. 모성애도 역사적 산물로 변화하는 사회적 여건 속에서 변형될 수 있다는 인식 아래 새로운 형태의 모성 모델을 구축할 필요가 있다. 지금까지 분리되어 왔던 모성애와 부성애는 부모애로 통합되어야 한다. 모성애, 즉 이타적 사랑은 남성과 여성 모두에게 있는 완고한 정서로 정도의 차이는 있을망정 거의 모든 곳에서 나타날 수 있다.[11] 즉 아이에 대한 애착은 평범하고 일상적인 환경에서는 일반적인 일이다. 남자든 여자든 무기력한 사람에 대해서는 대부분 보살핌을 발휘할 수 있다. 이런 점에서 여성적 이타주의가 아닌 보편적 이타주의가 되어야 할 것이다.

3) 보살핌의 공유와 보살핌 노동의 가시화

어머니일 수행mothering은 외관상 생물학적인 임신과 수유에 기초한 것처

11 한 연구에 의하면 남성과 여성 간의 이타주의 수준에서 전반적인 차이는 유의미하지 않으나 그것이 표현된 형태는 상당히 젠더화되어 있다고 본다. 예를 들면 남성은 여성보다 전쟁에서 죽음의 위험과 부상을 무릅쓸 수 있는 반면 여성은 친척과 공동체에 대한 원조 및 이타적 방식으로 행동할 수 있다(Badgett & Folbre, 1999: 20).

럼 보이나 시간적, 공간적으로 가변적임을 알 수 있었다. 자녀 양육 형태의 변화는 역사적으로 진전된 자본주의의 출현과 관련되는 것으로 남성=공적 영역, 여성과 아동=사적 영역의 개별적 영역을 창출하였다. 유아기가 아동기의 세계로 연장된 반면, 이에 수반되는 모성이라는 구성체는 애정적 보살핌, 자기희생 등 선천적이고 보편적인 특질을 전제했다. 그러나 오늘날 기혼여성과 어머니들의 노동시장 진출이 증가함에 따라 공사 영역의 경계가 무너지고 있으며 이로 인해 모성을 전일제의, 변화될 수 없는, '자연스러운 직업'으로 간주하던 사고방식이 쇠퇴하고 있다(Bridental : 302). 여성=보살피는 자가 된 것은 이데올로기적 수준에서 사회적 구성물일 수 있다. 그러므로 우리 생활에서 다른 사회적 구성물처럼 그 과정도 변화될 수 있다는 것을 인식하는 것이 중요하다(Ungerson, 1981).

이런 점에서 앞으로 보살핌에 대한 개념은 여성의 종속을 수반하는 보살핌의 방식이 아닌 인간 활동의 통합된 중심integrated value으로 보아야 할 필요가 있다. 즉 보살핌을 공/사 양자를 포함하는 이해력이 있고, 각 영역의 분리에 기반을 두지 않고 통합된 것으로 보는 것이다(Abel & Nelson : 37-38).

이를 위해서 첫째, 남성의 보살핌 노동의 참여를 들 수 있다. 현재 모성제도에서 꾀할 수 있는 가장 혁신적 변화는 자녀 양육의 모든 측면에 남성이 똑같이 참여하는 것이다. 남성에게 어머니일 수행을 하지 못하게 하거나 면제시키는 것은 그들로 하여금 자녀 돌봄에서 오는 부성의 특권인 사적 애정을 박탈하고 공적 행동을 우선시하도록 조장하는 것이다. 남성의 자녀 양육 참여는 사회 변혁에 큰 영향을 미칠 수 있다. 남성이 정서적으로나 실제적으로 자녀 양육과 관련되어 있다면 부모로서의 관심에 의해 공적 세계를 개혁해 나갈 것이며, 공적 세계에서의 불필요한 노동 분리와 유해한 위계질서를 더욱 의문시하게 될 수 있다.

남성과 여성이 일상에서 보살핌에 대한 책임감을 공유하는 것은 젠더 균형을 찾을 수 있는 좋은 해결책이다. 양성은 그들이 보살펴야 할 아이, 환자, 노인 등과 감정적으로 연결되어 있다. 그런데 남성과 여성이 일과 가정에서 젠더 균형을 찾기 위해서는 남성의 역할에 대한 새로운 관점과 조직의 노동생활에 대한 진보적 변화가 요구된다(N. Folbre : 41).

둘째, 보살핌 노동에 대한 경제적 평가가 이루어져야 한다. 보이지 않는 손은 성취에 대한 것이다. 보이지 않는 마음은 다른 사람을 위한 보살핌에 대한 것이다. 손과 마음은 상호 의존적인 동시에 갈등 상태에 있다. 그들을 균형 있게 하는 유일한 방식은 다른 사람을 보살피는 사람들을 보상할 분명한 방식을 찾는 것이다(Folbre, 2001 : 1). 이를 위해 보살핌 노동에 대한 정확한 평가가 필요하다. 현재 보살핌과 관련된 직업은 낮은 임금과 지위에 속해 있다. 일반적으로 여성은 전통적인 남성 중심의 전문직으로 이동이 용이한 반면 남성들이 전통적인 여성적 직업으로 이동하려면 용기와 신념이 필요하다. 보살핌과 관련된 직업으로의 이동은 낮은 임금과 지위의 손실을 수반하기 때문이다. 보살핌에 대한 남성과 여성의 공유는 공적 영역에서도 이루어져야 하는데 이를 위해서는 사적 영역 및 공적 영역에서 행해지는 사회적 노동으로서의 보살핌 노동에 대한 경제적 평가가 분명히 이루어져야 한다.

6. 결론

지금까지 낭만적 사랑과 모성애, 그리고 이를 기반으로 한 보살핌 노동을 가사노동과 노동시장에서의 여성 노동 등을 중심으로 고찰하였다. 일반적으로 사랑은 인류 보편적인 현상이라고 할 수 있지만 사랑의 구성 요소는 역사적으로 변해 왔다. 여기서 여성의 낭만적 사랑은 결혼으로 이어지며 가정 내의 역할로 고착화되면서 모성애를 강조하게 되었다. 낭만적 사랑과 모성애는 여성을 보살피는 자로 특정 지었는데 특히 모성애는 책임과 보호, 무조건적 이타주의를 기반으로 하는 것으로 여성의 자연적 본성이라고 여겨졌다. 이러한 사회적 통념 때문에 그 후 여성의 가사노동은 사랑의 노동labour of love으로 불리면서 노동으로 인정받지 못하였다. 그리고 여성의 보살핌 역할은 노동시장으로 이어져 여성은 특정 직업에 종사하게 되었는데 이들 직업은 특별한 기술 없이도 여성이면 본성적으로 할 수 있는 여성적 직업으로 불리게 되며 다른 직종에 비해 상대적으로 낮은 위치에 있게 되었다. 이러한 여성의 노동시장 상황과 가정 내의 위치는 그대로 사회복지 정책에 반영되어 여성의 사회복지의 접근성과 급여에 대한 권한은 매우 취약한 상태에 있다.

그러나 남성 학자들은 젠더화된 사랑에서 사랑과 모성애는 자연적 속성을 지녔다고 강조하면서도 한편으로는 여성들이 다른 것을 행하기 어렵도록 하는 강제적 제재와 규칙을 보여 주고 있다. 키에르케고르는 낭만적 사랑에 대해 비판을 하면서 관능성에 기반한 낭만적 사랑은 사랑의 영원한 가치를 왜곡하고 여성들에게 해방의 욕망을 불어넣을 수 있다고 보았다. 경제학자 마셜은 여성이 아내와 어머니 역할을 소홀히 할 수 있다는 이유로 노동시장에서의 여성의 임금 인상을 반대하였으며 여성이 자신의 능력을 발전시키려고 한다는 이유로 여성의 고등교육을 반대하였다(Marshall, 1959 : 570). 또한 19세기 각국에서는 여성이 아이를 적게 낳게 되면 이기심을 추구하고자 하기에 피임 정보와 피임 기술을 규제하거나 피임금지법을 제정하기도 하였다(Folbre : 13). 한편 프롬은 인간의 본성이 고정불변한 것이 아니며 사랑 또한 천부적 능력으로 보지 않고 훈련과 인내와 습득이 필요한 능력으로 보고 있어(Fromme : 175) 여성의 본성으로서 모성애에 대한 자신의 주장과는 모순된 면을 보이고 있다.

오늘날 사회적 변화는 기존의 낭만적 사랑, 모성애를 기반으로 한 젠더화된 사랑 구조의 기반을 불안하게 하고 있다. 정치, 경제, 문화 등 사회 각 부문에 걸쳐 전반적으로 일어나는 변화 속에서 새로운 사랑의 형태가 모색되는데(Giddens, 1996 : 147),[12] 이는 상대적으로 과거 전통적인 사랑, 모성애, 역할 분리 등으로 돌아가려는 반동 세력에 직면하게 된다. 실업의 증가와 노동시장의 축소는 전통적인 양성의 역할을 존속시키고 재고착시키려는 경향이 있으며 사적, 공적 생활에서 성의 구질서로 돌아가려는 시도가 있다. 이들은 애정적으로 보살펴 주는 어머니를 가족의 상징적 정수로 보는 이상화된 가족으로 후퇴한다. 특히 신우파는 남성의 권위, 이성 간의 성, 낭만적 모성 개념에 입각한 가족, 즉 이상화된 중산층 가부장적 가족을 강조한다. 이러한 가족은 여성의 개인주의와 평등, 경제적, 정치적 자원에 대한 완전한 접근을 부정하며 젠더를 재생산하고자 한다(Thorne : 30). 블룸Bloom은 남성이 성취를 책임지지 않고 여성이 보살핌을 책임지지 않는다면 국가는 운명을 달리할 것이라고 보며, 길더Gilder는 여성은 본성적으로 이타적인데 만일 여성이 이타심을 버리면 소년들은 공격성을 통제할 수 없으며 남성은 야만인으로 전락할 것으로 보고 있다(Gilder, 1992). 21세기 새로운 사랑은 젠더의 장벽을 제거하고 남녀 간의 새로운 균형점을 찾아 가고 있으나, 이는 여전히 자본주의 시장경제를 강화하고 가부장제를 고수하려는 사회 세력들과의 긴장관계를 겪으며 이루어질 수밖에 없을 것이다. ■김영란

12 기든스는 새로운 사랑의 형태로 합류적 사랑을 제시하고 있다. 합류적 사랑confluent love은 각기 따로 흘러오던 두 개의 지류가 합쳐져 하나의 강물이 되어 흐르듯 두 사람의 정체성이 과거에는 각각 달랐음을 인정한 뒤 다가오는 미래의 시간을 향해 사랑의 유대를 공유하고 새로운 정체성을 협상해 나가는 그러한 사랑을 말한다(안서니 기든스: 115).

참고문헌

고미라. 1995. 〈감정노동의 개념화를 위한 일 연구〉. 이화여대 석사학위논문.

김영란. 2002. 〈성인지적 관점에서 본 사회권의 재정립에 관한 연구〉. 《경제와 사회》, 54 : 187–207. 한울.

박홍주. 1994. 〈판매여직원의 감정노동에 관한 일연구〉. 이화여대 석사학위 논문.

우에노 치즈코. 1994. 《가부장제와 자본주의》. 이승희 옮김. 녹두.

정고미라. 2000. 〈노동개념 새로보기—감정노동의 이해를 위한 시론〉. 《노동과 페미니즘》. 이화여자대학교출판부.

조혜정. 1994. 〈한국의 가부장제에 관한 해석적 분석—생활세계를 중심으로〉. 《한국의 여성과 남성》. 문학과지성사.

한국보건사회연구원. 2003. 《탈빈곤정책 현황과 발전방안 연구》.

한국 여성개발원. 2003. 《여성빈곤 퇴치를 위한 정책개발연구》.

Abel, Emily & Margaret Nelson. 1990. *Circles of Care*. State University of New York Press.

Allen, K. & A. Walker. 1992. "Attentive Love : A Feminist Perspective on the Caregiving of Adult Daughters". *Family Relations*. V.41. N.3.

Aries, P. 2003. 《아동의 탄생》. 문지영 옮김. 새물결.

Badgett, M. & N. Folbre. 1999. Assigning Care : Gender Norms and Economic Outcomes. *International Labour Review*. V. 138. N. 3.

Barrett, M. 1994. 《가족은 반사회적인가》. 김혜경 옮김. 여성사.

Beck, U. & E. Beck–Gemsheim. 1999. 《사랑은 지독한 혼란》. 강수영 외 옮김. 새물결.

Beveridge, William. 1958. *Social Insurance and Allied Service*. Rher Majesty's Stationary.

Bloom, A. 1987. *The Closing of American Mind*. Simon and Schuster.

Bridental, R. 1991. 〈가족〉. 《페미니즘 시각에서 본 가족》. 권오주 외 옮김. 한울아카데미.

Crompon, Rosemary. 1994.《현대계급론》. 정태환 · 한상진 옮김. 한울아카데미.

Dally, A. 1982. *Inventing Motherhood*. Burnett Books Ltd.

Duby, G. & M. Perrot. 1998(a).《여성의 역사》 3. 권기돈 · 정나원 옮김. 새물결.

_____. 1998(b).《여성의 역사》 4. 권기돈 · 정나원 옮김. 새물결.

Duden, B. & G. Bock. 1984. "Labour of Love-Love as Labour : On the Genesis of Housework in Capitalism". in H. Altbach. *From Feminism to Liberation*. Schenkman Publishing Company.

England, P. 1992. *Comparable Worth :Theories and Evidence*. Aldine de Grayter.

Esping-Andersen, G. 1990. *The Three Worlds of Welfare Capitalism*. Polity Press.

Ferguson. 1991. *Sexual Democracy : Women, Opression and Revolution*. Westview Press.

Finch, J. & D. Groves. 1983. *A Labour of Love :Women, Work and Caring*. Routledge & Kegan Paul.

Folbre, N. 2001. *The Invisible Heart*. The New Press.

Fromme, E. 2000.《사랑의 기술》. 황문수 옮김. 문예출판사.

Fuchs, E. 1986(a).《풍속의 역사》 I. 박종만 옮김. 까치.

_____. 1986(b).《풍속의 역사》 II. 박종만 옮김. 까치

Giddens, A. 1996.《현대사회의 성 · 사랑 · 에로티시즘》. 배은경 · 황정미 옮김. 새물결.

Gilder, G. 1981. *Wealth and Poverty*. Basic Books.

Hays, S. 1996. *The Cultural Contradictions of Motherhood*. Yale University Press.

Hochschild, A. 1983. *The Managed Heart : Commercialization of Human Feeling*. University of California Press.

Illich, I. 1996.《젠더》. 최효선 · 이승환 옮김. 뜨님.

Land, H. & H. Rose. 1985. "Compulsory Altruism for Some or an Altruistic Society for All?". pp. 74-95. in Philip. B. *In defence of Welfare*. Tavistock Publications.

Marshall, A. 1959. *Principles of Economics*. Macmillan & Co Ltd.

Mies, M. 1996. 〈전지구적 생태여성론이 세계를 구할 수 있는가?〉. 《여성과 사회》 7호.

Muton, J. & F. Ramone. 1987. 〈여성의 일과 역할〉. 《지배로부터의 자유》. 한국여성개발원.

Oakley, A. 1974. *Women's Work*. Pantheon Books.

_____. 1990. 《가사노동의 사회학》. 문숙재 옮김. 신광출판사.

Probert, B. (eds). 1993. *Pink Collar Blues*. Melbourne University Press.

Rich, A. 1995. 《더 이상 어머니는 없다》. 김인성 옮김. 평민사.

Ross, E. 1993. *Love & Toil*. Oxford University Press.

Ruddick, S. 1991. 〈어머니의 사고방식〉. 《페미니즘 시각에서 본 가족》. 권오주 외 옮김. 한울아카데미.

Ryan, M. 1981. *The Cradle of the Middle Class*. Cambridge University Press.

Sarsby, J. 1985. 《낭만적 사랑과 사회》. 박찬길 옮김. 민음사.

Shorter, E. 1977. *The Making of the Modern Family*. Collins.

Smith, A. 1996. 《도덕감정론》.

Thorne, B. 1991. 《페미니즘 시각에서 본 가족》. 권오주 외 옮김. 한울아카데미.

Thurer, S. 1996. 《어머니의 신화》. 박미경 옮김. 까치.

Ungerson, C. 1981. *Women, Work and the Caring Capacity of the Community*. Social Science Research Council.

Waerness, K. 1989. 〈보살핌의 합리성〉. 《여성과 국가》. 한국여성개발원.

개인화된 사회의 친밀성과 가족[1]

1. 가족의 구조 변동과 새로운 도전

90년대 후반 이후 촉발된 한국의 가족 논쟁은 최근의 저출산, 고령화 현상과 맞물리면서 여전히 뜨거운 사회 쟁점이 되고 있다. 가족에 대한 사회적 관심은 IMF의 경제위기로 유례없는 대량 실직 사태가 발생하고 이로 인한 가출, 별거, 이혼 등의 가족 해체적 증후가 급속히 양산되는 상황과 연관되어 있다는 점에서 가족 변화에 대한 근본적인 성찰보다는 가족 위기담론에 힘입은 바 크다. 그러나 현재의 가족 변화는 무엇보다 신비한 가족 이데올로기가 무장 해제되는 탈주술화의 과정으로서 기성의 가족 가치와 구성 원리의 해체를 통해 가족은 무엇이었으며, 무엇이어야 하는가를 되묻는 구조 변동으로 이해할 필요가 있다.

이제까지의 가족관계와 행동을 인도해 온 가족 규범은 성 · 세대 · 계층적

1 이 글은 필자가 기고했던 논문(〈한국 가족문화의 재고〉, 《보건복지포럼》 통권 115호, 2006)을 수정한 것이다.

으로 분화되어 서로 다른 의미로 이해되기도 하며, 가족을 구성할 것인가 하지 않을 것인가 혹은 어떻게 구성할 것인가는 전적으로 개인의 선택에 좌우되고 있다. 따라서 가족은 개인이 선택하는 라이프스타일의 하나일 뿐 더 이상 도덕적 규범이 작동되는 당위의 영역에 존재하는 것이 아니다. 이런 점에서 본다면, 최근 지속적으로 증가해 온 이혼율과 저출산의 경향 역시 개인의 다양한 욕구와 삶의 방식을 실현하고 불평등한 공·사적 관계를 수용하지 않으려는 젊은 세대와 여성들의 선택적 행위의 결과라고 볼 수 있다(김혜영, 2003).

특히 개인화된 삶의 방식이 주요한 문화적 트렌드로 수용되고 여성들의 의식과 행동이 변화하면서 기성의 행위 및 사유 양식의 원형으로 인식되어온 가족주의는 심각한 도전을 받고 있다. 또한 개인의 욕망과 행복의 추구가 정당한 권리로 인식됨에 따라 이제까지 개인의 애정 관계를 지배해 온 전통이나 규율, 행위 지침 등이 점차 무력화되고 있는 것이 사실이다. 이러한 변화는 가족문화 전반에 걸쳐 크고 작은 갈등을 유발하면서 가부장적인 사회질서의 변화를 촉발하는 추동력으로 작동하고 있을 뿐만 아니라 개인들로 하여금 새로운 유대 방식의 구축과 자기 규정적인 의미 부여 과정을 통해 관계지속성의 근거 마련을 요구하고 있다.

다시 말해, 가족 구성에 있어 경제적인 이유나 의무, 규범 등과 같은 외재적 압력에 의해서가 아니라 자발적인 의사에 따라 가족을 구성하고 기존 가족관계로부터의 이탈과 유지를 스스로 결정해야 한다는 점에서 개인의 선택권은 확대되지만, 동시에 선택을 위한 스스로의 논거를 확보해야 하는 새로운 임무가 부여되는 것이다. 따라서 일련의 선택 과정으로 변화한 현대의 결혼 및 가족관계는 새로운 긴장과 더불어 엄청난 노력과 정성을 요구하는 삶의 형식으로 전환하게 된다(벡, 벡 게른스하임, 1999 : 21-33). 즉 부부를 결합시키는 외부 지원 체계가 확보되지 않은 상태에서 평등하고 자유롭기를 원하는 두 개인은 스스로 사랑의 토대를 구축하는 규칙과 방법을 만들어 내야 하고, 이런 점에서 현재의 변화는 가족관계와 내용의 질적 전환을 요구하는 가족의 문화 변동에 다름 아니다.

한국사회에서 가족은 사회나 개인보다 더욱 중요한 것으로 인식되어 왔기 때문에 가족의 안녕은 개인의 행복보다 우선되어 왔다. 가족원의 욕구보다는 가족의 안정성을 강조하는 가족주의 문화는 공동의 목표를 추구하는 최소 단위로서 가족과 가족이 아닌 범주의 경계가 분명하고, 우리 가족과 타인과의 간극이 매우 큰 편이다. 그러나 전적으로 개인의 선택에 의존하게 된 오늘의 가족은 가족 구성의 주된 이유이자 목적으로서 개인의 욕구와 삶의 질에 더 많은 관심을 기울여야 하는 새로운 과제를 안고 있다. 그러므로 가족관계의 친밀성과 소통은 집단으로서의 가족 안녕에 수반되는 파생적인 그 무엇이 아니라 그것 자체가 고유한 목적이자 가족생활의 중요한 콘텐츠로 부상하게 되는 것이다.

이런 점에서 가족 구성의 목적이자 관계의 친밀성을 실현하는 과정으로 가족문화를 개념화하고, 관계적 측면에서 한국 가족의 현실을 비판적으로 검토할 필요가 있다. 변화가 진행 중인 한국 가족은 가족의 범주가 핵가족으로 축소되면서 부부관계의 비중이 커지고는 있지만, 여전히 부부관계의 핵심에는 자녀 양육과 바깥일이라는 이분화된 구도 속에서 양자택일의 방식으로 성 역할이 강조되고 있다. 또한 도시 중산층에서 전형적으로 나타나고는 있지만, 자녀에 대한 강한 애착과 헌신, 그리고 자녀의 학업을 지원하기 위한 가족 차원의 전략과 부모의 과감한 희생과 투자는 계층의 차이를 넘어 우리 사회에서 보편적으로 발견되는 부모 자녀관계의 특징이 아닐 수 없다.[2] 그러나 이러한 현실은 가족의 강한 응집력에도 불구하고 친

---

2 자녀 교육비에 대한 부담이 지속적으로 증가하고, 특히 사교육비의 부담과 이것의 계층적 격차는 한국사회의 고질적인 사회문제로 부각되고 있다. 조사 기관마다 차이가 있으나, 중학교는 연간 600만 원(월 40-60

밀성과 소통이라는 관계적 측면보다는 가족의 계급재생산에 기형적으로 집착하는 경직된 '내 가족 중심주의', 혹은 '도구적 가족주의'[3]에 불과하다. 따라서 이 글에서는 현대사회에서 왜 친밀성이 부각되는지를 살펴보고, 친밀성의 복원을 위한 소통의 기제로서 가족문화를 재규정할 것이다. 또한 새로운 가족문화의 핵심 기제로 부각된 관계의 친밀성이란 측면에서 한국의 부부 및 부모 자녀관계를 살펴보고, 끝으로는 친밀성과 소통적 관계를 복원하는 새로운 가족문화의 방향과 의미를 덧붙이고자 한다.

2. 개인화된 사회, 친밀성, 그리고 남녀 관계

다양한 이해관계가 공존하는 현대사회에서 개인들은 사랑, 가족, 일, 그리고 자신의 목표를 성취하기 위해 수많은 갈등과 직면하고 있다. 특히 남성 1인 생계 부양자 구조가 아닌 2인 생계 부양자 가족의 경우, 부부가 동시에 일과 가정 생활을 병행하기 위해 경험하는 갈등과 마찰은 때로 첨예한 양상으로 전개되기도 한다. 이제까지 여성들은 가정 생활이나 어린 자녀를 위해 기꺼이 취업을 유보하거나 시간제 근무를 선호하는 방식으로 갈등을

만 원), 고등학교는 연간 720만 원(월 50-70만 원), 대학교는 연간 1,500만 원(학교마다 다르지만 기타 부대비용 포함하여 4년간 대략 1억 원 내외)으로 추산된다. 특히 한국사회에서 지출하는 사교육비는 14조 6천억 원으로 세계 최고의 수준을 자랑한다. 이러한 사교육비가 가구소득의 10-19%에 달한다고 응답한 가구가 34.9%로 가장 높으며, 20-29%로 달한다는 응답은 21.8%의 순으로 나타나고 있다(한국교육개발원, 2003; 장혜경, 김혜영 외, 2005:20에서 재인용).

3 한국 가족의 주요한 이념이 되어 온 전통적 가족주의에 관한 최근의 논의 가운데 일부는 가족주의를 둘러싼 도덕적 논쟁과 관련된 것이다. 그러나 가족주의에 관한 다양한 논란에도 불구하고 공통적으로 지적되는 한 가지 특징은 현대사회의 획일적인 경쟁 체제 속에서 자신의 가족이나 가족 구성원이 다른 가족이나 구성원과의 경쟁에서 성공을 거두기 위한 가족 전략 단위로서의 가족 중심성은 강하게 유지되며, 이러한 가족 중심주의는 여전히 가족의 경계를 공고히 하고 있다는 것이다. 예컨대 가족주의를 구성하는 여타의 특성들은 사회 변화와 함께 현대적 가치로 대체되거나 희미해지고 있지만, 가족의 유지, 성장을 위한 자원 마련 및 가족원의 보호 기제로서의 가족주의가 강하게 작동하고 있어 가족의 도구적 기능이 강화되고 있다는 것이다. 특히 급속한 사회 변동을 통해 가족은 경쟁의 기본 단위이자 공리직 자원의 획득을 위한 주요한 전략 단위로 부각되고 있는 것이다(박통희, 2004; 김현옥, 2002; 양옥경, 김혜영, 2001).

최소화하거나 회피하는 전략을 선택해 왔으며, 아직도 이러한 삶의 방식을 선택하는 여성들 또한 적지 않은 것이 사실이다. 그러나 노동시장에서 안정된 지위를 확보하기 위해서는 자신의 경력 관리가 더욱 중요해짐에 따라 가정 생활보다는 자신의 경력을 선택하는 여성들이 점차 증가하고 있다.

시장의 불안정성이 심화되고 여성의 교육 수준이나 경제활동의 비중이 지속적으로 증가하는 현대사회에서는 남녀를 불문하고 전문가로서 자신에게 필요한 자질 쌓기와 경력 관리, 개인의 욕구 충족에 우선순위를 두게 된다. 이러한 시대에 전개되는 남녀 관계란 통념적인 남녀 관계 그 이상의 무엇이 될 수밖에 없다. 즉 남녀의 교섭 대상은 사랑, 섹스, 자녀, 결혼 그리고 가사노동의 분담에 그치는 것이 아니라 일과 경제, 정치력, 전문직과 불평등한 사회 상황까지도 포함된 그 이상의 무엇이며, 이는 결과적으로 "남녀의 전쟁"이라 일컬어지는 갈등 상황의 상존을 내포하는 것이다(벡, 벡 게른스하임, 1999 : 248-254). 이러한 현실은 결혼 상담 산업, 가정법원, 결혼 자조집단의 결성과 이혼율의 상승 등에서 일부 확인될 수 있다.

그러나 결혼과 가족이 과거 어느 때보다도 "깨지기 쉬운" 듯 불안정해지고 이혼이 일상의 다반사로 등장하고는 있지만 이혼의 증가와 함께 재혼 또한 동반 상승하고 있으며, 출산 회피가 세계적인 추세임에도 불구하고 인공임신 요법에 대한 요구와 관심이 증가하고 있다. 더욱이 결혼을 선택하는 사람들이 지속적으로 감소하고 있음에도 불구하고 누군가와 파트너가 되고자 하는 인간의 욕구는 여전하다는 점에서 사랑, 결혼, 가족에 대한 사람들의 기대가 감소되었다고 보기는 어렵다(A. 기든스, 2001 : 200).

근대의 시작과 함께 등장한 낭만적 사랑은 핵가족의 기초가 되는 것으로 친족관계와 분리된 개인들의 결합을 강조하고 개인의 자유와 자아실현을 결합시킴으로써 남녀의 순수한 관계pure relationship라는 새로운 가능성을 예고한 바 있다. 그러나 사랑과 결혼, 그리고 모성이 상호 결합되고, 진실한 사랑은 영원하다는 새로운 마법에 걸려 버린 근대적 사랑은 성 역할 구조에 기반한 상호 구속성으로 관계의 평등성을 실현시킬 수 없었다. 특히 남녀의 성별 분업으로 인해 핵가족 구조 내에 고착된 여성들과 생계 부양자로서 노동시장에서 대부분의 시간을 보내야 하는 남성과의 불균형은 남녀의 순수한 관계를 불구화시키기에 충분한 것이었다(A. 기든스, 1996 : 92-93).

그러나 정보사회에 들어와서는 성의 경계가 더욱 유연해지고 있을 뿐만 아니라 2인 생계 부양자 가족이 증가하면서 근대성으로 불구화된 남녀 관계는 이제 순수한 관계적 속성에 의존하게 되는 구조 변화에 직면하고 있다. 이른바 순수한 남녀 관계는 각 개인에게 충분한 만족을 주는 한도 내에서만 지속될 뿐, 두 사람 가운데 어느 한 사람만의 의지에 의해서도 쉽게 깨질 수 있는 관계다. 관계의 지속성이 보장되지 않는 관계에서는 사랑이나 결혼을 선택한 개인 스스로가 관계를 유지하려는 의지와 헌신적인 노력을 기울이지 않을 경우 그 관계는 단절되기 십상이다(A. 기든스, 1996 : 111). 따라서 순수한 남녀 관계에 대한 열망에도 불구하고 현대인들은 사랑을 위해 결혼하고, 사랑을 위해 이혼을 선택하는 아이러니를 보여 주게 되는 것이다. 파트너와의 깊은 유대를 소망하면서도 동시에 자유로움에 대한 동경, 그리고 시장에서의 좌절감과 새로운 욕망으로 인한 갈등의 순환적 경험은 진정한 사랑의 끊임 없는 추구와 함께 남녀 관계의 긴장과 갈등이라는 다소 이중적인 결과를 초래한다. 즉 기든스가 지적한 바와 같이 전통적 결속으로부터의 해방은 개인에게 성찰성의 기회를 제공했지만, 동시에 안전감의 토대인 확실성의 근원마저도 제거해 버린 것이다(벡, 벡 게른스하임, 1999; A. 기든스, 1996).

현대의 결혼과 가족은 개인의 주관적인 의미부여와 평가가 관계의 지속성을 결정하는 가장 중요한 요인이기 때문에 남녀와 가족관계의 질은 더욱 중요해질 수밖에 없다. 특히 사회가 빠르게 변화하면 할수록 사회가 시장의 논리에 지배되고 인간관계가 물화되면 될수록 역설적이게도 사랑은 더욱 중요한 자원으로 부상하게 되는데, 이는 사랑만이 진정한 자아를 발견하고 남들과 연계될 수 있는 유일한 가치이자 자원이기 때문이다. 따라서 순수한 관계로의 결혼이나 애정 관계를 지속하기 위해서는 당사자들이 상호 관계에서의 만족감을 발견할 수 있도록 개인의 사적 생활을 기획해야 하는데, 이러한 기획의 목표는 바로 관계의 친밀성과 소통에 대한 확인이다.

근대사회에서 '친밀성'은 배우자 선택과정에서 가장 주요한 개념으로 부각되어 왔다. 친족 및 지역공동체가 개인의 삶을 규제하고 통제하는 힘이 약화된 자리에 원자화된 개인이 등장하고, 개인적 주체로서 자아가 확대되면서 친밀성은 개인 유대의 주요한 동인이 되었던 것이다. 자본주의의 진전으로 인한 임노동자화와 도시화, 노동환경 등의 변화는 우리의 삶을 인격적이고 사적인 관계와 비인격적이고 공적 관계를 양분하는 결과를 가져왔다. 이에 따라 우리 자신의 내면적 자아와 일 · 공적 영역에서 우리가 담당하는 역할 사이에는 긴장과 괴리가 확대되기 시작하였을 뿐만 아니라 인간의 진정한 자아를 총체적으로 표현하고 경험하는 영역은 오로지 사생활 내에서만 가능하게 되었다. 이러한 변화는 결과적으로 사적 영역에서 '친밀한 관계'의 필요성을 확대시키게 되었고, 남녀 및 부부관계는 바로 친밀한 관계의 원형으로 인식되었던 것이다. 따라서 배우자 선택 과정 또한 '표면 영역'으로부터 사생활 영역을 규정 짓는 '이면의 영역'으로 이동하였다(Lasch, 1997 ; 함인희, 2001 : 3-28).

또한 친밀성을 유지하고 확인하는 주요 기제는 상호 소통으로, 원활한 의사소통은 모든 관계의 만족도와 평등성을 확보하는 토대가 되는 것이다. 따라서 가족관계에 있어 소통은 가족 구성원의 만족도와 정서적 안정성을 좌우하는 강력한 요인인 것이다. 가족 간의 원활한 의사소통은 서로 친밀감을 느끼고 이해하며 관계의 형평성을 유지하는 기본적인 수단이기 때문에 소통의 불균형은 가족 갈등과 직·간접적으로 연관된다고 볼 수 있다. 만족스러운 가족관계일수록 언어 선택에 주의를 기울이며 상대방의 이야기를 이해하고 있다는 표현을 많이 하고, 자기주장을 효과적으로 표현할 뿐만 아니라 상대방의 입장을 배려하고 상대방의 감정 상태에 관심을 가지며 비언어적 기술을 잘 사용하는 등 효과적인 소통 기술을 사용해야 한다(Satir, 1972 ; 최선희, 장신재, 2002 : 33에서 재인용).

그러나 한국사회에서는 유교의 영향으로 과묵함이나 표현의 최소화가 미덕으로 인식되어져 왔으며, 특히 남성들의 경우에는 애정 표현이나 감정에 대한 세세한 표현은 다변으로 치부되는 경향이 있다. 이러한 사회적 분위기는 결과적으로 평등과 친밀감을 추구하는 현대의 남녀 및 가족관계에서 남성의 적응을 더디게 만들 뿐만 아니라 순수한 관계를 실현시키기 위한 새로운 규칙 마련보다는 기성의 질서와 권위적인 관계에 의존하게 만든다는 문제를 낳고 있다.

가족 구성의 방식이 과거와 달리 혈연과의 느슨한 연관성만을 가지며, 결혼과 가족의 유연성이 증가하고 있을지라도 여전히 타인과의 친밀한 유대와 소통 방식으로서 결혼과 가족은 중요한 삶의 방식으로 남아 있다. 무엇보다 남녀 관계는 물론 부모 자녀의 친밀성은 상호 평등한 맥락에서 자아와 타자가 감정적으로 소통하는 것이며, 바로 그런 연유에서 관계의 평등성은 친밀성의 구조 변동을 초래하는 본질적 요인인 동시에 의사소통의 가능성이기도 하다(A. 기든스, 1996 ; 마경희, 이은아, 2006 : 8). 따라서 새로운 가족문화는 가족의 형태와 유대 방식이 무엇이든 간에 관계의 평등성과 친밀성을 확인하는 것이어야 함은 두말할 나위가 없다.

누구와 어떻게 친밀성을 맺을 것인가를 스스로 결정해야 하는 현대인들에게 가족의 친밀성과 소통을 확인하는 방식은 매우 중요하다. 그러므로 우리가 관심 가져야 할 부분은 가족에 대한 개념적 정의가 아니라 오히려 다양한 형태와 방식이지만 여전히 특별한 관계와 유대를 소망하는 사람들이 평등한 관계 속에서 친밀함과 소통적 관계를 유지할 수 있는 방법과 기술에 관한 것이다. 따라서 가족문화의 개념은 가족관계의 친밀성을 유지하고 자신들이 희구하는 순수한 관계를 가족생활에서 실현시키는 방법이자 메커니즘으로 재규정할 필요가 있다.

일종의 가족생활의 콘텐츠이자 소통의 방식으로 규정되는 가족문화는 공유된 의식과 규범을 통해 세대에서 세대로 재생산되는 유형화된 행위라는 근대적 개념을 넘어 나와 동일하지 않은 타자를 친밀성이란 관계 틀 내에서 어떻게 수용하고 배려할 것인가, 그리고 서로의 차이를 넘어 공유되는 친밀성은 무엇이며, 따로 또 함께하는 가족의 삶과 여가는 어떻게 가능하고, '나'라고 하는 개체의 성장과 관계로서의 가족 발전은 무엇인가를 끊임없이 논의하고 합의해 가는 과정으로 이해할 필요가 있다. 따라서 가족문화는 구성원들에게 과거와 같이 삶의 방식과 가치 유형을 제공해 주는 화석화된 행위 지침서가 아니라 가족 구성을 소망하는 개인들이 스스로의 합당한 논리rationale를 발견해 가는 과정이며, 특별한 유대를 획득해 가는 자조self-help의 과정인 동시에 친밀하고 평등한 관계를 유지하는 개인들의 노하우인 것이다.

3. 가족 이념의 과잉과 허약한 가족관계

오랜 세월 동안 한국인의 삶과 사유 방식을 지배해 온 가족주의는 가족의 의미와 구성에 있어 개인보다 '우리'를 강조하고, '우리'의 최소 단위로서 혈연 중심의 가족공동체를 중요시해 왔기 때문에 '집'은 단순히 삶을 영위하는 공간적 의미에 그치는 것이 아니라 세대를 초월하여 개인과 개인을 연결해 주는 정서적, 이념적 토대로 기능해 왔다(최재석, 1983). 그러나 가족주의는 부모와 자식 혹은 형과 아우의 서열적 관계에 기반해 있다는 점에서 가족 중심적인 사고와 행위에도 불구하고 가족 구성원의 행복과 관계의 질을 높이기 위한 노력은 상대적으로 미비했다고 볼 수 있다. 이는 무엇보다 추상적이고·집합적 수준에서의 가족복리를 강조하고, 가족의 안녕을 위한 개인의 헌신을 당연시하는 가족문화에 기인하는 것이다. 그 결과 한국의 가족은 최근의 급속한 변화에도 불구하고 여전히 가족의 경계가 분명하고 가족에 대한 기대와 규범으로부터 자유롭지 않기 때문에 가족의 구속력은 서구사회보다 높지만,[4] 가족원의 민주적인 소통 방식과 친밀성은 충분히 확보되어 있지 않은 것이 사실이다.

90년대 이후 한국 가족은 구조적으로나 내용적으로 분명한 전환기적 속성을 보여 주고 있지만, 가족주의에 의존해 온 한국 가족의 허약성은 IMF라는 경제위기를 통해 이미 세간에 노출된 바 있다. 경제적 어려움에 직면한 모든 가족이 불안정해지거나 해체를 경험하는 것은 아니다. 경제적 위기는 가족생활을 위협하는 주요인임에는 틀림없지만, 가족원의 신뢰와 친밀성은 이러한 위기를 극복하게 하는 힘의 원천으로 작용할 수 있기 때문이다. 더욱이 시장주의의 팽창으로 가족경제의 기반 약화가 예측되는 시점이고 보면, 가족 성원의 유대와 친밀성은 가족 안정성뿐만 아니라 개인 삶의 질을 높이는 주요한 기제로 작용한다는 점에서 가족관계에 대한 관심을 기울일 필요가 있다.

가족관계의 측면에서 한국 가족의 현실을 비판적으로 검토해 본다면, 한

4 이는 가족 의식에 대한 경험적 연구 결과에서 잘 나타난다. 부모에 대한 의식과 부부관계에 대한 태도는 여전히 이상적인 규범을 지향하지만, 실제로 부모 부양에 대한 구체적은 질문이나 직접적인 답을 요구하는 경우에는 상당히 유보적인 태도를 보여 주고 있음이 그것이다. 예를 들면 가족 실태 조사 결과에서 돌봄이 필요한 부모를 어떻게 돌보는 것이 좋은가에 대해서는 성을 불문하고 70-80%가 가족이 주체가 되어야 한다고 응답하지만, 정작 가족원 가운데 부모 부양의 책임이 누구인가에 대해서는 지식 가운데 능력 있는 자녀(39.1%), 부모 자신(25.9%)의 순으로 응답하고 있다(장혜경, 김혜영 외, 2006).

국 가족은 개별 가족원의 친밀성과 소통보다는 과도한 경쟁사회에서 최적의 전략 단위로 기능하는 도구적 성격이 강하다고 볼 수 있다. 물론 정서적 유대와 친밀성을 추구하는 가족이라 할지라도 삶의 단위로서 가족이 기본적으로 수행하는 기능적 특성을 무시할 수는 없다. 더욱이 급속한 사회 변동과 위기를 반복적으로 경험해 온 한국사회에서는 가족 재생산 자체가 가족의 목표가 될 수밖에 없었고, 과밀한 경쟁을 통과의례처럼 경험해야 하는 현실이고 보면 가족은 경쟁의 파고를 함께 넘는 최적의 공존 단위인 것은 분명하다.

그러나 공통의 목표와 신념, 그리고 '내 가족'이라는 강한 소속감으로 유지되는 근대적 가족 가치만으로는 다양한 현대인의 욕구를 충족시키기 어렵다. 특히나 평등하지만 충분히 친밀한 부부관계와 자녀의 성장을 삶의 과정으로 지켜보는 어머니나 아버지의 모습보다는 경쟁적 사회에서 내가족의 안위만을 위한 전략 단위로 기능하는 오늘의 가족은 가족 구성의 목표와 수단이 전치된 결과라고 볼 수 있다. 무엇보다 현재의 가족 변화를 보여 주는 다양한 지표들이 함축하고 있듯이 한국 가족은 내부적인 자기검열과 혁명적 변화를 요구받고 있는데, 그것은 바로 동일시에 근거한 기능적 확신보다는 서로 다를 수 있음을 인정하고 그러한 차이를 수용하고 배려하려는 상호의 노력과 헌신으로 가족관계의 친밀성을 유지하는 것이다.

1) 가족 내 불균형한 역할 구조와 부부관계

사랑에 의한 결혼이 규범화됨에 따라 한국의 가족은 친족 공동체로부터 상당한 독립성을 획득하게 되었고, 가족의 일차적인 범주가 핵가족으로 제한되면서 부부관계의 비중 또한 증가하고 있다.[5] 그러나 사적 친밀성에

5 개인의 사랑에 기반한 자율적 선택이 가족 형성의 가장 중요한 요소이지만, 동시에 개인의 감정 변화에 의해 가족의 토대가 쉽게 동요된다는 이율배반적인 특성이 내재되어 있다(A. 기든스, 1996; 벡, 벡 게른스하임, 1999).

근거한 부부관계 역시 일정한 역할을 수행해야 하는 사회적 관계라는 점에서 이들의 관계와 성적 친밀성은 사회 변동의 맥락과 조응하고 있다. 사회적으로 형성된 남녀 관계에 의해 부부관계는 변화하기도 하고, 부부관계를 통해 성 질서의 변화 또한 예측할 수 있다. 이런 점에서 본다면 부부관계의 주요한 쟁점은 가족 내 역할 분담을 둘러싼 남녀의 갈등과 성적 친밀성에 대한 여성들의 의식 변화라고 볼 수 있다.

결혼 후에도 자신의 경력을 추구하려는 여성이 증가하면서 근대 이후 더욱 가시화되어 온 가족 내 성 역할 구조는 변화의 압력에 직면해 있다. 특히 정보화 기술로 인해 시장의 영역에서 남녀의 역할 구분이 갖는 정당성이 감소됨에 따라 가족에서의 성 역할 구분은 점차 의미가 퇴색되고 있다. 그 결과 이제까지 여성이 전담해 온 돌봄 노동의 남성 참여 여부는 부부관계의 뜨거운 쟁점이 되고 있는데, 이는 주로 자녀 양육과 집안일 등의 돌봄 노동을 남녀가 함께 공유함으로써 '균형 잡힌' 가족생활과 남녀 관계를 회복하기 위함이다. 그러므로 가족 보살핌의 일차적 책임을 여성에게 부과해 온 근대의 가정 중심성domesticity에서 벗어나 평등한 역할 분배와 역할의 책임이 공유되는 부부관계는 현대 가족의 목표가 되고 있다.

무엇보다 돌봄 노동은 병든 가족원을 간호하는 일로부터 장기간에 걸쳐 가족 내 연로한 노인을 돌보는 일에 이르기까지 다양한 역할을 포괄하는 것으로 때로는 상대방의 심리적 안녕을 관장하거나 정서적 유대를 비롯하여 청소나 세탁, 자녀 양육과 같은 구체적 작업에 이르기까지 엄청난 투자가 요구되는 노동의 영역이다(Duncomb and Marsden, 1993 : A. 기든스, 2003 : 198에서 재인용). 그러나 여성이 전담해 온 돌봄 노동의 가치는 평가절하되어 왔으며, 이러한 평가절하는 곧 여성들이 사회적으로 수행하는 노동에 대한 평가와 맞물려 있다는 점에서 노동에 대한 새로운 패러다임을 요구하기도 한다. 특히 여성들의 경제활동이 꾸준히 증가함에 따라 여성이 전적으로 수행해 온 돌봄 노동의 공백은 사회적으로 쟁점화되고 있을 뿐만 아니라 돌봄 노동을 어떻게 분배하고 사회화할 것인가는 선진국의 주요한 정책 과제로 부상하고 있다.

한국사회에서도 맞벌이 가구가 증가하면서 여성의 이중 부담에 대한 논의가 빠르게 확산되고 있다. 그러나 이러한 사회 분위기에도 불구하고 가족 내에서는 "빠르게 변화하는 여성과 느리게 변화하는 남성의 지체"로 인한 부부 갈등이 증가하고 있다(이재경, 2006 : 139). 실제로 전국 가족 실태 조사[6] 결과에 따르면, 아내의 가사노동 참여율이 95% 이상임에 비해 남편들의 가사 참여율은 30% 미만이며 식사 준비와 설거지와 같은 일상적 가사노동의 참여는 아내 참여 횟수의 1/16-1/15에 불과한 것으로 나타났다. 또한 12세 이하의 자녀가 있는 가정에서 남편들의 자녀 양육의 참여는 매우 미흡하여 아내와 평등하게 분담한다는 응답은 10% 내외에 머물고 있다. 물론 맞벌이 가구의 경우에는 홑벌이 남편에 비해 참여의 정도가 다소 높게 나타나고 있지만, 그 역시 '분담'의 수준에 있다고 보기에는 턱없이 낮다. 더욱이 돌봄이 필요한 노인이나 환자의 경우에도 이를 돌봐 주는 주 돌봄자는 아내이거나 어머니, 며느리 혹은 미혼의 딸로 주로 여성에 의해 수행되고 있다(장혜경, 김혜영 외, 2005 : 179-181).

흥미로운 점은 동일 조사에서 나타난 부부간 의사결정 방식이다. 실태조사 결과에 따르면, 가족생활과 관련된 대부분의 결정 사안에 대해 부부가 '함께 결정한다'는 응답이 비교적 높아 민주적인 의사결정 방식이 부부관계에 보편적인 유형임을 알 수 있다. 그러나 아내의 취업이나 직장 이동에 관해서는 부부가 '함께 결정한다'는 응답이 높지만 '아내가 결정한다'보다는 오히려 남편이 결정한다는 응답이 높게 나타나고 있다.[7] 부부관계

6 2005년 여성가족부의 의뢰를 받아 한국 여성개발원에서 수행한 가족 실태 조사에 관한 자세한 정보는 장혜경, 김혜영 외, 〈가족 실태 조사〉(여성가족부, 2005)를 참조하라.

의 평등성을 보여 주는 지표에서 나타난 이러한 모순적 결과는 전통적 성 역할이 가족 내에서 강하게 유지되고 있음을 보여 주는 것이다. 즉 대부분의 가족에서 배우자의 취업 문제는 부부 공동의 결정 사안이지만, 남편과 달리 아내의 취업은 돌봄 노동의 공백과 연결된다는 점에서 여전히 남편의 양해와 배려가 필요한 사항임을 함축적으로 보여 주는 것이다.

그러하다면 오늘날 한국의 부부는 정말로 평등한가를 되물어 볼 필요가 있다. 물론 실태 조사에서 나타난 부부의 의사결정 방식은 '부부가 함께 결정한다'는 응답이 높게 나타나 의사결정에 관한 한 민주적인 부부관계가 유지되고 있다고 볼 수 있다. 그러나 가족 내 성 역할 구분이 뚜렷하고 역할의 불균형이 강하게 유지되고 있을 뿐만 아니라 자녀 양육에 있어 부부 역할 분담이 불공평하다는 응답이 51.2%(장혜경, 김혜영 외, 2005)로 나타나는 현실에서 의사결정 방식만을 가지고 부부관계의 형평성이 유지된다고 보기는 어렵다.

또한 부부관계를 보다 면밀히 이해하기 위해 이들의 부부 만족도를 살펴보면, 대다수의 부부가 자신들의 관계 전반에 대해 만족하고 있다고 응답하고 있지만, 부부 만족도의 항목별 차이와 성별 격차가 발견된다. 즉 전반적인 부부 만족도는 높게 나타나지만 부부 평등성과 배우자의 자신에 대한 평가에 대한 만족도가 상대적으로 낮으며, 남편과 아내의 만족도 차이가 비교적 크게 나타나고 있다(장혜경, 김혜영 외, 2005). 물론 부부 만족의 모든 항목에서 남편들의 만족도는 높게 나타나지만, 특히 부부관계의 평등성이나 배우자의 자신에 대한 평가, 부부가 서로 배려하고 챙겨 준다는 항목의 경우 남편과 아내의 격차가 두드러지고 있다. 이는 보통의 부부관

7 남편의 취업이나 직장 이동에 대해서는 '부부가 함께 결정한다'는 응답이 54.6%이고 '남편이 결정한다'는 응답이 19.8%인 데 비해, 아내의 취업이나 직장 이동에 관해서는 '부부가 함께 결정한다'는 응답이 55.9%이고 '남편이 결정한다'가 23.9%, '아내가 결정하는 편'이라는 답은 4.8%에 불과한 것으로 나타나고 있다(장혜경, 김혜영 외, 2005:170).

계가 극적인 갈등을 경험하는 경우는 적지만, 남편과 아내의 역할 긴장이 일상적으로 존재하고 그러한 긴장을 인지하고 체감하는 주체는 아내일 가능성이 높음을 말해 주는 것이다.

가족을 선택하고 유대를 지속시켜 나가기 위해서는 무엇보다 부부의 노력과 평등한 권리가 수용되어야만 가능한 일이다. 따라서 부부가 자녀 양육 과정에 함께 참여하여 자녀의 성장을 지켜보고, 돌봄이 필요한 가족원을 함께 보살핌으로써 서로의 생활 세계와 고충을 이해하려는 노력은 매우 중요하다. 더욱이 가족의 안팎에서 새로운 욕망이 끊임없이 유포되고, 가족 이외의 관계에서도 능히 친밀성을 확인하고 욕망의 추구가 가능한 사회이고 보면 단순한 기능적 의존에 근거한 부부관계만으로는 부족하다. 무엇보다 시장의 압력과 소비의 위력이 거세지는 현대사회에서는 노동시장의 참여가 남녀 모두에게 선택이 아닌 생존의 문제로 다가오며, 가족 재생산을 위해 여성이 가정에 긴박緊縛되어 있어야 할 필요성이 적어지고 있다. 그러므로 부부관계는 바야흐로 역할 분담에 기초한 상호 의존적 관계에서 벗어나 독립된 주체로서 가정과 사회를 넘나들면서, 평등하지만 가족 내 역할과 책임을 공유하는 정서적 친밀성에 기반한 것으로 전환되어야 한다.

2) 부모 · 자녀 관계의 불균형 – 청소년기 자녀를 중심으로

한국사회의 핵가족 문화가 서구의 그것과 다르다고 평가되는 주된 이유는 부모 자녀의 강한 응집력과 자녀에 대한 과도한 교육열에 있다. 즉 자녀 교육을 위한 부모의 헌신과 희생은 독특한 한국 중산층 가족의 모습으로서 부부 중심의 서구 핵가족과는 질적으로 구별되는 것이다. 하지만 우리 사회의 부모–자녀관계는 주로 자녀의 학업과 진학을 통한 문화 자본의 획득이라는 도구적 가치에 압도되어 있는 것이 사실이다(윤택림, 1996). 특히 자녀의 대학 진학을 위해서라면 부부관계는 물론 자녀와의 유대를 위한 정서적 관계 또한 기꺼이 양도 가능한 것으로 생각함으로써 본질적인 부모-자녀관계보다는 자녀의 학업이나 진로를 최우선으로 생각하는 경향이 강하게 나타나고 있다.

가족 실태 조사에서 나타난 청소년 자녀들의 가장 큰 고민 역시 학업과 진로이고 이들의 평일 저녁시간은 주로 사설 학원이나 과외 등의 보충수업으로 채워지고 있으며, 대부분의 평일 여가시간 또한 'TV 시청'이나 '컴퓨터 게임'으로 할애되고 있다. 물론 청소년기 자녀들은 학업에 대한 부담과 학업성적에 대한 가족 압력이 매우 높고, 발달 단계상 부모보다는 친구에 대한 의존도가 높기 때문에 부모에 대한 정서적 의존도가 점차 낮아지는 시기이기도 하다. 그러나 청소년기는 신체적, 지적, 정서적 발달이 동시에 진행되고, 성인기를 준비하고 설계하는 시기이자 입시 경쟁에서 오는 과도한 스트레스를 경험하게 된다는 점에서 가족의 유대를 체감하고 스트레스를 해소하는 가족 시간이나 가족 활동은 매우 중요하다.[8]

그러나 한국 가족의 경우에는 가족과 함께하는 물리적 시간이 절대적으로 부족한 것만은 아님에도 불구하고 대부분의 가족 시간을 'TV 시청'으로 소일하는[9] 수동적인 여가 형태를 보여 주고 있다. 가족의 주된 여가 형태를 살펴보면, 가족원이 모이는 저녁시간이나 휴일조차 TV 시청, 컴퓨터 게임, 가사노동 등 각기 따로 개별적으로 몰입하는 여가 형태를 보여 주고 있다. 전국 가족 실태 조사의 결과에 따르면 가족과 함께 하는 평일 저녁시

8 실제로 청소년들이 가족과 함께 여가를 즐기지 않은 이유 가운데 가장 높은 비율로 답한 것은 "가족 공동의 시간을 내기 힘들어서" 41.3%로 가장 많이 나타났으며, 다음으로 "일(학업 및 기타)이 너무 바빠서"가 15.4%, "경제적 부담" 때문이라는 응답은 14.4%로 나타났다. 청소년 여가활동에 있어서 가장 큰 장애 요인은 시간적인 문제였는데, 특히 저녁시간을 사설학원, 과외, 보충수업에 소비하는 비율이 30.5%, 컴퓨터 게임에 소비하는 비율이 18.5%로 높게 나타나고 있다(장혜경, 김혜영 외, 2005).

9 가족 실태 조사에서 나타난 한국 가족의 여가 행태를 살펴보면, 조사 대상 가구원 5,348명 중 평일에 가족과 함께(최소 2명 이상) 보내는 시간이 하루 평균 2시간 이상인 사람이 57.8%로 가장 높았지만, 가족과 함께하는 평일 저녁시간의 경우에는 조사 대상자 5,348명 가운데 49.9%가 주로 TV를 시청한다고 응답하고 있으며, 주말에는 평일과 마찬가지로 TV 시청을 하면서 여가시간을 보내고 있다는 응답이 52.8%에 달하고 있다(장혜경, 김혜영 외, 2005).

간에는 'TV를 시청한다'는 응답 비율이 절반에 달하며, 주말 역시 이와 다르지 않은 것으로 나타나고 있다(장혜경, 김혜영 외, 2005). 특히 청소년 자녀의 경우에는 부모와 함께 하는 활동이 거의 없는 것으로 나타나는데, 예컨대 가족 실태 조사에 의하면 2인 이상의 가족과 함께 하는 저녁식사의 횟수를 묻는 질문에서도 '거의 없음'이라고 응답한 비율이 10대 청소년에서 가장 높게 나타나고 있다.[10] 또한 부모와 동거하는 청소년 자녀 가운데 아버지나 어머니와 함께 한 달에 몇 번이나 운동·산책을 하는가 혹은 영화·연극을 관람하는지를 질문한 결과, 운동이나 영화 관람 등을 '한 달에 한 번도' 함께 하지 않는 응답이 압도적으로 높게 나타나고 있다.[11]

이같이 청소년 자녀들은 가족과의 적극적인 여가활동을 하고 있지 못할 뿐만 아니라 아버지와의 관계도 원만하지 않은 것으로 나타났다. 예컨대 청소년 자녀와 그들 부모의 의사소통 정도를 살펴보면, 아버지와 자녀의 소통 관계가 매우 불균형하게 이루어지고 있음을 알 수 있다. 자녀와의 의사소통에 대해 아버지와 어머니는 자녀들이 허물없이 고민이나 장래에 대해 상의한다고 생각하는 비율이 높게 나타난 반면, 청소년 자녀들은 어머니와의 의사소통은 만족스럽지만 아버지와의 대화는 부족하다는 비율이 높게 나타나 아버지들의 생각과는 거리가 있음을 알 수 있다. 예를 들면 부모님과 함께 살고 있는 청소년 가운데 청소년의 60.1% 가량은 아버지와의 '대화가 부족하다'고 느끼지만, 어머니와는 71.1%가 '대화가 충분하다'고 답하고 있다. 이에 비해 아버지들의 65.8%가 자신들과 자녀는 '허물없이 대화하는 편'이라고 응답한 바 있다(장혜경, 김혜영 외, 2005). 또한 자녀가 고

---

10 평일 가족원 2인 이상이 함께 하는 저녁식사가 거의 없다는 응답은 10대는 8.7%, 20대는 7.6%, 30대는 3.7%, 40대는 5.5%, 50대는 4.8%, 60대는 2.1%, 70대 이상은 1.7%로 나타났다(장혜경, 김혜영 외, 2005).

11 아버지와 한 달에 한 번도 산책이나 운동을 하지 않았다는 청소년은 82.3%, 어머니와 산책·운동을 하지 않은 비율은 74.2%이며, 아버지와 영화, 연극, 음악회 등을 한 달에 한 번도 하지 않았다는 응답은 93.5%, 어머니와 한 번도 문화 활동을 하지 않았다는 응답은 89.9%에 달하고 있다(장혜경, 김혜영 외, 2005).

민을 상담하는 주된 상대는 친구, 어머니의 순이지만, 아버지라고 답한 청소년들은 3.9%에 불과해 청소년기 자녀의 생활 세계에 있어 아버지의 부재를 확인할 수 있다.

이러한 우리 가족의 모습은 사회적인 성공이나 생계 부양자, 자녀 훈육자로서의 부모 역할이 강조된 나머지 자녀와 함께 놀아 주는 친밀한 아버지나 어머니, 또는 자녀의 이야기에 충분히 귀 기울여 주는 소통적 관계에서의 아버지 역할은 상당히 부족했음을 보여 주는 것이다. 특히 아버지는 물론, 일하는 어머니들의 경우 역시 과도한 경쟁으로 인한 부담으로 자녀와 함께 하는 일상이나 여가를 소홀히 하게 되고, 이는 결과적으로 부모 자녀의 소통 기회를 감소시킴으로써 그들의 관계를 소원하게 만드는 것이다. 흔히 부모의 관점에서는 자녀에 대한 지시적 언어와 훈육을 위한 일방적인 관심의 표현을 자녀와의 소통으로 이해하지만, 정작 자녀들의 경우에는 자신들의 행동을 체크하고 평가하는 위계적인 언어 표현으로 수용될 가능성이 높다. 따라서 서로에 대한 입장이나 관점을 공유하려는 노력이 수반되면서 상호의 관심사를 교환하는 것이 소통적 관계의 기본이라는 점에서 현재의 부모-자녀관계를 뒤돌아볼 필요가 있다.

남녀를 막론하고 노동 세계에서의 성취만을 강조하는 삶은 결국 반쪽에 불과한 것임에도 불구하고 자녀에게 책임을 다하는 아버지나 어머니의 역할을 수행하기 위해 기성세대는 과도한 조직 몰입과 헌신을 마다하지 않으며, 자녀들은 자신들의 욕구와 능력과는 무관하게 입시와 취업 경쟁에 매몰됨으로써 정작 가족끼리의 원만한 소통과 친밀한 유대는 뒷전으로 밀려나는 것이 우리의 현실이다. 이러한 경쟁 중심의 사회에서 가족은 경쟁을 준비하고 그러한 경쟁체계에서 오는 긴장감을 해소하는 보조적, 수단적 장소로 전락하기 십상이다. 그러나 정작 한국의 가족은 이러한 경쟁을 준비하기에도 역부족이며, 과도한 경쟁에서 오는 스트레스를 쉽게 풀어 줄 수 있을 만큼의 자기완충적인 기능도 수행하지 못하는 경우가 허다하다. 그리고 이러한 기능적 장애의 큰 원인은 바로 가족관계의 친밀성 부재와 왜곡된 소통 구조에 있음은 두말할 나위가 없다.

4. 결어 및 제언

젊은 층의 개인화된 삶의 방식이 대중적 키워드로 인식되고, 여성들의 권리 의식이 확장되면서 이제까지 행위 규범의 원형으로 인식되어 온 가족주의의 우월성은 점차 약화되고 있다. 현재의 가족 내·외적 변화는 평등한 관계를 바탕으로 개인의 다양한 욕구와 그러한 욕구 충족을 위한 개인권의 부상을 특징으로 하고 있다는 점에서 오늘날의 가족문화는 질적인 전환을 요구받고 있다. 가족 구성이 전적으로 개인의 선택과 의지에 좌우되는 현대사회에서 가족은 하나의 목표를 수행하는 질시정연한 조직이 아니라 개별 가족원의 욕구에 따라 얼마든지 유연하게 변화 가능한 관계망으로 재구성되고 있다. 각자의 가치 기준에 따라 상호 협의와 조율을 통해 합의를 형성해 간다는 점에서 가족원은 상호 소통과 공유를 지향하지만, 동시에 개별 성원의 다양한 목표와 욕구를 인정하고 수용해야 한다는 점에서는 철저히 개별화를 지향하는 것이다. 이는 기성의 집합적 가치와 개인권의 조화를 모색하는 것인 동시에 가족이 함께 그리고 개별자로서 각기 따로의 삶을 수용하는 성숙된 가족문화로의 이행을 의미하는 것이다.

한국사회의 핵가족은 서구와 달리 부부보다는 부모-자녀의 관계가 부각되어 왔지만, 주로 자녀의 학업과 진로 지도를 통한 가족 지위의 재생산에 초점이 맞추어져 있을 뿐 자녀와의 정서적 유대에는 상대적으로 소홀히 해 왔다는 자기모순을 갖고 있다. 뿐만 아니라 가족 외부에서 급속히 변화하는 젠더 질서에 비해 가족 내 역할 구조는 여전히 더디게 변화하는 가족 지체로 부부 갈등의 가능성이 잠재되어 있다. 따라서 개인의 선택권이 남녀에게 차별적으로 적용되지 않고 평등성에 기반한 상호 소통적 관계를 형성·유지하기 위해서는 부부의 역할 공유가 보다 수월해지고 그 경계는 더욱 유연해질 필요가 있다.

특히 가사노동과 자녀 양육의 성별 공유가 이루어지지 않은 상태에서 부부의 민주적인 의사결정 방식만으로 부부관계의 형평성을 확보하기 어렵다. 뿐만 아니라 서로 다른 세계에서 상이한 역할을 반복적으로 수행해야 하는 부부는 자신들의 친밀성을 확인하기 위한 특별한 노력이 수반되지 않는 한 소통적 관계를 지속하기 어렵다. 그러므로 한국 가족은 부부와 부모-자녀의 친밀성과 유대를 확인할 수 있는 가족문화로의 전환이 필요하고, 이는 부부와, 부 또는 모와 자녀, 혹은 자녀끼리의 소통의 기제를 확보해야 함을 의미하는 것이다. 또한 이러한 소통은 가족 내적 관심뿐만 아니라 이웃과 지역, 공동체, 사회를 향해 열려 있어야 하는데, 이는 재생산을 위한 가족 단위의 투자가 중시되고 자녀의 문화 자본을 위해 부모의 헌신을 당연시하는 문화가 지배적인 경우에는 경쟁 구조에 적합하지 않는 여타 가족의 삶을 백안시하거나 열등한 것으로 인식할 우려가 높기 때문이다.

이제, 한국의 가족문화는 혈연적 귀속주의에 의한 기계적 유대에서 벗어나 끊임없는 소통을 통해 서로의 차이와 다름을 인정하는 새로운 유대방식을 발견해야 하는 과제를 부여받게 된 것이다. 다양한 삶의 방식과 소통이라는 새로운 가족문화를 구성해야 하는 우리의 사명은 비단 가족을 구성하는 개인의 수준에서 끝나는 것이 아니라, 전 사회공동체 수준에서 함께 풀어 가야 할 과제인 것이다. 목표 지향적인 삶에서 과정 지향적인 삶, 타인과의 경쟁에서 생존하는 법을 강조하기보다는 타자와 이웃, 공동체와 함께하는 방법을 터득하고 이를 몸으로 체현하려는 고민이 전 사회적으로 이루어지지 않는다면 가족을 구성하는 개인들의 노력 역시 무위로 끝날 수밖에 없기 때문이다. 그러므로 우리 모두는 남성과 여성을 넘어 사회 전체가 보살핌을 공유하고, 개인과 가족, 이웃과 공동체의 경계를 넘나들면서 타인을 배려하는 사회가 어떻게 가능한 것인가를 함께 고민해야 할 것이다. ■김혜영

참고문헌

김현옥. 2002. 〈가족주의 의식의 구성과 변화〉.《가족과 문화》14집 1호 : 3−30.

김혜영. 2003. 〈한국의 가족주의와 여성 인권〉.《아시아여성연구》42호.

마경희 · 이은아. 2006. 〈새로운 가족문화 조성을 위한 정책방향과 실천적 대안—가족에서 공동체로〉.《가족문화정책 방향 및 실천적 대안 찾기》. 여성민우회 토론 자료집.

벡 · 벡 게른스하임. 1999.《사랑은 지독한, 그러나 너무나 정상적인 혼란》. 강수영, 권기돈, 배은경 옮김. 새물결.

박통희. 2004. 〈가족주의 개념의 분할과 경험적 검토〉.《가족과 문화》16집 2호 : 93−125.

양옥경 · 김혜영. 2001. 〈가족의식의 변화를 통해서 본 가족정책의 방향〉.《가족과 문화》13집 2호 : 29−55.

윤택림. 1996. 〈생활문화 속의 일상성의 의미—도시 중산층 전업주부의 일상생활과 모성이데올로기〉.《한국 여성학》12권 2호.

이재경. 2006. 〈공 · 사적 영역의 변화와 '가족'을 넘어서는 가족정책〉.《여성연구》68호.

장혜경 · 김혜영 외. 2005(a). 〈가족정책기본계획수립을 위한 연구〉. 여성가족부.

______. 2005(b). 〈전국가족실태조사〉. 여성가족부.

최선희 · 장신재. 2002. 〈부부 의사소통이 부부폭력 및 결혼만족도에 미치는 영향〉.《가족과 문화》14집 2호 : 31−58.

최재석. 1982.《한국 가족의 이해》. 일지사.

함인희. 2001. 〈배우자 양식의 변화 : 친밀성의 혁명〉.《가족과 문화》13집 2호 : 3−28.

A. 기든스. 2003.《현대사회학》. 김미숙 · 김용학 · 박길성 외 옮김. 을유문화사.

______. 1996.《현대사회의 성, 사랑, 에로티시즘》. 배은경 · 황정미 옮김. 새물결.

재생산 기술 시대의 출산[1]

1. 시작하며

최근 인공수정, 체외수정-배아 이식, 정자미세주입법 등의 재생산 기술을 이용한 임신 및 출산이 증가하면서, 재생산 기술을 이용한 임신 및 출산이 자연 임신 및 출산을 보완하는 보편적인 시술 방법으로 자리잡아 가고 있다. 또한 생명공학 기술의 발달에 의해 체외수정의 방법으로 대리모의 자궁을 이용하는 대리출산 방법이 가능해지면서 대리모 계약에 의한 출산도 암암리에 상당히 이루어지고 있다.

한국사회에서는 이 재생산 기술이 최근 만혼화에 따른 만산화 추세 속에 증가해 가고 있는 불임 남녀들에게 아이를 가질 수 있는 가능성을 준다는 점에서 대체로 긍정적인 평가를 받아 왔다. 물론 여성계와 종교계에서 비

1 이 글은 경제 · 인문사회연구회 협동연구총서《미래 가속의 재생산 기능 변화 전망》(임인숙 · 김수영 · 최은정 · 이동주, 정보통신정책연구원/한국 여성개발원, 2006)의 5장을 수정 보완한 글이다.

판의 초점이 다르기는 하지만 재생산 기술에 대한 비판과 우려를 제기하는 목소리가 끊임없이 있어 왔다. 그러나 한국사회 전반의 반여성주의적 문화와 발전주의 이데올로기는 그러한 비판을 철저히 주변화시켜 왔다.[2]

지난 황우석 사태 등을 통해 의료계와 생명공학계에서의 여성 몸의 도구화 및 심각한 인권 침해 상황이 일부 알려지기는 했지만, 여성 관련 쟁점들을 회피해 가는 언론계의 담론들에 의해 황우석 사태의 본질이 왜곡되어 버리고, 재생산 기술의 발전에 대한 근본적인 비판도 사회적으로 다시 주변화되어 가고 있다.

이러한 가운데 정부는 2006년 3월부터 저출산 대책의 일환으로서 '불임부부의 시험관아기 시술비 지원 사업'을 시작하였다. 보건복지부는 '불임부부의 시험관아기 시술비 지원 사업'을 통해 총 465억 원(국비 213억 원, 지방비 252억 원)의 재원으로 1만 6천여 쌍의 불임 부부에게 시술비 1회 평균 300만 원의 절반에 해당하는 150만 원을 연내 2회에 걸쳐 지원하며, 기초생활수급자에게는 1회당 256만 원(최대 510만 원)을 지원하기로 했다. 그런데 저출산 대책 중 불임시술 지원 사업에 투여되는 예산은 영유아 보육료 지원, 육아 지원 사업 다음으로 많은 총 6,430억 원이 투여될 예정이다.[3] 이렇게 불임 치료에 대한 정부의 대대적인 지원이 이루어지게 됨에 따라 앞으로 재생산 기술을 이용하는 사람들은 더욱 늘어날 것으로 예상된다.

그러나 한국사회에서는 재생산 기술과 관련된 정보를 전문 의료인들이 독점한 채 사회적 관리도 제대로 이루어지고 있지 못한 상황이며(하정옥,

2 최근 한국사회에서는 세계 최저 수준의 저출산 추세가 계속되면서 한국 여성의 출산 행동에 관심이 집중되고 있다. 그러나 이러한 관심은 가족 전략 차원에서 저출산 행동으로 나아갈 수밖에 없는 한국 여성의 현실(배은경, 2006)을 이해하는 차원에서 나타나는 것이 아니라 저출산 문제를 여성의 이기심에서 기인한 것으로 왜곡하고 사회 전반에 페미니즘에 대한 반격을 노골적으로 나타내는 계기가 되고 있으며, 여성들에게 출산을 강요하는 분위기를 조성해 가고 있다.

3 이는 육아휴직제도 활성화 사업 2,933억 원, 육아 지원 서비스 제공 1,510억 원과 비교해 볼 때, 정부의 저출산 대책이 직접적인 출산 장려 정책에 중점을 두고 있음을 잘 보여 준다.

2006), 불임이라고 의학적으로 판정받은 부부들조차 충분한 정보를 듣지 못하고 있는 상황이다(조영미, 2006). 이런 상황에서 과대하게 부풀어진 불임 치료술의 효과에 대한 환상은 많은 불임 부부들에게 심리적 좌절감을 안겨 줄 가능성이 높다. 더욱 중요한 점은 정부의 불임 치료 지원 정책이 실제로 불임 치료의 대상이 되고 있는 여성의 몸에 대한 신체적, 정신적 부담을 증대시킬 것이고, 더 나아가 여성들에게 출산을 강요하는 사회 전반의 분위기를 고조시킬 것[4]으로 우려된다는 점이다.

이와 같이 재생산 기술에 대한 논의가 충분히 이루어지지 않은 채 불임 부부 치료 지원 사업이 저출산 대책으로서 대대적으로 추진되는 것은 예기치 않은 많은 문제와 혼란을 초래할 것으로 생각된다. 따라서 앞으로 재생산 기술의 발전이 야기하는 여러 가지 심각하고도 근본적인 사회적, 윤리적 문제들과 위험에 대해서 사회적인 쟁점으로서 진지하고 철저한 논의가 이루어질 필요가 있다.

이 글에서는 재생산 기술이 발전해 온 역사와 현재 이용되고 있는 재생산 기술의 유형, 한국사회의 재생산 기술의 현황에 대해서 살펴보고 나서, 재생산 기술의 이용이 초래하고 있는 문제점과 위험을 정리한 후, 재생산 기술의 발전이 한국사회의 결혼 및 출산에 대해 끼칠 영향에 대해서 분석하고자 한다.

2. 재생산 기술 발전의 역사

재생산 기술이 발전해 온 역사를 살펴보면, 재생산 기술은 여성들이 그것

4 또한 정부는 대대적인 저출산 위기 담론 속에서 결혼 이주 여성을 저출산 대책의 일환으로 활용하는 정책을 추진하고 있다. 출산율을 높이기 위한 정부의 이러한 정책들을 통해 여성의 성과 재생산에 대한 직접적인 통제의 강화가 예상되며, 이는 여성에게 출산을 강요하는 사회 전반의 분위기를 고조시킬 것이다.

을 필요로 했기 때문에 생긴 것이 아니라, 자본과 과학이 그들의 성장과 진보의 모델을 유지하기 위해 여성을 필요로 했기 때문에 개발된 것(마리아 미스, 반다나 시바, 2000 : 220)이라는 점을 확인할 수 있다.

근대 자본주의 사회가 성립되어 가는 과정에서부터 서양의 의학은 과학의 이름으로 성적 차이를 왜곡하고 여성의 성과 재생산을 국가가 관리 · 통제해 가는 데 큰 기여를 해 왔다(라나 톰슨, 2001).

15세기 초만 해도 유럽의 과학은 중국, 인도, 아라비아보다 덜 발전된 상태였다. 그러나 근대 유럽의 과학 발전은 인간(남성)의 두뇌력을 파괴와 전쟁의 기술을 위해 사용하는 가운데 이루어졌다는 점이 다른 문명과 다르며, 이 점은 이후 유럽이 과학의 헤게모니를 잡을 수 있었던 중요한 배경이다(마리아 미스, 반다나 시바, 2000 : 221-223). 보다 많은 부를 생산하기 위한 인간 노동력의 극대화를 위해 근대 과학에 근거한 인종차별주의, 여성차별주의에 기반하여 자연, 여성, 식민지에 대한 강제와 폭력이 가해짐으로써 가부장적 자본주의가 성립할 수 있었던 것이다.

19세기 후반이 되면 다윈의 진화론에 영향을 받은 우생학 운동이 벌어지면서 사회적으로 큰 영향을 끼쳤다. 우생학 운동은 히틀러가 '미래 세대의 유전 질병 방지법'을 제정하여 유대인, 집시, 장애인 등에게 강제 불임을 시행하며 가했던 잔혹함으로 인해 평판이 떨어졌다. 그러나 이 운동의 참여자들은 제2차 세계대전 이후 인구 조절과 가족 계획 기관에 들어가 우생학적 선택과 제거의 원칙을 전 세계 인구에 적용하였다. 재생산 기술의 발전은 이러한 우생학자들에 의해 태아 검진, 유전자 조작, 시험관 수정 등의 새로운 재생산 기술로 이어졌다는 역사적 기원을 갖고 있다(마리아 미스, 반다나 시바, 2000 : 227-230).

20세기 대중 보건의료의 기초를 이루는 생의학 모델은 건강한 남성의 육체를 인체의 표준으로 설정하였다. 여성 보건 문제는 산과학 및 부인과학의 대상으로 규정되었고, 그동안 여성의 관할하에 있던 재생산과 관련된 모든 관행을 대중 보건의료가 독점하는 '재생산의 의료화'가 이루어졌다. 재생산이 의료화되면서 재생산과 관련된 여성의 자율성은 부정되었다(송인주, 2006: 305-308). 이후 여성보건의 주요 목표는 임신과 출산을 잘 관리하여 성공률을 높이는 것이었다. 따라서 '불임'은 현대 산부인과학에서 가장 치명적인 여성보건문제로 규정되었고, 불임의 '치료'를 위한 재생산 기술이 지속적으로 발전하여 왔다(조영미, 2004a; 조영미, 2004b; 송인주, 2006; 라나 톰슨, 2001; 주디 와츠맨, 2001).

불임 치료를 위한 재생산 기술의 발전은 '성교로부터 재생산을 분리'시키는 '1차 재생산 혁명'이라고 불리는 피임기술의 발전에 이어 '재생산으로부터 성교를 분리'시키는 '2차 재생산 혁명'을 가져왔다(Blank, 1990 : 1-11).

이러한 재생산 기술의 발전에서 획기적인 전환점이 되었던 것은 1978년 영국에서 세계 최초의 체외수정 기술에 의한 시험관아기 루이스 브라운의 탄생이었다(Thebaud, 1994). 이로써 불임치료를 위한 재생산 기술의 발전은 '성교로부터 재생산을 분리'시키는 '1차 재생산 혁명'이라고 불리는 피임기술의 발전에 이어 '재생산으로부터 성교를 분리'시키는 '제2차 재생산 혁명'으로 나아간 것이다(Blank, 1990: 1-11). 그 이전까지의 불임치료술은 배란 촉진제를 투여하거나 체내수정인 인공수정 기술에 한정된 것이었다. 그러나 시험관아기의 등장은 피임·출산 등 재생산과 직접 관련되어 보건의료제도 내에서 불임 치료가 이루어지던 것을 넘어서는 새로운 방식의 도입을 의미했다. 체외수정-시험관아기는 유전학과 발생학의 연구 성과가 의료임상과 결합된 것이었다. 1980년대 이후 관련 파생 기술의 발전이 본격화되면서 새로운 재생산 기술은 '생명공학 기술'이라는 형태를 띠게 되었고, 이에 따라 재생산의 의료화는 새로운 양상으로 전개되어 간다(Blank, 1990; 송인주, 2006; 주디 와츠맨, 2001).

재생산 기술이 생명공학 기술로 발전하면서 가장 주목되는 점은 재생산이 '분절화'된 형태로 의료화된다는 점이다. 과거에는 성교, 수태, 임신, 출산에 이르는 일련의 과정을 한 여성이 연속적으로 경험했지만, 이제는 각각의 단계가 상대적으로 독립적인 부분으로 분할되고, 여기에 복수의 여성이 개입하게 되었다. 또한 과거에는 산과 의사가 재생산 과정 전체를 모두 통제했지만, 이제는 분절화된 재생산 과정의 각각의 단계에 따라 산부인과 의사만이 아니라 다른 의료 인력, 생명공학자, 기업가, 법률가 등 다양한 전문가들이 개입하게 되었다. 그 결과 실제 부모나 여성의 의사결정권은 더욱 제약되었다(송인주, 2006 : 325).

한편 재생산 기술의 발전이 자본과 생명공학의 결합 형태를 띠게 되면서 불임 치료술은 점점 더 영리화되고 있는 추세다(Blank, 1990 : 56-86). 재생산 기술의 상업화가 가장 발달되어 있는 미국의 경우 영리를 목적으로 하는 정자은행과 난자은행, 저온보존 업체가 증가하고 있다. 연간 수천 명에 이르는 대리모 수요를 충족하기 위한 시장도 발달하고 있다(송인주, 2006). 또한 새로운 재생산 기술의 원료가 되는 난자와 정자, 대리모 등은 이미 세계적으로 거래되고 있다(마리아 미스, 반다나 시바, 2000).

이렇게 재생산의 의료화가 상품화와 결합하여 전개되면서 불임 치료술은 구매력 있는 계층만이 접근 가능한 불임 치료로 점점 더 영리화되는 추세이며, 이는 불임 치료를 이용하는 소비자의 계층화로 나아가고 있다(Blank, 1990; 송인주, 2006).

생명공학 기술의 발전은 불임 치료의 증가를 통해 출산율 향상에 기여할 것으로 예상되기도 하지만, 자본과 생명공학의 결합이라는 점에서 보건의료의 산업화가 급진전될 것이며 이에 따른 다양한 문제를 야기할 것으로 예상된다.

보건의료 체제에 깊이 뿌리내리고 있는 가부장주의와 여성차별주의는 재생산 기술을 활용한 불임 치료 과정에서도 여성을 철저히 배제하고 충분한 정보를 제공하지 않은 채 여성을 대상화하고 있다(조영미, 2004a; 조영미, 2004b; 조영미, 2006; 레슬리 도얄, 2006a; 레슬리 도얄, 2006b). 여성이 자신의 몸에서 일어나고 있는 상황에 대한 정보를 의료진으로부터 거의 들을 수 없는 상황에서 여성들은 자신도 모르는 사이에 생명공학 기술의 원료가 되는 난자를 추출당하고 있는 상황이다(레슬리 도얄, 2006a; 레슬리 도얄, 2006b).

3. 재생산 기술의 유형

재생산 기술이란 재생산 과정에 대한 인위적인 개입의 기술(家永 登, 2004 : 222)로, 다음의 3가지로 크게 구분할 수 있다. 첫째는 원하지 않는 아이의 출산을 막는 기술로, 피임, 불임 수술, 인공 임신중절 등을 들 수 있다. 둘째는 임신의 성립을 보조하는 기술로, 배란 유도제를 사용하는 약물 치료, 인공수정, 체외수정, 비세수정 등을 들 수 있다. 셋째는 산전 진단, 태아 치료, 태아 성감별 등을 들 수 있다(仙波 由加里, 2005 : 216). 이 중에서도 이 글에서 특히 주목하는 재생산 기술은 두 번째로 언급한 기술로서 일반적으로 '불임 치료'라고 알려져 있다.

불임으로 진단받으면 불임의 원인에 따라 단계적으로 불임 치료가 시술된다. 불임 전문가들이 분류한 불임의 원인적 요인으로는 여성의 경우 배란 장애, 난관 폐쇄, 자궁내막증, 자궁경부 요인, 복막 인자 등이 있고, 남성의 경우 무정자증, 정자 감소증, 정자운동성 저하증이 있다. 그 외에 원인 불명, 복합 요인으로 나누어진다(조영미, 2006 : 62). 불임 치료는 배란 유도제를 사용하는 약물 치료와 난관 개통술, 자궁근종 절제술 등의 수술, 체내수정에 해당되는 인공수정AI(Artificial Insemination)과 체외수정에 해당되는 다양한 보조생식술ART(Assisted Reproductive Technologies), 그리고 대리모를 이용한 대리출산 등으로 나아간다.

1) 인공수정

인공수정AI(Artificial Insemination)은 일련의 처리된 정자를 여성의 자궁강 내로 직접 주입하여 자연적인 수정이 이뤄지도록 유도하는 기술이다. 인공수정에는 배우자 간 인공수정과 비배우자 간 인공수정이 있다. 배우자 간 인공수정AIH(Artificial Insemination with Husband)은 남편 정자에 의한 인공수정이다. 결혼한 남녀가 여러 가지 의학적 문제 때문에 통상적인 성적 결합이 어려운 경우 또는 특수한 사정으로 결혼생활을 할 수 없을 때 남편의 정자를 그의 부인의 체내에 인공적으로 주입하여 임신하게 하는 방법이다. 비배우자 간 인공수정AID(Artificial Insemination by Donor)은 제3자의 정자에 의한 인공수정이다. 남편에게 불임 원인이 명확하게 있을 때 사용하는 방법이다(보건복지부, 2005 : 10).

2) 보조생식술

보조생식술ART(Assisted Reproductive Technology)은 불임 치료의 방법으로 난자와 정자를 체외에서 조작하여 임신이 되도록 도와주는 모든 방법을 말한다(보건복지부, 2005 : 8). 보조생식술이 인공수정과 다른 부분은 난자에 인위적인 조작을 가한다는 것이다. 보조생식술은 정자 제공자와 난자 제공자, 임신하는 자가 누구냐에 따라 10가지 유형이 있다(보건복지부, 2005 : 11).[5]

5 1. 남편의 정자와 부인의 난자를 가지고 부인의 자궁에 착상시킨 경우, 2. 남편의 정자와 부인의 난자를 가지고 제3자의 자궁에 착상시킨 경우. 3. 남편의 정자와 제3자의 난자를 가지고 부인의 자궁에 착상시킨 경우. 4. 남편의 정자와 제3자의 난자를 가지고 그 여성의 자궁에 착상시킨 경우. 5. 남편의 정자와 제3자의 난자를 가지고 다른 여성의 자궁에 착상시킨 경우. 6. 제3자의 정자와 부인의 난자를 가지고 부인의 자궁에 착상시킨 경우. 7. 제3자의 정자와 부인의 난자를 가지고 제3의 여성의 자궁에 착상시킨 경우. 8. 제3자의 정자와 제3자의 난자를 가지고 부인의 자궁에 착상시킨 경우. 9. 제3자의 정자와 제3자의 난자를 가지고 그 여성의 자궁에 착상시킨 경우. 10. 제3자의 정자와 제3자의 난자를 가지고 다른 여성의 자궁에 착상시킨 경우.

보조생식술 중에서 가장 많이 이용되고 있는 것은 체외수정과 배아 이식IVF-EF(In Vitro Fertilization-Embryo Transfer),[6] 정자미세주입법ICSI(Intracytoplasmic Sperm Injection)[7]이다. 또한 배우자 난관 내 이식술GIFT(Gamete Intrafallopian Transfer),[8] 접합자 난관 내 이식술ZIFT(Zygote Intrafallopian Transfer),[9] 원형정자세포 미세주입법ROSI,[10] 무정자증 환자의 시험관아기TESE[11] 등이 있다(보건복지부, 2005 : 12-14).

3) 대리모

대리모 출산은 자궁 유착, 자궁 적출 등의 자궁 기능의 장애로 인해 자신의 자궁에 의한 임신이 불가능한 여성이 제3의 다른 여성의 자궁을 빌려 남편의 자녀를 임신하게 되는 것을 말한다. 또한 대리모 출산은 임신을 했을 경우 신체적 · 정신적으로 위험에 노출되어 있기 때문에 임신을 기피하는 여성에게 불임을 극복하는 대안으로 이용되기도 한다. 의뢰한 부부의 남편의 정자를 제3의 여성의 체내에 주입하여 인공수정 또는 체외수정을 하는

---

6 체외수정과 배아 이식IVF-EF(In Vitro Fertilization-Embryo Transfer)은 성숙한 난자를 난소에서 채취하여 정자와 체외에서 수정시킨 후, 그 수정란을 배양하여 다시 자궁 속에 이식하는 방법이다. 난관에 장애가 있는 경우에 이 방법이 이용된다.

7 정자 미세주입법ICSI(Intracytoplasmic Sperm Injection)은 인공적으로 난자의 세포질 내로 정자를 주입함으로써 수정이 이루어지도록 하는 방법이다. 남편의 정액이 극히 불량한 경우, 즉 정자의 수가 너무 적어 1cc 당 100만 마리 미만이거나 정자의 운동성이 거의 없는 경우, 기형률이 매우 높은 경우에 이용된다.

8 배우자 난관 내 이식술GIFT(Gamete Intrafallopian Transfer)은 체외수정과 같은 방법으로 채취한 난자와 정자를 체외수정 시키지 않고, 체외에서 섞은 후 바로 원래 수정이 이루어지는 장소인 난관 속에 넣어 주어 자연적으로 수정이 일어나도록 하는 방법이다. 정자가 난관에 도달할 수 없거나 체내 인공수정으로 효과가 없는 경우에 이용된다.

9 접합자 난관 내 이식술ZIFT(Zygote Intrafallopian Transfer)는 배우자 난관 내 이식술GIFT(Gamete Intrafallopian Transfer)과 거의 유사하며, 채취한 난자를 체외에서 남편의 정자와 수정을 유도한 다음 수정이 확인된 난자만을 골라 난관에 이식하는 시술이다.

10 원형정자세포 미세주입법ROSI은 남편이 정자를 생산하지 못하는 경우에 아직 완전한 정자로 발달되기 전의 상태로 꼬리가 없어 운동성이 없는 원형정자세포를 정자 미세주입법ICSI(Intracytoplasmic Sperm Injection)과 같은 방법으로 원형정자를 직접 난자 내에 주입하여 수정시키는 방법이다.

11 무정자증 환자의 시험관아기TESE는 남편이 무정자증일 경우 고환 내의 정자를 회수한 다음 정자 미세주입법ICSI(Intracytoplasmic Sperm Injection)을 이용하여 임신을 가능하게 하는 방법이다. 남편의 고환 조직에서 정자의 생산 능력이 있어야 하고 또한 정관이나 부관의 폐쇄가 없어야 가능하다.

〈표 3-1〉 보조생식술의 유형

수정 장소	정자 제공자	난자 제공자	임신녀	명칭	비고
체내	남편	부인	부인	배우자 간 체내수정	
		비배우자	비배우자	대리모 I	
	비배우자	부인	부인	비배우자 체내수정	정자 기증
		비배우자	난자 제공자	무배우자 체내수정	
체외	남편	부인	부인	배우자 간 체외수정	
			비배우자	대리모II	순수한 의미의 대리모
		비배우자	부인	비배우자 체외수정 I	난자 기증 체외수정
			비배우자	대리모III	난자 기증 대리모
		비배우자1	비배우자2	대리모IV	난자 제공자와 임신녀가 다름
	비배우자	부인	부인	비배우자 체외수정IV	정자 기증 체외수정
			비배우자	대리모V	정자 기증 대리임신
		비배우자	부인	수정란 입양	정자, 난자, 수정란 기증
			비배우자	무배우자 체외수정 I	
		비배우자1	비배우자2	무배우자 체외수정II	난자 제공자와 임신녀가 다름

자료 : 김상득.《생식의료윤리학》. 철학과 현실사, 2000. p.78

것이 보통이지만, 최근 보조생식 기술의 발달에 따라 체외수정을 거친 냉동배아 이식, 난자핵 이식 등을 통한 체외수정의 방법으로 대리모 출산의 가능성이 확대되고 있다(보건복지부, 2005 : 21).

대리모Surrogate Mother 유형은 크게 전통적 대리모와 자궁 대리모로 나누어진다. 전통적 대리모는 대리모의 난자와 자궁을 모두 이용하는 것으로, 의뢰한 부부의 남편과 대리모가 직접 성교하는 방법과, 의뢰한 부부의 남편의 정자를 채취하여 대리모의 체내에 착상시켜 출산하는 방법의 두 가지 유형이 있다. 자궁 대리모는 의뢰한 부부의 정자와 난자를 각각 추출하여 체외수정시킨 다음 대리모의 자궁에 수정란을 이식, 착상, 출산하게 하는 방법이다(변화순 외, 2003 : 158-159). 전통적 대리모를 통한 대리출산 중 후자의 유형을 유전적 대리출산genetic surrogacy이라고 하고, 자궁 대리모를 통한 대리출산을 임신 대리출산gestational surrogacy이라고 한다.

대리모 출산에 체외수정의 시술 방법이 이용되면서 대리모 유형이 복잡해졌다. 정자, 난자, 자궁의 제공자가 어떻게 조합되느냐에 따라 다양한 유형이 가능해졌다(표 3-1 참고).

체외수정의 시술 방법이 대리모 출산과 결합하면서 대리모에 의해 출생한 아이를 둘러싸고 아주 복잡한 부모-자녀관계가 성립하게 되었다. 유전적 아버지와 생물학적 아버지, 그리고 유전적 어머니와 생물학적 어머니, 양육하는 어머니 등의 관계가 생겨나게 된 것이다.

대리출산은 대리출산을 한 대가로 돈을 받았는지의 여부에 따라 상업적 대리출산과 이타적 대리출산으로 구분된다. 상업적 대리출산commercial surrogacy은 대리모가 난자를 제공하거나 태아를 임신하는 것, 혹은 난자도 제공하고 태아도 임신하는 것에 의해 금전적으로 보상받는다. 이타적 대리출산altruistic surrogacy은 대리모가 난자를 제공하거나 태아를 임신하는 것 혹은 난자도 제공하고 태아도 임신하는 것이 기부의 의미로만 행해질 뿐 금전적 보상이 이루어지지 않는다. 이타적 대리출산은 타인 간에 이루어지는 경우도 있지만 가족관계에 있는 여성에 의해 이루어지는 경우가 많다. 자궁상의 문제로 아이를 낳을 수 없는 딸을 위해 딸의 어머니, 즉 아이의 할머니가 대리모가 되어 아이를 출산한 경우가 종종 매스컴을 통해 보도된다.[12] 상업적 대리출산이 대부분 강한 비난을 받는 데 비해, 이타적 대리출산은 불임 부부가 다른 불임 치료법으로 임신을 할 수 없을 때 선택하는 최후의 방법으로서 미화되는 경우가 많다. 그래서 대리모 출산과 관

12 1990년 이후 할머니가 손자를 낳는 형태의 대리출산은 미국과 영국에서 각각 2건 보고된 바 있다. 또한 일본에서도 자궁 적출 수술을 받은 딸을 위해 50대 어머니가 2005년 대리출산을 하였다. 나가노현 시모스와마치의 스와산부인과에서 딸의 난자와 사위의 정자를 체외수정시킨 뒤 수정란을 그 어머니의 자궁에 이식해 출산한 것이다. 이 병원에서는 2001년부터 여동생이나 남편의 누이 등 가족관계에 있는 여성을 대리모로 한 대리모 출산이 5건 있었다고 밝혔다(〈일본, 딸 대신 어머니가 대리출산 '논란'〉, 《한겨레》, 2006.10.15).

련된 법 제정 논의에서도 상업적 대리출산은 금지해도 이타적 대리출산은 인정해야 한다는 주장이 종종 제기되기도 한다. 그러나 실제로 이타적 대리출산이 법적으로 인정되게 되면 한국과 같이 가족주의가 강한 사회에서는 불임 부부와 가족관계에 있는 여성들에게 대리모가 되어 주기를 바라는 암묵적인 압력이 강해질 위험성이 있다.

대리출산의 경우 의뢰한 부부와 대리모 사이에 대리모 계약을 하게 된다. 대리모 계약은 대리모가 아이를 출산한 후에 그 아이를 의뢰인에게 인도하고 이와 동시에 친권을 포기하거나 입양에 동의하는 것을 내용으로 하는 계약이다.

상업적 대리출산이 인정되고 대리모 시장이 이미 거대한 시장을 형성하고 있는 미국에서는 대리모 계약도 비교적 상세한 내용을 담고 있다. 미국에서 많이 체결되는 대리모 계약에 포함되는 내용으로는 첫째, 대리모에 대한 보수와 지급 방법, 둘째, 친권 종료 절차에 관한 동의, 셋째, 유아 인도, 넷째, 대리모의 임신 중의 준수 사항, 다섯째, 출생자에 대한 혈액형 등 검사, 여섯째, 의뢰자의 처와 자 간의 양자 관계 설정 등이다(변화순 외, 2003 : 160).

4. 한국의 재생산 기술 현황

1) 불임 및 불임 치료 현황

불임이란 배란에서 수정, 착상에 이르는 일련의 생식 과정 중 한 가지 이상의 결함으로 말미암아 임신되지 않은 상태를 일컫는다. Sterility는 절대로 임신될 수 없는 불가역적인 원인이 있는 경우이고, Infertility는 정상적인 부부생활 중인데도 1년 동안 임신되지 않는 경우와 생존아를 출산할 수 있는 임신을 지속할 수 없는 상태로 구분된다(김남순 외, 2003 : 34).

〈표 3-2〉 한국의 평균 초혼 연령의 추이

(단위 : 세)

	1995	1996	1997	1998	1999	2000	2001	2002	2003	2004	2005
남자	28.4	28.4	28.6	28.9	29.1	29.3	29.6	29.8	30.1	30.6	30.9
여자	25.4	25.5	25.7	26.1	26.3	26.5	26.8	27.0	27.3	27.5	27.7

자료 : 통계청. 《2005년도 한국인구동태연보(혼인 · 이혼 편)》.

〈표 3-3〉 모母의 평균 연령

(단위 : 세)

	94년	95년	99년	00년	01년	02년	03년	04년
평균	27.8	28.0	28.7	29.0	29.3	29.5	29.8	30.1
첫째 아이	26.4	26.5	27.4	27.7	28.0	28.3	28.6	28.9
둘째 아이	28.7	28.8	29.4	29.7	29.9	30.2	30.5	30.8
셋째 아이	31.4	31.6	32.1	32.2	32.5	32.7	32.9	33.1
넷째 아이 이상	34.0	34.2	34.4	34.5	34.8	34.9	34.9	35.3

자료 : 통계청. 《2005년도 한국인구동태연보(혼인 · 이혼편)》.

한국사회에서도 최근 불임이 점차 증가하여 1981-1984년에 4.5%로 추정되었던 불임 빈도 수가 2000년에 13.5%로 증가하였다. 2000년 현재 15-39세 유배우 가임여성 중 불임에 노출되어 있는 부부의 수는 총 63만 5천 쌍에 이르는 것으로 추계되고 있다(황나미, 2003). 대한산부인과학회에 따르면, 불임증의 원인 인자별 분포는 여성 인자만 있는 경우가 46.9%이고 남성 인자만 있는 경우가 20.4%이며, 여성 인자와 남성 인자가 공존하는 경우가 10.2%이고, 원인 불명의 불임증이 17.4%, 기타 다른 인자가 5.1%로 나타났다(보건복지부, 2005).

이렇게 한국사회에서 불임이 증가하고 있는 원인은 만혼화(표 3-2 참고)와 이에 따른 만산화 추세(표 3-3 참고)가 계속되고 있는 것과 직접적인 연관이 있다. 여성의 고령 임신으로 인한 생식 능력의 감소, 생식기 질환의 증가, 인공 임신중절 또는 잦은 (자연)유산, 계획된 출산을 위한 지나친 피임 사용의 증가가 불임 빈도 수 증가의 원인으로 지적되고 있다(황나미, 2003). 그러나 더 근본적으로 보면, 환경오염 악화와 작업 환경의 불안정성, 과다한 업

〈표 3-4〉 기혼여성 부부의 불임 진찰 경험 비율

(단위: %)

구분	경험 유무	
	경험	미경험
자녀 수		
없음	21.2	78.8
1명	11.9	88.1
2명 이상	4.9	95.1
부인 연령		
20~24세	1.4	98.6
25~29세	7.0	93.0
30~34세	9.9	90.1
35~39세	6.6	93.4
40~44세	6.9	93.1

자료 : 이삼식 외,《2005년도 전국 결혼 및 출산 동향조사》, p. 402 재구성.

〈표 3-5〉 불임 진단을 받은 부부의 치료 중단 및 치료받지 않은 이유

(단위: %)

구분	치료 중단 및 미치료
경제적 부담	12.5
시간이 없어서	3.6
치료에 성공해서	62.5
영구 불임 판정을 받아서	10.7
신체적 · 정신적으로 힘들어서	10.7

자료 : 이삼식 외,《2005년도 전국 결혼 및 출산 동향조사》, p. 406.

무 스트레스 등 사회적 요인이 불임이 증가하고 있는 중요한 원인이며, 의료진에 의해 유발된 불임도 불임 증가의 중요한 원인이다(조영미, 2006).

이와 같이 한국사회에서도 불임 부부가 늘면서 불임 치료에 대한 수요가 증가하였다.《2005년도 전국 결혼 및 출산 동향조사》에 따르면, 기혼여성(20-44세)의 7.5%가 아이가 생기지 않아 의료기관에서 진찰을 받은 경험이 있다(이삼식 외, 2005 : 401). 〈표 3-4〉를 보면, 기혼여성의 연령별 경험률에서는 30-34세 기혼여성 부부의 경험률이 9.9%로 가장 높고, 자녀 수별로는 무자녀 부부의 진찰 경험률이 가장 높다. 불임 진찰을 받은 부부 중 20.6%(전체 기혼여성 기준의 1.6%)가 의료기관에서 불임 판정을 받았다(이삼식 외, 2005 : 403). 불임 진단을 받은 부부 중 불임 치료 중인 경우는 3.8%, 치

료를 받다가 중단한 경우는 86.0%, 치료를 받지 않은 경우는 10.2%로 나타났다(이삼식 외, 2005 : 405). 불임 치료를 중단했거나 치료를 받지 않는 이유(표 3-5 참고)는, 치료에 성공한 경우를 제외하고 경제적 부담이 12.5%, 신체적 · 정신적 부담이 10.7%, 영구불임 판정이 10.7%, 시간이 없어서가 3.6%였다. 불임 치료를 받는 이들의 경제적 어려움과 신체적 · 정신적 고통이 크다는 것을 확인할 수 있다.

2) 재생산 기술의 보급 현황

국내 의료계에서는 1985년 10월 국내 최초의 시험관아기가 탄생하면서 체외수정-시험관아기 시술이 서울대병원, 고려대병원 등 대학병원에서 처음으로 시작되었다. 1990년대 이후에는 차병원, 영동제일병원, 삼성제일병원, 마리아 병원, 함춘여성클리닉 등 민간 불임 전문 산부인과 병원이 불임시술을 주도하고 있다. 인공수태시술은 연간 치료 주기가 1천 건을 넘는 의료기관이 4곳, 5천 건 이상이 3곳으로 주로 유명한 불임시술 의료기관인 민간의료기관을 중심으로 많이 이루어지고 있다. 현재 불임 치료와 관련된 국내 의료계의 시험관아기 시술은 세계 일류 수준이라고 한다(보건복지부, 2005 : 15-16).

한국사회에서 보조생식술은 증가 추세에 있는데 대한산부인과학회 인공수태시술 조사소위원회의 조사 결과를 보면, 1993년 7,887건이던 것이 1998년에는 13,578건, 1999년에는 17,274건이었다(표 3-6 참고). 보조생식술 유형별 건수를 보면, 재생산 기술 가운데 체외수정-시험관아기IVF 시술 방법이 가장 많이 시행되고 있으며, 다음으로 정자미세주입법ICSI이 많이 행해지고 있고, 냉동보존 배아 이식 방식도 적지 않게 시행되고 있다(표 3-7 참고).

한국사회에서는 이렇게 재생산 기술을 이용한 불임 치료가 활발하게 이

〈표 3-6〉 한국의 보조생식술 현황

(단위: 건, %)

연도	조사대상 기관	시술 건수	각 시술의 분포(%)				
			IVF-ET	ICSI	GIFT	Cryo-ET	OD
1993	-	7,887	-	-	-	-	-
1994	63	9,865	-	-	-	-	-
1996	35	8,694	75.1	18.4	0.6	5.9	-
1997	48	16,622	62.7	25.0	1.1	9.2	2.0
1998	49	13,578	57.4	28.9	0.9	11.3	1.5
1999	61	17,274	55.5	30.2	0.8	12.4	1.2

자료 : 김남순 외(2003 : 35).

〈표 3-7〉 한국의 2001년도 보조생식술 유형별 건수

유형	건수(개)	비율(%)
체외수정 및 자궁 내 배아 이식술IVF-ET (Vitro Fertilization and Embryo Transfer)	7,740	52.8
난자세포질 내 정자주입술ICSI(Intracytoplasmic sperm injection)	4,987	34.0
생식세포 난관 내 이식GIFT(Gamete Intrafallopian Transfer)	63	0.4
냉동보존 배아 이식Cryopreserved ET (Cryopreserved Embryo Transfer)	1,646	11.2
난자공여시술(OD; Ocyte Donation)	231	1.6
합계	14,667	100

자료 : 보건복지부(2005 : 17).

뤄지고 있음에도 불구하고 이에 대한 사회적 관리는 대단히 미미한 것으로 나타나고 있다(하정옥, 2006). 이것은 그 과정에서 실제로 자행되고 있는 여러 가지 윤리적인 문제들을 양산해 왔고, 실제 임신 및 출산 성공률이 그리 높지 않음에도 불구하고 과장된 선전 속에 불임 치료에 대한 환상을 갖게 하여 치료에 실패한 불임 부부들에게 큰 정신적 고통을 안겨 주고 있다.

1960년대 이래로 한국은 경제개발정책의 일환으로서 정부가 주도했던 가족계획운동의 성공 과정에서 여성의 육체를 발전의 도구로 활용했던 역사가 있다. 이러한 역사적 경험은 한국사회에서 여성의 낮은 지위와 결합하여 여성의 육체를 가족의 대를 잇고 국가의 발전을 위해 활용할 수 있

는 것으로 생각하는 반여성주의적 사고방식을 사회 전반에 깊이 뿌리내리게 했다.

그 결과 한국사회에서는 불임클리닉이 번성하고 있으며, 국가의 경제 성장에 최우선을 두는 사회적 분위기와 낮은 여성 인권 의식이 맞물리면서 생명공학산업이 비약적으로 발전해 가고 있다. 한국의 생명공학산업의 경쟁력은 의학적 연구와 기술개발 과정에 요구되는 충분한 실험재료로서의 난자 획득이 용이하다는 점에서 비롯된다고 할 수 있다. 그동안 한국사회에 편재하는 불임클리닉이 난자 등 생명공학적 실험의 주요 재료들을 합법적으로 다룰 수 있는 기관으로 자리잡았다. 불임클리닉에서는 충분한 정보에 근거한 환자의 동의 없이 난자를 적출하고 그것을 실험재료로 유용하는 일이 일상적인 일이었다는 것이 최근 밝혀지고 있는 상황이다.

3) 저출산 대책으로서의 불임 부부 지원 사업

정부는 2006년부터 저출산 대책의 일환으로서 불임 부부 지원 사업을 실시하기 시작했다. 정부는 시험관아기 시술 등 특정 불임 치료를 요하는 일정 소득계층 이하의 불임 부부에게 시술비 일부를 지원하여 경제적 부담을 경감시킴으로써 임신 · 출산의 사회 · 의료적 장애를 제거하고 불임 부부가 자녀와 함께하는 행복한 가정 영위를 꾀하고자 한다고 사업 목표를 밝히고 있다.

지금까지 불임 해소를 위한 보조생식술 시술 관련 국가 지원은 없었으며, 건강보험 급여 항목도 불임 진단 검사 등에 제한적으로 적용되어 왔다. 지금까지 건강보험 적용 항목 중 급여 대상에 해당되는 것은 불임진단검사, 배란 촉진제, 약물요법, 수술 등이었고, 보조생식술(시험관아기, 인공수정 등) 시술 시 소요되는 검사, 투약, 처치 등 비용은 비급여 대상이었다.

불임 부부들은 실제로 불임 치료를 하는 데 있어 비용상의 고통을 많이

〈표 3-8〉 국가별 불임 부부 지원 현황 비교

구분		독일	일본	호주	프랑스	미국	기타
지원 대상	법적 혼인	○	○	–	–	–	
	연령	여성 (25-40세) 남성 (25-50세)	연령 제한 없음		여성 (43세 이하)	여성 (21-41세, 뉴욕)	이스라엘 (45세 이하)
	소득 수준	–	부부 합산 소득650만엔 (약6,500만원)	–	–	–	–
	자녀 유무				자녀유무와 상관없이 지원		
지원 수준	지원 횟수	시험관아기 (3회) 인공수정 (6-8회)		시험관아기 (6회)	시험관아기 (4번) 인공수정 (6번)	불임치료, 시험관아기 (3-4회)	네덜란드·캐나다(3회) 이스라엘 (2명 자녀 출생시까지)
	지원 금액	50%	정액제 1년 10만엔 (약100만원) 상한으로 2년 지급	85%	100%	정액제 난자채취시술 (일생 동안 4회, 일리노이) $15,000-100,000 (아칸소, 메릴랜드)	캐나다·덴마크·네덜란드 (100%) 오스트리아(70%) 영국 (임상조건에 맞는 23-29세 여성에게 IVF 최소 1회 시술)
	건강 보험 지원	○			○		

자료 : 보건복지부, 《2006년도 불임 부부 지원 사업 안내》.

제기해 왔다. 이러한 문제 제기는 2005년 국가 지원 서명 운동에 8만 5천명이 서명하여 국회에 청원하는 것으로도 나타났다.

외국의 불임지원 현황을 보면, 국가예산 지원이 이루어지고 있는 나라로 일본, 호주, 영국, 덴마크, 노르웨이 등이 있고, 독일과 프랑스 등에서는 건강보험을 통해 지원이 이루어지고 있다(표 3-8 참고).

정부의 불임 부부 지원 사업의 내용을 보면, 지원 신청 자격은 법적 혼인 상태에 있는 불임 부부로서 시험관아기 시술을 요하는 의사(산부인과, 비뇨기과 전문의) 진단서 제출자로서, 부인의 연령이 만 44세 이하이며, 도시근로자 가구 월평균 소득 130% 이하인 자[13]로 되어 있다.

지원 대상 특정 불임 치료 시술의 종류는 시험관아기IVF-ET, 난자세포질내 정자직접 주입술ICSI 등 약 10여 종이다. 단 인공수정은 비용이 25-50만 원 정도로 상대적으로 소액이기 때문에 지원에서 제외하고 있다. 또한 '생명윤리 및 안전에 관한 법률'상 허용되는 범위에서 지원한다. 특정 성을 선택하여 수정시키는 것을 금지하고, 사망한 자의 정자 또는 난자로 수정시키는 것을 금지한다. 또한 미성년자의 정자·난자를 활용하는 것을 금지하며, 매매된 정자·난자를 활용하는 것을 금지하고, 대리모를 이용하는 것도 금지하고 있다.

정부는 불임 부부 지원 사업에 총 465억 원(국비 213억 원, 지방비 252억 원)을 책정하고 있다. 지원 금액은 1회 시술 시 150만 원을 정액 지원하고, 최대 2회 300만 원까지 지원하며, 기초생활수급자의 경우 1회 255만 원, 최대 2회로서 510만 원까지 지원한다. 시술비가 지원 금액 이내일 경우에는 시술비만 지원한다.

이상과 같이 살펴본 정부의 불임 부부 지원 사업이 저출산 대책의 일환으로서 계속 확대 시행되면, 경제적 부담 때문에 불임 치료를 받기가 힘들었던 불임 부부 중에서 불임 치료를 위해 재생산 기술을 이용하는 사람들

13 도시근로자 월 평균소득 130% 이하는 2인 가구의 경우 419만 원, 3인 가구의 경우 439만 원, 4인 가구의 경우 459만 원, 5인 가구의 경우 479만 원이다. 6인 이상 가구는 1인 증가시 20만 원씩 증가된다(보건복지부, 2006).

은 더욱 늘어날 것이다. 이에 따라 자신의 아이를 갖기를 원하는 불임 부부들의 희망이 실현될 확률도 다소 높아지고, 사회적 차원에서도 출산율 향상에 약간의 기여를 하게 될지도 모른다.

그러나 그와 동시에 재생산 기술을 이용하는 사람들이 늘어나면서 지금까지 잠재되어 있던 재생산 기술의 활용에 따른 여러 가지 문제점들도 전면화될 가능성이 높아진다. 재생산 기술의 활용을 둘러싼 보다 근본적인 문제점들에 대한 진지한 논의와 이에 대한 대책이 동시에 마련되지 않은 채 출산율 향상에만 집중해 불임 부부 지원 사업이 이루어지는 것은 예기치 않은 심각한 혼란을 야기할 수 있다. 다음 절에서는 재생산 기술의 활용이 증가하면서 나타나고 있는 문제점들을 살펴보겠다.

5. 재생산 기술 활용의 문제점

1) 여성 몸의 도구화, 상업화

재생산 기술이 초래하는 가장 심각한 문제는 여성의 몸이 도구화되어 버린다는 점, 그리고 상업화되기까지 한다는 점을 들 수 있다. 특히 대리모의 등장은 재생산의 상업화로의 길을 연 것으로서, 이제 아이를 생산하는 것이 새로운 '성장 산업'이 되어 버렸다는 것을 의미한다(마리아 미스·반다나 시바, 2000 : 251).

아이를 원해도 낳을 수 없는 불임 여성에게 체외수정은 마치 복음처럼 다가오기도 하지만, 체외수정 등의 재생산 기술의 이용은 여성에게 실제로 크나큰 신체적 고통을 주고 있다. 실제로 의학적인 차원에서 불임의 원인이 여성에게만 있는 것이 아님에도 불구하고 검사 및 시술의 과정은 여성들에게 치중되어 있다(조영미, 2006). 더구나 체외수정의 결과 실제로 임신하여 출산할 수 있는 성공 확률이 극히 낮기 때문에 이에 따른 정신적 고통도 상당히 크다. 더욱 심각한 것은 재생산 기술의 이용이 늘어날수록 어떤 의미에서 여성은 낳는 것을 강요당하게 되는 결과가 초래될 수 있다(주디 와츠맨, 2001; 마리아 미스 · 반다나 시바, 2000; 루스 허바드, 1999)는 점이다.

2) 부모-자녀관계 및 가족관계의 복잡화

재생산 기술의 발전이 다양한 인공생식의 형태를 띠기 시작하면서 부모-자녀관계와 가족관계 및 친족관계의 혼란이 야기되기 시작했고, 여러 가지 문제들이 나타나기 시작했다.

현재 비배우자 간 인공수정에 의한 출산이 적지 않게 이루어지고 있다. 비배우자 간 인공수정을 통한 출산은 법률적으로 여러 가지 문제를 야기하고 있다. 특히 부부 사이가 악화되었을 때 친자 인정과 관련한 문제들이 발생하고 있으며, 비배우자 간 인공수정으로 태어난 자의 알 권리와 동시에 정액 제공자의 비밀 보존의 권리가 상충하면서 야기되는 문제가 있다(변화순 외, 2003 : 145-158). 실제로 비배우자 간 인공수정에 의해 태어난 아이가 자신의 탄생과 관련된 일을 알게 된 후 정자 제공자의 정보를 요청하는 일이 종종 일어나고 있다(吉田あけみ 外, 2005 : 215). 이에 따라 선진국에서는 정자, 난자, 수정란 제공자의 정보를 공개하는 것을 원칙으로 하는 경우가 늘고 있다.

대리모 출산도 여러 가지 차원의 법률적 문제를 일으키고 있다. 대리모가 출산 후 아이를 의뢰인에게 인도하기를 거부하는 경우, 의뢰인이 아이를 인도받기를 거부하는 경우 등이다. 특히 아이가 장애를 타고 났을 때 의뢰인이 아이를 양도받기를 거부하는 경우가 많다고 한다(이인영, 2001 : 6-7; 변화순 외, 2003 : 158-163).

또한 난자와 수정란의 냉동보존 기술의 발전으로 장기간 보존이 가능해지자 시간의 경계를 혼란스럽게 하는 출산까지 나타나서 복잡한 부모-자녀관계, 가족관계가 생겨나고 있다. 외국에서는 죽은 남편의 정자를 이용해서 자녀를 출산한 여성이 출생한 자식을 남편의 자식으로 인정해 달라는 소송도 있었다. 또한 제3자의 난자를 이용하여 재생산 연령을 넘어선 60세의 여성이 임신·출산한 경우도 있었다(仙波 由加里, 2005 : 225).

저출산 위기 담론 속에서 아이를 갖는 것이 중시되고, 이것으로 인해 아이가 없는 부부에 대한 압박이 상승해 갈 때, 이러한 재생산 기술까지도 정당화될 수 있으며, 더 나아가 복제 기술을 사용하여 남녀 양성을 필요로 하지 않는 단위 생식에 의한 임신·출산도 충분히 일어날 수 있는 위험성이 있다.

3) 다태아 출산의 증가

체외수정에 의한 아기가 탄생한 이래로 다태아 임신이 증가하여 문제가 되고 있다(하정옥, 2006; 仙波 由加里, 2005). 자궁에 이식하는 수정란의 수를 의사의 재량에 맡길 경우, 의사는 임신율을 높이기 위해 1번에 4개 이상의 수정란을 자궁에 이식하는 경우가 많다. 이것이 다태아 출산으로 이어지고 있다.

다태아 임신은 모체에 대한 부담이 크고, 조산의 위험이 높으며, 무사히

〈표 3-9〉 한국 사회의 이식 배아수별 임신율

이식한 배아수	Standard IVF		IVF with ICSI		Total	
	시행 건수	임신 건수(%)	시행 건수	임신 건수(%)	시행 건수	임신 건수(%)
1개	452	63 (13.9)	454	49 (10.7)	906	112 (12.3)
2개	794	221 (27.8)	615	119 (19.3)	1,409	340 (24.1)
3개	1,443	526 (36.4)	852	253 (29.6)	2,295	779 (33.9)
4개	2,172	788 (36.2)	1,483	530 (35.7)	3,655	1,318 (36.0)
5개	1,362	508 (37.2)	1,001	368 (36.7)	2,363	876 (37.0)
6개 이상	248	71 (28.6)	177	61 (34.4)	425	132 (31.0)
합계	6,471	2,177 (33.6)	4,582	1,380 (30.1)	11,053	3,557 (32.1)

자료 : 보건복지부(2005, 18).

출산해도 1인을 출산한 부모보다 양육비가 많이 들어가며 정신적, 신체적 부담이 크다. 이에 따라 선진국에서는 자궁에 이식하는 수정란의 수를 제한하는 규정을 두는 경우가 늘어나고 있다.

그러나 〈표 3-9〉를 통해 확인할 수 있는 것처럼, 아직도 한국사회에서는 임신 성공률을 높이기 위해 이식하는 수정란의 수를 다수로 하고 있는 상황이므로 이에 대한 규제가 시급히 요구되고 있는 상황이다.

4) 생식보조술의 이용에 의한 이상임신

최근 외국에서는 생식보조술의 이용에 의한 이상임신 사례가 보고되고 있다(仙波 由加里, 2005 : 226). 다태아 출산의 경우 대부분 이란성 내지 다란성인데, 그중에는 남녀 쌍방에서 각각의 성염색체와 혈액형이 혼재하고 있는 사례들이 나타나고 있다. 이 경우 이 아이들은 장래의 생식 능력과 수혈을 받을 때 문제가 있을 것으로 예상된다.

한국에서도 앞으로 불임 부부 지원 사업이 확대될 경우 이러한 이상임신 사례가 나타날 가능성이 있다. 현재와 같이 임신 성공률에만 초점을 맞추고 출산율을 높이는 것에만 관심을 집중할 경우 재생산 기술을 통해 태어나는 아이들이 심각한 문제를 안고 있을 가능성이 높아지므로 이 부분에 대한 연구도 중요하게 이루어져야 할 것이다.

6. 마치며-재생산 기술과 미래의 결혼, 출산, 가족

현재 진행되고 있는 만혼화에 따른 만산화 추세, 그리고 불임 치료 지원을 저출산 대책의 하나로서 추진하고 있는 국가의 정책을 고려할 때, 앞으로 한국사회에서 불임 치료를 받는 부부, 특히 여성은 더욱 증가할 것으로 예상된다.

재생산 기술의 발전은 다양한 방식으로 결혼 및 출산에 영향을 끼칠 것으로 생각된다. 첫째, 재생산 기술의 지속적인 발전은 불임 부부가 다양한 재생산 기술을 활용한 임신, 출산을 통해 자신의 아이를 가질 수 있는 가능성을 높여 준다. 이것은 사회적으로도 저출산 추세를 극복하는 데 약간의 기여를 하게 될지도 모른다. 그러나 앞에서 살펴본 것과 같은 여러 가지 문제점들에 대한 대책이 마련되지 않는다면 예기치 않은 많은 문제들을 새롭게 초래할 가능성이 높다.

둘째, 실제로 20%에 못 미치는 임신 성공률에도 불구하고 일반인들에게 실상이 제대로 알려지지 않아 불임 치료만 받으면 누구나 임신하고 출산할 수 있는 것으로 인식되어 여성에게 출산을 강요하는 문화를 조성할 가능성이 있어 크게 우려된다. 현재 의료 전문가들이 독점하고 있는 재생산 기술에 대한 정보가 시술을 받는 사람들뿐만 아니라 사회적으로 충분히 소개되고 관리될 필요가 있다.

셋째, 최근 불임 치료술 중에도 특히 영리 목적의 재생산 기술만 발전되는 경향이 보인다. 이는 돈이 있는 계층에서만 재생산 기술을 이용한 출산이 가능하도록 함으로써 출산을 둘러싼 불평등을 심화시킬 우려가 있다. 특히 신자유주의적 세계화를 통해 보건의료의 금융화가 급속히 진전되어 가며 보건의료 부문이 초민족적 제약자본과 보험자본에게 종속되어 가는 상황(박찬종, 2006; 이현, 2006)에서, 생명공학은 첨단 유망 산업으로서 더욱 각광을 받고 있다. 생명공학의 발전을 위해서 여성의 육체는 자본 세력에게 더욱 필요로 되고 있기 때문에, 자본 세력은 불임 치료를 통한 불임 여성의 '구원'이라는 이데올로기를 더욱 확산시키며, 생명공학의 발전을 통한 이윤 확대를 추구해 갈 것이다. 신자유주의 세계화는 세계적 차원에서든, 일국적 차원에서든 구조적 빈곤을 거대하게 창출해 가고 있다. 이는 재생산 기술과 관련하여 새롭게 열리고 있는 생식산업으로 전 세계의 빈곤한 여성들을 끌어들이고 있다. 이에 따라 특히 가난한 여성들에 대한 생물학적 착취가 광범위하게 나타날 가능성이 높아지고 있으며, 계급, 인종, 국적 위계제에 따른 여성 내부의 차이가 강화될 것으로 예상된다.

넷째, 재생산 기술의 활용은 출생 성비의 불균형을 심화시킬 수 있다. 특히 한국사회처럼 아직도 남아 선호 경향이 남아 있는 사회에서 재생산 기술의 발전 및 활용의 대중화는 성비 불균형과 동시에 소자녀화로 나아가 저출산 문제에 부정적으로 작용할 수 있다. 한국사회의 남아 선호 및 여아 기피 현상은 한국의 가족제도와 사회 구조 전반의 성차별 구조에서 기인하는 것이므로, 가족문화를 양성평등적으로 만들어 가는 노력과 함께 사회 구조를 양성 평등적으로 재구성하는 근본적인 정책 전환이 필요하다.

다섯째, 재생산 기술은 사회에서 여성을 인식하는 방식에 커다란 영향을 끼치게 될 것이다. 과학기술이 재생산 과정에 개입하면서 여성의 삶에 의학적 개입이 증가되고, 자신의 몸과 아이에 대한 여성의 권력이 축소되었다. 더 나아가 생명공학 기술의 발전을 통해 여성은 분리되고, 시험되고, 재결합되고, 팔리고, 고용되고, 간단히 버려질 수 있는 일련의 대상이 되면서 인간으로서의 여성의 통합성은 심각하게 파괴당하게 되었다(Blank, 1990 : 101-105). 개별 여성, 특히 불임이면서 자신의 아이를 원하는 여성에게 재생산 기술은 이점을 가질 수 있지만, 여성에 대한 종합적 효과는 여성의 자유를 위태롭게 하는 방향으로 나아가고 있다.

여섯째, 무엇보다도 우려되는 점으로서, 재생산 기술이 상업화하면서 아이의 상업화가 나타날 우려가 있다. 재생산 기술에 내재하는 우생학의 문제는 과학기술을 통해 완벽한 아이를 기대하는 부모들의 추구와 결합하여 맞춤 아기의 탄생으로 이어질 수 있다(벡 게른스하임, 2005 : Blank, 1990). 소가족 지향 추세가 현대인의 라이프스타일로 정착되어 가면서 아이의 잠재성을 극대화하려는 부모들의 욕망은 커져 가고 있다. 이것이 과학기술에 대한 과신과 결합되면서 완벽한 아이를 얻기 위해 다양한 재생산 기술의 기법을 이용하는 부모의 증가로 이어질 수 있고, 이는 결국 아이의 상업화로 나아갈 가능성이 크다. 그리고 이러한 경향은 더 나아가 아이에 대한 지금까지의 사회적 가치 전반도 바꾸게 될 것이다. 앞으로는 재생산 기술의 발전으로 가장 직접적으로 큰 영향을 받게 되는 아이들(재생산 기술의 산물)에 대해서도 큰 관심을 가져야 할 것이다.

일곱째, 재생산 기술은 우리가 가족을 바라보는 방식에도 중요한 영향을 끼칠 것이다. 재생산 기술의 대중화는 생물학적 장애로 인해 아이를 갖고 싶은 소망을 실현할 수 없는 부부들 외에도 라이프스타일의 다양화에 따른 독신자, 동성애자, 가임 연령을 넘어선 여성 등이 새로운 소비자 집단으로 등장할 가능성이 높다(벡 게른스하임, 2005 : 165-166). 이는 부모됨에 대한 전통적 개념도 변화시켜 갈 것이며, 더 나아가 결혼제도에도 큰 변화를 초래할 가능성이 크다. 그 결과 이제까지 인류사에서 존재하지 않았던, 그리고 상상할 수 없었던 것으로 보이는 다양한 부모됨의 방식이 나타날 수 있다.

■ 김수영

참고문헌

김남순 외. 2003.《한국 여성의 건강통계》. 한국보건사회연구원.

김상득. 2000.《생식의료윤리학》. 철학과현실사.

라나 톰슨. 2001.《자궁의 역사－의학 · 종교 · 과학이 왜곡한 여자의 문화사》. 백영미 옮김. 아침이슬.

박찬종. 2006.〈보건의료의 금융화와 사회운동의 대응〉. 비센트 나바로 외.《보건의료－사회 생태적 분석을 위하여》. 공감.

배은경. 2006.〈가족계획사업과 여성의 행위성〉. 김귀옥, 김순영, 배은경 편.《젠더연구의 방법과 사회분석》. 도서출판 다해.

변화순 외. 2003.《다양한 가족 출현에 따른 쟁점과 가족관련법의 방향 정립에 관한 연 구》. 한국 여성개발원.

벡 게른스하임, 엘리자베트. 2005.《가족 이후에 무엇이 오는가?》. 새물결.

보건복지부. 2005.《대리모 관련 문제점 고찰 및 입법정책방안 모색》.

______. 2006.《2006년도 불임 부부 지원사업 안내》.

송인주. 2006.〈가족과 여성 보건〉. 비센트 나바로 외.《보건의료 : 사회생태직 분석을 위하여》. 공감.

이삼식 외. 2005.《2005년도 전국 결혼 및 출산 동향 조사》. 한국보건사회연구원.

이인영. 2001.〈인공수정의 쟁점사항과 입법현황〉.《인간배아 관리실태 보고서》. 참여연대 시민과학센터.

이현. 2006.〈자본주의적 보건의료의 역사〉. 비센트 나바로 외.《보건의료－사회생태적 분석을 위하여》. 공감.

조영미. 2006.〈불임기술과 의료권력 그리고 여성〉.《여/성이론》14호. 도서출판 여이연.

조영미. 2004a.〈출산의 의료화 과정과 여성의 재생산권에 대한 연구〉. 이화여자대학교 여성학과 박사학위 논문.

조영미. 2004b.〈출산의 의료화와 여성의 재생산권〉.《한국여성학》제20권 3호.

하정옥. 2006.〈생명의료기술의 사회적 관리 국제비교〉. 김귀옥, 김순영, 배은경 편.《젠더연구의 방법과 사회분석》. 도서출판 다해.

황나미. 2003.《우리나라 불임 및 불임 관련 의료 이용 실태와 문제 해결을 위한 보고서》. 한국보건사회연구원, 건강증진기금사업단.

마리아 미스, 반다나 시바. 2000.《에코페미니즘》. 창작과 비평사.

루스 하버스. 1999.《생명과학에 대한 여성학적 비판》. 김미숙 옮김. 이화여대 출판부.

주디 와츠맨. 2001.《페미니즘과 기술》. 조주현 옮김. 당대.

레슬리 도얄. 2006(a).〈여성 보건과 성별 분업〉. 비센트 나바로 외.《보건의료 –사회생태적 분석 을 위하여》. 공감.

레슬리 도얄. 2006(b).〈여성 보건의 세계적 쟁점〉. 비센트 나바로 외.《보건의료–사회생태적 분석을 위하여》. 공감.

통계청.《2005년도 한국인구동태연보》(혼인 · 이혼 편).

Blank, R. H. 1990. *Regulating Reproduction*. Columbia University Press.

Doyal, L. 1995. *What Makes Women Sick*. Macmillan.

Thebaud, F. 1994. *A History Of Women In The West. V. Toward a Cultural Identity in the Twentieth Century*. The Belknap Press of Harvard University Press.

家永 登. 2004.〈生殖革命と揺らぐ親子關係〉. 淸水浩昭 · 森謙二 · 岩上眞珠 · 山田昌弘.《家族革命》. 弘文堂.

吉田あけみ 外. 2005.《ネットワークとしての家族》. ミネルヴァ書房.

仙波 由加里. 2005.〈少子化と生殖技術〉.《少子化の政策學》. 原書房.

디지털 사회와 섹슈얼리티[1]

1. 들어가며

> 최근 원조교제로 경찰에 입건된 박모(17)양. 경찰 관계자들은 박 양이 사이버상에 만든 '사이버 가족(사이버 팸Cyber Fam)'얘기를 듣곤 깜짝 놀랐다. 박 양이 사이버 팸 멤버 6명과 함께 가출한 것은 지난해 3월. 박 양은 가출 이후 월세 방 등을 전전하면서 '엄마', '이모', '언니' 등으로 불러 오던 팸 멤버들과 함께 술집 아르바이트, 원조교제 등을 하며 생활비를 벌어 왔다. 박 양은 "팸에서 만난 언니가 '학교도 부모들도 다 우리를 버렸는데 더 이상 집에 있을 필요가 있느냐'고 꼬드겨 집을 나오게 됐다"며 "용돈 마련을 위해 다 같이 원조교제를 하게 됐다"고 스스럼없이 털어놓았다.(한국일보, 2002. 4. 13)

위 기사는 사이버 가족이라는 디지털 네트워크를 기반으로 한 새로운 친밀성의 공동체의 등장과 청소년 성매매라는 섹슈얼리티 영역에서의 사회

1 이 글은 경제·인문사회연구회 협동연구총서《미래 가족의 재생산 기능 변화 전망》(임인숙·김수영·최은정·이동주, 정보통신정책연구원/한국 여성개발원, 2006)의 5장을 수정 보완한 글이다.

문제가 복합적인 양태로 얽혀 있는 사건을 소개하고 있다. 이 사건에서 우리가 눈여겨보아야 할 점은 '사이버' 혹은 '인터넷'의 역기능이 아니다. 정작 중요한 것은 혈연 가족으로부터 탈출(가출)한 청소년들이 결국 또 다른 형태의 가족(사이버 팸)을 찾고 있다는 점이며, 소비자본주의가 심화되면 될수록 섹슈얼리티는 규범보다 재화와 더 쉽게 결탁될 가능성이 있다는 점이다. 즉 현대사회에서 깨져 나가는 것은 가족과 성 도덕이 아니라 혈연관계가 자동적으로 친밀성을 보장해 주리라는 믿음이며, 실상 부르주아 핵가족의 전제 없이는 불가능했던 '순수한 젊은이'에 대한 환상이다. 여기서 사이버 혹은 인터넷은 변화를 촉진하는 수단이자 변화를 드러내고 새로운 대안을 모색하는 공간이 되고 있다.

이렇듯 현대사회에서 정보화의 진전은 사회 구조를 변화시키는 데 머무르지 않고, 사회 각 부분 체계들의 재구조화에도 심대한 영향을 미치고 있으며, 문화의 생산과 유통, 소비의 방식은 물론 일상적인 의사소통 방식에도 변화를 미치고 있다. 심지어 사회의 가장 미시적 단위인 가족과 가족을 구성하는 개개인의 일상생활까지도 영향을 미치고 있다. 물론 가족과 개인의 일상생활의 변화를 정보화라는 거시적 변동과 곧바로 수직 연결시키는 것은 무리다. 그러나 PC와 인터넷과 휴대전화로 대표되는 개인 미디어에 기초한 디지털라이프의 확산은 울리히 벡이 선언한 '제2의 개인주의' 진전과 결합하면서 사람을 만나고 사랑에 빠지며 잠자리를 같이할 사람을 만나거나 심지어 배우자를 선택하는 일련의 사적 행위조차 이전 시대와는 매우 상이한 양상으로 전개시키고 있다. 나아가 이러한 행위 양식의 변화는 다시 성과 연애와 결혼에 대한 가치관의 변화를 추동하고 있으며, 섹슈얼리티와 관련된 일련의 문화적 변동은 과거 결혼과 가족 안에서만 당위성을 인정받던 성과 임신과 출산 행위를 결혼 외부로 끌어내거나, 결혼과 가족을 대체할 또 다른 공동체 형성의 가능성을 높이고 있다.

이 글에서는 인터넷의 등장으로 급격히 부상하고 있는 디지털 문화의 정보적 속성이 현대사회 성문화와 어떤 방식으로 결합하고 있으며, 이러한 상호작용 속에서 성과 임신과 출산 행위가 어떤 변화를 겪고 있는지 살펴보도록 하겠다.

2. 현대사회에서 섹슈얼리티의 변화

기든스는 그의 책《근대성과 자아 정체성》의 머리말에서, 후기 근대성postmodernism이 우리에게 '생활양식의 선택'을 확장시켰고, 우리는 선택을 통해서 성찰적으로 자아 정체성을 구성한다고 말한다. 또한 기든스는 후기 근대성의 특성으로 전문가와 일반 대중들 사이의 위계 서열적인 구분이 와해되었다는 점을 들고 있다. 이전의 서열적 배열에서는 능동적인 '교육자'로부터 수동적인 '피교육자'에게로 지식과 경험이 일방적으로 전달되었다면 후기 근대성에서 그 관계는 자아 성찰적이고 쌍방향적 관점이 되었다는 것이다. 즉 자아 성찰성은 한편으로는 일상생활의 모든 측면에서 전문가들을 양산하고 있고, 또 다른 한편으로는 '자아' 프로젝트 수행자들의 적극적인 참여에 달려 있다는 것이다(기든스, 1991). 후기근대의 자아 성찰적이고 쌍방향적이며 탈위계적인 속성은 다원주의의 토대가 되고 집단적 규범과 전통적 관습을 모두 내면화, 개인화시킨다.[2]

이처럼 개인주의의 심화와 성찰성의 증대로 요약되는 후기근대성의 특징은 자아 지향적인 네티즌이 사이버상에서 자기 성찰적 컨텐츠를 가지고

2 기든스에 따르면 현대사회는 내부 준거적 체계internally referent system라는 점에서 전통 사회와 구분된다. 이전에는 관습이나 전통, 아니면 자연의 명령에 따라서 이루어졌던 인간 활동의 많은 부분들이 점차 사회체계의 내적 논리 속으로 흡수되었다는 것이다.(기든스 1991, p.14)

쌍방향적 의사소통을 통해 정서적 목적의 약한 연대를 지속적으로 이어가다 어느 한순간 폭발적으로 참여의 극대화를 이루는 정보사회 디지털 라이프의 기반이 되고 있다. 이러한 경향성은 현대사회 섹슈얼리티 영역에서 일어나고 있는 일련의 변화에서도 목격할 수 있다.

1) 성-사랑-결혼의 연속성 와해—성애적 관계의 이상화

① 결혼을 위한 사랑에서 사랑을 위한 성으로

김은실은 1990년대 한국사회에서 연애의 민주화, 대중화가 확산되기 시작했다면서 이 현상 배후에 대해 다음과 같이 설명한다. "90년대 한국사회에서 연애의 민주화와 대중화는 (…) 개인의 정체성 발견과 관련이 있다고 봅니다. (…) 사회적 지위, 계급, 학력이나 국적으로 환원되지 않는 고유한 '나'를 찾기 시작했는데, 그 고유한 심리적 정서적인 '나'는 엄청나게 낭만화됩니다. (…) 나의 심리적, 정서적 내면을 이해하거나 알아볼 수 있는 그 특별한 사람과의 관계가 바로 연애입니다. 수많은 사람들 가운데서 고유한 개인성을 알아보는 거죠. 그래서 그것을 인정받는 연애와 사랑은 매우 개별적인 관계로서 다른 사람과 경쟁할 수 없는 상태에 있게 되는 겁니다" (김은실, 2006, p.23). 이제 연애는 배우자를 찾는 과정으로서가 아니라, 자아를 드러내고 나아가 자아를 발견하는 과정으로서 결혼과 독립적으로 존재하게 된다. 연애, 곧 사랑은 더 이상 결혼을 위한 예비 과정이 아니라 내 (정서적, 심리적) 존재 가치를 인정받는 과정으로 의미화된다. 진정한 나의 가치를 알아보는 사람을 만날 때까지 만남과 헤어짐은 반복되고 진정한 나의 가치의 일부인 섹슈얼리티에 대한 중요성은 더욱 증대되면서 이제 성은 임신과 출산을 위해서가 아니라, 가장 내밀한 나의 매력과 너의 매력을 마주치게 하는 관계 맺음의 한 방식으로 존재하게 된다.

결혼관계 역시 마찬가지다. 이제 부부관계는 더 이상 관습이나 전통에 따라 유지되지 않고 각각의 개인이 그 관계에 부여하는 의미와 관계의 내재적 속성에 따라 그 형태와 존속 여부가 결정된다. 결혼생활을 통해 줄기차게 배우자의 사랑을 확인하려 하고 사랑이 없다면 결혼관계를 미련없이 깨어 버린다거나 혹은 사랑하면 되었지 결혼이라는 형식이 왜 필요하냐는 식의 인간관계는 그 관계의 '내적인' 속성에 대한 당사자들의 판단에 따라 지속 여부가 좌우되는 것이다. 혈연에 의해 의무처럼 부과되던 친족관계가 점차 엷어지고 친밀성과 애정에 기초한 관계가 좀더 중시되는 것도 마찬가지 흐름이다.[3]

이처럼 성, 사랑, 결혼의 연결이 느슨해지고 세 요소 가운데 '사랑'이라는 친밀함과 정서적 관계가 가장 중요해지면서 사랑을 확인하고 사랑을 강화시키는 요소로서 성, 즉 섹슈얼리티의 중요성 역시 같이 부상하고 있다. 이제 사랑(연애)–결혼–성–임신–출산으로 이어지던 섹슈얼리티의 연속성은 와해되었으며 성은 임신과 출산을 위한 도구적 목적이 아니라, 사랑과 짝패를 이뤄 결혼 안에서든 결혼 밖에서든, 결혼을 선제로 했든 그렇지 않든 친밀감 형성에 가장 중요한 기능을 하는 관계적 목적으로 받아들여진다.

② 성 경험의 보편화와 연애 기간의 연장

이처럼 한국사회에서 결혼을 전제로 한 낭만적 연애보다 사랑 그 자체가 중요해지면서 성애적 접촉이 연애 과정의 일부로 흡수되기 시작했다. 또한 연애 경험이 사랑받고 사랑할 수 있는 개인의 능력을 보여 주는 기회로 여겨지면서 '결혼에 적합한 덕목'이 아니라 '사랑(연애)에 적합한 덕목'이 추구되기 시작했다. 바로 성적 매력이 그것이다. 이 성적 매력은 단지 이성에게 어필할 수 있는 차원에서 끝나지 않고 실제 연애관계에서 성적 실천으

3 이처럼 관계 외적인 것에 의존하지 않고, 관계 그 자체의 내재적 속성에 따라 유지, 변화되는 관계를 기든스는 pure relationship이라고 부른다(기든스, 1991 : p.15).

로 이어지는 경향을 보이고 있다. 즉 섹스는 사랑을 더 풍요롭게 하고 연애의 필수적 요소며 성적 욕망을 추구하는 것은 인간의 권리이자 의무라는 생각이 자리 잡으면서 연애 단계에서 성관계를 맺는 것은 하등 이상할 것이 없다는 생각이 보편적으로 자리 잡게 된 것이다.

이러한 성의식 및 성행동의 변화는 미혼자들의 성 경험 여부를 묻는 각종 설문조사 결과의 연도별 변화에서도 찾아볼 수 있다. 1994년 한국사회문화원의 조사에 따르면 조사 대상 대학생 가운데 남성의 15.9%, 여성의 6.4%가 성 경험이 있다고 응답했다. 반면 〈표 4-1〉에서 보는 바와 같이 2006년 《프리존뉴스》와 《스포츠조선》의 조사에 따르면 남학생의 40% 이상, 여성의 18% 이상이 성 경험이 있다고 응답해 10여 년 전보다 성 경험이 있다고 응답한 비율이 3배 이상 증가했다.

이처럼 성적 실천이 결혼보다 사랑과 가까워지면서, 서구에 비해 보수적 성문화를 가진 한국사회에서도 젊은 층을 중심으로 결혼 전의 연애관계에서 성적인 실천이 차츰 확산되고 있는 것은 주지의 사실이다. 〈표 4-2〉를 보면 연령에 관계없이 '매우 찬성'과 '대체로 찬성' 응답 비율이 찬성하지 않는다는 응답 비율보다 높은 것을 알 수 있다. 그러나 여전히 성별에 따라서는 결혼과 관계없이 성관계를 가질 수 있다는 의견에 대한 반응에 차이가 있어서 남성보다는 여성이 결혼과 성의 분리에 대해 반대의 입장을 가지고 있다는 것을 알 수 있다.

이러한 결과는 여전히 우리 사회에서 여성과 남성에 서로 다른 성 규범이 적용되고 있으며, 임신의 부담과 책임이 여성에게 전가되기 때문으로 여겨진다. 그러나 20대 미혼자를 대상으로 한 또 다른 조사에 따르면 첫 성 경험 이후 성과 결혼을 분리해서 생각하게 되었다는 응답률은 남성이 77%, 여성이 67%로 나타나고 있어 의식과 상관없이 성 경험의 유무가 이후 성행동을 좌우할 가능성이 높은 것으로 보이며(이성환, 2002), 이런 점에

〈표 4-1〉 성관계 경험 유무에 대한 응답률

시기	조사 기관(자)	조사 대상	성관계 경험 있다(%)	
			남	여
2006년 9월	프리존뉴스	대학생	48.5	28.2
2006년 3월	스포츠조선	대학교 1학년생	40.2	18.7
2002년	박선영	대학생	50.3	
1997년	한국사회문화원	대학생	27.1	
1994년	한국사회문화원	대학생	15.9	6.4

〈표 4-2〉 연령별 미혼자의 결혼생활과 가족에 관한 태도—"결혼과 관계없이 성관계를 가질 수 있다"

(단위: %)

구분	매우 찬성		대체로 찬성		별로 찬성하지 않음		찬성하지 않음	
	남	여	남	여	남	여	남	여
20–24세	9.3	4.7	51.8	33.4	32.3	42.1	6.6	19.8
25–29세	10.8	7.4	58.2	35.0	24.8	39.7	6.3	17.9
30–34세	11.0	7.6	52.6	40.5	27.2	40.5	9.2	11.5
35–44세	10.5	7.0	52.0	36.8	26.3	40.4	11.2	15.8

자료 : 보건복지부 외(2005 : p. 167) 재구성.

〈표 4-3〉 최초 성관계 경험 연령

시기	조사 기관(자)	조사 대상	최초 성관계 경험 평균 연령(세)	
			남	여
2006년 9월	프리존뉴스	대학생	20.7	
2006년 3월	스포츠조선	대학교 1학년생	18.8	19.0
2004년 6월	yesbl.com	성인 남녀(회원)	22.8	
2003년	조병희 (서울대보건대학원)	성인 남녀	21.5	23.6

서 볼 때 최초 성관계 경험 시 연령과 평균 혼인 연령 사이의 기간이 점차 연장되고 있다는 점을 주목할 필요가 있다.

〈표 4-3〉은 최초 성관계 경험 연령에 대한 조사 결과들을 비교한 것이

다. 이 표를 보면 조사 기관에 따라 차이는 있지만 최근 들어 최초 성관계 연령이 3세 가량 낮아지고 있는 추세라는 점을 확인할 수 있다. 〈표 4-3〉의 자료 가운데《스포츠조선》의 조사는 대학 신입생을 대상으로 이루어진 것인데 이 조사의 원본을 보면 하나 더 주목할 만한 사안이 있다. 성관계 경험자의 52.3%가 미성년 때 성관계를 했다고 응답한 것이다. 이 조사 결과는 이성교제 연령이 점차 낮아지는 추세이고 만남의 통로가 확장되고 있으며, 따라서 첫 성 경험 연령은 지속적으로 낮아지고 있는 현 상황을 보여 주고 있다.

실제 19세 이하 청소년 층의 성 경험 실태에 대한 각종 연구 결과에서도 이 같은 성 경험의 저연령화 현상을 찾아볼 수 있다. 우선 2000년 청소년보호위원회가 경기대 교육대학원 김상원 교수에 의뢰해 전국의 중학생 2,824명을 대상으로 실시한 조사에 따르면, 여학생의 4.4%, 남학생의 7.5%가 성 경험이 있다고 응답했다. 한편 구병삼·홍명호 교수팀 조사에 의하면 13–19세 조사 대상자 중 5.2%가 성 경험을 가지고 있는 것으로 나타났다. 또 2000년 교육인적자원부가 호서대 김혜원 교수팀에 의뢰한 〈국내 고교생의 성의식과 성교육실태〉 조사 결과에 의하면 조사 대상자 중 남학생의 13.5%, 여학생의 8.1% 등 평균 10.7%가 성관계 경험이 있다고 응답했다.

한편 혼인 연령은 〈그림 4-1〉에서 알 수 있듯이 1990년에 비해 2005년 현재 남성과 여성 모두 3세가량 높아졌다. 만혼의 사회적 원인은 무엇보다 학령기의 연장과 경제적 자립 시기의 지연에 있지만, 최근에는 급속한 이혼률의 증가로 배우자 선택에 보다 신중을 기하면서 혼인을 늦추는 경우가 늘고 있다.

이처럼 최초의 성관계 연령이 낮아지고 혼인 연령은 높아지면서 연애 기간은 점차 길어지게 되는데, 이는 결국 성적 실천을 수반한 연애와 사랑에 대한 중요성을 점점 더 강조하는 현대사회에서 결혼을 전제하지 않은 성

〈그림 4-1〉 연도별 평균 초혼 연령 변화 추이(1990-2005)

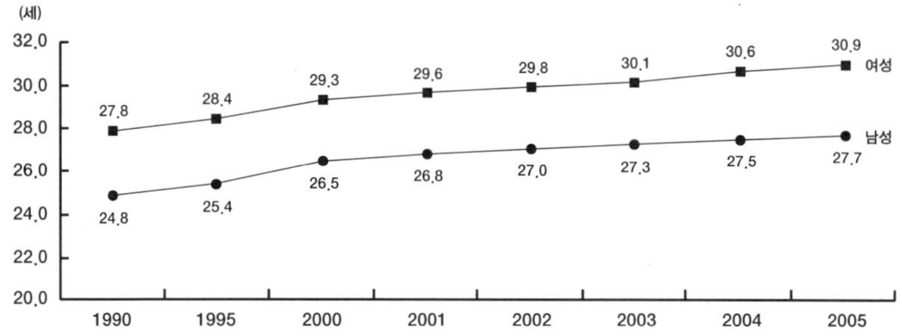

자료 : 통계청(2006). 통계로 보는 여성의 삶.

관계 경험자의 비율 역시 증가하리라는 점을 암시한다. 특히 정보사회에서 개인 정보의 데이터베이스화와 네트워크화는 운명 같은 사람을 만나게 해 줄 수 있는 풀pool의 확보와 디지털 오작교로서의 기능을 성실히 수행할 것으로 보인다.

2) 쾌락적 성과 출산 성의 미분화-피임 실패와 미혼모(부)의 증가

재생산 없는 섹슈얼리티(피임)와 섹슈얼리티 없는 재생산(시험관아기 등의 테크놀로지)이 모두 가능해진 현대사회에서 성은 더 이상 주어진 것이 아니라 인간이 결정하고 선택하는 문제로 변해 가고 있다.[4] 성에 대한 규범의 개인화가 확산되고 있고, 성애적 관계가 결혼의 가치보다 중요시되면서 성-사랑-결혼의 연속성이 사라지고 결혼이라는 합법적 성욕 해소의 장 이외에도 성적 욕망을 해소할 수 있는 기회와 통로가 다양해지고 있다

4 기든스는 이런 현상을 '조형적 섹슈얼리티plastic sexuality'로 개념화하고 있다. 조형적 섹슈얼리티는 재생산의 필요로부터 해방된 탈중심화된 섹슈얼리티다. 섹슈얼리티와 재생산이 분리되기 시작한 것은 18세기 후반 무렵 가족 규모를 엄격하게 제한하려는 경향에서 비롯되었다(Giddens, 1996). 섹슈얼리티 없는 재생산에 대해서는 다음 장에서 별도로 살펴보게 될 것이므로, 이 글에서는 재생산 없는 섹슈얼리티에 초점을 맞춰 살펴보기로 한다.

는 점에서 현대사회에서 성은 결혼과 임신 및 출산으로부터 분리돼 성 그 자체를 목적으로 하거나 친밀감을 유지 발전시키는 수단으로 형질 변경을 꾀하고 있는 것이다. 그러나 쾌락적 성과 출산 성의 분리는 피임의 완벽한 성공을 전제로 하는 것이기 때문에 여전히 성적 쾌락의 이면에는 임신과 출산의 위험이 도사리고 있다.

현재 한국사회에서 성은 결혼과 분리되어 연애 과정의 일부로 인식되지만 성적 실천에 뒤따를 수 있는 임신과 출산은 여전히 결혼제도 안에서만 허용되고 있다. 따라서 성문화는 개방되어 가지만 피임에 대한 인식과 실천이 뒤따르지 못하는 한국사회에서 임신의 위험을 배제한 온전한 쾌락적 성은 여전히 희망사항일 뿐이다. 또한 준비 없는 성적 접촉의 결과에 대처할 수 있는 정보가 절대적으로 부족한 상황에서 원치 않는 임신의 증가는 결국 낙태율의 증가와 미혼모(부)자 가정의 증가로 이어질 가능성을 높이고 있다.

다음에서는 변화하는 성문화(결혼과 성의 분리)가 출산과 성을 분리시키지 못하는 상황을 피임 실태와 낙태 및 미혼모(부) 실태를 통해 알아보도록 하겠다.

①피임 실태

〈표 4-4〉는 1976년부터 2000년에 이르는 시기에 여성의 피임 실천율의 변화를 보여 주고 있다. 산업화 초기인 1970년대만 하더라도 피임 실천율이 44.2%에 불과했으나 1980년대 중반 이후 피임율은 급격히 증가해 2000년 현재 80%를 넘나들고 있다.

그러나 〈표 4-4〉에서 살펴 본 피임 실태 통계들은 '유배우 부인'만을 대상으로 하고 있다는 점에서 현재 증가하고 있는 미혼자들의 혼전 성관계에서의 피임 실태를 반영하고 있지 못하다. 앞서 살펴보았듯이 현재 한국

〈표 4-4〉 15-44세 유배우 부인의 피임 실태 및 피임 방법의 변화

(단위: %)

연도	실천	비실천*	계	피임 방법						계
				정관 수술	난관 수술	먹는 피임약	자궁내 장치	콘돔	그 외	
1976	44.2	55.8	100.0	9.5	9.3	17.6	23.8	14.3	25.6	100.0
1985	70.4	29.6	100.0	12.6	44.9	6.1	10.5	10.2	15.6	100.0
1994	77.4	22.6	100.0	15.0	37.0	2.3	13.6	18.5	13.7	100.0
2000	79.3	20.7	100.0	16.4	23.1	2.6	17.2	20.8	19.8	100.0

자료 : 김남순 외(2003).《한국여성의 건강통계》. 한국보건사회연구원 재구성

주 : 비실천—과거 경험이나 무경험인 경우.

사회에서는 연애 기간의 증가와 성문화의 변화로 결혼을 전제로 하지 않은 연애 및 성적 접촉이 늘어나고 있는 것이 현실이다. 그러나 대부분의 피임 관련 통계들이 기혼여성만을 대상으로 잡혀 있기 때문에 점차 증가하고 있는 미혼자들의 피임 실천 여부나 선호되는 피임 방법에 대한 의미 있는 통계를 확보하기가 어렵다.[5]

이렇게 미혼자들의 피임 실태에 대한 전국 단위의 통계 자료는 확보하기 어려운 형편이나 젊은 층의 성의식 및 성문화 변화를 연구한 몇몇 연구자들의 설문조사 결과를 통해 미혼자들의 피임 실태를 유추해 볼 수 있다.

중학생을 대상으로 한 김상원 교수팀 조사에 의하면 성관계 경험자의 76.8%가 피임을 하지 않고 있었으며, 10대 여성을 대상으로 한 구병삼 교수팀의 조사에 의하면 성 경험자의 2/3가량이 피임을 하지 않았다고 응답했다(김상원, 2001). 김혜원 교수팀의 조사에서도 조사 대상자인 성 경험 있는 고등학생 가운데 남학생의 17.8%, 여학생의 13.6% 만이 성행위 시 피임을 했다고 응답했다(김혜원, 2001). 20대 네티즌 330명을 대상으로 실시한 성의식과 성행동에 대한 이성환의 조사 결과에 따르면 20대의 성 경험이

5 이는 아직도 우리 사회가 결혼의 테두리 안에서만 섹스와 임신과 출산을 한정시켜 놓고 보기 때문으로, 증가하고 있는 혼전 관계와 피임 실패로 인한 미혼모(부)자 가정의 출현에 대해 의미 있는 분석과 진단을 내리기 어렵게 만들고 있다.

〈표 4-5〉 20대 미혼자들의 피임 준비 주체

(단위: %)

	함께 준비	상대방이 준비	자신이 준비	준비하지 않는다
남	23.5	23.5	18	33
여	23	29	10	35

자료 : 이성환(2002).《옐로우파일》. p.281 재구성.

〈표 4-6〉 20대 미혼자들의 피임 준비 여부

(단위: %)

	피임에 상관하지 않는다	배란 주기, 질외 사정 등을 사용	확실한 피임 준비가 되어 있을 때만 한다
남	28.6	53.6	16.8
여	20	60	19

자료 : 이성환(2002).《옐로우파일》. p.281 재구성.

있는 미혼 남성의 37%, 미혼여성의 30%가 주 1회 이상 섹스를 하고 있는 것으로 나타났는데, 〈표 4-5〉에서 보듯 피임을 준비하고 성관계를 갖는 비율이 남성 67%, 여성 65%에 불과해 미혼자들의 피임 실천율은 기혼자에 비해 상당히 낮은 것으로 나타났다.

그러나 미혼자들이 사용하는 피임 방법을 보면 실제 피임 실천율은 이보다 훨씬 낮다는 것을 알 수 있다. 10대 청소년을 대상으로 조사한 한 연구에 따르면, 질외 사정이 58.1%, 콘돔이 30.2%, 먹는 피임약이 7.0%, 배란 주기법이 4.7%로 나타났다(박현이, 2000). 한편 〈표 4-6〉에서 보듯, 20대 미혼자들은 실질적으로 피임의 영역에 들어가지 않는 '배란 주기법'과 '질외 사정'을 선호하고 있는 것으로 나타났다.

10대들에게 질외 사정법과 콘돔이 가장 많이 사용되고 있다는 것은 피임 실천에 있어 여학생이 남학생에게 전적으로 의존하고 있다는 것을 보여 주고 있으며, 적절한 피임 방법이 될 수 없다고 오래전부터 알려진 질외 사정법이나 배란 주기법이 중요한 피임 방법으로 사용되고 있다는 것은 그만큼 20대 이하 연령층이 정확한 피임 방법에 대해 제대로 알고 있지 못하다는 것을 말해 준다. 또한 이렇게 성공률이 낮은 피임을 택하고 있는 이유는 20대 이하 연령층에서는 성관계가 정기적으로 이루어지는 것이 아니라 의도치 않은 상황에서 준비 없이 이루어지는 경우가 많기 때문으로 여겨진다. 특히 여성들의 성 경험은 아직까지도 자발적이라기보다 분위기에 휩쓸려서, 혹은 상대방의 집요한 요구나 강압에 의해 이루어지는 경우가 많기 때문에 피임을 할 수 있는 상황이 되지 못하는 것이다.

이처럼 실제 성 경험 연령은 점차 낮아지고 성적 실천은 늘어나고 있지만 피임 실천은 제대로 되지 않고 있는 20대 이하 연령층에서 피임 실패율이 늘어나고 그에 따라 원치 않는 임신도 증가할 것이라는 점은 쉽게 예측할 수 있다.

2000년 대구 혜림원에 입소한 미혼모의 경우 피임 실패로 인해 임신한 경우가 44%에 달하고 있고, 김혜원 교수팀의 조사에 의하면 고등학생의 경우 임신을 시키거나 한 경험이 있는지를 물은 질문에 대해서 성 경험이 있는 남학생의 2.2%, 여학생의 10.8%가 그런 경험이 있다고 대답했다(허남순 외, 2005). 그러나 한국사회가 성문화에는 개방되어 있지만 혼전 임신에 대해서는 아직도 닫혀 있는 사회라는 점을 감안할 때, 실제 미혼자의 임신 경험은 이상에서 제시된 비율보다 높다고 추측할 수 있다.[6]

② 낙태 실태

앞서 살펴본 것처럼 20대 이하 연령층의 성 경험 비율이 높아지고 첫 성 경험 연령이 점차 낮아지는 경향이 실제 미혼자의 임신 가능성을 높이고 있는 것에 비해, 우리 사회에서 10대 출산율은 오히려 감소하고 있다. 미국의

6 특히 청소년 임신과 관련하여 관심을 가져야 할 점은 최근 가족구조의 변화로 가출 청소년이 늘고 있고, 경제적 이유로 청소년 성매매에 참여하는 청소년이 증가하고 있는 추세여서 그 어느 때보다 이들 청소년의 임신 가능성이 높아지고 있음에도 불구하고 그들의 거주상의 특성상 10대 임신 비율을 알기 위한 조사에서 청소년층이 배제되어 왔고, 자연 10대 임신을 나타내는 통계에 이러한 상황이 드러나지 않고 있다는 점이다.

〈표 4-7〉 연령별 2개월(2005년 8-9월)간 인공 임신중절 시술 건수

구분	기혼여성(%)	미혼여성(%)	전체(%)
15세 미만	0(0.0)	2(0.1)	2(0.0)
15-19세	6(0.2)	198(8.3)	204(3.6)
20-24세	146(4.4)	1,212(50.7)	1,358(23.9)
25-29세	507(15.4)	733(30.7)	1,240(21.8)
30-34세	1,106(33.6)	183(7.7)	1,289(22.8)
35-39세	1,045(31.7)	50(2.1)	1,094(19.3)
40-44세	441(13.4)	9(0.4)	450(7.9)
45세 이상	42(1.3)	0(0.0)	42(0.7)
계	3,292(100.0)	2,387(100.0)	5,679(100.0)

자료 : 김해중 외(2005). 〈전국 인공 임신중절 실태 조사 및 종합 대책 마련〉. 보건복지부.

〈표 4-8〉 인공 임신중절의 규모

구분	20세 미만	20~24세	25~29세	30~34세	35세 이상
12주 미만	88.0	96.4	96.0	97.1	97.0
12주 이상, 16주 미만	7.8	2.8	3.5	2.6	2.5
16주 이상, 20주 미만	2.6	0.4	0.3	0.3	0.3
20주 이상	1.6	0.4	0.2	0.0	0.2

자료 : 김해중 외(2005). 〈전국 인공 임신중절 실태 조사 및 종합 대책 마련〉. 보건복지부.

〈표 4-9〉 미혼모의 출산 이유

(단위: %)

아기를 갖기 위해서	낙태 시기를 놓쳐서	낙태 비용이 없어서	낙태가 무서워서	낙태가 죄악이라는 생각	미혼부가 원해서	기타
26.3	28.8	11.4	15.3	11.4	3.4	3.4

자료 :《미혼모부자 종합대책에 관한 연구》(2005, 여성가족부). p.16 재구성.
* 2005년 9월 전국 미혼모 시설 16개소에 입소한 미혼모 중 1, 120명을 대상으로 실시.

청소년 출산 현황을 고찰한 신미식의 연구에 따르면 미국 청소년의 경우 천 명당 출산 건수가 54.4건인데 비해 한국의 경우 19세 이하 청소년층의 출산 건수가 천 명당 1건으로 1960년의 37건에 비해 현격히 떨어지고 있다 (신미식, 2002; 김승권 외, 2004). 이는 20대 미만 연령층의 혼인율이 급격히 감소한 데다, 한국에서는 미혼자들이 임신을 할 경우 출산하여 양육하는 비율보다 낙태를 통해 임신을 해소하는 경향이 높기 때문인 것으로 보인다.

보건사회부에서 실시한 2005년 〈전국 인공 임신중절 실태 조사 및 종합 대책 마련〉에 의하면 아직까지는 미혼여성보다 기혼여성이 더 많이 낙태를 하는 것으로 나타났다. 이 보고서의 추정에 따르면 연간 인공 임신중절 시술 건수는 35만 건으로 이 중 기혼자의 비율이 58%, 미혼자의 비율이 42%로 나타났다.[7] 그러나 〈표 4-7〉에서 보듯 10대 미혼여성들의 경우 낙태율이 전체 미혼여성 낙태의 8.4%로 적지 않음을 알 수 있다.

특히 〈표 4-8〉을 보면 20세 미만 연령층의 경우 임신 12주 이상에서 낙태율이 다른 연령층에 비해 월등하게 높은 것으로 나타났는데, 낙태가 산모에게 위험할 수 있는 20주 이상에서의 낙태 비율도 1.6%에 이르고 있다. 이는 청소년들이 성 지식 부족으로 임신 사실을 뒤늦게 알게 되는데다 가족이나 주변에 임신 사실을 숨기게 되면서 적절한 도움을 적기에 받을 수 없기 때문에 대처가 늦어지고 있음을 간접 시사하고 있다.

또한 〈표 4-8〉의 통계치는 산부인과 병원에서의 낙태에 한정된 것으로 싼 가격에 비밀리에 인공 임신중절 시술을 행하는 불법 낙태시술소의 경우를 포함한다면 실제 20세 미만에서의 낙태 건수는 훨씬 많을 것으로 추측해 볼 수 있다.

③미혼모(부) 실태

앞서 본 바대로 성 경험의 보편화와 성 경험의 저연령화로 혼전 임신이 증가하고 그에 따라 낙태율도 증가하고 있는 형편이지만, 다른 한편으로는 낙태 대신 출산을 택하는 미혼자들도 현실적으로 존재한다. 〈표 4-9〉를 보면, 이들 미혼모(부)들의 28.8%가 낙태의 시기를 놓쳤기 때문에 어쩔 수 없

7 이렇게 볼 때 연간 가임기 여성 1천 명당 시술 건수는 30.7건으로 미혼여성이 12.9건, 기혼여성이 17.8건으로 나타나는데, 이는 낙태가 합법화되어 있는 독일의 7.6건보다 무려 4배가량 많은 것이어서, 낙태율과 법률적 허용과는 상관이 없는 것으로 나타났다.

이 출산을 선택한다고 응답하고 있지만, 자발적으로 아기를 가지기 위해서란 응답도 26.3%나 되고 있어, 자발적인 출산 선택이 낙태 비용이나 낙태에 대한 두려움 때문이라는 응답보다 높은 비율을 차지하고 있다.

미혼모(부)들의 증가율을 보여 주는 구체적인 통계자료는 확보하기 힘들다. 다만 출산을 결심한 미혼모들을 수용하는 시설에서 매년 입소하는 미혼모의 수를 파악하고, 입양기관에서 미혼모에 의한 요보호아동 발생 건수를 집계하여 미혼모 발생 추이를 추정하고 있으나 이 가운데는 시설에 입소하지 않고 본인이 직접 아이를 낳아 키우거나, 입양기관에 의뢰하지 않고 아이를 다른 곳에 보내는 경우는 포함되지 않아 정확한 미혼모(부) 발생 건수를 파악하기는 쉽지 않다. 다만 미혼모 시설에 입소하거나 입양기관에 아이를 맡기는 경우만 가지고 미혼모(부)들의 현재를 보여 주는 몇 가지 경향성만을 파악할 수 있을 따름이다.

미혼모 시설에 대한 실태 조사와 미혼모(부)자 가정에 대한 종합 대책에 관한 연구를 시행한 여성가족부의 조사에 따르면 미혼모들이 이전에는 출산 후 아기의 입양을 선택한 경우가 절대적으로 많았으나 이제는 직접 양육하고자 하는 미혼모가 늘어나고 있는 것으로 나타났다. 2005년도 여성가족부의 조사에 따르면 혼자서, 혹은 가족과 함께 양육하겠다는 의지를 보인 미혼모가 30% 정도인 것으로 나타나 1998년도 조사 당시 1.2%에 불과하던 양육모 비율보다 훨씬 높아진 것으로 나타났다(여성가족부, 《미혼모시설 실태조사》, 2005). 이는 가족구조의 다변화로 한부모 가정에 대한 사회적 편견이 많이 완화되었고, 정책적으로도 한부모 가족에 대한 지원을 기대할 수 있는 사회 환경으로 변화되었기 때문으로 추측된다. 그러나 여전히 미혼모가 출산한 아동 가운데 90% 이상은 해외 입양되는 추세이며, 특히 국외 입양아 중 미혼모 아동은 2,257명으로 99.9%를 차지하고 있다.

이렇게 볼 때 한국사회에서 성애적 성은 결혼제도로부터 빠져 나왔으나,

그것이 필연적으로 맞닿아 있는 출산의 문제는 아직도 결혼제도 안에서만 허용되고 있다고 볼 수 있다. 그 결과 성을 둘러싼 담론과 문화 속에서는 쾌락적 성과 출산을 위한 성이 철저하게 이분화되고 있지만, 현실에서는 두 유형의 성이 여전히 미분화된 채 낙태율 증가와 원치 않는 임신과 출산으로 인한 아동 유기가 지속되고 있는 것이다.

3. 디지털 라이프, 새로운 섹슈얼리티

섹슈얼리티란 성적인 욕망들, 성적인 정체성 및 성적 실천을 의미하며 성적인 감정과 성적으로 맺게 되는 관계들을 모두 포괄하는 개념으로 섹스가 일상 용어에서 '성행위sex act'를 뜻한다면, 섹슈얼리티는 섹스에 관한 생각들, 의미들, 그리고 사회적 관행들이라고 할 수 있다.[8] 섹슈얼리티란 사회구성론적 관점에서 개념화한 것으로 성을 다양한 사회 문화적 맥락들 내에서 모든 사회 관계들과의 작용을 통해 구성되는 것으로 보는 개념을 말한다. 이렇게 볼 때 섹슈얼리티 개념에서 강조되는 지점은 섹스에 대한 생각과 의미와 사회적 관행을 구성하는 사회적 맥락이 된다. 따라서 본 절에서는 정보사회로의 진전이 가져온 일상생활에서 변화의 맥락을 짚어 보고, 이러한 변화가 섹슈얼리티의 변화 양상과 어떻게 맞물리고 있는지 살펴보도록 하겠다.

1) 정보사회와 디지털 라이프

정보사회는 특정 사회 내의 정보 유통량이 팽창함에 따라 그 정보를 효율

8 조주현은 섹슈얼리티를 첫째 일부일처제, 일부다처제, 일처다부제, 독신제도와 같은 성적 행위 또는 사회적 관행들, 둘째 이성애자, 동성애자, 양성애자로 자신을 규정하게 하는 성적 경향성 또는 성 정체성, 셋째 성적 욕망, 넷째 성적 관계 또는 성의 정치성으로 영역을 구분한다(조주현, 1999).

적으로 처리, 전달할 수 있는 정보기술의 고도화가 불가피해지며 이에 따른 정보의 사회, 경제적 가치가 높게 부여되는 사회로 정의할 수 있다(전석호, 1993). 사회가 정보화되어 간다는 것은 산업뿐만 아니라 사회, 정치, 문화, 개인생활 등을 포함하는 질적인 정보 환경의 변화, 즉 사회 부분 체계들의 재구조화를 의미한다.

김문조는 정보화로 인한 사회 부분 체계들의 재구조화를 구조적 차원, 제도적 차원, 문화적 차원, 의식적 차원의 네 가지 차원으로 나누고 있다. 구조적 차원에서 IT혁명은 네트워크 사회로의 이행을 가속시키며, 제도적 차원에서 IT혁명은 유연사회를 촉발시키고, 문화적 차원에서 IT혁명은 사이버 사회를 이끌고 있으며, 의식적 차원에서 IT혁명은 자아 지향적 사회를 추동하고 있다는 것이다(김문조, 2002). 이처럼 구조와 제도와 문화와 의식적 차원의 변화는 종국적으로 개인의 행위 양식과 가치규범까지 변화시키게 되는데, 우리가 앞으로 고찰하게 될 '성문화'와 '출산 기능'이라는 보수적 영역까지도 그 변화가 미치는 파장은 적지 않을 것으로 예상된다. 그렇다면 각 차원에서의 변화는 일상생활에 어떤 변화를 초래할 것인가?

① 네트워크 사회—약한 연대의 부상

정보통신 매체의 확산과 함께 요소 간의 연결 방식이 접촉을 넘어선 접속의 형태로 확대되면서 사회체계는 차츰 거점 중심 사회에서 연결 중심 사회로 이행된다. 따라서 네트워크 사회의 구성 요소들은 고착적으로 결합되어 있다기보다는 느슨하게 연결되어 서로 파동적 영향을 주고받음으로써 사회체계를 유동적 상태로 전환하며, 삶의 터전인 공간 개념도 '정주적 공간'에서 '흐름의 공간'으로 변모하여 '장소 귀속성의 탈피'가 일상화하는 유목적 상황이 도래하게 된다. 또한 네트워크 사회에서의 사회자본은 "행위자가 자신이 속한 연결망 속에 있는 자원에 접근함으로써 얻을 수 있는 자원"을 뜻하는 것으로서 약한 연대에 의해서 강화되는 경향이 있다. 이런 상황은 인터넷을 매개로 모여든 다양한 취향의 공동체 속에서 발견될 수 있다.

② 유연사회—경계의 소멸

정보사회에서는 접속성 증대로 상호작용 밀도가 강화되면서 기존의 제도적 경계가 약화되고, 제도 영역 간의 교류가 촉진되며, 지금까지 서로 반대편에 위치했다고 여겨진 서로 다른 범주들이 화합적으로 공존할 수 있게 된다. 전문적 여가serious leisure, 놀이학습edutainment, 정보오락infortainment, 생산소비자prosumer 등 최근 부상하는 개념들은 이제까지 이질적 영역에서 수행되어 오던 별개의 행위를 하나로 통합하는 정보사회의 유연적 속성을 잘 나타내고 있다. 이제 사람들은 정보를 획득하는 행위와 오락을 즐기는 행위를 굳이 구별하지 않으며, 자신이 정보를 지속적으로 생산해야만 타인이 생산한 정보를 더 많이 가져올 수 있다는 신리를 깨우치고 있는 중이다. 자기 식구들의 저녁 식탁을 위해 준비했던 레시피가 타인에게는 유용한 고급 요리 정보가 되면서 사적 노동이 사회적 노동으로 변하는 과정을 인터넷에서 실시간으로 목격할 수 있고, '듣는' 라디오를 실시간 동영상으로 '볼 수' 있게 되었다. 방송국 홈페이지에서는 '시청'과 '글쓰기'와 '대화하기'가 동시에 진행되고 있다. 디지털 문화는 소비로 끝나는 것이 아니라 또 다른 컨텐츠의 생산으로 지속적으로 환원된다.

③ 사이버 사회—쌍방향성, 감성적 가치의 부상

사이버 스페이스는 하이퍼링크에 의한 복합적 구조를 가지고 있기 때문에 현실계의 다양한 규제나 제약을 벗어난 초월성을 가진 공간이자 정보의 조작성과 구성성을 특성으로 하며, 이러한 정보들은 쌍방향적으로 전달되고 있다. 또한 사이버 스페이스에서 유통되는 정보는 상징이나 기호, 이미지와 기표 사용이 많아지면서 텍스트에서 이미지로 다시 동영상으로 진화하고 있다. 이제 이성적이고 논리적이며 완결 구조를 가진 연속적 정보보다 감성적이고 상상력을 자극하며 열린 구조를 가짐으로써 생산-재생산의 순환이 자유로운 형태의 정보가 보다 위력을 발휘하고 있다. 이러한 특징을 가진 사이버 스페이스에서 중요한 것은 정보를 소유하고 이를 바탕으로 이해와 설득을 펴는 것이 아니라 정보를 공유하고 공감과 참여를 유도하는 것이 된다. 이는 사이버 스페이스이 정서적 관계 형성에 보다 용이하고 친밀함의 공동체 형성에 적합하다는 사실의 근거가 되고 있다.

④ 자아 지향적 사회—개인주의의 심화, 성찰성의 증대

근대에 이어 현대사회에서 개인들은 이차적 개인화를 겪고 있으며(Beck, 2002), 경제적 · 정치적 개인화에 이어 성, 결혼, 출산, 이혼 등 모든 것이 주관적 선택의 대상이 되고 있다. 〈생활과 근무여건 개선을 위한 유럽 재단 EFILWC 보고서〉에 따르면 정보통신기기 발전에 따른 새로운 생활방식의 두 가지 결정적 특징을 '가정 중심성'과 '심미적 성찰성'으로 꼽고 있다. 가정 중심성이란 IT기술이 가정용 기기에 접목되면서 홈네트워크가 실현되고, 거주 환경의 개선으로 1인당 공간의 확장되면서 가정에서 보내는 시간이 연장되고 있음을 의미한다. 또한 '심미적 성찰성'이란 공유적 개인주의를 의미하는 것으로, 근대적 개인주의가 평등과 프라이버시를 중요시하는 인지적 성찰성에 기반하고 있다면, 공유적 개인주의는 취향의 호불호가 판단의 기준이 되는 심미적 성찰성에 기반하고 있다. 특히 디지털 매체에 둘러싸여 성장한 N세대의 개인주의는 양극화되고 있는데, 게임이나 특정 취향에 몰두하는 '자폐적 개인주의'와 특정 주제에 대해 사이버 스페이스에서 적극적 여론을 형성하여 오프라인에까지 영향을 미치는 '참여적 개인주의'가 바로 IT가 이끈 새로운 '개인주의'의 모습이다.

2) 성문화 변화와 사이버 문화의 접점들

①온라인 만남과 디지털 연애

현재 한국사회 사이버 스페이스 안에는 인터넷을 이용한 이성교제의 통로들이 우후죽순처럼 생겨나고 있다. 전화선이 연결되어 있는 곳이라면 세계 어느 곳에 있는 사람과도 시간과 공간을 초월해 친밀한 관계를 형성할 수 있는 사이버 환경에서 애인 찾기는 그 어느 때보다 수월해진 것이다. 인터넷이 대중화되기 이전 PC 통신 시절, 채팅방은 연애 상대를 찾는 짝짓기 공간으로 활용되었으며, 인터넷이 대중화되고 채팅 문화가 퇴조하고 나서부터는 애인을 찾기 위한 '만남을 위한 전문 사이트'가 등장했다. 결혼정보회사가 '결혼 상대자'를 찾기 위한 목적으로 이용되는 것에 반해 이 같은 만남사이트는 '연애 상대자'를 찾는 목적으로 활용되고 있는 것이다.

이 같은 만남 사이트는 만남의 목적을 취미, 여행, 여가, 동거 등으로 다양하게 구성해 놓고 회원 가입 시 자신의 취향을 세밀하게 기록시켜, '맞춤형 만남'이 가능할 수 있는 환경을 만들어 놓았다. 즉 회원들의 신상정보를

〈그림 4-2〉 온라인 만남 사이트 네이버 검색 결과

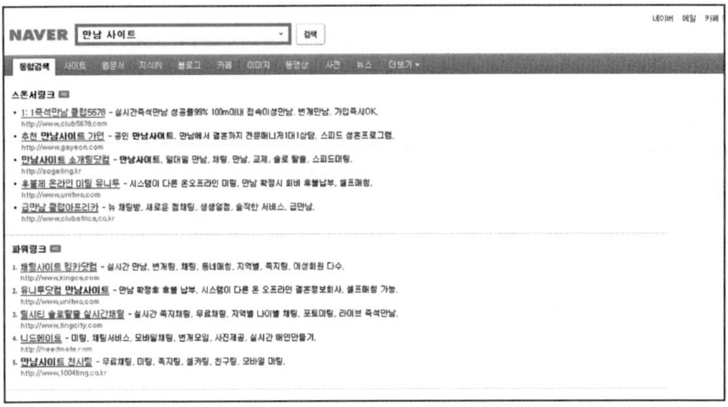

〈그림 4-3〉 역할 대행 사이트

데이터베이스화하여 실시간으로 자신과 비슷한 취향, 비슷한 목적을 가지고 접속해 들어오는 이성 회원과 연결시켜 주고 있는 것이다.

또한 최근에는 인터넷을 통한 애인 만들기에서 한 걸음 나아가 애인 역할을 대행해 주는 사이트도 등장하고 있다. 애초 역할 대행은 특정 행사나 모임에서 정상적인 상황을 연출하고자 애인, 하객, 부모, 문상객, 배우자 등 '친밀한 관계'의 역할을 대행해 줄 인력을 구하는 아르바이트 형태로 시작되었다. 서비스의 상품화 시대를 지나 '인맥'이나 '친밀성'까지 상품화되는 시대가 된 것이다. 최근에는 〈그림 4-3〉에서 보이는 사이트처럼 여행길 친구나 애인 역할을 대행해 줄 사람을 찾는 사이트까지 등장하고 있는데, 이 가운데 몇몇 역할 대행 사이트들은 새로운 온라인 성매매의 창구로 활용되기도 한다.

연애를 할 수 있는 능력이 결혼을 할 수 있는 능력보다 중요해진 현대사회에서 만남 사이트와 애인 대행 사이트의 등장은 사랑을 결혼 밖으로 끌어내면서 연애 그 자체를 하나의 이벤트로 즐기고자 하는 현대인의 욕망을 정확히 짚어 내어 상품화하는 데 성공했다고 볼 수 있다.

② 생산의 섹스에서 소비의 섹스로—성적 욕망 해소의 통로 다양화

연애 경험의 보편화로 성적 실천을 수반한 낭만적 사랑이 이상화되는 상황에서 다른 한편 성욕과 성적 실천 그 자체를 상품화하려는 경향성 또한 급성장하고 있다. 섹스 관련 상품, 이미지, 성공적인 섹스를 소개하는 안내서, 잡지나 신문 또는 텔레비전에서의 성 전문가들의 충고, 섹스 비디오나 책들은 모두 20세기 중반에 대중화된 매스미디어 확산의 결과다. 이들의 두드러진 특성은 최신 유형의 성 표현 방식을 추종할 때의 이점을 강조하면서 다른 한편 어떤 상품을 구매할지에 대한 개인의 선택을 동시에 강조한다는 점이다(혹스, 2005).

미디어가 발전시킨 섹스 시장은 탈육체화된 에로티시즘을 장려함으로써, 안정되고 고정된 관계에서 이루어지는 결혼관계 속에서의 섹스를 대체하고 있다. 섹스 시장은 개인들이 진열장의 에로틱 상품을 구경하고 쇼핑하면서 자신의 정체성을 구성하도록 조장한다. 섹슈얼리티와 관련하여 시장의존성이 가져올 수 있는 하나의 결과는 성직 이미지를 신댁하고 동일시하는 일이 실제적인 성행동, 즉 성적 실천보다 중요시될 수 있다는 점이다. 따라서 성은 점점 더 출산의 영역으로부터 멀어지고 사랑을 위한 성적 표현이나 실천에 동원되는 행위 양식은 섹스 시장에서 유통되는 성적 이미지와 담론들을 모방하게 된다.

소비의 섹스에서 가장 보편적으로 유통되는 것이 포르노그래피다. 특히 인터넷의 대중화로 포르노그래피는 유통과 생산과 소비 방식에 일대 혁신을 일으켜 새로운 양상을 보이고 있는데, 그 특징은 다음과 같다.

첫째, 인터넷의 등장으로 포르노그래피의 생산과 유통의 장이 다양해지면서 소비량도 급속히 증가하고 있다. 이는 은밀한 유통을 전제로 하는 포르노그래피의 속성과 PC와 휴대전화 등 미디어의 개인화가 서로 상승작용을 일으키고 있기 때문이다. 그 결과 과거 비닐포장에 쌓여 가판대 한 구

석에 진열되던 옐로 저널은 천만 이용자를 자랑하는 포털 사이트의 한 메뉴로 당당하게 자리 잡았고, 비디오 가게에서나 빌릴 수 있었던 에로영화들도 실시간 영화 감상이 가능한 영화 전문 감상 사이트의 주요 메뉴로 등장했다. 또한 휴대전화의 진화로 책상 위 모니터가 아니라 손바닥 안 액정 화면으로 언제 어디서든 감상할 수 있는 시대가 되었다. 한편 전문적인 성인물 제공업자들은 이들 소프트 포르노와 차별된 콘텐츠를 제작하기 위해 음성이나 영상 채팅을 통해 사이버섹스를 실연하거나 성기 노출이나 변태적 성관계를 보여 주는 하드코어 포르노를 제작하는 등 수위를 강화하는 방식으로 차별화 전략을 구사하고 있다.

둘째, 아마추어리즘에 대한 선호도가 급증했다. 포르노 전문 배우가 아닌 평범한 일반인이 등장하는 포르노그래프가 '몰카'라는 이름으로 관음증에 대한 욕망과 실재감을 느끼고자 하는 욕망을 충족시키고 있다. 이것은 업자에 의해 새로운 장르로 개발되기도 하고, 소비자에 머물던 개인이 포르노그래피의 주인공으로 자발적으로 나서는 상황으로도 이어졌다. 이는 일차적으로 이미징 프로그램과 디지털 카메라와 캠코더의 대중화라는 기술 발전에 기대고 있지만 보다 근본적으로는 몸에 대한 사회적 관점의 변화, 성문화에 대한 개방화, 소프트 포르노그래피의 일상화 등에 영향을 받았다고 볼 수 있다.

셋째, 포르노그래피를 둘러싼 담론이 문화적 영역에서 증가하면서 포르노의 생산과 유통과 소비가 결합하고 있다. 이제까지 포르노그래피를 둘러싼 담론은 분석과 비판을 위해 주로 학문 영역이 담당해 왔을 뿐, 그 자체 대중적 차원에서 문화 분석의 대상으로 다루어지지는 못했다. 그러나 최근 웹진 및 사이버커뮤니티 문화가 성장하면서 포르노그래피를 성에 대한 하나의 취향 문화로 받아들이고, 그에 대한 문화적 비평을 행하는 담론 집단들이 하나둘 늘어나기 시작했는데, 이들은 무비판적 수용과 강력한

〈그림 4-4〉 성인 웹진 남로당 메인 화면

규제 사이에 보다 다채로운 담론의 스펙트럼을 다양하게 확장시키고 있다. 이는 앞서 서술한 '아마추어리즘'의 선호와 발맞추어 네티즌 개개인이 성의 소비자이자 성 담론의 생산자로서의 역할을 동시 수행하는, 즉 프로슈머로 활동할 수 있는 환경을 만들어 주고 있다.

넷째, 과거 포르노그래피의 주 고객이 성인 남성이었다면, 정보화 시대의 포르노 소비 계층은 성별과 연령을 불문하고 매우 다양해지는 특징을 보이고 있다. 이는 성인 정보의 양적 증가도 그 한 원인이 될 수 있으나 보다 근본적인 이유는 파일 공유 프로그램이나 링크 사이트를 통해 무료로 성인 정보를 입수할 통로가 엄청나게 확장된데다, 네티즌의 공유 문화가 포르노 컨텐츠의 기하급수적 확산에 일조하고 있기 때문이다. 또한 휴대전화가 진화하면서 무선 인터넷을 통한 포르노그래피의 확산도 증가 일로에 있다. 한편 정보사회에서 PC가 개인용 컴퓨터에서 가족 공용의 컴퓨터로 자리 잡으면서 부모들이 자녀의 PC사용을 관리하기 시작했는데, 이로 인해 부모의 감시를 피해 포르노를 소비해야 하는 청소년들이 개인 미디어화한 휴대전화를 통해 포르노를 소비하는 쪽으로 방향을 틀게 되었다.[9] 이처럼 제대로 된 성 지식을 습득하기도 전에 포르노그래피를 통해 성 지식을 습득하는 청소년들이 현실에서 상호적이지 못한 성적 실천과 소비를 위한 섹스만을 성의 전부로 여기면서 성폭력이나 원치 않는 임신을 경험할 가능성이 높아지고 있다.

이처럼 디지털 매체의 등장으로 성적 호기심과 성적 욕망을 충족시킬 다양한 통로들이 마련되고 있으며 이러한 성욕 충족 통로를 통해 만나게 되는 성적 실천과 성행위 양식들은 여전히 소비의 대상이지 임신 및 출산과 연계된 생산의 섹스와는 동떨어져 있다. 즉 현대정보사회는 '생산의 섹스'로부터 '소비의 섹스'로의 보다 빠른 전환을 야기했고, 그 결과 보다 다양한 섹스 상품들이 쇼윈도에 진열되면서 개인의 성적 표현과 성적 실천이 출산이나 일부일처제의 구속적인 맥락으로부터 분리되었다는 믿음을 주고 있는 것이다. 그러나 또 한편 간과할 수 없는 사실은 청소년들이 포르노를 통해 성적 실천이 출산이나 결혼과 완전히 분리되었다는 믿음을 소비하게 되면서 아직 바뀌지 않은 현실(성과 출산의 미분화) 속에서 원치 않는 임신과 10대 미혼모(부)의 발생 가능성을 높이고 있다.

③ 사이버 공동체의 성장과 사이버 패밀리의 등장

디지털 네트워크의 성장으로 이제 인터넷은 단순히 정보의 네트워크를 넘어서 사람과 사람이 만나서 서로 소통하고 감정을 나누면서 관계를 만들어 나가는 통로로서 인적 네트워크를 형성하고 있다. 더욱이 시공간적 경계를 뛰어넘는 인터넷의 확장성은 물리적 영역 내에서만 이루어질 수 있었

9 한국정보문화진흥원이 2005년 휴대폰을 갖고 있는 수도권 지역 중·고교생 1,088명을 조사한 결과, 10명 중 1명 꼴로 성性 비행에 노출된 것으로 나타났다. 포르노 사이트에 접속(16.3%)하거나 심야시간에 번개팅(즉석 미팅, 14.9%)을 해 본 학생이 6-6.7명 중 1명 꼴이었다. 번개팅을 통해 만난 이성과 성적 행동(키스·애무·성관계 등)을 해 본 경험은 11.1%, 휴대폰을 이용해 원조교제를 한 비율이 10.4%, 휴대폰으로 성인용품을 구입해 본 학생이 10.2%, 휴대폰으로 음란물을 웹에 올린 경험도 10.8%나 됐다(〈헤럴드 생생뉴스〉, 2006. 3. 7).

던 인간관계의 폭을 전 지구적인 차원으로 넓혀 놓았으며, 인터넷이 제공하는 익명성은 이질적이고 다양한 부류의 사람들 간의 자유로운 횡적 교류를 가능하게 만들었다. 이렇듯 인터넷만이 갖는 고유한 속성을 매개로 한 새로운 인간관계들은 점차 기존 현실세계에서의 전통적인 인간관계와는 구별되는 대안의 인간관계를 형성시키고 있다.

현실세계에서 가장 전통적인 인간관계는 혈연, 지연, 학연으로 대표되는 연줄망에 기초하고 있다. 그리고 근대 이후에는 사회적 계약에 근거한 목적지향적이고 이해타산적인 2차적 인간관계가 대두하게 된다. 하지만 사회가 급격하게 재구성되고 있는 현대사회에서 기존의 인간관계는 새로운 시대와 어울리지 못하고 곳곳에서 파열음을 불러일으키고 있다. 혈연, 지연, 학연과 같은 연줄망은 무조건적 충성심을 요구하는 강한 연대의 권위주의에 의문을 제기하는 현대인들의 삶 속에서 점차 그 기능이 약화되고 있다. 또한 노동의 장에서 맺게 되는 2차적 계약 관계 속에서 현대인들은 정서적 유대가 결여된 의무적이고 도구적인 상호작용만을 반복 수행하면서 '고독을 느끼는 군중'의 한 사람이 되어 간다. 강한 유대가 보장해 주는 정서적 결속감을 그리워하면서도 집단주의에 개인의 자유를 희생시키고 싶어 하지 않는 모순적 상황에 봉착한 것이다.

이 시점에 출현한 것이 바로 사이버 공동체다. 사이버 공동체는 인터넷을 매개로 공통의 관심사, 공통의 취향, 공통의 가치, 그리고 공통의 지향점을 중심으로 하는 공동체로서, 공통의 백그라운드나 도구적 이해관계보다 공통의 화제와 공유할 수 있는 취향이 중요해진 사이버 스페이스에서 새롭게 형성되었다. 수직적이고 권위적인 오프라인 세계에서의 관계와 달리 사이버 공동체에서 인간관계는 수평적이고 탈권위적인 성격을 띠고 있고 고정되고 경직된 오프라인적 인간관계와 달리 그 형태와 경계 구분도 명확하지 않으며, 관심사가 바뀌거나 이해관계가 맞지 않으면 언제든지 부담없이 해체될 수도 있는 느슨하고 유연한 관계이기도 하다. 이처럼 사이버 공동체는 가장 인간적인 정서적 교류가 이루어지면서 동시에 자신의 이해관계와 목적하는 바를 가장 자유롭게 추구할 수 있는 보다 진화된 인간관계를 출현시켰다.

뿐만 아니라 네트의 인간관계는 현실세계의 전통적인 인간관계가 가졌던 고유한 기능마저 하나둘씩 자신의 것으로 흡수해 가고 있다. 오프라인 친구보다도 인터넷에서 만난 익명의 대상에게 더 깊은 친밀감을 느껴서 속 깊은 이야기까지 털어놓게 되는 일은 더 이상 낯설게 느껴지는 일이 아니다. 심지어 인터넷상에서는 사이버 부부와 사이버 패밀리까지 등장하고 있다. 가장 원초적인 인간관계라 할 수 있는 가족의 영역조차도 네트워크로 맺은 인간관계가 모방하고 있는 것이다.

일각에서는 사이버 패밀리가 현실의 가족관계를 '대체'하는 것이 아니냐는 우려가 제기되고 있으나, 실제 사이버 패밀리가 형성되고 유지되는 과정을 보면 아직은 '대체'가 아니라 '모방' 수준에 머무르고 있다. 오프라인에서 혈연관계가 아니더라도, 친밀한 사이일 때 '언니', '오빠', '삼촌'과 같은 호칭으로 서로를 부르듯이, 온라인에서도 얘기가 통하는 네티즌끼리 연령에 따라 가족 호칭을 부여하면서 자연스럽게 사이버 패밀리를 형성하게 되는 것이다. 다음은 한 네티즌이 자신의 블로그에 올린 사이버 패밀리 형성 과정에 대한 글이다.

> 6월 6일은 머리쥐나(남동생) 생일, 6월 8일은 별걸다바(본인) 생일......
> 누나와 남동생 간의 사이라는... ㅋ
> 일케 말하면 이상하다구 말하겠지만........
> 약 3년 전인가 쥐나를 만났을 때.....
> 얘기하다가 서로가 특이한 점을 발견했지........
> 남매도 아니구. 친척도 아닌데. 무지 닮았다는 거..........

> 혈액형이 B형이라는 거, 생일이 이틀 차이난다는 거........
> 우린 이렇게 얘기를 하다가 친해졌구
> 정모와 벙개 모임에 참석하면서 가까워졌다.....
> 그래서 우린 사이버 패밀리가 되었다는........
> (http://cafe.naver.com/jerry72.cafe?iframe_url=/ArticleRead.nhn%3Farticleid=38170).

위 글에서 나타나듯이 현실 가족관계에서 추구하는 '정서적 유대감'이 온라인에서도 경험되면서 사이버 패밀리는 현실 가족관계의 '대체'로서가 아니라 현실 가족관계의 '모방'의 형태로 나타나고 있다. 그러나 만약 현실 가족이 정서적 안정감 제공 기능을 제대로 수행하지 못할 경우, 현실 가족관계보다 친밀도가 높은 다른 대안적 정서적 공동체로 사이버 패밀리가 대안으로 제시될 수 있다는 점 또한 시사하고 있다.

4. 디지털 사회에서 성문화의 변화, 이후의 쟁점들

1) 결혼과 출산 분리의 가속화

현재 한국사회의 발목을 잡고 있는 '저출산'의 사회경제적 원인에 대해서는 다각도의 논의가 이루어져 왔다. 자녀 양육 비용의 증가와 여성의 경제활동 참여 증가가 가장 중요한 요인으로 지목되고 있다. 이러한 사회경제적 변화와 함께 '출산'에 대한 관념의 변화 역시 중요하게 언급되고 있다. 과거 가문과 혈통을 잇고 가족 노동력 확보와 노후 부양이라는 의무를 수행해 줄 수 있는 기능적 존재로서의 자녀관이 정서적 안정감을 제공하고 가족이라는 유대감을 강화시키는 심리적 목적의 자녀관으로 바뀌었기 때문이라는 것이다.

여기서 이 글이 주목하고 있는 지점은 출산의 중요한 출발점이 되는 '성'

이라는 부분이 현대사회에서 회자되는 방식이다. 현대사회에서 성은 사랑과 결합하여 연애를 완성시키는 중요한 기제 가운데 하나로, 혹은 인간의 본원적 욕망이자 개인 정체성의 구성 요소로, 출산과 분리되어 언급되는 경향이 있다. 본 글에서는 이렇게 된 배경으로 현대사회 성문화의 변화 양상과, 성문화의 변화가 정보사회 진전과 어떤 지점에서 접목하고 있는지를 살펴보았다.

현대사회에서는 성-사랑-결혼의 결합이 느슨해지면서 성애적 관계를 바탕으로 한 낭만적 사랑이 이상화되기 시작했고, 만혼 경향성으로 말미암아 결혼은 전제하지 않으나 성적 실천은 동반한 연애의 경험이 매우 보편화되고 있다. 이러한 경향성은 인터넷의 등장으로 가속화되고 있다. 정보사회의 진전으로 또 하나의 생활 세계가 된 사이버 스페이스는 쾌락적 성과 출산의 성을 분리하기에 적합한 공간이다. 탈육체적인 만남의 기회가 확장되고 성에 대한 담론 역시 출산용 성보다는 쾌락을 위한 성 중심으로 생산, 유통, 소비되고 있기 때문이다.

인터넷에서는 자신의 정보를 데이터베이스에 올려 두면 쌍방향 네트워크로 이어진 사이버 스페이스에서 언제 어느 때고 접속만 하면 연애를 위한 만남이 가능하다. 이로써 결혼을 위한 진지한 만남까지는 아니지만 자신의 정체성을 연애를 통해 드러내고 확인받고 싶어 하는 욕구 충족은 그 어느 때보다 수월해졌다. 또한 사이버 스페이스 안에서 성이 가장 잘 팔리는 콘텐츠로 부상하면서 성욕 충족의 기회는 그 어느 때보다 증가했고, 이제 생산의 섹스는 소비의 섹스 이면으로 밀려나고 있다.

그러나 임신, 출산, 양육이라는 의무적 관계에 대한 부담없이 성적 쾌락을 누리고자 하는 욕망은 희망사항일 뿐 현실에서 성적 실천과 임신/출산은 여전히 미분화된 상태에 놓여 있다. 즉 결혼과 성적 실천은 분리되었을지언정 성적 실천과 출산은 여전히 완전한 분리를 실현하지 못하고 있는 것이다. 제도적 결혼 밖에서의 성 경험의 증가는 결국 결혼 밖에서의 출산 위험성을 함께 증가시키고 있다. 앞서 살펴보았듯이, 결혼을 하지 않은 20대 이하 연령층에서 성 경험은 증가하고 있으나 이들의 주된 피임 방법은 배란 주기법이나 질외사정 같은 성공률이 매우 낮은 피임 방법이라는 점에서 피임 실패로 인한 미혼자들의 낙태와 미혼 출산의 증가가 예고되고 있는 것이다. 특히 첫 성 경험 연령이 낮아지면서 10대들의 성관계 경험이 증가하고 있으나 이들의 성 실태나 임신 및 출산 경험에 대해서는 제대로 된 통계조차 잡히고 있지 않은 실정이다.

이처럼 성문화가 개방되고 인터넷의 도움으로 성애적 관계를 전제한 연애 경험 통로는 전 연령대에 걸쳐 그 어느 때보다 확장되면서 결혼 밖의 성적 실천과 임신/출산 가능성이 확대되고 있다. 그러나 출산은 여전히 결혼 제도 안에서만 용인되고 담론화될 뿐이다. 사회 변화에 따라 증가할 수밖에 없는 결혼 밖에서의 출산에 대한 사회적 관심은 상대적으로 낮을 뿐만 아니라, 저출산의 문제 역시 결혼제도 안에서만 해결 방법이 모색되고 있는 것이다. 그 결과는 낙태를 합법화한 나라들의 네 배에 이르는 낙태율과 미혼모 출산 아동의 90% 이상이 해외 입양된다는 수치로 나타난다(허남순 외, 2005). 결혼과 출산의 분리가 가속화되는 현재 시점에서 임신과 출산의 주체가 결혼을 통하지 않고도 양육 담당자의 역할을 수행할 수 있도록 국가와 사회 공동체의 적극적 지원 방안이 마련된다면 이는 궁극적으로 저출산을 해소할 수 있는 한 방안이 될 수 있을 것이다.

2) 대안적 정서 공동체의 출현과 출산 및 양육 기능의 사회화

현실에서 이미 가족이라는 경계는 합법적 혼인과 혈연관계로 이루어진 생계 공통체라는 오랜 틀을 넘어서고 있다. 미국사회사업가협회NASW는 이미 가족의 개념을 "가족의 기능을 수행하면서 스스로 가족이라고 여기는

2인 이상의 공동체"로 확장시켜 놓았다(박민자, 2002). 즉 현대사회에서 가족은 '생존의 공동체'에서 '정서적 공동체'로, '자족적인 공동체'에서 '외부 환경과 끊임없이 상호작용하는 '유연한 공동체'로 변화하고 있는 것이다. 이러한 가족 개념의 변화는 현대사회에서 가족만이 담당할 수 있는 기능의 축소가 가져온 필연적 변화라고 할 수 있다. 그런 점에서 구조기능주의 가족학자들이 근대 부르주아 핵가족의 주요 기능을 '양육/사회화'와 '정서적 안정감 제공'에 있다고 설파한 것은 올바른 분석이다. 문제는 근대를 넘어 현대 정보사회로 오면서 이러한 기능마저도 대체 가능한 영역들이 되고 있다는 점이다.

인터넷의 등장으로 정보뿐만 아니라 정서적 교감까지 실시간으로 쌍방향 소통되면서 사이버 공동체가 성장하기 시작했고, 사이버 공동체의 느슨하지만 정서적인 결합 방식은 자아 지향적 N세대의 정서와 부합하면서 현실에서 부족한 정서적 유대를 사이버 공동체를 통해 충족시키고 있다. 특히 디지털 매체에 친숙한 청소년들이 엄격한 가부장적 권위가 지배하는 현실 가족집단보다 개인의 의견과 취향을 존중해 주고 감정적으로 이해받을 수 있는 사이버 스페이스 안에서의 인간관계에 더 강한 애착을 보이고 있는 것은 부정할 수 없는 사실이다.

이러한 사이버 공동체의 성장은 부모 자녀 간의 수직적 위계가 중요시되고 가족 구성원 간의 동질성을 강조하는 현재와 같은 가부장적 핵가족의 성격을 변화시킬 것으로 전망된다. 사이버 공동체가 성장하는 이유는 정서적 유대관계를 희망하나 수직적 권위주의에 개인의 자유를 무조건적으로 구속시키고 싶어 하지 않는 현실 가족관의 변화를 반영하고 있기 때문이다. 즉 사이버 공동체의 성장 그 자체가 가족을 변화시키는 것이 아니라 결혼과 가족에 대한 변화된 기대가 디지털 문화를 통해 나타나고 있으므로 종국에는 이러한 변화된 기대가 현실에서도 실현될 수밖에 없는 것이다.

따라서 일시적으로는 사이버 공동체의 성장이 결혼을 지연시키고 그에 따라 출산율 저하에 일정 부분 기여하겠지만, 장기적으로 보았을 때는 사이버 공동체적 속성이 변화하는 현대사회의 가족 가치관과 맞물리면서 가족 영역에서 일어나는 문제들을 앞서 드러내고 해결 방안을 찾을 수 있게 만들어 주는 하나의 시금석 역할을 할 것으로 전망된다.

출산율 저하가 가족과 결혼제도의 변화와 밀접한 관계가 있다고 할 때 결혼제도 내에서만의 출산율 고취 정책은 이제 무의미하며 성문화와 출산 영역에서의 행위 양식 변화가 의미하는 바를 포착하고, 새롭게 등장하고 있는 결혼과 가족 영역에서의 변화들을 수용해야 한다. 현대 정보사회에서 그 변화가 출산과 결혼의 분리 가속화와 대안적 공동체의 추구로 나타나고 있다는 점은 이제 양육과 사회화의 책임을 가족 외부로 끌어내어 국가 및 사회공동체가 함께 져야 함을 의미하고 있는 것이다. ■ 최은정

참고문헌

김남순 외. 2003.《한국 여성의 건강통계》. 한국보건사회연구원.

김상원 외. 1996.《남자고등학생의 성의식에 관한 조사연구》. 한국성문화연구소.

김상원 외. 1997.《여고생 성의식 및 성실태 조사연구》. 한국성문화연구소.

김상원 외. 2000.《중학생의 성의식조사 및 성교육자료집 개발연구》. 한국청소년보호위원회.

김승권 외. 2003.《2003년 전국 출산력 및 가족보건, 복지실태 조사》. 한국보건사회연구원.

김은실. 2002.〈지구화, 국민국가 그리고 여성의 섹슈얼리티〉.《여성학논집》19집. 이화여자대학교 한국여성연구원.

김종길, 김문조. 2006.《디지털 한국사회의 이해》. 집문당.

김해중 외. 2005.《전국 인공 임신중절 실태 조사 및 종합 대책 마련》. 보건복지부.

김혜원 외. 2001.〈청소년들을 위한 학교 성교육의 현황과 문제점, 그리고 나아가야 할 방향〉.《청소년학연구》제8권 제1호.

박민자. 2002.〈가족의 의미〉. 여성한국사회 편.《가족과 한국사회—변화하는 한국 가족의 삶 읽기》. 경문사.

박현이. 2000.〈10대 남자 청소년의 성행태에 대한 조사〉. 2000년 제2회 10대 임신예방을 위한 연속토론회.《10대 임신과 남자의 무책임, 무엇이 문제인가?》. 서울YMCA 청소년 성교육상담실.

변혜정 외. 2006.《섹슈얼리티 강의, 두 번째》. (사) 한국성폭력상담소.

손승영 외. 2004.《출산 의욕 고취를 위한 성인 지적 관점의 사회적 대처 방안》. 보건복지부.

신미식. 2002.《한국 청소년의 성, 임신에 대한 현황 분석 및 대책에 대한 연구》. 한국청소년개발원.

신학용. 2006.《청소년 정책 개선 방향과 정책 제안》. 2006년도 국정감사정책자료집.

이나영. 1999.《포르노, 섹슈얼리티 그리고 페미니즘》. 서원.

이성환. 2002.《옐로우파일》. 책읽는사람들.

장순복 외. 2000.《10대 여성의 임신 실태와 예방 대책》. 청소년보호위원회.
장혜경 외. 2005.《가족실태조사》. 여성가족부.
전석호. 1993.《정보사회론》. 도서출판 나남.
전석호. 1999.〈미디어 섹스〉.《포르노, 섹스, 그리고 미디어》. 전석호 엮음. 가산출판사.
허남순 외. 2005.《미혼모부자 종합 대책에 관한 연구》. 여성가족부.
Beck, U. & Beck. G. E. 1999.《사랑은 지독한, 그러나 너무나 정상적인 혼란》. 강수영 · 권기돈 · 배은경 옮김. 새물결.
Giddens, A. 1997.《현대성과 자아정체성—후기현대의 자아와 사회》. 권기돈 옮김. 새물결.
Giddens, A. 1995.《현대사회의 성, 사랑, 에로티시즘—친밀성의 구조 변동》. 배은경 황정미 옮김. 새물결.
Gurak, L. J. 2001.《거미줄에 걸린 웹》. 강수아 옮김. 코기토.
Hwaks, Gail. 2005.《섹슈얼리티와 사회》. 임인숙 옮김. 일신사.
Webster, F. 1997.《정보사회이론》. 조동기 옮김. 도서출판 나남.

제2부

성의 해방과 상품화

자유주의 성 해방론의 의미와 비판[1]

킨제이의 경우

1. 성은 해방되어야 할 무엇인가

킨제이Alfred Kinsey(1894-1956), 혹은 킨제이 보고서는 현대적 성의 대명사, 성 해방의 대명사로 통용된다. 성이 불온시되던 시절에 '킨제이'는 여성지 부록판의 감질나는 훔쳐 읽기의 대상이었고, 이제는 식상함과 기시감이 풍겨 나온다. 이미 알 만큼 안다는 느낌은 도처에 넘쳐나는 성에 대한 설문조사가 리틀 킨제이를 자임하기 때문일 것이다. 예컨대 "캐나다 성 저널 최신호에 발표된 보고서는 대졸 여성의 48%가 고졸 여성은 31%가 성적인 관심이 그리 크지 않다고 대답했다. 몸무게가 150파운드 이상인 여성의 경우 성적인 관심이 낮을 뿐 아니라 오르가슴을 느끼는 횟수도 드문 것으로 나타났다(《인터넷 한겨레》, 2005. 10. 27)." 설문조사와 통계치로 무장하지 않은 성 이야기는 드물다. 킨제이는 우리 현대인이 성을 말하고 사유하고 실행하는 방식의 대명사다.

1 이 글은 《사회와 이론》 제7집(2005년 2호)에 게재된 논문을 보완한 것이다.

무엇보다 킨제이는 말하기 남우세스런 성을 언급하는 하나의 안전한 방식이다. 건조한 표정으로 객관적인 수치를 열거하는 것은 성이 환기시키는 유혹/위험을 무색하게 한다. 그러면서 그 '과학적' 언급은 성을 말하고 행하는 것에 해방 전사의 후광을 부여한다. 성은 '변태'나 조숙한 청소년의 전담 분야가 아니라 모든 이의 관심사이고, 어둡고 비뚤어진 병/범죄가 아니라 친밀한 관계의 핵심이어서 만인에게 평등하고 자유롭게 약속되어야 할 무엇이다. 그렇지만 성을 둘러싼 현실 인식은 천차만별이다. 너무 해방되어서 문제라고 생각하는 사람은 오늘날의 타락상은 킨제이로부터 시작되었다고 한탄한다. 해방은 멀었다고 생각하는 사람은 "아는 척 말아라, 당신도 〔청교도주의에 억압당한〕 그들과 같다, 킨제이 보고서는 미완의 혁명이다"(신윤동욱, 2005)라고 개탄한다. 성은 억압되거나 해방되어 있다. 그래서 해방되어야 하거나 규제되어야 한다.

너무 해방되어 문제이고 너무 해방되면 안 된다는 이야기는 '꼰대'의 설교로 치부되고 너무 억압되어 문제이고 억압되면 안 된다는 이야기는 문화적 아방가르로 여겨지는데, 기실 그 둘은 성에 대한 다른 문제화를 미연에 방지하는 짝패로 보인다. 성은 위험하니 참고참고 또 참아야 한다는 말과 성은 즐거우니 하고하고 또 해야 한다는 말은 반향하며 서로를 강화시킨다. 가령 푸코는 이렇게 보았다. "중요한 점은 성을 긍정하는가 부정하는가, 금기를 내세우는가 허용을 표명하는가, 성의 중요성을 인정하는가 그것의 영향을 부인하는가, 성을 가리키기 위해 사용되는 말을 억제하는가 그렇지 않은가가 아니라, 성에 대해 말한다는 사실, 그것에 대해 말하는 사람들, 그것에 대해 말하는 장소와 관점, 그것에 대해 말하기를 부추기고 그것에 대해 말해진 내용을 수집하고 유포시키는 여러 제도들, 요컨대 전반적인 '담론의 진상'과 성의 '담론화'를 고려하는 것이다"(푸코, 1990 : 32).

그렇다면 성에 대한 '담론의 진상'을 살펴보는 것이 필요하다. 이 글은 킨제이를 주목한다. 서구 섹슈얼리티의 역사는 거칠게 말해 빅토리아 시대 이후 행위 주체의 민주화와 행위 가능성의 확대, 단적으로 성 '해방'의 전개인데, 그 과정은 동시에 과학이 성을 전유해 가는 누적 과정이기도 하다. 그 클라이맥스에서 목도하는 킨제이란 매우 흥미로운 캐릭터이자 증후다. 우선 킨제이는 "성 과학의 대중적 판본"(서동진, 1996 : 72)이며 막대한 사회문화적 영향력을 행사했다. 성 해방을 왜 시인도, 철학자도, 심리학자나 법률가도 아닌 혹벌gall wasp 연구자가 대표하게 되었는가. 자연 '과학'자가 가져온—혹은 은밀히 진행되던 과정의 물꼬를 열어 준—성 해방은 어떤 것이며 그가 쓴 책을 베스트셀러로 만들며 환호하는 사회는 어떤 사회인가. 어떤 인간 개념, 어떤 섹슈얼리티 개념이 거기서 작동하는가. 그것은 우리 현대인의 섹슈얼리티와 얼마나 닮아 있나. 그것은 성에 대한 어떤 다른 개념과 담론화를 막고 있는 것은 아닐까? 이런 의문 속에서 킨제이 보고서의 내용과 연구 방법을 정리해 본다(2절).

이어 3절에서는 자유주의 섹슈얼리티를 비판한다. 유독 섹슈얼리티 분야에서는 자유주의 담론이 문제시되지 않고 있다. 여성학을 강의하는 누군가의 표현대로 "젠더 문제에 대해서는 래디컬함을 과시하고 섹슈얼리티 문제에 대해서는 개방성을 자임"하는 것이 정치적으로 올바른 것인양, 혹은 이론적으로 일관된 것인양 통용된다. 그러나 과연 그런가. 푸코가 억압가설을 문제삼은 것이 성은 실은 해방되었다는 주장을 하기 위해서가 아닌 것처럼, 성 해방론을 문제삼는 것은 성이 규제되어야 한다는 주장을 하기 위해서가 아니다. 킨제이가 집약적으로 보여 주는 자유주의적 섹스관이 성을 해방되어야 할 무엇으로만 보게 함으로써 인간 성을 조절하고 있음을 드러내 비판하고자 하는 것이다.

자유주의 섹슈얼리티에 대한 비판은 탈맥락화된 섹슈얼리티 개념으로 집약된다. 그것의 극복은 섹슈얼리티의 재맥락화로 시도된다(4절). 자유주의 섹슈얼리티를 비판하는 데 공동체주의의 인간관, 사회관이 중요하게 참조된다. 섹슈얼리티의 재맥락화는 여러 섹슈얼리티들에 대한 가치평가를 동반하고 전제할 수밖에 없기 때문이다. 이 글은 그러한 가치평가를 본격적으로 전개하기보다는 무엇보다도 그 가치평가의 필요성을 환기하는 데 주요 목적이 있다. 인간이 성적으로 해서는 안 될 일과 그럭저럭 용인될 만한 일과 해야만 하는 일이 있다고 보고 그것을 적극적으로 숙고하는 것은 행위(자)에 대한 핍박과 말살을 위해서가 아니라 윤리적 존재인 인간에게 필요한 숙고와 판단의 실마리를 마련하고 그리하여 보다 인간적인 성을 구가하는 사회로 나가기 위해서다.

2. 과학이 가져다준 성 해방 – 킨제이 보고서

1) 킨제이 보고서의 과학

이것은 과학, 그것도 진지한 과학이고 웅대한 스타일의 과학이다.
—클라이드 클룩혼Clyde Kluckhohn

보통 킨제이 보고서라 불리는 것은《인간 수컷의 성행위*Sexual Behavior in Human Male*》,《인간 암컷의 성행위*Sexual Behavior in Human Female*》의 두 책으로, 인디애나 대학 섹스 리서치 팀 연구 결과를 킨제이 등이 공동 저술해 각각 1948년과 1953년에 의학 전문 출판사에서 출판된 것이다.[2] 동물학 교

2 앞으로 남성 편, 여성 편 혹은 남성 보고서, 여성 보고서로 약칭한다. 보고서의 원본은 고사하고 번역본도 구할 수 없어 구할 수 있는 비평서 몇 권을 집중적으로 참고했다. 이후 해마다 나오는 '킨제이 보고서' 중 1992년판 등이 번역되었다고는 하나 이 역시 구하지 못했다. 2005년 국내 개봉한 빌 콘던 감독의 〈킨제이 보고서〉는 사실에 충실한 킨제이 전기 영화라(보여)서 많은 참고를 하였다.

수로 혹벌을 연구하던 킨제이는 1930년대 중반 결혼과 가족에 대한 강의를 맡으면서 결혼의 성적 측면에 대한 과학적 정보가 별로 없다는 것을 발견하고 리서치를 결심했다 한다. 거기 드는 막대한 비용은 1939년부터 록펠러 재단 의학 파트의 재정 지원을 받아 해결했다.

책은 남성 편이 820쪽, 여성 편이 872쪽이고, 과학적 방법에 대한 예비적 논의가 수십 쪽에 달하고, 표와 차트가 무려 301쪽, 216쪽 분량이나 되며 그러고도 실제 읽어야 할 양이 465쪽, 546쪽이다. 저자들이 염두에 둔 청중은 의사, 생물학자, 사회과학자, "교사들, 사회복지사들, 공무원들, 법집행 관련자들, 그리고 인간 행동의 지도에 관심이 있는 사람들"이다(Trilling, 1954 : 214). 그런데 이런 책이 미국에서 수십 만 부가 팔렸고 예컨대 프로이트조차 일평생 얻지 못했던 대중적 영향력을 단숨에 얻었으며, "20세기의 책 중 가장 많은 말들이 오간 책인 마르크스의 《자본론》, 다윈의 《종의 기원》, 애덤 스미스의 《국부론》만큼 중요하고 영향력 있는 책으로 역사에 기록될 것이다"(Gedds, 1948 : 17)라는 극찬을 받았다.

소수의 전문가를 독자로 상정한 딱딱한 과학 서적이 대중적 성공을 거둔 것은 해명이 필요한 사회현상이다. 라이어넬 트릴링이 그것을 "하나의 문화 현상"이라 칭하고 진지하게 다루는 것도 그 때문이다. 열쇠는 그 (딱딱한) 과학에 있다. 과학(객관적 사실), 과학(통계학), 과학(생리학, 해부학, 생물학, 심리학), 그리고 (킨제이 자신은 의식하지 않았을) 또 하나의 과학(사회학)에 있다.

킨제이가 원래 동물학자로서 혹벌 연구가라는 것을 주목하자. 그는 일중독자의 열정으로 각종 다양한 혹벌을 수없이 채집하여 라벨을 붙이고 방부 처리하고 핀셋으로 꽂아 현미경으로 관찰하고 약장 서랍에 분류해 보관하고 그 결과를 모아 출판한다. 아무도 관심 없는 혹벌을 연구할 때나 모두가 관심 있는 성을 연구할 때나 변함없이 킨제이는 철저하고 엄밀한 (자연)과학자다. 그렇게나 다른 주제를 동일인이 동일한 연구 방법으로 동일한 멘털리티로 접근했다는 것이 보고서의 성공과 사회적 의미를 이해하는 핵심이다.

킨제이는 "도덕적, 철학적, 혹은 사회적 해석으로 인해 편파성을 띠지 않는 사실적 정보의 부재"(Gedds, 1948 : 17)를 개탄한다. 그러면서 자신의 연구를 "'조심스럽고, 참을성 있는, 장기적인 객관적 리서치를 통한 사실-발견'으로, 무지와 부적절하게 검증된 추측들 대신 주목할 만한 사실의 공헌으로 묘사한다"(Hyman, 1954 : 93). 여기에는 낯익은 대립 항이 있다. 객관적 사실 발견 대 (도덕적, 철학적, 사회적, 즉 비과학적, 주관적) 편견에 의한 해석, 과학 대 비과학, 앎 대 무지라는 대립 항이 그것이다. 성의 탈마법화, 이를테면 "아담의 국부를 가리던 나뭇잎을 떼 내" 날것의 성을 '사실'적으로 보여 주는 일은 과학만이 할 수 있다. 과학이 종교의 오랜 관할 영역을 지배해 들어간 것은 오래된 일이나 킨제이에 이르러 보다 진보된 과학은 이전의 과학을 밀치고 지배력을 행사하려 든 것이다. 의학을 필두로 한 자연과학과 함께 자연과학을 닮으려 애쓰는 사회과학, 즉 사회학과 통계학이 성에 새롭게 진입한 것이다.

사람들이 '성적으로 무엇을 해야 하는지'가 아니라 실제로 그들이 '성적으로 무엇을 하는지'에 관심이 있다고 못 박으며 킨제이 등이 사용한 과학적 방법은 집약적 인터뷰와 질문지법이다. 킨제이 이전의 성 과학자들, 리하르트 폰 크라프트에빙(1840-1902)이나 마그누스 히르쉬펠트(1868-1935) 등은 인간의 다양한 성행동에 대해 사례 연구를 했다.[3] 성범죄자에 대한 형법적 관심에서 출발한 그들과 달리 평범한 미국 사람들의 성행동에 관심 있는 킨제이에게 사례 연구란 가능하지도 않고 바람직하지도 않았을 것이다.

3 "킨제이 보고서는 성과학 연구 방법을 사례 연구에서 표본 조사survey 방식으로 바꾸어 얻은 최초의 결실이다. 사례 연구는 특정인을 대상으로 상세한 정보를 수집하는 반면에 표본 조사는 불특정 다수를 대상으로 면담을 하거나 설문지를 메우게 하여 자료를 조사한다"(이인식,2003).

킨제이는 혹벌을 수집하는 열정으로 사람들의 솔직한 '역사'들을 수집했다. (십여 년 후 마스터스와 존슨은 더 과학적인 방법, 즉 실험실에서의 직접 관찰법을 써서 인간의 성에 대해 과학이 갈 수 있는 최대한까지 가 보였다.)

킨제이가 발견한 사실들의 내용은 뒤에 보기로 하고 우선 그의 연구 방법을 살펴보자. 과학성을 강조하는 킨제이 보고서에서 연구 방법이 어떻고 그것이 정말 과학적이냐는 문제는 우선적인 검토 사항이겠기 때문이다.

① 남성 표본은 5,300명, 여성 표본은 5,940명이다. 추출 방법은 집단 표집이다. 그는 종교 집단에서 지하 단체에 이르는 다양한 공식, 비공식 집단에 접근해 지도자의 신뢰를 얻은 후 평구성원 모두를 조사하는 식으로 작업했다. 한 집단의 구성원이 모두 인터뷰에 응한 100% 집단은 15%다. 나머지도 모두 50-90% 집단이다. 킨제이의 표본은 "모두 자신이 인터뷰되길 허락했다는 의미에서 자원자"였다. 마거릿 미드가 그 점을 한계로 지적한다.

② 표본의 대표성은 보고서 제목을 존중한다면 엉망이다. 미국의 남성, 여성을 연구한 것에 그는 인간 종의 행위라는 제목을 붙였다. 여성 편에서 "표본은 부분적이다. 모두 미국 영토 안에 사는 백인 여성"이라면서 그 점을 인정한다. 남성 편이나 여성 편 모두 고학력, 도시 거주자, 젊은 인구층이 과대 대표되었다는 것이 중론이다. 어쨌든 인종, 성별, 나이, 교육 수준, 자신과 부모의 직업 지위, 거주 지역(도시, 농촌 배경), 종교, 종교에의 헌신 정도 등 다양한 인구 특성을 반영하는 방대한 규모의 연구를 한 것은 전무후무한 공적이라 인정된다.

③ 면접 방법은 한 사람당 2시간에 걸쳐 300-500개 문항을 빠르게 질문하고 체크리스트에 표시하는 식이었다. 고도로 훈련받은 적은 수의 요원들이 면접을 했다. 남자 샘플의 85%를 2명이 했고 전체 면접자는 6명이었다. 여성의 경우 80%를 2명이 했고 면접관은 4명이었다. 시간별, 면접관별 비교로 연구의 객관성을 검증하기도 했다. 그런 노력에 비춰 면접관이 모

두 남자라는 것은 어이없다. 여성 답변자들에게 그것은 상당히 불편한 상황이었을 것이다. 여하간 킨제이는 비밀 유지에 상당히 신경 썼고 그로 인해 성범죄자와의 협조 관계를 의심받기도 했다.

④ 개별 자료에 '역사'라는 표현이 사용된다. 이는 사람들에게 여태까지 살면서 있었던 성적 에피소드, 각종 성행위를 했는지, 했으면 몇 번이나 했는지 그 발생 여부와 빈도를 기록한 것이다. 기억이 부정확할 가능성이 있으니 보고의 질이 저하될 수 있었을 것이다. 킨제이는 "일반적으로 발생 데이터가 빈도 데이터보다 정확하다"고 했다(Hyman & Sheatsley, 1954 : 95에서 재인용). 모든 자료들은 겉으로 드러나 확인할 수 있는 행동에 대한 것인데 그 의미를 해석하려면 심리적, 태도상의 하위 데이터가 있어야 한다. 그러나 킨제이는 그런 요인을 의도적으로 제외했다.

⑤ "사용된 통계적 방법은 대체로 칭찬받았다"(Palmore, 1954 : 270). 통계학에 기댄 것은 그것이 그 연구 주제가 다뤄진 방식만큼이나 "단순하고 유물론적인 것으로서의 과학"(Trilling, 214)이어서다. "평균이나 중앙치 같은 요약 수치를 사용하는 것, 또는 오르가슴을 성행위의 우선적 지표로 이용하는 것 등은 킨제이 쪽의 계산된 결정이다"(Hyman, 1954 : 96). 그런데 킨제이 자신도 "통계적 평균치가 갖는 가장 큰 약점은 실제로는 규칙적으로 일어나지 않는 행위를 그런 것인양 그린다는 것이다"고 인정했다(Hyman, 1954 : 95에서 재인용). 보다 근본적인 딜레마가 있다. 혹별과 인간의 성을 관통하는 공통점은 다양성이다. 과학자는 다름을 어떻게 처리할 수 있을까. 킨제이는 표본 수를 늘리고 귀납 증명에 주력함으로써 대응했다. 그런데 그것이 통계 숫자로 집약되는 순간 다름은 사라진다. "통계치로 대표되는 사람은 아무도 없다"(Gedds, 1954 : 25).

⑥ 종교 구분뿐 아니라 그 종교에 대한 헌신도까지 고려했지만 여성에게 중요한 것일 수 있는 사회적 요인들이 누락되었다. 엄마가 있느냐 없느냐, 돌

봐야 할 아이가 있느냐 없느냐, 자신의 생계를 책임지는 노동자냐 '집에서 노는' 아내/딸이냐 등이 고려되지 않았다. 어쨌든 다양한 사회적 범주에 따라 성행위의 특성을 살펴보려는 광범한 시도인 것은 분명하다. 킨제이는 양자의 단순 상관성을 추적할 뿐 인과적 연계를 설정하지 않는다고 강조했다.

킨제이의 연구 방법은 대체로 지지받는 것 같다. "이제까지 침투할 수 없었던 영역에의 선구자적 탐구가 그렇듯 한계와 약점도 있지만 (…) 킨제이와 동료들이 연구에서 보인 세심함과 기술, 철저함과 과학적 성실성"은 인정받을 만하다(Hyman & Sheatsley, 1954 : 96).

2) 킨제이 보고서의 주요 내용과 그 의미

킨제이는 성을 배출의 문제로 보고 배출의 방식을 자위, 몽정, 이성애 패팅, 성교(혼전, 혼중, 혼외, 혼후, 그리고 창녀와의 성교), 동성애 배출, 동물 접촉을 꼽는다. 여성 편에서는 몽정 대신 야한 꿈, 동성애 배출 대신에 동성애적 접촉과 반응들을 말했고 창녀와의 성교는 언급하지 않았다. 킨제이 보고서는 단적으로 여러 사회 범주에 따라 그 여섯 가지 배출을 통한 오르가슴의 발생과 빈도가 통계적으로 의미 있는 차이를 보이느냐를 보는 것이다. 또 성활동이 언제 시작되는지, 얼마나 자주 그것이 발생하는지, 어떤 방식으로 그것이 일어나는지, 그리고 얼마나 오래 지속되는지를 발견하려는 것이다.

보고서는 방대한 자료에 근거해 미국인들의 실제 성생활을 적나라하게 드러냈는데, 성교 시간, 부부의 성교 횟수, 즐겨 사용하는 체위, 동성애와 항문 성교 경험 등 온갖 성생활의 양태가 체계적으로 집계되었다. 남성 편에서 자주 언급되는 통계치는 다음이다. ① 30세 이전에 혼전 성교를 한 남자가 86%다. ② 37%가 인생의 어떤 시점에 오르가슴에 도달한 동성애 행위를 했다. ③ 70%는 창녀와 성교한 적이 있다. ④ 97%가 살면서 한때 법에 의해 처벌받을 수 있는 성행위를 했다. ⑤ 기혼 미국 남자 중 40%가 혼외 관계를 맺은 적 있다. ⑥ 미국의 시골 소년 중 16%가 동물과 성적 접촉을 했다. ⑦ 남자의 성 충동은 16-20세에 절정에 달한다.

이러한 통계치들은 지금은 별로 놀랍지 않겠지만 당시 미국인에게는 사회적 규범과 사람들의 실행 간에 현격한 격차가 있음을 '폭로'한 충격적인 수치들이었다. "그렇게나 많은 개인의 행위가 그렇게나 많은 규제적 금지와 불승인에 부딪히면 개인 행위와 사회적 태도는 갈등한다. 그것은 많은 이들을 죄인과 범죄자로 만들고 '성적 천민sexually miserable'으로 만든다" (Gidds, 1954 : 26).

그렇다면 보고서가 암묵적으로 웅변하듯 너무나 많은 이가 하는 행위를 되돌릴 수는 없으니 사회규범 쪽이 변해야 한다. 혹자는 조심스럽게 "사랑은 감각적 각성 없이 유지될 수 없다. 사회적 협동은 육체적 애정 없이는 불가능하다. 결혼은 신체적 융화와 쾌락 없이는 꽃피울 수 없다. 성 억압에 대한 우리의 개념을 변형시키지 않고서는 평화로운 세상을 가질 수 없다" (Gidds, 1948 : 15)고 했다. 저명한 사회학자 로버트 맥키버는 단호하다. "사회에 팽배한 실행과 모순되는 억압적 통제는 무엇이든 비민주적이고—심각하게 받아들여진다면 위험하고—전반적인 위선과 함께 가면 대단히 해악스럽다. […] 방어될 만한 사실을 무시하고 부정하고 왜곡하는 것은 도덕이 아니라 도덕적 비겁함이다"(Gidds, 1948 : 14, 15).

많은 성 도덕과 규범은 권위를 상실했다.[4] 무지 속에 고립되어 전전긍긍하던 사람들은 이제 지식의 공동체 속에 해후하고 안도했다. "킨제이에 열광적으로 반응한 사람들은 자신의 성적 정상성과 적합성에 대한 의심과 깊은 불안전감—우리 문화에 널리 퍼져 있다고 알려진 그 감정에서

4 킨제이 보고서가 그 모든 일을 일거에 한 것은 아니다. 《타임》지는 성 혁명의 원인을 "법이나 모든 권위에 대한 존경을 파괴하는 데 기여한 공식 종교의 폭넓은 붕괴, 빅토리아 시대에 대한 불가피한 반동, 그리고 근저에는 사회적 지적 혁명이 오랫동안 진행되어 과학과 진보를 쌍둥이 신으로 섬김"을 지적한다(Gedds, 1954 : 290).

그런 것이다. 혼외 정사 경험이 있는 한 여인이, 몇 퍼센트나 그런지 숨도 못 쉬며 궁금해 하던 한 젊고 지적인 여자가 태평스레 '내가 무작위 표본의 퍼센트 중 하나였음을 아는 것은 빌어먹을 작은 위안이다'라고 말했다" (Ginsburg, 1954 : 35).

사회적 범주에 따른 분석은 대체로 상식적인 내용이다. 예컨대 교육 연한과 섹스 경험의 반비례—즉각적인 만족을 참고 유예할 만큼 향후 사회경제적 지위 같은 보상이 약속된 계급이냐 아니냐로 설명된다—같은 것들이다.

킨제이는 여성 섹슈얼리티에 대해서 생리적 용어를 덜 사용한 듯하다. 여자에게는 '성적 배출sexual outlet' 대신 '성행위의 유형들types of sexual activity'이란 표현을 썼고, "오르가슴을 여성이 성적 활동으로부터 끌어내는 만족 정도를 결정하는 유일한 기준으로 간주할 수 없다는 것은 강조되어야 한다"고 했다(Ginsburg, 1954 : 95에서 재인용). 그러나 이것이 킨제이식의 섹스 개념을 수정할 정도의 차이는 아닌 듯하다. 여성 편의 주요 내용은 다음과 같다.

① 여성이 자위하는 빈도는 남자의 2/3 정도다. 결혼으로 자위가 줄지만 남자처럼 현격히 줄지는 않는다. 자위의 95%가 오르가슴에 도달하여 여자의 성행위 유형 중 오르가슴 비율이 가장 높다.

② 여자의 오르가슴은 그 메커니즘과 과정이 남자와 다르지 않고 오르가슴 능력도 다르지 않다. 여자는 느리고 남자는 빨라 많은 신체적 심리적 불만이 생긴다는 속설이 있는데, 자위 데이터를 보면 여자도 오르가슴에 도달하는 데 느리지 않고 남자만큼 빠르다는 것이다.

③ 여성 연구에 대한 가장 흔한 예측 가운데 하나는 미국 여성의 많은 비율이 불감증임이 밝혀질 것이라는 것이었다. 그러나 보고서는 불감증 여성은 별로 없다고 했다. 여성이 자위와 동성애 행동을 통해 오르가슴을 얻

는 숫자를 보면 그렇다는 것이다. 그러면서 킨제이는 불감증이란 남자가 만든 제도라 한다. 즉 그것은 남자가 여자의 해부학을 모른다는 것을 나타낼 뿐이고 문제는 성교에서 효율적이지 못한 테크닉, 부적절한 자극이지 여성의 타고난 무능력이 아니라는 뜻이다.

④ 여성의 절반이 혼전 성교 경험이 있다. 그중 2/3밖에 오르가슴을 못 느꼈다.

⑤ 자위와 동성애가 오르가슴에 효과적이다. 반면 가장 흔한 배출은 성교다. 나이들면서 성교는 줄어드는데, 그것은 여자가 흥미를 잃어서가 아니라 파트너인 남자가 나이들어서다.

⑥ 남자와 여자의 성적 차이는 남자는 여자보다 심리적 자극에 훨씬 민감하다, 그리고 남자의 성 능력이 10대 후반 20대 초반에 절정에 달해 이후 지속적으로 쇠퇴하는 데 비해 여자는 20대 중반에서 40대, 50대까지 이어지는 긴 고원기를 누린다는 것이다. 생리학적 능력의 차이는 없다.

⑦ 혼외 정사는 1/4의 여자가 한두 번 경험이 있나. 이유는 나양하나.

⑧ 여성 동성애는 교육 수준과 상관 있어서 고학력일수록 동성애 경험이 많다.

⑨ 클리토리스 오르가슴이 여성 자위와 여성 동성애에 특징적이다.

사실에 주목한다는 취지에 충실해 킨제이는 여성 섹슈얼리티에 대해 정설로 통용되던 것들을 거스를 수 있었다. 프로이트는 〈성의 해부학적 차이에 따른 심리적 결과〉, 〈오이디푸스 콤플렉스의 해소〉 같은 글에서 여성이 자위에 덜 관심 있고 덜 좋아하는 것 같다면서 자위란 남성을 흉내내는 행위로 페니스가 없음을 확인하는 굴욕적인 경험이니 그런 게 당연하다면서, 그런데도 그런 남성 콤플렉스적 행위를 계속한다면 그것은 여성이 자신이 여성이라는 명백한 사실을 부정하는 것이니 정상적인 발달에 심각한 왜곡이 따를 것이며, 여성이 여성답게 성장하려면 클리토리스 자극으로서의 자위와 거기서의 오르가슴을 단념하고 질 오르가슴을 느껴야 한다고 역설한 바 있다.

킨제이는 그것을 깨뜨렸다. 킨제이는 오르가슴이라는 기준을 남녀에게 똑같이 적용했다. 이는 여성을 오르가슴을 느낄 수 있는 존재로 인정한 것이고, 여성 불감증이라는 고질적인 문제나 클리토리스냐 버자이너냐의 문제에 답을 준 것이다.

그러나 킨제이는 여성이 남성에 비해 오르가슴의 빈도가 낮고 포르노도 잘 보지 않고 자위도 자주 하지 않는다고 하면서 그것은 여성의 성 능력이 약하기 때문이라 설명한다. 소위 여성의 적은 섹슈얼리티lesser sexuality of women—즉 여성이 성적 욕망이 적고 성에 대한 관심을 덜 가지며 성적 방탕함이 덜하고 성적인 자극에 둔감하다는 통념을 반복한 것이다. 그 통념은 맞을지 모르나 그것이 생물학적 차이냐 사회 문화적으로 만들어진 차이냐는 중요한 문제인데, 킨제이는 그것을 의도적으로 회피하거나 입장상 다루기 불가능했다.

여성 편에서 가장 논란을 일으킨 부분은 여성의 혼전 성교가 결혼생활에의 적응을 돕고 그래서 가족생활에 도움을 준다는 주장이다. 혼전 성교가 "결혼관계에서 필요한 특별한 감정적 적응 능력을 발전시킬 수 있다"(여성 편, 308)며 혼전 섹스를 옹호한 것이니, 이는 킨제이 보고서와 성 해방이 사회질서 유지와 통합에 기여한다는 주장으로 이어질 수 있다.

3. 자유주의 성 해방

1) 킨제이의 성 개념과 탈맥락화된 섹슈얼리티

킨제이는 "이론, 철학, 신학, 정치 연구, 소망에 의거한 사유는 어떤 것도 물적 대상과 그것이 행동하는 방식의 관찰에 만족할 만한 대체물을 제공할 수 없다"(Galdston, 1954 : 43-4에서 재인용)고 했다. 킨제이 보고서에서 인간은 물적 대상이고 인간의 성은 그것이 행동하는 방식이다. 그런 물질적 유기체로서의 인간은 무엇보다 의학적으로 다뤄진다. "여성편의 3부는 '남성과 여성 비교'인데 이 5개 장들은 네 과학 분과 즉 해부학, 생리학, 신경학, 내분비학 그리고 하나의 절반 과학, 즉 심리학에 따라 서술된다"(Gedds, 1954 : 19). 킨제이에게 인간은 해부할 수 있는 육체 구조를 가지며 신경망과 내분비선을 가진 물질적 유기체이고 생리 문제를 해결해야 하며 처치 곤란한 마음이란 것이 있는 존재다. 인간은 "인간종 동물human animal"이고, "포유류에 속하는 인간종infra-human mammals"이며, 영장류와 동류다.

그런 존재에게 성충동이 있다. "행동과 반응의 간단한 용어로 생각하길 더 좋아하는 사람에게 성충동은 얼마나 문명화되었든 상관없이 얼마간의 사회적이고 물리적인 제약에도 불구하고 계속 현존하는 성적 자극에 반응하기를 그치지 않는 동물의 모습이다"(Trilling, 1954 : 221-222에서 재인용). 자극에 대한 반응은 생리적 문제다. 킨제이의 기본적 가정은 남녀는 성생활에서 순전히 생리적 문제에 직면한다는 것이다. 인간이란 쌓여서 고여 있으면 해가 되는 성적 포스를, "해방되어"야 할 힘, 억압되면 우리에게 해를 끼치는 힘(Scruton, 2000 : 51; 원래 강조)을 가진, 그것에 휘둘리는 "섹스해야 하는 존재being sexed"다. 그는 "섹스하고 있다sexing".[5] 그 힘, 에너지, 긴장, 정액, 분비물을 "배출outlet"해야 한다. 성행위는 성적인 긴장의 방전에 다름 아니다(안 하면 어떻게 되나? 빌헬름 라이히의 '울혈' 같은 개념을 킨제이에서 찾지 못했다). 섹스는 배출의 문제다. 배출의 경로와 장소는 주목된다. 즉 섹스는 생식기의 문제다.

5 being sexed와 sexing의 구분은 기즈의 것이다(Gedds,1954 : 27).

배출이 성공적으로 이루어질 때 느끼는 것이 오르가슴이다. 오르가슴은 "긴장의 폭발, 비자발적인 시원한 재채기에 비유"(Gedds, 1954 : 23)된다. 오르가슴은 횟수를 셀 수 있으니 측정 가능한 양적 개념이고 비교하고 순위 매길 수 있다. 오르가슴은 성적 만족, 엑스터시, 혹은 주이상스jouissance와 전혀 인연이 없는 개념이다. 대신 대단히 미국적이고 업적 지향적이다. 충족, 합일감, 행복감 등은 낄 자리가 없다.

모든 배출 행위는 오르가슴에 이른 성공한 것이냐, 오르가슴에 도달하지 못한 실패한 것이냐의 차이만 있을 뿐 동일선상에 있다. 여러 섹슈얼리티들은 오르가슴에 이르는 다양한 방법일 뿐이다. 파트너가 있는가, 인간 파트너인가, 어떤 인간 파트너인가 등은 부차적인 문제다. (그래서 킨제이는 이제까지의 용법인 연인, 배우자, 부부 대신 섹스 파트너라는 용어를 써야 했다.) "성행위는 실제로 감정과 절연한다. 그것은 즐겁고 유쾌한 경험이다. 음식과 음료같이 필수물이다. 그리고 음식, 음료처럼 누구에게 그것을 받는지는 그것을 얻기만 한다면 중요하지 않다"(여성편, 413; Galdston, 1954 : 46에서 재인용). 그러니 파트너는 수단에 불과하다. 상대가 있을 경우 문제되는 것은 어떤 신체 부분을 어떻게 효과적으로 자극해 오르가슴에 도달할까이고, 어떤 자세가 그것에 유리할까이고, 얼마나 자주 사용할까다. 테크닉, 체위, 성감대, 빈도가 섹스를 생각하는 준거점이다.

파트너가 혼인으로 인한 합법적인 상대인지 아닌지, 동성인지 이성인지, 나이 차가 심한 세대 간 관계인지 아닌지, 돈이 매개된 관계인지 아닌지, 동의할 만한 의사 능력이나 자원이 있는지 없는지 등은 그리 중요하지 않다. 물론 교육 정도, 직업적 분류, 지역 등에 따라 각 배출 행위의 발생 여부와 빈도를 분석한다는 것은 본능적 성행위가 사회적 범주에 의해 변형된다는 것을 인정하는 것이다. 즉 사회적 · 교육적 · 직업적 · 종교적 집단과 성행위를 연계시키는 것이다. 그런데 그것은 그야말로 인간 성행위의 다양성을 정태적으로 보여 주기 위한 것일 뿐 어떤 질적인 고려를 동반하지 않는다. 즉 "개인의 감정적, 정신적, 인격적 발달의 관점에서 그 배출을 평가하려 하지 않는다"(Gedds, 1948 : 19).

나아가 파트너가 오르가슴에 도달했는지도 중요하지 않다. 그래서 예컨대 남성 정력은 얼마나 많이 할 수 있느냐뿐 아니라 여성 파트너도 클라이맥스에 이르도록 오래 끄는 데 달려 있다는 상식을 킨제이는 반박한다. "많은 종에서 사정은 거의 즉각적으로 삽입에 뒤따른다. 침팬지에서 사정은 10초에서 20초 안에 일어난다." 그러므로 킨제이는 삽입 즉시 사정하는 인간 수컷은 "포유류 사이에서는 확실히 정상적이고 인간 종 사이에서도 그렇다"고 결론 내린다. "반응이 빠르고 강한 개인이 우월자 이외의 것으로 분류되는 상황은 발견하기 어렵다. 관계를 하는 그의 와이프의 관점에서 보면 그의 자질이 불편하고 불운한 것이라 해도"(Trilling, 1954 : 224에서 재인용). 아내가 좀 불편하더라도 조루는 좋은 것이다. 민첩한 반응은 생존에 유리하고 우월하다.

빠를수록 좋듯 많을수록 좋다. "매일 오르가슴을 느끼는 것은 평균적인 남자의 능력이 닿는 일이고 몇몇 영장류에서 볼 수 있는 그 이상 비율의 오르가슴도 만일 성행동이 제약받지 않으면 인간 인구의 많은 부분에 의해서도 실행될 수 있을 것이다"(Trilling, 1954 : 220에서 재인용). 높은 빈도는 항상 건강한, 좋은 섹슈얼리티의 증거이다. 보고서의 분명한 스타가 있었는데 그는 대중 문화의 아이콘으로 떠올랐다. 그는 "30년 동안 일주일에 30번씩의 오르가슴을 느낀 '학식 있고 기술 좋은 법률가'였다"(Trilling, 1954 : 216).

또 다양할수록 좋다. "성행위의 다양성을 추구하는 것은 읽는 책, 듣는 음악, 하는 레저 활동, 사회적으로 친교를 맺는 친구를 다양하게 하려는 욕망과 똑같이 합리적인 것 같다"(여성편 : 409; Galdston, 1954 : 47에서 재인용). 그래서 매일 파트너를 바꾸는 것은 평생 한 명의 아내하고만 섹스하는 것보다 못하지 않다(더 낫다고까지는 차마 못했을 것이다). 다양한 파트너, 다양한 체위, 다양한 섹슈얼리티가 좋다. 동물의 교미만큼이나 다양한 성행위는 그 자체로 더 좋거나 더 나쁘거나 하지 않다. 킨제이는 다양성의 옹호자일까. 그렇다. 그러나 그에게도 은밀하게 작동하는 정상 개념은 있다.

킨제이는 오르가슴 추구를 막는 것은 모두 비합리적이고 부당하다고 본다. 전통적 '금지'나 제한은 성충동의 충분한 배출을 이루기 위해 일소해야 한다. 그가 명백히 문제삼은 것은 편협성, 불관용, 무지, 악의적인 잘못된 정보다.

배출은 성행위다. 책의 제목에도 쓰인 행위behavior라는 단어를 주목해 보자. 그것은 행태주의behaviorism적 행동이다. 자극에 대한 육체 반응으로서의 행위, 그 의미를 단순하고 투명하게 보여 주는 행위, 그런 행위다. "이 연구는 많은 정도 개인의 명명백백한overt 성 경험 기록을 확보하는 것에 한한다"(Trilling, 1954 : 219에서 재인용). 예컨대 한 남자가 일주일에 각각 다른 여자와 30번의 오르가슴에 이르는 섹스 행위를 했다면 그것은 건강한 생물체로서 능력과 우수함을 보여 줄 뿐이다. 여성 혐오나 지속적 관계에 대한 두려움, 생활의 어려움에서 도피하려는 불안감, 사회생활에서의 무기력을 벌충하려는 보상 심리 등 다른 해석 가능성은 제외된다. 그런데 실상 단 하나의 의미만 가지는, 혹은 유일한 의미로만 특징 지울 수 있는 인간 행위란 없다. 그러려면 행동이 처한 모든 역사적, 사회적 맥락에서 그것을 떼어 내야 한다.[6] 섹스 행위를 오르가슴 미터기로 잴 수 있는 양적인 개념으로 보는 것은 질적인 모든 고려 사항을 제외하겠다는 것인데 그것은 곧 섹스를 그것이 뿌리박고 있는 복합적 인간 상황으로부터 떼어 낸다는 것

6 매킨타이어에 의하면 맥락에서 떼어 내지 않은 행위는 다음과 같다. "행위의 특성은 의도를 도외시한 채 파악할 수 없고, 다시 그 의도는 행위자 자신과 타인에게 가지성을 부여하는 무대장치와 분리하여 파악할 수 없다. 무대 장치는 제도일 수도 있고 실천일 수도 있고 환경일 수도 있다. 중요한 것은 그것이 역사를 가진다는 것이다. (…) 행동 자체가 역사를 갖고 있기 때문이다. 동일한 하나의 행동도 '땅 판다', '정원 가꾼다', '운동한다', '월동 준비한다', '마누라 비위 맞춘다' 등등으로 특징 지울 수 있다"(김미영, 1998 : 74-75).

이다. 삶의 여러 영역으로부터 단절된 채 고립적으로 바라본 섹스, 그것이 킨제이의 섹스다.

사실 섹스라는 말 자체도 킨제이적이다. "우리가 지금 일상적으로 말하는 섹스라는 단어 자체가 과학적 이유로 사용되기 시작했으니, 그것은 한때 무차별적으로 사용되었으나 이제는 이념적 목적을 위해 남겨둬야 할 사랑을 대체하고, 너무 인간적이고 경멸의 뉘앙스를 띠게 된 **육욕**lust을 대체하는 말이다"(Trilling, 1954 : 217; 원래 강조). 섹스는 과학적 중립성을 표방하는 단어다.

섹스를 전반적 인간 맥락에서 떼어 바라보는 비근한 예는 섹스와 재생산의 관계를 언급하지 않는 것이다. 생식은 개인사일 수 있는 인간의 성을 사회가 관심 갖고 개입하는 가장 주된 이유인데 말이다. 정신분석학에 대한 참조가 의외로 적은 것도 이 같은 자연주의적 추상성 때문이다. "보고서는 성행위가 개인 성격의 전체와 관련된다는 생각을 분명하고 고집스레 반대한다. (…) 성행동을 성격의 중요한 단서, 심지어 핵심이라 보는 정신분석학의 결론에 반대하는 것이다(Trilling, 1954 : 225, 226)." 프로이트는 "사람이 성에 대해 가지는 태도는 다른 모든 것들에 대해 그가 보이는 반응의 모델이 되는 힘이 있다"(1996 : 130)고 했다. 한 사람이 누구와 어떻게 섹스하는가는 그가 어떤 사람인가를 설명하는 중요한 단서일 수 있다. 칼 슈미트식으로 얘기하자면 "너의 파트너를 보여 다오, 그러면 나는 네가 어떤 사람인지 알겠다"라고 할 수 있다. 킨제이도 섹스가 중요해서 연구했을 텐데 그 중요성은 몹시 제한돼 버린다.

킨제이는 객관적 사실의 과학적 인지라는 기치 아래 인간 심리, 종교적 철학적 가치, 신념 등을 객관성을 교란시키는 외적 요인으로 치부한다. "실험실 기술자는 그가 현미경으로 보는 병균에 그 사람이 어떻게 감염되었는지를 관심 두지 않는다. 킨제이 박사의 태도는 그것과 똑같다. 그가 인터뷰한 사람들의 행위가 좋은지 나쁜지, 도덕적인지 비도덕적인지 무도덕적인지 도덕과 상관 없는지, 죄인지 아닌지는 그의 관심사가 아니다(Gedds, 1948 : 6)." 가치를 괄호쳐 내는 것은 연구를 위한 조작적 절차에 불과한 것이 아니다. 그 의미는 뒤에서 보자.

이상의 킨제이식의 성 개념을 정리해 보자. 첫째, 동물적, 신체적, 성기적, 생리학적으로 환원된 섹스다. 둘째, 심리, 가치, 종교 등과 절연된 섹스다. 탈마법화된, 합리화된, 객체화된 섹스다. 셋째, 합리성의 특정 방식인 기술적 합리성이 지배하는 섹스다. 오르가슴이라는 양화된 기준과 효율성이 지배한다. 넷째, 질적인 평가가 배제되어 모든 행위는 동일 지평에서 다양성을 보여 줄 뿐 어느 것이 더 허용될 만하거나 좋다고 할 수 없다.

이 같은 특성을 나는 폴라니K. Polanyi에 기대 '맥락에서 유리된disembedded' 섹스라 부르고 싶다. 폴라니는 근대의 문턱에서 사람들이 이제껏 살던 장소와, 장소에 묻힌 시간 혹은 역사로부터 유리되는 거대한 변화를 그 개념으로 파악했다. 농민이 땅으로부터, 살던 고향으로부터 풀려나는 것은 인간을 옥죄던 공동체의 한계와 지배를 박차고 '개인'이 등장하는 것이자 익숙한 전통적 삶의 방식, '단단한 모든 것'을 잃어버리는 것이다. 그것은 토지와 결부된 봉건적 인신 구속으로부터의 해방이자, 생산 수단으로부터 해방되어 가진 것은 노동력밖에 없는 무산대중으로 자본주의 시장에 내던져지는 것이다. 해방은 이중적이다. 신민에서 주체로 되는 길은 위험과 대가로 가득 차 있다.

미신과 무지에 의거하는 억압과 금기는 과학의 폭로로 권위를 잃었다. 인간은 자신의 몸과 쾌락의 주인이 되어 과학적 사실의 갑옷을 입고 성과 삶의 저작권을 행사하게 되었다. 해방된 농민이 가진 것은 노동력뿐이다. 해방된 '욕망과 충족의 체계'인 개인은 가진 것이 생식기뿐이다. 구원, 행복, 사랑, 생식, 그 무엇이든 섹스를 섹스 아닌 것의 수단으로 삼기를 거부한, 섹스 자체를 위한 섹스라는 개념이 성립된다. 종교적 죄책감과 금기에서 풀려나, 임신(가능성)과 그것과 맞물린 가족적, 사회적 고려에서 풀려나, 통계치가 다들 그렇게 한다고 발급해 준 허가증을 갖고 이제 인간은 유례없이 열려진 성행위의 가능성 속으로 돌진하고 투기되었다.

2) 킨제이의 자유주의 인간관과 섹슈얼리티의 다원성

과학자 킨제이의 의의와 한계는 그가 산 사회의 가능성과 한계다. 킨제이 보고서가 하나의 중대한 문화적 현상이 된 것은 그것을 필요로 하는 사회가 있다는 것이고 보고서는 하나의 증후다. 사적 영역과 공적 영역의 분리, 성 역할 구분과 각 영역의 성에 따른 할당, 이중적 성 윤리, 성적으로 순결하고 종교적 도덕적인 모성에 기댄 가정성domesticity의 이상 등을 내용으로 하는 빅토리아 이데올로기와, 제2차 세계대전으로 이완된 사회를 다시 통합시키기 위해 가족과 사회에서 일체감을 강조하던 1950년대 지배 규범에 미국인들은 반란을 일으켰다. 구래의 사회규범에서 인구의 다수가 이미 이탈해 있는 것이 보고서의 성공이 담고 있는 의미다.

또 하나의 의미는 사회가 자기 계몽의 노력을 과학 에이전시를 통해 한다는 것이다. "미국인은 과학을 깊이 존중한다. 킨제이가 과학 편에 있는 것처럼 보인다면 미국도 자기 편에 둘 수 있다. 킨제이 등은 이미 마련된 모더니스트 멘털리티를 톡 건드리기만 하면" 되었다(Wagner, 2000 : 22). 과학이 말하는 바를 재빨리 준수할 준비가 된 사람들에게 보고서는 가장 과학적인 외양으로 등장했다. 결론 없는 원자료raw data만 겸손하게 보이면서 가르치려 들지 않고 명령하려 들지 않는 과학, '저는 당신의 보잘것없는 하인입죠'라고 말하는 과학은 어찌나 사심없이 보여서 얼마나 의심없이 받아들여졌는지. "뻔히 하나의 도덕적 효과를 의도하면서도 모든 도덕 문제에 무관심하다고 맹세하고 엄밀하게 과학적인 성격을 가졌음을 일관되게 주장하는 것보다 문화적으로 시사적인 것은 없다"(Trilling, 1954 : 214).

비밀과 무지 속에 부당한 지배는 활개친다. 과학의 밝은 빛은 사람들을 억압에서 해방시킨다. "더 많은 가용한 지식은 인간이 자신과, 그리고 자기 동료와 행복하게 살 능력을 증가시킨다. 무지를 영구화함으로써 개별 인간 행복과 전체 사회조직의 선이 진전된다고 믿지 않는다"(여성편, 9; Gedds, 1954 : 60에서 재인용). 그것 뿐인가. 과학은 사심 없는 해방자이거나 그렇게까지는 아니라도 일종의 중립적인 서비스 센터인가.

섹슈얼리티를 둘러싼 권력의 작동 방식은 적어도 서구 근대 시대에는 앎을 통한 통제이다. 감히 알려는 의지는 인간 자체를 대상으로 삼기에 이르렀는데 인간 행복을 위한다는 선한 목적의 이해 행위는 피치 못하게 통제 행위로 전환된다. 어린이의 상황이 비근한 예다. 부모에 의해 이해되고, 예측되고, 사랑에 의한 제약을 받고 속속들이 기록되는, 그래서 점점 더 내적으로 동조하기가 쉬워지고, 결코 강압이 아니라 이해에 굴복하는 과정, 거기서 "이해 행위는 통제 행위로 된다. 사회학이 부드러운 전제bland tyranny의 도구가 될 수 있다"(Trilling, 1954 : 216). 킨제이가 어떤 부드러운 지배를 한 것인가. 무슨 성을 은근히 권하고 지도편달했는가.

킨제이에게는 섹슈얼리티들의 동질화와 다양성 옹호로 보이는 것 아래에 은밀한 정상 개념이 있다. 하나는 통계적 정상 개념이다. 미국 남자의 92%가 자위를 한다는 통계를 접한 미국 남자들은 자신이 절대다수에 속한다고 안도할 것이다. 죄책감은 면제되고 실행은 강화된다. 나머지 8%는 몹시 불안할 것이다. 통계적 다수에 묻혀 사는 것만큼 안전한 것이 있을까? 눈에 띄지 않게 살라고 고무하고 동조를 조장함으로써 통계적 다수 개념은 쉽게 도덕적 다수 개념으로 탈바꿈한다. "킨제이 보고서는 위험할 수도 있는 태도를 표현, 강화하였다. 다수의 도덕성이라는 생각이 그것이다. 킨제이는 프로이트가 상징하는 섹스에 대한 20세기의 강박을 조지 갤럽이 상징하는 사실과 숫자들의 집적이라는 약함과 합쳤다. 서구 문명의 초기 단계에서 한 의견에 대한 지배적인 질문은 얼마나 많은 사람이 그것을 지지하는가가 아니고, 그것이 맞나 틀리나였다(《타임》지의 여성편 서평; Gedds, 1954 : 289)."

또 하나의 정상 개념은 자연성the natural이다. 킨제이에게는 동물 행동이 일종의 규범이다. 즉 자연과 닮아 있는 것이 좋다. 킨제이의 동성애에 대한 허용적 태도는 (심하게는) 동물 가운데 동성애를 하는 것도 있다는 이유에서—동성애가 신경증의 표현이 아니라는 것을 보이기 위해 쥐의 동성애 행위를 예로 든다—가능하고, (보통은) 그것이 자연이 만든 것 즉 본능적이라는 설명에 의거한다. 그런데 자연에 있는 것은 다 정상이라는 주장은 정상과 비정상의 구분을 폐기하는 것이다. 모든 것이 정상이라거나 "우리 모두 알고 보면 다 변태예요"라는 말이 가능해진다. 구분할 잣대가 없어지는 것이다.[7]

이러한 정상 개념은 자유주의적 관용의 관념과 친화한다. 모든 것의 인정과 허용은 소극적으로 마지못해 그러는 것이 아니라 정치 사회적 이념으로 권장된다. 자유주의 말이다. 킨제이의 연구 동기는 선하다. 수용과 자유에의 충동, 타인에 대한 폭넓고 너그러운 인정의 욕망이 있다. 킨제이 7점 척도에서 보이듯 동성애에 대한 태도는 상당히 개방적이다.[8] "보고서의 많은 것이 사회로 하여금 성적 일탈자aberrant라 부르는 사람에 대한 거칠고 왕왕 잔인한 거부를 철회하게 한다. 보고서는 섹슈얼리티의 민주적 다원주

---

7 "클린턴 옹호자는 간통은 큰 문제가 아니라고 한다.—그것은 '단지' 사적인 것이고 합의한 섹스다. 그리고 모두 그것을 하며 그것에 대해 거짓말을 한다. 클린턴의 팬 한 명은 '깊이 들어가 보면 우리 모두는 변태예요'라고 말함으로써 그 경향을 완벽하게 정리했다(Wagner : 23)." 다형도착적 성과 양성애 기질 등을 말한 프로이트를 따르면 우리 모두가 변태인 (적어도 그렇게 태어난) 것은 맞다. 성에 대한 가치판단이 필요하다는 나의 입장은 변태라는 시대착오적인 강한 가치판단 방식을 유지하자는 것이 아니다. 전통적인 가치 위계에 대한 반동으로, 예컨대 소년애 같은 그 가치가 의심스런 행위들도 동등하게(!) 인정해 주는 수밖에 없냐는 것이다.

8 전적인 이성애자exclusive heterosexual를 0, 전적인 동성애자를 6으로 사람들의 동성애 정도를 지수화한 것이다. 동성애와 이성애를 연장선상에서 본 것은 동성애자를 소수 타락한 소돔의 자식들 취급하는 것과 완연히 다른 입장이다. 결국 우리 모두 (점수 차이는 나지만) 이성애/동성애자다라고 말하는 것이니 말이다.

의democratic pluralism를 성립시키길 원한다." 그런데 문제는 민주적 다원성이 "의도적인 지적 허약함과 결합한다"는 것이다. 그 나약함은 "지적인 구분은 불가피하게 사회적 차별과 배제를 낳고야 만다는 믿음에서 나온 듯한, 지적인 구분에 대한 혐오"에 의거한다. "민주적 덕성을 실천하겠다고 하는 사람들은 배제와 경제적 어려움을 제외한 모든 사회적 사실들이 과학적 의미에서뿐 아니라 사회적 의미에서도 수용돼야 한다는 것, 즉 사실들에 대한 어떤 판단도 안 되고 그러한 가치와 결과에 의거하는 판단으로부터 나온 결론은 어떤 것이라도 결국 '비민주적'인 것으로 드러날 것이라는 것을 자신의 전제조건으로 간주하는 듯하다"(Trilling, 1954 : 228; 원래 강조).

그 '민주적' 판단 중지의 현대적 구현을 예컨대 존 롤즈에서 찾을 수 있다. 개인의 가치 선호가 달라 합의가 불가능한 상황에서 저마다 자신의 가치를 내세우다 보면 종교전쟁과 같은 상황이 야기되니, 가치를 괄호 쳐 중립화시켜 선에 대한 얇은 이론을 도출하자는 것이 그의 정의론이다(김미영, 2006). 그것에 대해 가장 강력하게 비판한 공동체주의자 마이클 샌들은 거기에는 인간의 목표와 가치가 자아로부터 떼어 낼 수 있는 우연적 속성인 양하는 인간관, 인간을 무엇보다 선택의 에이전트로 보는 인간관이 깔려 있음을 지적했다. 그러한 자유주의 인간을 마이클 샌들은 '실체 없는 자아disembodied self', '부담지지 않는 자아unencumbered self'라 불렀다(Sandel, 1984). 그런 주체는 다른 존재로부터의 독립과 자율성을 최고의 가치로 여긴다. 그는 자기 육체의 지속성과 끌어모을 수 있는 기억 한도 이외의 역사가 없으며 사회적 정체가 없는 추상적이고 파편화된 존재다. 그는 무엇보다 선택의 에이전트이고 자기의 선택을 (계몽된) 자기 보존 이상의 어떤 가치에 의거해서도 설명(할 수 없고)하기를 회피하는 인간이다. 그는 어떤 것을 옳기 때문에 하는 것이 아니라 권리이기 때문에 그리고 선택했기 때문에 한다.

그러면 자유주의 사회가 할 일이란 개인들의 선택권을 보장하는 것, 그리고 선택지를 넓혀 주는 것이다. 사회는 개인이 무엇을 왜 선택하든 개입해서는 안 된다. 개입해 평가하는 것은 비민주적이다. (공동체주의자 벤저민 바버는 자유주의가 옹호하는 정치는 동물원 관리로서의 정치라 한다.) 물론 도시화, 산업화로 인해 인구가 대거 이동, 재편되고 그로 인해 인구의 인종적, 민족적, 종교적 다양성과 이질성이 증가되는데 새로 섞여 사는 사람들은 다른 배경의 사람들의 낯선 섹슈얼리티를 백안시하기가 쉽다. 성만큼 강한 감정이 부하되고 강한 가치판단을 하게 되는 주제는 없을 것이다. 그런 면에서 가치를 일단 괄호치고 다원주의를 옹호하는 것은 시대적 요구에 부응한 측면도 있을 것이다. 그러나 괄호 쳐 낸 가치 평가는 다른 차원에서 보유되어야 한다. 약한 도덕성만큼이나 강한 도덕성이 길항관계로 유지되어야 한다. 그렇지 않을 때 중립화는 실은 가치 저하다. 자유주의가 무엇을 허용하는 방식은 항상 그것의 가치를 하락시킴으로써 이루어진다.[9] 쥐의 교미에 빗대 옹호되는 동성애가 과연 옹호된 것인가?

자유주의 사회에서 각자는 알아서 사기 삶을 꾸려 나가며 최소한의 권련만 가지면 된다. 서로의 접촉면을 최소화하면서 상처 주지 말 것, J. S. 밀의 위해 원칙과 두 당사자 간의 동의 원칙이 자유주의가 '감히' 내세우는 판단기준이다. 성행위를 둘러싼 유일한 도덕적 질문은 동의와 안전의 문제라는 것이다. 그런데 "그를 자극한 비자발적인 희생자와 하는 것이 왜 그렇게나 나쁜 건지는 성 해방 옹호자가 설명한 적이 없"(Scruton, 2000 : 49)으며, 와이프의 '불편'을 말하는 부분에서 우리는 모든 고통이 경청되는 것은 아님을 알 수 있다.

부담지지 않는 개인들, 사회적 역사적 구체성에서 유리된 개인들의 자유로운 선택적 성행위들이 움직이는 곳, 그곳은 섹슈얼리티의 시장이다.

9 포르노그래피, 동성애 문제에 대한 글에서 샌들(1989)은 그런 논변을 전개한다.

4. 자유주의 성 해방의 지양—섹슈얼리티의 재맥락화

자유주의 성 해방론이 성에 대한 사유와 실천을 자유냐 억압이냐로 협애화함으로써 억제되는 성에 대한 다른 담론화를 모색해 보자. 그것은 자유주의에 대한 비판과 대안적 관점을 기초로 해야 가능하다. 마이클 샌들, 알라스데어 매킨타이어, 찰스 테일러 등의 현대공동체주의communitarianism는 유력한 이론 자원이다. 공동체주의적 인간, 사회관을 기초로 해 그것에 다시 뿌리박은 것으로서 성을 바라보는 것, 인간의 성을 인간의 윤리적 상황 속에 스며 있는 것으로 보는 것이 '섹슈얼리티의 재맥락화'로 내가 의미하는 바다. 그것은 무엇보다 자유주의가 다원성의 옹호 아래 적극 회피하는 가치 평가를 두려워하지 않을 것을 요구한다. 우선 자유주의 성 해방의 문제를 숙고하고 그 다음 성의 재맥락화를 모색해 보자.

1) 섹슈얼리티의 자유주의적 조절

탈맥락화된 자유주의 섹슈얼리티가 담고 있고 추구하는 해방은 무엇인가, 이제까지의 논의에서 드러난 성 해방의 내용을 세세하게 열거해 보자.

① 성은 몸 안에 쌓아 두면 안 되는 어떤 힘이어서 바깥으로 배출out-let해야 한다. 섹스의 필수성이 '풀려남', '해방'의 범주로 사유된다.

② 배출의 문제는 모든 생물체가 직면하는 것이니 섹스가 남자 어른에게만 허용될 이유가 없다. 여자, 어린이, 노인 등도 성행위의 주체가 되어야 한다. 합법적 성행위자의 확장, 혹은 섹스의 계급적·연령적·젠더적·민주화가 부단히 이뤄져야 한다.

③ 나이, 혹은 결혼 서약과 같은 외적 요인으로 성행위가 시동 걸리지 않는다. 각자의 상황에 의해 채택된 성행위 양식은 인정되어야 한다. 자위, 혼전 성교 등에 대한 규제는 부당하다. (동물을 많이 보는 농촌 남성이 수간을 하

는 것도 환경을 이용한 것에 불과하다). 가능한 행위 품목이나 선택지를 성 이외의 요인에 의거하여 판단하면 안 된다. 선택지의 증가는 자유의 확대다.

④ 동성애는 자연이 만든 일이므로 죄도 병도 아니다. 특권적 성 주체가 없듯 특권적 성 대상을 정하는 것은 부당하다. 우리 모두 다소간 동성애자이자 이성애자다.

⑤ 섹스는 좋은 것이다. 개개인이 능력껏 많이 누려야 할 즐거운 일이다. 개인의 자유로운 섹스에 대한 외적인 개입은 모두 부당하다. 충돌과 위험을 막기 위해 최소한의 경기 규칙(위해 조건이나 동의 조건)이 필요할지 모르나 그것은 어디까지나 당사자 간에 합의할 문제이지 국가나 사회가 개입할 일이 아니다.

⑥ 성 기능 장애는 성 과학이 관심 둬야 할 중대한 문제다. 고치고 배우고 연습해서 잘 해야 하는 것이 섹스다. 좋은good 섹스란 더 많이, 더 다양한 오르가슴에 더 빠르고 세고 효율적으로 도달하는 섹스다. 그것의 좋음은 섹스하는 주체의 강함, 자연성으로 설명된다.

⑦ 성은 소유할 수 있는("내 섹슈얼리티") 어떤 것이 되고 따라서 선물로 줄 수 있고 강제로 뺏을 수 있고 정당한 값을 쳐 사고 팔 수 있게 된다. 많이 갖는 것은 성공이다. 무소유, 빈곤, 불평등은 부당하다. 그러니 그것으로부터의 해방이 추구되어야 한다.

⑧ 성에 대한 무지와 침묵 속에 서로 단절된 채 살지 말고 성을 공개적으로 얘기하고 사실로 접근하여 섹스를 통한 연결과 통합을 기해야 하고, 그것은 가능하다. 알고 보면 생식기 문제에 있어 모든 사람은 잘날 것도 못날 것도 없이 평등하다. 섹스에는 감출 만한 대단한 것도 비난할 만한 저급한 것도 없다. 섹스는 섹스일 뿐 사랑도 구원도 생식도 결혼도 가족도 종교도 도덕도 아니다. 섹스 자체를 위한 섹스, 생식기의 즐거움이라는 생각이 통용된다.

이러한 성 해방 개념에는 적극적 계기와 소극적 계기가 얽혀 있고 그 전개가 복합적으로 이뤄진다. 성행위의 주체 확장과 민주화는 젠더상의 소수자와 섹슈얼리티상의 소수자의 동등권으로 귀결될 수도 있고 착취의 민주화로 귀결될 수도 있다. 가능한 성행위의 확장과 동등가치화는 인간의 성적 행복의 가능성을 넓힐 수도 있고 쾌락의 전제tyranny 속에 섹슈얼리티의 전반적 가치 하락을 낳을 수도 있다. 섹스의 필수성과 섹스 옹호론은 이성과 그 담지자의 지배를 느슨하게 하고 인간 평등을 강조하게 될 수도 있고 모든 인간적 탁월성과 덕성을 사소화하는 평범함의 전제를 낳을 수도 있다.

그러나 자유주의적 섹슈얼리티가 탈맥락화된 것이기 때문에 해방의 적극적 계기가 구현되기 힘들다. 성 해방이 제대로 이뤄졌다면 여성이 성생활에서의 자율성을 구가하고 몸과 재생산에서의 자결권을 누리게 될 것이다. 성적 소수자는 인권과 성적 시민권이 인정될 것이다. 청소년의 섹스 역시 허용될 것이다. 그러나 그렇지 않다. 이성애주의는 강고하고, 여성의 성 해방은 논란거리며, 청소년의 성은 (적어도 한국에서는) 의제에 오르지도 못한다. 자원이 있는 성인 남성의 자유는 성적 자유분방함으로 구현됐는데, 정작 그들도 만족하는 것 같진 않다. 자유주의적 섹슈얼리티는 어떤 문제를 담고 있는가.

첫째, 자유주의적 탈맥락화된 섹슈얼리티는 인간의 도덕 지평을 변화시키고 성을 둘러싼 인간 실천과 관계를 일정하게 틀 지운다. 즉 "초점이 특수에서 일반으로, 인간적 응시에서 동물적 기능으로, 비도덕적인 영혼에서 도덕적 봉투(콘돔)로 이동했다(Scruton, 2000 : 49)." 사람들은 더 이상 사랑하지 않고 섹스를 한다. 섹스는 어떤 감정적 연대나 장기간의 헌신과 관계없게 되었다. 그것은 상호 유도되는 즐거운 감각 이외의 아무 것도 아니다. 욕망의 모호한 대상에 대한 강렬한 집중은 사라지고 발정난 원숭이의 육체 행위가 왔다. 일회성 섹스casual sex를 하는 것이나 사랑하는 아내에게로 관심을 제한하는 것이나 자유주의하에서는 같다. "헌신 없는 성sex without commitment이 증가하고 애정 어린 관계의 가능성은 감소했다(Williams, 2000 : 13)." 도덕적 상대주의와 쾌락주의가 팽배한 가운데 말년이 외로울 거라는 걱정 이외에 우리는 어떤 경고도 듣지 못하고 한계도 알지 못한다. 온갖 허용된 것들은 남용된다.

둘째, 맥락에서 벗어나 추상적으로 된 섹슈얼리티는 자본주의 상품시장의 체제 안에서 구체화되는데 그것은 사고 팔고 뺏고 뺏기는 대상화된 성이다. 자유는 거래의 자유로 구체화된다. 그리고 지갑 크기에 따라 각자의 자유의 양이 결정된다. 초섹슈얼화된 사회hypersexualied society는 소비주의, 폭력, 착취와 연관된 온갖 성적 이미지를 보여 주며 섹스를 과대광고하고 꼬드기고 얼을 빼는데 사람들은 정작 돈이 없거나 시간이 없거나 욕망이 없다. 배설, 하수도 기능으로서의 성 개념이 모든 이가 참정권을 가질 수 있는 최저의 공통분모라는 취지로 옹호되고 이용된다. 스펙터클직 소외든, 국가의 3S정책이든 성은 인간 조작과 통제의 기제가 된다. 유혹된 인간은 저항할 수 없다. 나아가 성은 소비자본주의의 축적에 기여한다. 상품화된 성은 자유주의가 어떤 도덕성을 위선적으로 설교하든 진실로 배격된 적이 없는 성이다.

셋째, 생식기 중심적 성이 생식에 유독 관심 있는 것은 아니나 낭만적 연애의 부추김과 소비적 커플 문화 속에 이성애주의와 가부장주의는 그 위력을 잃지 않는다. 가부장제와 이성애주의는 성 시장이 번창한다고 타격받지 않고, 아니 그것에 기대어 온존한다.

넷째, 여성의 처지는 곤고하다. 앞의 2절에서 여성편을 정리하는 부분에서는 킨제이에 대한 나의 비판이 대거 약화되는 것을 독자들은 느꼈을 것이다. 여성 욕망을 인정조차 하지 않고 생식의 도구로만 보던 것에 비하면 여성의 성적 주체화는 대단한 일이다. 그런데 바로 그 주체가 들어간 섹슈얼리티의 시장에서 여성의 거래 권력은 존재 이유가 부인된다. 여성의 방어는 존중되지 않는다는 뜻이다. "섹스가 성기의 자극에 불과하다면 왜 그 난리인가? 웬 수치심, 자중, 망설임? 이것이 킨제이의 사악한 메시지이고 남자들이 탐욕스럽게 껴안은 것이다"(Scruton, 2000 : 49). 여성은 이제 노노노가 아니라 예스예스예스해야 한다. "요즘 여자들은 전혀 느낌이 오지 않아도 좋은 척 즐거운 척 굴어야 한다"(알리스 슈바르처, 2001 : 255). 분방하게 처신하길 부추김받아 그렇게 한 뒤 "회고적으로 동의를 철회하거나" 회한에 시달리는 여자가 많다. 예컨대 데이트 강간은 동의 원칙에만 의거하는 성 해방의 파괴성에 기인하는 면도 있다.[10]

성 해방 선두주자들의 '변절' 고백은 드물지 않다(조은 등, 2002 : 87-88). 성 혁명의 와중에서 아방가르 여자는 "자유인으로 자칭하는 매춘부"(바댕테르, 2005 : 121), "아마추어 매춘부"(훅스, 2005 : 158)였다는 것이다. 자유의 다른 뜻은 '공짜'이다.

여성 해방과 성 해방의 연관과 구별성, 성 해방이 여성에게 무엇을 의미하는가는 여성주의자 사이에 논란이 되는 문제다. 급진 여성주의가 섹슈얼리티에 개입하는 사회 정치적 권력의 문제를 들고 나온 것은 주지의 사실이다. 성의 억압성에 대해 자유주의 분파는 젠더 중립적인 억압을 중시하고 동의한 성인 파트너 간의 평등하고 분방한 섹스를 이상적인 것으로 본다면, 급진적-문화적 분파는 남녀 관계, 이성애에서 성의 억압성을 찾는다. 전자는 논리상 이성애 지향적 여성주의이고 후자는 논리상 레즈비언

10 동의 조건에 지난날 고해성사와 비슷한 계기가 있다. 성행위에 쌍방 합의하려면 모든 것을 말해야 한다. "서로의 욕망에 대해 자세히 설명"해야 하고, 말의 의미가 분명해야 하고 투명해야 한다. "저항하는 척하거나 상징적으로 거부하는 경우"도 없어져야 한다. "동의 이론은 우리가 원하는 것과 싫어하는 것을 있는 그대로 모두 기록한 완벽한 카탈로그를 요구한다. 이것은 결국 '성 계약서' 개념으로 가게 된다 (…) 수줍음과 감정이 배제된 투명함"(바댕테르:148-157). 성 계약서는 일체의 불투명함 배제, 술 취하지 않은 명징한 상태, 마법에서 깨어남, 합리화된 섹스의 논리적 귀결이다.

여성주의와 통한다.

전자의 자유지상주의적 입장은 레즈비언 사도마조히즘을 옹호하는 게일 루빈에서 그 극단을 볼 수 있다. "무엇이 좋은 성관계이고 무엇이 나쁜 성관계인가에 대해 누가 규칙을 정하는가는 중요하지 않다. 루빈에 의하면 성적 억제는 결국 성적 억제다. 성적 억제야말로 문명 세력들이 인간 형태를 통제하는 가장 잔인하고도 가장 비합리적인 방식 중 하나다. 성적 허용은 남성뿐 아니라 여성에게도 최고의 이익이라고 주장한다"(통, 1998 : 120-121). 후자는 캐서린 매키넌, 안드레아 드워킨, 캐슬린 배리 등이 섹슈얼리티의 매춘화, 포르노그래피 문제를 둘러싸고 도덕적 입장에 빠진 것을 극단으로 볼 수 있다. "무엇이 성적인 것인가? 남자를 발기시키는 것이다. 무엇이든 남근을 불끈하게 하는 것이 문화적으로 섹슈얼리티가 의미하는 것이다. 삽입과 성교라고 자고로 일컬어진 침해가 성적 만남의 패러다임이다. 그렇다면 여자에게 섹스란 무엇인가. 섹스는 여자의 아이덴티티, 프라이버시, 자존심, 자기결정, 그리고 이를 안전하게 하기 위해 무엇을 하는가 하는 질문은 금지돼 있다. 그러나 급진주의자, 혹은 자유를 원하는 모든 여자가 어떻게 이러한 질문을 하지 않을 수 있단 말인가?"(매키넌, 1997) 그런 입장에서 본다면 포르노그래피, 성적 재현의 자유, 표현의 자유는 여성 착취와 여성 억압의 자유를 요구하는 것과 다르지 않다.

자유지상주의가 자유의 불충분함을 문제로 보고 더 많은 자유를 처방하는 것이라면 문화적 급진론자는 여성이 불평등한 것에 주목하며 여성 권력을 처방한 것이라 할 수 있다. 문화적 급진주의가 자유의 추상성을 극복하고 그 젠더적 비평형을 지적한 점은 의미 있으나 그 귀결은 자유주의의 일반적 한계 속에서 조명될 수 있다. 그것이 결국 도덕주의에 빠져 쾌락 자체를 위한 쾌락을 문제삼으면서 성 해방의 시계를 돌려 놓으려 하고 가족, 순결, 정조를 선점해 이데올로기화하는 보수주의와 (포르노그래피 규제에 한

정된 것이랄 수도 있지만) 동맹을 맺는 것은 자유주의가 윤리 문제를 다룰 때의 무능력을 노정하는 것이다. 매키넌의 질문은 특징적이게도 "여자의 아이덴티티, 프라이버시, 자존심, 자기결정"이라는 자유주의 도덕성의 항목들이 언급된다. 여자든 남자든 자유주의는 인간을 타인으로부터 절연해 독자적으로 자기만의 공간 속에서 타인의 영향을 받지 않고 선택하고 판단하여 사는 존재로 볼 뿐이다. 자유주의 해방의 최종적 의미는 인간적 상황, 윤리 상황으로부터의 해방에 다름 아니다.

2) 섹슈얼리티의 재맥락화 모색

맥락에서 벗어난 섹스라는 개념으로 나는 성적인 것이 인간의 통합된 인격과, 다른 인간 존재와의 관계와, 몸담고 있는 사회와 그 역사로부터 유리되는 자유주의 섹슈얼리티를 문제삼는다. 자유주의적으로 해방된 섹스란 자신의 정체를 숨기고/정체를 알지 못하는 개인들이 섹슈얼리티의 시장에서 아무런 보호막/신비화 없이 생식기 능력에 의거해 오르가슴을 추구하는 일종의 운동 경기와 같은 것이다. 그러나 인간은 정녕 그런 존재가 아니기 때문에 도처에 상처와 회한과 환멸이 증식하는 것이다.[11] 자유주의 사회에서 과학적 연구의 중립성을 위해, 또 가치상의 전쟁을 막기 위해 적극적으로 옹호된 중립성과 다양성은 서로 다른 것들의 민주적 수용과 공존의 이름으로 모든 것의 가치를 동일선상에 놓는데, 그것은 기실 지적 무기

11 킨제이 연구팀의 섹스 오르기orgy 분위기는 〈킨제이 보고서〉라는 영화에서 가장 충격적인 장면이었다. 킨제이 팀원들은 킨제이의 가르침을 충실히 실천한다. 그들은 각자의 아내를 바꾸고, 그것을 서로 인지하고 부추긴다. 킨제이 자신, 한 제자와 동성애 에피소드를 겪어 킨제이 7점 척도의 점수를 올리고, 그것을—비밀은 여하한 것이라도 나쁘다는 기치 아래—아내에게 공개하며(이 경우 고백이라는 단어는 어울리지 않는다. 고백은 죄책감과 은밀함을 전제하므로) 바로 그 제자가 여성, 그것도 자기 아내와의 섹스 욕망을 털어놓자 아내에게 의사를 물어보고 아내도 동의하자, 그 둘의 관계도 반대하지 않는다. 섹스는 섹스일 뿐 그 이상이 아니다. 사랑도, 신의도 질투심도 상관 없는 생리적 행위라는 신념 아래 그런 것인데, 그 신념은 문제 없이 실현되지 않는다. 연구원들 간에 불륜의 사랑이 생기고, 이혼을 요구하고, 남자들끼리 싸우고, 가정이 파탄나고, 후회하고 원망하고, 기타 등등의 불행과 좌절이 생긴다. 인간은 아직도 너무 많은 감정의 찌꺼기를 갖고 있다. 멋진 신세계Brave New World는 요원하다.

력과 타협에 의거하는 얼버무리는 평가절하vague devaluation에 다름 아니다. 섹슈얼리티의 민주적 다원주의는 가치하락된 섹슈얼리티의 시장에 불과한 것이다.

자유롭게 떠다니는 섹슈얼리티를 어딘가에 정박시켜 구체성 속에서 사고해 보자. 그것은 가치 논쟁의 덤불숲으로 들어가길 회피하지 않는 용기를 요구한다. 감히 평가하여 '가르치고' 설득하고 유도하는 것은 또 하나의 채널화임에 분명하다. 도대체 성이 전권적인 자유를 누린 적이 있었을까? "성에 대한 그 모든 혁명, '억압에 대항하는' 그 모든 투쟁이 구현하는 것은 거대한 성적 욕망의 장치 안에서의 전술적 자리 옮김과 반전 이상의 것도 이하의 것도 아니었다—물론 그것의 중요성을 부인할 수는 없다—는 것을 입증하는 데는 라이히가 변화에 결부시킨 정치적 약속과 조건들이 전혀 실현되지 않았는데도 서양 사회의 성적 행동에서 그토록 많은 것들이 변할 수 있었다는 사실만으로 충분하다"(푸코, 1990 : 144; 원래 강조). 그렇다면 성적 욕망의 장치 안에서의 전술적 자리 옮김과 반전 이상의 것, 진정한 성 해방을 사유하기가 그토록 어렵다면 "자리 옮김과 반전"의 한 방식으로, 성은 자유로운 적이 없었다고, 도대체 해방되어야 할 무엇이기만 한 것이 아니라고, 무한 누진적인 과정인 양 해방을 말하고 추구함으로써 우리는 성을 사유하고 향유하는 다른 방식을 놓치고 있는 것이라고 하는 것은 어떤가.

성의 재맥락화는 인간과 사회를 자유주의와는 다르게 볼 것을 전제한다. 아울러 성의 개념도 달라진다. 성이라는 인간 행위의 덕성은 무엇인가. 어떤 행위에 내재되어 있으면서 그것을 성실하고 탁월하게 수행할 때 얻을 수 있는 가치란 의미에서 말이다. 체스 같은 게임을 예로 들면 거기서 선은 몰입의 즐거움, (이겼든 졌든 느낄 수 있는) 탁월한 승부의 성취감과 기쁨일 것이다. 이겨서 얻는 상금, 유명세 등은 그것에 다소간 우연하게 결합된 것이지 내재된 것은 아니다. 섹스의 내적 선internal good은 무엇인가. 훌륭한 성, 덕성스런 섹슈얼리티, 품위 있는 성생활이란 형용모순이거나 개발의 편자인가? 성의 목적은 오르가슴뿐인가.

재맥락화 1. 성은 인간의 통합된 인격 속에 뿌리박아야 한다. 정신과 육체는 따로 놀고 무엇이 우선시되는 두 실체가 아니다. 몸, 성감대, 성기, 호르몬과 분비물로 좁혀진 우리의 섹슈얼리티 개념을 확장시켜야 한다. 성감대만 아니라 확산된 신체 부위들, 신체 반응만 아니라 그에 동반되는 마음의 움직임, 확산시키고 퍼뜨리고 풍성하게 된 섹스 개념이 마련되어야 한다. 거기서 오르가슴(만)이 아니라 성적 쾌락을, 배설의 즐거움(만)이 아니라 몸과 마음의 합치된 만족을 추구해야 한다. "한 인격으로서의 자기 자신의 자아에 대한 태도가 중요하다. 네가 어떤 종류의 인간이라고 생각하는가? 어떤 종류의 인간이 너는 되려 하는가. 다른 사람들이 너를 어떻게 생각하는 것이 좋은가. 그리고 자신의 성에 대한 태도, 다른 성에 대한 태도, 그리고 자신의 섹슈얼리티에 대한 태도가 문제된다"(Gruenberg, 1954 : 82). 물론 이때 인간은 선택의 에이전트가 아니라 숙고의 주체이고, 부담지지 않는 유령같은 존재가 아니라 상황 속에 있는 존재situated being다. "인간은 그의 자연적 토대 위에 가치와 목표의 전체 위계를 부과하고 관계할 수 있는 사람들이라는, 그리고 그들 존재의 다양한 수준들의 창조적 통일을 유지하려 애쓰고 (…) 즉각적 만족을 장기적인 사회적 목표와 목적에 종속시킬 수 있는 능력을 가졌다"(Niebuhr, 1954 : 63-64). 인간은 다소간 하나의 예술작품으로 자신의 인생을 통합, 고양시키려는 텔로스를 가진 존재다. 삶의 여러 분야, 여러 영역의 행위와 가치를 분리, 파편화시키고도 멀쩡하거나 행복할 수는 없는 존재다. 좋은 삶good life을 사는 윤리적 존재로서 인간에게는 해서는 안 되는 행위가 있고 그럭저럭 허용할 만한 것이 있고, 해야만 하는 행위가 있다.

성은 인격과 따로 떼어내 선택에 따라 소유하고 뺏고, 사고팔 대상물이 아니다. 성을 물화, 대상화하는 것은 돈을 매개로 한 성매매와 신체적 강압에 의한 성폭력이 있다.[12] 둘 다 인간성을 파편화한다.

성을 사는 것과 성폭력하는 것은 구분되고 성을 파는 것과 성폭력을 당하는 것은 구분된다. 말하자면 다음과 같은 비평형이 있다. 성을 사는 것이 나쁜 만큼 성을 파는 것은 나쁘다, 그러나 성폭력하는 것은 나쁘지만 성폭력당하는 것은 (불행한 일일지언정 피해자가) 나쁜 것은 아니다. 인신매매나 인신구속에 의한 성매매는 성폭력과 동일하게 볼 수 있다. 이때 여성은 판매자가 아니라 매매된 자다. 그런 것이 아닌 성매매에서 여성은 자신의 몸의 가능성의 일환으로 성 서비스를 파는데, 그것을 경제적 강압에 의한 것이지 자유의사가 아니지 않느냐 하여 성폭력과 동일시한다면, 성을 판매하는 자의 선택과 주체성, 몸에 대한 주권을 인정하지 않는 발상이다. 그것은 경제적 고난에도 불구하고 성매매에 나서지 않는 것을 추상적으로 가능한 또 하나의 선택으로만 보고 응분의 도덕적 보상을 할 이유가 하등 없다고 본다. 또 성을 팔아 사는 여성을 구제해 줘야 할 불쌍한 대상으로만 보게 한다. (혹자는 그들의 상품을 구매해 주는 것이 그들을 살리는 거라고 하기까지 한다.) 성매매를 빈곤 문제, 계급 문제로 접근해야 하는 것과는 별도로 성매매에 대한 도덕적 판단을 중지해서는 안 된다.[13] 젠더만을 강조하는 여성주의 일각에서 성매매와 성폭력을 동일시하는 것은 여성의 희생자화

12 타인의 자유의사를 무시하는 강압과 강제에는 수많은 정도 차가 있을 수 있다. 성희롱 같은 보다 미묘한 사안은 일단 제쳐 둔다.

13 강의 시간에 비슷한 취지로 말하자 매우 분노하며 그럼 성매매 종사자를 윤리적으로 매도하자는 얘기냐고 반박하는 학생들이 있었다. 첫째, 인신 구속과 물적 강제에 의한 성매매는 사회가 적극적인 관심을 가지고 해결해야 한다. 또 암묵적으로 인정되어 온 불법을 진짜 불법화하려면 이미 그 영역에 들어와 생계를 꾸리는 사람에 대한 대책을 마련해 주어야 한다. 둘째, 그것과 다른 차원에서 성매매는 나쁜 일이라는 원칙적인 판단을 폐기해서는 안 된다. 그 원칙이 없다면 왜 우리가 성매매 문제를 해결하려 하는가. 성매매특별법 논란을 중산층 여성주의자와 민중의 딸 성매매 노동자의 대립인 양 보는 시각이 있었는데, 이는 여성주의가 계급 문제에 맹목이라는 김규항류의 시각을 연상시킨다.

에 기대 있는데 그것은 '순진함의 유혹'(파스칼 브뤼크네르)에 빠지는 것이다. 그들이 젠더 환원론의 혐의를 부인한다면 이를테면 호스트바 '선수'들을 성폭력당하는 자로 보는지 묻고 싶다.

성 상품화의 여러 방식과 성매매를 구분하지 않는 것도 자유주의적 가치평가 유보를 통한 전반적인 가치 저하의 일환이다. 예쁜 얼굴로 먹고 사는 탤런트와 성기를 팔아 사는 매춘부는 파는 상품의 부위와 가격만 차이 날 뿐 아무런 질적 차이가 없나? 질문을 그렇게 하면 물론 그렇다. 탤런트 일을 '예쁜 얼굴을 파는' 일로만 보는 이에게는 그렇다. 그러나 어떤 일을 하는 좋은 방식이 있고 나쁜 방식이 있다. 또 한 사람의 정체와 통합적 인격 속에서 추구할 만한 일이 있고 애써 경계할 일이 있다. 물질적 성공, 출세라는 단일 지평 위에 모든 일을 일렬종대로 줄 세운다면 무엇을 옳은 일이라 가르치고 무엇을 나쁜 일이라 경계시킬 방도란 없다. 교환가치로 환산될 수 없는 질적인 특성과 가치를 주목하는 관점이 요구된다.

재맥락화 2. 섹스는 관계 속으로 삽입되어야 한다. 섹스는 성교inter-course다. 파트너가 있고 그가 주체라는 것을 인정해야 한다. 현대의 발달된 의학과 과학이 안겨 준 조형적 성plastic sexuality의 조건하에서 바야흐로 인간은 쾌락 자체로서의 쾌락을 추구할 수 있게 되었다. 그만큼 파트너의 존재가 희미해지고 부차화되기 쉽다. 현대인이 많이 하는 섹스, 즉 온라인상에 떠도는 포르노그래피를 시청하면서 자위를 하는 방식의 섹스는 자가성애auto-eroticism여서 파트너가 없거나 육화된 파트너가 없다. 이런 변화는 무엇이 섹스인지를 다시 생각하게 만들고 섹스에서의 환상의 역할 등을 묻게 한다. 일단 그것을 제쳐 두면 섹스는 파트너의 현존이 요구된다. 그리고 그 파트너는 대상이 아니고 또 하나의 주체다. (너무 옛날 이야기지만 자위가 강간보다 나쁘다는 아우구스티누스의 윤리는 여성을 주체로 인정하지 않았기 때문에 가능한 이야기다.) 많은 인격적 사회적 문제가 여기서 발생한다.

그리스적인 중용의 덕이 통용될 수 없는 것도 그 때문이다. "중용의 덕은 먹는 것과 마시는 것, 노는 것과 일하는 것에 관련될 뿐이다. **섹스는 무엇보다도 타인과 관련된다**"(Gruenberg, 1954 : 81; 원래 강조). 섹스를 배설하는 것으로 보는 한편 섹스를 먹는 것과 비유하기도 하는데 먹고 마시는 것과 같을 수 없는 것이 섹스의 대상은 물질적 대상이 아니기 때문이다.

타인이 관련되는 순간 성은 다른 사람에 대한 인간의 태도, 또 하나의 인간 존재에 대한 태도와 관련된다. "다른 사람을 너의 사적, 개인적 목적을 위해 하나의 도구로 사용하는 것이 너의 태도, 도덕감, 옳고 그름에 대한 느낌과 조화되는가? 추구된 만족이 성적이든 금전적이든 과학적이든 문제는 사실상 우리가 다른 인간 존재를 존중하는가 아니면 한 인격으로서의 존엄성과 권리를 무시한 채 하나의 물건으로 사용했는가의 여부다" (Gruenberg, 1954 : 82). 이런 칸트식의 물음은 섹스에서는 답하기 더 어려운 것이 사실이다. 성행위란 모종의 것들을 주고 받고, 액션, 리액션하는 과정이고 가장 무방비로 타자에게 열려 있는 상태인데, 거기서 타인의 몸을 이용하고 착취하기란 얼마나 쉬운가. 그러나 문제를 추상적으로 제기해서 그렇지 구체적 관계 속에서는 이용과 착취냐 배려와 존중이냐는 당사자가 판단하기 어렵지 않다. 익명의 타인과의 그것이 아니라면 몸의 언어는 상대에게 직접 이해된다. (같은 뜻을 가진 사람과의 일회적 관계를 비난하지는 않지만 그것을 계속 추구하면 사람의 몸과 삶이 황폐해질 것이다.)

관계의 도덕적 질을 어떻게 판단할 수 있을까? 관계의 외부에서 추상적으로 제시되는 규칙과 지침을 따르는 것으로 관계가 이상적으로 되지 않는다. 인간을 그가 몸담고 있는 관계들 속에 재위치시켰을 때 인간의 덕성과 관계의 덕성은 사회 안의 자기 위치가 요구하는 역할을 수행 기준에 맞게 잘 해내고, 관계의 역사가 담고 있는 크고 작은 응분의 책임을 다하는 것이다. 덕성스런 관계에서 이뤄내는 가치에 굳이 이름을 붙이자면 배려,

신뢰, 연대감, 상호 헌신, 상호 존중 등이 될 것이다. 나아가 지조나 정절 같은 덕목도 소중하다. 그런 덕목들이 지난날 주체들 간의 관계가 아닌 주체와 대상 간의 관계에서 주인의 이데올로기로서 억압의 기능을 했다 해서 손쉽게 폐기하거나 보수주의의 손에 맡겨둘 수는 없다. 그 내용을 상호성으로 확충하고 현대적으로 재규정하는 노력이 필요하다. 예컨대 정절은 한 사람에게 평생토록 헌신하는 것이거나 위선적으로 처녀성을 지키는 것이 아니라 관계가 유지되는 동안 그 사람에게 집중하는 것이며 어느 한쪽에 일방적으로 요구되는 억압의 이데올로기가 아니라 상호적 윤리여야 할 것이다.

번연히 있는 윤리적 차원을 도외시할 때 인간 관계는 알팍해지고 건조해지고 무정해진다. 그 안에서 모두들 저마다 피해자로 자처하고 상대를 원망한다.

여러 섹슈얼리티들이 선험적으로 어떤 것은 가치 있고 어떤 것은 저열한 것이 아니다. 그 실천을 하는 방식이 가치 있는 것이 있고 저열한 것이 있다. 이성애는 좋고 동성애는 나쁜 것이 아니라 이성애적 강간은 나쁘고 동성애의 서로 배려하는 관계는 좋다. 거꾸로 레즈비어니즘은 좋고 이성애적 결혼은 나쁜 것이 아니라 레즈비언의 폭력은 나쁘고 평화로운 이성애 관계는 좋다. 윤리를 전담 대표할 수 있는 행위나 집단은 없다.

재맥락화 3. 섹슈얼리티는 너와 나의 위치 속으로 그것의 역사 속으로 들어와서 판단되어야 한다. 너와 나의 구체적 위치 속에서 구체적 행위의 도덕이 규정될 것이다. 예컨대 미혼자의 도덕과 기혼자의 도덕은 다를 것이다. 결혼 서약은 검은 머리 파뿌리 되도록 지켜야 할 엄숙한 약속이라고 말하자는 것이 아니다. 그러나 그것은 다음 통첩이 있을 때까지는, 즉 어느 한쪽이 관계를 그만두겠다고 결정할 때까지는 위선이나 거짓 없이 지켜져야 함이 마땅하고, 자식을 갖게 되었을 때는 영향받는 중요한 타자가 생긴 것이므로 더 무거운 도덕 기준을 적용해야 한다.[14] 미혼자, 특히 젊은이들은 탐구심을 가지고 다양하게 모색할 자유가 상대적으로 많을 것이다. 그럴 때도 주입된 해방론이나 순결론에 좌우될 것이 아니라 자신의 지금 상태를 재고 그에 걸맞은 처신의 한계를 끊임없이 형성, 재형성하고, 그것을 파트너와의 관계에서 타협, 재타협해야 한다. 그것을 피곤하다고 생각하는 사람이 있다면 그는 지난날의 지배자일 것이다. 어느 한 성이 행복하지 않을 때 다른 한 성도 행복할 수 없다는 마거릿 미드의 말은 맞는 것 같다. 양 성이 저마다 서로의 희생자로 생각할 것이 아니라 높아진 민주적 감수성의 문턱에 맞게 우리 행위와 타협 능력을 올려야 한다.

주체를 규정하는 특성 중 여자냐 남자냐에 주목한다면 여자와 남자에게 행위 기준이 같아야 할까 아닐까? 빅토리아적 이중 기준은 이견의 여지 없이 나쁜 것인데 그럼 단일 기준single standard으로 무엇을 삼아야 할지? 문제를 복잡하게 하는 것은 공식적으로 선언되는 것과 다르게, 여성의 정치 사회적 지위가 그리 향상되지 않았다는 사정이다. 강조컨대 성적 주체화가 실질적 지위 향상 없이 오리라고 믿기는 어렵다. "혼전성교에 대한 이중 기준은 여성의 남성에의 예속, 재산으로서의 위치를 반영한다. 킨제이 보고서에서 이것은 혼전성교의 도덕성에 대한 절대적 접근과 인간 본성의 실제적 고려 사이의 절충으로 묘사된다(322쪽). 그리고 그 절충의 역사적 토대는 대다수 남성을 혼전성교로부터 막는 것이 실제로 불가능하다는 데 있다. '반면 여성은 보다 통제할 수 있음이 증명되었는데' 그것은 부분적으로는 성들 간의 유기체적 혹은 심리적 차이 때문이다"(Gruenberg, 1954 : 79).

14 《한겨레 21》의 김소희 기자가 쓰는 '오마이섹스'에서 〈난년들〉이라는 칼럼은 좀 씁쓸했다. 이혼녀가 교회로 성당으로 성장하고 다니며 작업하는 것은 비난할 여지가 없지만 결혼관계에 있는 여자가 남편과 자식을 속이고 어린 애인을 거느리는 것이 '난' 것이라고 생각하지 않는다. 성에 대한 이야기가 별로 없는 우리 사회에서 정치적으로 올바른, 문화적으로 세련된 한겨레의 칼림이 자유주의 색채를 강하게 풍기는 것이 주목된다.

이 유기체적 심리적 차이가 과장되긴 하지만 없는 것은 아니라면 다음 질문은 새로운 단일 기준이 보다 도덕적이고 일부일처제적이라 정평난 여성적 도덕과 보다 '낮은' 남성적 도덕 중 어느 것이어야 하는가다. 이 문제에 답하기란 어렵다. 다만 여자가 임신 출산한다는 사실이 중요하게 고려되어야 한다는 것은 강조되어야 한다. 그것으로 인해 여성은 경쟁적 성취적 사회 영역에서 막대한 불이익을 당하고 있다. 그러한 임신 출산을 소수집단에게 발생하는 사고나 불운으로 치부하고 양육을 저 '위대한' 모성애의 전담 사항이며 아이는 여자에게 즐거움을 주는 존재라고 하는 사회라면 그 사회에서 하나의 성은 행복할 리 없으며 그와 같이 살아야 할 또 하나의 성도 행복할 리 없다.

이상의 거친 논의는 재맥락화의 한 시도에 불과하다. 새로워진 섹슈얼리티의 가치위계는 성 과학자들의 '도착'이 맨 밑바닥에 있고 결혼한 이성애자의 생식을 목적으로 한 섹스가 성 위계 피라미드의 꼭대기를 차지했던 기존의 것과 다르다. 자유주의에서는 가치위계라는 것이 불관용과 비민주라서 적극 회피된다. 그것을 문제삼고 모색되어야 할 새로운 섹슈얼리티 가치위계는 무엇을 환대하고 무엇을 적대할까. 원칙적으로 그것은 동일한 성행위라도 맥락과 관계 속에서 세세하게 판단할 것을 요구하는 한편 맥락과 상황의 구체성을 파악함에 있어 계급정치학, 젠더정치학, 게이/퀴어 정치학의 진전된 논의를 경청하는 가치평가여야 한다. 아울러 그러한 새로운 가치위계가 위계질서의 하위에 있는 성행위나 행위자를 낙인찍고 박멸하기 위해서가 아니라 인간의 윤리적 실천에 목적과 방향을 제시하고, 그리하여 보다 인간적인 성, 인간적인 사회를 지향하기 위한 것임을 강조하고 싶다.

5. 글을 마치며

인간이 성에서 행복감을 느끼고 충족되려면 성을 원래의 맥락 속에 집어 넣어 볼 수 있어야 한다. 나의, 상대의, 사람들의 성을 이해하고 알기 위해서는 사람의 통합된 마음과 몸, 사람 간의 관계, 그것이 몸담고 있는 좁고 넓은 집단과 사회에 대한 이해가 필요하다. 섹스는 몸의 언어이긴 하지만 그것에 그치지 않고 인간의 통합된 인격의 문제라는 것, 섹스는 자신의 이기적 본능적 쾌락을 추구하는 문제이기도 하지만 연루된 상대와의 모종의 관계를 담고 있다는 것, 그리고 그것이 역사 사회적 구체성 속에서 조명되어야 한다는 것을 이해해야 한다. 성교육을 반대하는 사람들은 성을 많이 알면 알수록 더 하고 싶어한다고, 알지 못하는 이들을 오히려 성행위로 유도하는 역효과가 있다고 이야기한다. 그들이 염두에 두는 성교육이란 성 테크닉 교육, 체위 교육, 적당한 애무 부위의 교육, 사고 치지 않는 방법의 교육, 콘돔 사용법 교육이다. 성을 성기의 문세로만 보기 때문에 그것 아닌 성교육이란 생각할 수 없는 것이다. (그래서 포르노그래피를 성교육에 활용할 수 있다는 발상까지 한다.) 성을 그것이 있는 원래의 맥락에 넣어서 바라보는 성에 대한 새로운 담론화가 필요하다.

킨제이식의 섹스관과 자유주의 해방론은 우리 현대인의 성을 지배하여 그 바깥을 사고하기 힘들게 한다. 자신의 통합된 인격과 끝없이 완성을 추구하는 과정에서의 삶의 이야기와, 연루되어 있어 책임이 담겨 있는 관계 속에서 성은 인생의 고비마다 숙고해야 할 중대한 문제이며 그 숙고는 성을 자꾸 축소, 환원하여 그 자체에 집중하는 것이 아니라 성 아닌 것으로 확산하고 스며들고 관련 맺는 것이어야 한다. ■김미영

참고문헌

김미영. 2006.《현대공동체주의—매킨타이어, 왈저, 바버》. 한국학술정보.

남다은. 2005.〈건조하고 지극히 '보고서'적인 시선,《킨제이 보고서》〉.《시네 21》. 502호.

캐서린 매키넌. 1997.《포르노에 도전한다》. 신은철 옮김. 개마고원.

엘리자베트 바댕테르. 2005.《잘못된 길》. 나애리, 조성애 옮김. 중심.

파스칼 브뤼크네르. 1999.《순진함의 유혹》. 김웅권 옮김. 동문선.

서동진. 1996.《누가 성정치학을 두려워하랴》. 문예마당.

알리스 슈바르처. 2001.《아주 작은 차이》. 김재희 옮김. 이프.

신윤동욱. 2005.〈아는 척 마라, 당신도 그들과 같다.《킨제이 보고서》〉.《시네 21》. 504호.

이인식. 2003.〈왜 킨제이 보고서인가〉. 한국생산기술연구원.《한국생산기술》 14 : 2.

제프리 윅스. 1994.《섹슈얼리티—성의 정치》. 서동진, 채규형 옮김. 현실문화연구.

조은 · 조주현 · 김은실. 2002.《성 해방과 성 정치》. 서울대학교출판부.

로즈마리 퍼트남 통. 1998.《페미니즘 사상—종합적 접근》. 이소영 옮김. 한신문화사.

칼 폴라니. 1991.《거대한 변환》. 박현수 옮김. 민음사.

미셸 푸코. 1990 [1976].《앎의 의지》. 성의 역사 1권. 이규현 옮김. 나남.

지그문트 프로이트. 1996.《쥐인간》. 프로이트 전집 11권. 김명희 옮김. 열린책들.

게일 혹스. 2005.《섹슈얼리티와 사회》. 임인숙 옮김. 일신사.

Bancroft, John. 1954. "Alfred Kinsey's Research Has Advanced the Study of Human Sexuality". Gedds, pp.25—31.

Barber, Bernard. 1954. "Biotic—Psychologic—Sociologic The Three Human Females". Gedds, pp.49—61.

Galdston, Iago. 1954. "Kinsey—sexological unitarian So Noble an Effort Corrupted". Gedds, pp.41—48.

Gedds, D. P. & Enid Curie. (eds). 1948. *About The Kinsey Report-New Light On*

Knowledge. The New American Library.
Gedds, D. P. (ed). 1954. *An Analysis of the Kinsey Reports on Sexual Behavior in the Human Male and Female*. The New American Library.
Ginsburg, Sol W. 1954. "A Source of Error : Atomism of Behavior". Gedds, pp. 32-40.
Gruenberg, Benjamin C. 1954. "Changing Motives and Methods". Gedds, pp. 72-90.
Hyman, H. & Paul B. Sheatsley. 1954. "The Scientific Method". Gedds, pp. 91-118.
Niebuhr, Reinhold. 1954. "Kinsey and the Moral problem of man's sexual life". Gedds. pp. 62-70.
Palmore, Erdman. 1954 [1952]. "Published Reactions to the Kinsey Report". Gedds. pp. 267-284(원래 *Social Forces*에 1952년 12월호에 실린 것).
Sandel, M. 1984. "The Procedural Republic and the Unencumbered Self". *Political Theory* (12 : 1). pp. 81-96.
______. 1989. "Moral Argument and Liberal Toleration : Abortion and Homosexuality". *CLR* (77 : 3). pp. 521-538.
Scruton, Roger. 2000 [1998]. "Sexual Liberation Has Harmed America". Williams, pp. 47-51.
Steinfels, Peter. 2000 [1998]. "Misjudgement of the Power of Sexuality Has Harmed America". Williams, pp. 60-63. (뉴욕타임스(1998,8,22)에 실린 칼럼.)
Tiefer, Leonore. 2000 [1999]. interviewed by Moira Brennan. "Sexual Misinformation Has Harmed America". Williams, pp. 52-59. (Ms (1999)에 실렸던 것).
Trilling, Lionel. 1954. "'The Kinsey Report' from The Liberal Imagination". Gedds, pp. 212-229. (원래 *Partisan Review*에 실린 것).
Wagner, Teresa R. 2000. "Alfred Kinsey's Research Has Undermined Sexual Morality". Williams, pp. 19-24. reprinted "From Kinsey to Clinton". Family Research Council Website.
Williams, Mary E. (ed). 2000. *Sex : Opposing Viewpoints*. Greenhaven Press.

여성과 결혼제도 밖의 성[1]

〈자유부인〉 시리즈와 1990년대 이후의 외도 영화 비교

1. 문제 제기

시대의 변화와 더불어 성의 규범성과 정상성의 기준은 변화해 왔다. 쾌락을 추구하는 성이나 결혼과 출산을 전제로 하지 않는 성에 대한 사회적 관용도는 갈수록 높아지고 있다. 그럼에도 불구하고, 우리 사회에서 공식적으로 인정되는 유일한 성은 여전히 일부일처제 결혼제도 안의 성으로서 배우자의 성을 독점할 수 있는 권리와 정조를 지킬 의무는 변함없이 확고한 원칙으로 남아 있다. 현재 존폐의 기로에 있긴 하지만 간통죄의 실체는 성적 일탈에 대한 국가의 통제와 규제 의지를 공공연하게 선포하고 있다(이재경, 1993).

그러나 결혼 밖에 비공식적으로 존재하는 다양한 성의 모습들은 일부일처제가 공식화한 성적 배타성 원칙을 끊임없이 위협해 왔다(장필화, 1997). 한국사회에서 1994년 이후 배우자의 부정을 이유로 들어 재판이혼을 신

1 이 글은 《가족과 문화》 15집 1호에 게재된 논문을 부분적으로 수정, 보완한 것이다.

청한 비율은 약 44-45%로 재판이혼 신청 사유 중 꾸준히 1위를 차지하고 있다(법원행정처, 2002). 순결과 정조를 여성의 미덕으로 삼았던 전통 때문에 여성의 외도는 여전히 남성의 외도보다 더 터부시되지만, 여성의 외도 역시 증가하고 있다. 1999년 한국성과학연구소가 실시한 '한국 기혼여성의 성의식과 성생활 실태 조사'에 의하면 15%의 응답자가 혼외 정사 경험을 가지고 있다(《한겨레》, 2001.6.27.). 이런 수치는 1998년 대구광역시를 조사 대상으로 했던 남은주의 연구에서 나온 여성의 혼외 정사율 11.1%보다 다소 증가했고 1980년대의 연구들[2]에서 나온 약 7%보다 크게 증가한 것이다.

남녀를 불문하고 외도가 급증하고 있는 현실을 배경으로 1990년대 후반부터 불륜을 소재로 한 드라마나 문학이 양산되고 있다. TV드라마 〈애인〉(1996)이나 〈불꽃〉(2000)이 높은 시청률을 기록했던 현상은, 이런 불륜 드라마가 애인 만들기 유행을 조장한다는 소문의 진위는 논외로 하더라도, 결혼 밖의 성과 사랑에 대한 관심이 지대해졌음을 의미한다. 대중적 정서를 담보로 유지되는 영화나 드라마는 당대의 사회적 욕구를 반영하며 관객의 기대치를 맞춰 가는 내러티브를 생산하고 있다고 볼 수 있기 때문이다(유지나, 1999).

이 글에서는 한국 여성의 외도를 다룬 선두주자 격인 영화 〈자유부인〉과 1995년 이후의 외도 영화를 비교 분석한다. 〈자유부인〉은 1956년에 첫 개봉된 후 1990년까지 6편이 제작될 정도의 대흥행작이었다. 1956년판 〈자유부인〉(박암, 김정림 주연)은 15만 관객을 동원할 만큼 당시에 큰 반향을 일으켰고, 1981년에 리메이크된 영화도(윤정희, 최무룡, 남궁원 주연) 약 29만

2 이동원(1984)과 이근후(1985)의 연구에서 여성의 외도율은 각각 6.6%와 7%였다(남인숙, 1998에서 재인용). 그 후 여성의 외도율이 큰 폭으로 증가한데 비해서 남성의 외도율은 완만한 증가폭을 보인다. 앞의 두 연구에서 약 33-35%였던 남성의 외도율은 1998년 연구에서 49%로 나타난다. 그러나 한국 남성의 외도율은 1980년대 중반에 이미 1990년대 초 미국 남성의 외도율을 훨씬 앞서고 있다. 반면, 1990년대 후반 한국 여성의 혼외 정사율은 1990년대 초 미국여성의 혼외 정사율과 비슷하다. 1992년에 라우만과 그 동료들(Laumann et al., 1994)이 실시한 조사에서 미국 남성의 24.5%와 여성의 15%가 혼외 정사 경험이 있었다.

명에 육박하는 관객 동원으로 그해 서울 개봉관 흥행 1위 기록을 세울 정도였다. 이 영화는 교수 부인의 외도라는 파격적인 소재 때문에 이미 논쟁거리가 되었던 정비석의 소설《자유부인》을 원작으로 삼고 있다.《서울신문》에 1954년부터 8개월간 연재되었던 소설에 대해서 서울법대 황산덕 교수는 "중공군 40만 명에 해당하는 무서운 것"이며 작가는 "문학이란 미명하에 저속한 성적 욕구를 표현한 문학의 파괴자"라고 혹평하여 그 이후 작가와 신랄한 논쟁을 벌이게 된다(김유리, 1999). 당대 지성인이 6·25 전쟁의 악몽을 연상시키는 "중공군 40만 명"이란 어휘를 동원해 묘사하고 "저속한 성적 욕구"의 표현물로 공공연히 매도할 정도로, 1950년대에 외도(또는 외도 영화)는 충격적이고 가공할 만한 사회적 파괴력을 지닌 것으로 평가되었다. 그러나 이 소설을 바탕으로 만들어진 영화 〈자유부인〉에 대해서, 후세의 여성주의 영화평론가들은 성적 탈선과 방종을 일삼은 여성, 즉 가부장적 질서를 위반한 여성이 지불해야 하는 대가를 강조하면서 기존 질서를 강화하는 기제로 사용되었다고 평가한다(김경·황혜진, 1999).

이런 대조적인 평가를 염두에 두고, 이 글에서는 '자유부인' 시리즈와 1990년대 이후의 외도 영화를 비교 분석하면서 일부일처제 결혼과 성이 갖는 의미와 실천의 변화를 논의한다. 영화는 시대적, 사회적 감수성을 반영하고 강화하는 효과적인 매체(유지나, 1996)이니 만큼 40여 년을 사이에 두고 만들어진 외도 영화를 비교하면서 성·사랑·결혼 문화의 변화를 가늠할 수 있으리라고 본다.

첫째, 1956년, 1981년, 1990년에 개봉된 〈자유부인〉과 그 이후의 외도 영화에서 여성의 욕구는 어떤 모습으로 재현되는지, 그리고 외도의 시작과 전개 과정에 작용하는 기혼여성의 욕구는 시대별로 어떤 차이를 보이는지 비교한다. 이는 결혼제도 밖에서 추구하는 성과 사랑이 암시하는 결혼제도 안의 결핍을 분석하기 위한 것이다.

둘째, 시대별로 일부일처제 성 규범을 위반한 여성에게 가해지는 사회적 제재나 개인적 응징의 방식이 어떻게 변화해 왔는지 비교한다. 실제로는 남성의 외도가 여성의 외도보다 많음에도 불구하고, 여성의 외도를 다룬 영화가 더 많다는 점은 여성의 불륜이 남성의 불륜보다 세상의 관심을 끄는 영화적 소재임을 반증한다. 이런 현실은 여성의 외도를 제어하거나 방해하는 심리적, 사회적 장치들이 아직도 영향력을 행사하고 있을 가능성을 암시한다. 본 연구에서는 여성의 성적 욕망과 성적 일탈을 금하기 위해 어떤 이데올로기가 작동해 왔는지, 그리고 성 규범을 벗어난 일탈자를 응징하기 위해 어떤 사회적 제재 방식이 동원되어 왔는지 영화를 통해서 살펴본다.

셋째, 외도 여성이 궁극적으로 결혼 해체와 유지 사이에서 어떤 선택을 내리는지 살펴본다. 일부일처제적 성 규범을 일탈함으로써 야기된 긴장을 해소하기 위해 현재의 결혼을 해체하고 새로운 관계로 들어가는가 아니면 결혼을 유지하는가? 여성의 선택은 자발적인가 강요되는가? 그들의 선택에 영향을 미치는 주요한 요소는 무엇인가?

마지막으로, 이런 연구 결과를 토대로 결혼제도 밖의 사랑과 성을 그린 영화가 결혼제도에 갖는 함의, 즉 이데올로기적 효과를 논의한다. 유부녀의 외도를 다룬 영화들이 성 규범의 위반에 따르는 제재와 응징을 부각함으로써 현존하는 규범의 경계를 강화하는 역할을 해 왔는지, 아니면 일탈 행위가 확장되는 현실을 근거로 성 규범의 변화를 모색해 왔는지 논의한다—여성 외도 영화들은 일부일처제 결혼제도의 신성함과 정절의 의무를 환기하는 기제로 작용해 왔는가, 아니면 일부일처제의 성적 배타성 원칙을 쟁점화하고 성별에 따라 이중적인 실천 방식에 문제 제기를 해 왔는가?

현실적으로 외도는 급증하고 있지만, 사회학적 관점에서 이루어진 이 분야에 대한 경험적 · 통시적 연구는 거의 부재하다. 이는 외도라는 일탈 행위가 갖는 민감성 탓에 연구 대상을 확보하고 접근하는 데 따르는 어려움 때문인 것으로 보인다. 따라서 일단 영화에 재현된 외도를 통해 결혼제도 안에서 여성이 느끼는 결핍과 욕구를 파악하고 성 규범의 위반과 그에 따른 갈등과 긴장 및 해소 방식을 시대별로 살펴보는 것은 의미 있는 작업이다.

2. 여성의 외도에 관한 논의

1) 여성은 외도를 통해 무엇을 추구하는가?

기혼여성의 외도는 정서적 만족감을 추구할 수 있는 통로로 작용한다. 선행 연구에 의하면, 결혼생활의 질이 낮을수록, 의사소통이 안 될수록, 부부 상호 간에 배려가 부족하다고 느낄수록, 남편 주도의 부부관계일수록 외도율이 높다(남은주, 1998). 남편과의 정서적 거리감과 대화 부족에 갈증을 느끼던 아내들은 대화가 통하는 이성이나 같은 취미생활을 하는 이성을 만나게 되면서 정서적 교감을 느끼게 된다(공미혜, 2001). 남은주(1998)의 연구에서 외도를 통해 사랑과 우정을 얻었다는 여성들은 외도 경험자의 50.0%나 되고, 여성들이 외도 상대에게 느끼는 감정은 성적 매력보다는 친근함이나 편안함이다. 영국인을 대상으로 한 로손(Lawson, 1996)의 연구에서도 여성들은 외도를 통해 대체로 '우정'을 추구하는 것으로 나타난다.

물론 남편과의 성적 부조화나 성적 불만을 해소하기 위해 외도에 들어가는 여성들도 있을 것이다. 한국여성민우회 부설 '가족과 성상담소'(오늘의 '성폭력상담소')의 발표에 의하면, 1997년에 이루어진 부부 문제 상담(910건) 중 가장 큰 비중(25.5%)을 차지했던 것은 부부간의 성적 부조화였다(http://fc.womenlink.or.kr). 또한 《중앙일보》의 조사(1997.1.6)에 의하면, 40대 남편의 57.1%와 아내들의 66.7%가 배우자에게 성적 불만을 느끼고 이혼을 고려한 적이 있다.

그러나 여성들에게 외도에 따른 가장 큰 보상은 성적 만족감보다는 심리적 충족감이라고 보고된다. 이런 현상은 남성들과 대조를 이룬다. 남은주의 연구(1998)에서, 남성은 외도를 통해 성적 만족감을 얻었다는 반응이 가장 높고(28.7%), 사랑과 우정을 얻었다는 반응은 그 다음이다(27.6%). 물론 일부 여성들은 성적 욕망을 실험하기 위해 외도에 들어가기도 한다(이 연구에서 7.1%). 사회적으로 일탈된 행동을 통해 자신의 억압된 성적 욕망을 극복하는 계기를 마련하는 것이다. 더욱이 정서적으로 교류가 잘되고 상대를 배려하고 진심으로 대하는 혼외 성관계는 의무가 아니므로 "자기 목소리를 내고 적극적으로 자신의 욕구를 표현"하면서 만족감을 느끼는 여성들도 있다(공미혜, 2001). 그러나 성에 대해 폐쇄적인 생각을 갖고 있는 여성들은 외도 상대자와 성관계를 맺는 것을 오히려 불편하게 느낀다. 여성들은 성적 만족감을 얻기 위해 외도로 뛰어든다기보다, 정서적 친밀감이 무르익을 때 상대가 섹스를 요구해 오는 경우 'No'라고 말하지 못하는 경향이 있다(로손, 1996).

로손의 주장에 의하면, 일부 여성들은 외도를 자아 개발을 위한 과도기로 삼는 반면, 자아 발견을 위한 여정으로 간통을 생각하는 남성은 거의 없다. 구속적인 결혼생활로부터 해방되어 새롭게 자신을 펼칠 수 있는 세계를 동경하나 위험스러운 외부 세계로 진출할 용기가 없던 여성들에게 외도는 도약의 발판으로 사용된다. 독립이냐 의존이냐를 놓고 갈등해 왔던 여성들에게 외도 상대는 낯선 세계로 진입하기 이전에 이용할 수 있는 과도기 대상이 될 수 있다. 외도 이후 "하나하나 모든 것이 다시 새로워지기 시작했다"고 고백하는 여성에게 외도는 인생의 활기를 되찾아 준 수단이며 새로운 진로를 모색할 수 있는 힘으로 작용했다고 로손은 해석한다(1996 : 163).

그런데 흥미롭게도 우리나라의 연구에서는 외도 경험이 자아 발견의 계기가 되었다고 응답한 비율은 여성들(7.1%)보다 남성들(15.1%)에게서 더 높게 나온다(남은주, 1998). 공미혜(2001)도 여성들에게 있어서 외도는 적극적인 자아 찾기의 계기라기보다는 낭만적 사랑의 이데올로기에 재함몰되는 과정이라고 평가한다. 혼외 관계에서 일시적으로 충족되는 정서적 교감이나 대화는 불만스러운 결혼생활에서 잠시 벗어나게 해 줄 뿐, 여성의 삶의 질이나 권력 관계를 근본적으로 변화시키거나 불행한 결혼생활을 해결해 주지 못한다고 그녀는 분석한다. 이런 맥락에서, 외도는 여성들이 자신을 성적 대상화시키는 과정이지 자아 복원이나 새로운 자아 구축의 과정이 아니라고 연구자는 비판한다.

이런 선행 연구 결과를 토대로, 본 연구는 한국의 외도 영화 속에서 여성의 욕구가 어떤 모습으로 재현되어 왔는지 분석한다. 또한 특정 시대에 상대적으로 더 많이 부각되고 있는 욕구는 무엇이며 그런 설정을 가능하게 한 사회적 배경은 무엇인지 논의한다.

2) 여성의 외도는 결혼 해체에 이르는가?

외도에 대한 사회적 비판은 성 규범을 위반했다는 측면에서뿐만 아니라 위반의 결과 가정이 해체될 수 있다는 불안감으로부터 나온다. 외도와 가족 해체의 연관성을 보고하는 선행 연구에 의하면, 그런 연관성은 성별에 따라 다르게 나타난다.

로손의 연구(1996)에 의하면, 남성들은 외도를 정상적으로 결혼생활을 유지하면서도 선택할 수 있는 경험으로 간주하는 경향이 있다. 남성들은 결혼생활에 적신호가 켜지지 않은 상황에서도 외도를 생각한다. 반면 여성들이 외도를 생각한다면 결혼은 이미 위험한 수준에 처한 것이다. 우리나라의 연구에서도 여성들의 혼외 관계는 남성들의 혼외 관계보다 결혼을 해체하는 경향이 높다고 보고된다(남은주, 1998; 심영희, 1991). 아내의 부정이 재판이혼 사유를 구성하는 비율은 1993년 45.8%, 1996년 46.3%, 1998년 42.8%로 결코 낮지 않다. 사실상 1980년대 이후 배우자의 부정이 재판이혼 사유를 구성하는 비율은 성별로 뚜렷한 차이를 보이지 않는다(법원행정처, 1982-2002).

그러나 이런 현상은 여성의 외도가 양적으로 남성과 비등할 정도로 증가한 결과라기보다 남편과 아내의 외도에 대해 차별적인 제재가 이루어진 결과로 해석할 수 있다. 전통적으로 남성의 외도에 대해서 허용적인 한국 사회에서 남편의 일시적인 외도를 이혼으로까지 몰고 가는 아내는 드물고, 남편의 습관적인 외도에 대해서도 남편에게 정리할 수 있는 충분한 시간적 여유를 주면서 참고 기다리다 도저히 참지 못할 시점에 이르러 아내는 이혼을 결심한다. 반면 아내의 부정행위는 비록 일시적인 외도라 해도 발각되면 이혼당하는 경우가 많다(변화순, 1995). 이런 이유 때문에 여성의 외도가 가정 파탄으로 이어지는 경향이 남성보다 더 클 수 있다.

또 다른 한편으로, 외도를 한 여성 스스로가 결혼을 포기하는 경향이 남성보다 더 높기 때문에 전자의 이혼율이 높아진다고 생각할 수 있다. 영국에서도 남자의 혼외 성관계는 결혼생활과 병행되는 경우가 많은 반면, 여성의 혼외 관계는 결혼 자체를 위협하는 경향이 있다(로손, 1996). 왜냐하면 여성은 아주 심각한 감정의 개입이 있거나 적어도 그런 상태를 원할 때만 외도에 빠지며, 남성처럼 일시적인 여흥 정도로 위험을 무릅쓰지는 않기 때문이다. 혼외 관계에 있는 여성은 남성과 달리 사랑의 감정에 몰입하기 쉽고 그와 새롭고 지속적인 관계, 즉 새로운 결혼을 생각하는 경향이 있다(Thomson and Colella, 1992). 남성들과 달리, 여성들은 남편이나 결혼생활에 구체적인 불만이 많은 경우 외도를 하기 때문에(김예숙, 1995) 일단 외도에 빠지면 결혼을 포기할 가능성이 높다.

그러나 남편에게 발각되거나 남편이 아내의 외도를 문제 삼지 않는 한,

여성들도 남성처럼 스스로 결혼을 포기하지 않는다는 주장도 제기된다. 왜냐하면 중산층 전업주부에게 가정은 쉽사리 포기할 수 없는 사회적 지위를 보장하기 때문에 지켜야 할 최후의 요새라는 것이다. 또한 이혼에 대한 금기, 여성의 경제적 자립의 어려움, 자녀에 대한 책임감 때문에 새로 만난 남자를 위해 여성이 모든 것을 포기하지는 않는다(장필화, 1989). 가정이 해체될 경우, 사회적, 경제적, 정서적으로 이득보다는 손실이 큰 중산층 기혼여성에게 현재의 가정을 유지하는 것이 혼외 관계를 유지하는 일보다 훨씬 중요한 관건이라는 것이다(공미혜, 2001).

이런 대조적인 연구 결과와 논의를 바탕으로, 이 글에서는 한국 영화가 여성의 외도와 가정 해체를 어떻게 연관 지어 그리고 있는지 살펴본다. 영화 속에서, 외도를 범한 여성들이 궁극적으로 결혼 해체와 유지 사이에서 어떤 선택을 내리는지, 그리고 그런 선택 과정에는 어떤 요소들이 작용하고 있는지 분석한다. 또한 여성들의 선택은 자발적으로 이루어지는지 아니면 남편이나 사회적으로 강요된 선택인지 논의한다.

3. 영화 내용 분석

1) 분석 대상으로 삼은 영화

이 글에서 사용하는 '외도'의 개념은 '간통'의 법적 개념보다 포괄적이다. '간통', 즉 혼외 성관계는 결혼한 남녀가 배우자가 아닌 이성과 자발적으로 맺는 육체적 관계로 정의된다(심영희, 1991; 천주현, 1993). 이때 혼외 관계의 가장 중요한 판단 기준이 되는 것은 성관계의 유무다. 그러나 이 글에서 사용한 외도 개념은 성적 관계뿐만 아니라 정서적이고 정신적인 관계를 포함한다. 배우자 이외의 이성과 만남을 시작하고 관계를 진전시키는 과정이 반드시 성적 욕구 해소만을 위한 것은 아니기 때문이다.

이 글에서는 〈자유부인〉과 1995년 이후에 개봉된 11편의 외도 영화를 대상으로 삼아 내용 분석을 했다. 지금까지 제작된 6편의 〈자유부인〉 중 한국영상자료원에 비디오로 소장되어 있는 1956년판, 1981년판, 1990년판을 분석 대상으로 했다. 1995년 이후의 영화 11편은 아내의 외도를 주된 소재로 다루고 있는 영화 중에서 개봉 연도와 외도 유형별 특성을 고려해서 선정했다. 예를 들면, 〈결혼은 미친 짓이다〉는 외도와 결혼이 양립 가능한 것으로 보고 거리낌 없이 실천하는 아내를 그리고 있고 〈생활의 발견〉 역시 감정적 개입 없이 일회성 외도를 서슴지 않는 아내를 파격적으로 선보이고 있다. 또한 〈밀애〉는 섹스게임으로 시작되는 외도를, 〈베사메무쵸〉는 거래로서의 외도를, 〈주노명 베이커리〉는 한국 영화 최초로 스와핑을 그리고 있다. 남편이 불륜을 저지른 아내를 살해하는 〈해피엔드〉, 잘못된 대상(여동생의 애인)과의 외도를 그린 〈정사〉, 자살로 끝나는 〈실락원〉과 〈돼지가 우물에 빠진 날〉, 친구들 사이에서 공공연하게 진행되는 외도를 그린 〈엄마에게 애인이 생겼어요〉 등. 이 글에서는 외도의 다양성을 포착하는 데 목적을 두고 사례를 선정한 만큼 영화마다 흥행 정도는 차이를 보인다.[3] 이 글에서는 자극적인 성애 묘사에 비중을 둔 포르노성 외도 영화를 포함시키지 않았다. 1편의 영화 속에 두 개의 외도가 비중 있게 묘사되는 경우 두 사례로 계산했기 때문에 14편의 영화 속에 등장하는 총 사례 수는 18개이다.

여주인공과 기혼 남성의 외도를 다룬 사례는 11개이고, 미혼 남성(또는 독신남)과의 관계를 다룬 사례는 9개(1, 3, 5, 9, 11, 12, 15, 16, 17)이다. 아내나

3 〈무소의 뿔처럼 혼자서 가라〉와 〈지독한 사랑〉은 약 9만 명, 〈해피엔드〉 13만 명, 〈베사메무쵸〉 24만 명, 〈정사〉 30만 명, 〈밀애〉 40만 명, 〈결혼은 미친 짓이다〉 120만 명으로 상당히 높은 관객 동원율을 보이고 있다. 반면, 〈생활의 발견〉, 〈돼지가 우물에 빠진 날〉, 〈실락원〉 및 〈주노명 베이커리〉는 4-5만 명 선이다(한국영상자료원 데이터베이스). 흥행에 크게 성공하지 못한 영화들의 경우에도, 당대 최고의 배우들이 주인공(〈주노명 베이커리〉의 최민수와 이미연과 황신혜, 〈실락원〉의 심혜진과 이영하)을 맡고 있거나, 개성 있는 신예 감독(〈생활의 발견〉과 〈돼지가 우물에 빠진 날〉의 홍상수)의 작품으로서 상당 부분 주목을 받았다.

〈표 6-1〉 등장인물의 직업과 외도의 특성

영화제목(제작연도)	사례	아내의 직업	남편의 직업	외도 상대의 직업(결혼여부)*	외도의 특성
자유부인(1956)	1 2	점원 전업주부	교수 고위공무원	대학생(미)/ 사장(기) 사기꾼(기)	부부 쌍방
자유부인(1981)	3 4	전업주부 전업주부	회사 사장 ?**	악단원(미)/ 디자이너(?) 디자이너(?)	
자유부인(1990)	5	전업주부	회사 기획실장	사진작가(미)	부부 쌍방
무소의 뿔처럼 혼자서 가라(1995)	6	아나운서	회사 간부	방송국 PD(기)	부부 쌍방
엄마에게 애인이 생겼어요(1995)	7 8	일러스트레이터 전업주부	회사원 ?	외환딜러(기) 신문기자(기)	부부 쌍방 친구 커플
돼지가 우물에 빠진 날(1996)	9	전업주부	회사원	소설가(미)	부부 쌍방
실락원(1998)	10	문화센터 강사	회사 간부	신문사 출판국 간부(기)	
정사(1998)	11	전업주부	회사 간부	무역상(미)	잘못된 대상
해피엔드(1999)	12	영어학원 원장	실직자	웹디자이너(미)	
주노명 베이커리(2000)	13 14	남편 보조 보험설계사	제과점 주인 소설가	소설가(기) 제과점 주인(기)	스와핑
베사메무쵸(2001)	15	전업주부	실직자	기업 사장(?)	부부 쌍방
결혼은 미친 짓이다(2002)	16	전업주부	의사	대학강사(미)	아내의 계획된 이중생활
생활의 발견(2002)	17	전업주부	교수	배우(미)	일회성
밀애(2002)	18	전업주부	서점 주인	의사(기)	부부 쌍방 게임

주 : * 기혼자는 (기)로, 미혼자는 (미)로 표시한다.
** ?는 영화 속에 직업 또는 결혼관계가 분명하게 드러나지 않은 경우다.

남편 모두 외도를 하고 있음을 분명히 보여 주는 부부 쌍방 외도 사례는 9개다. 그중 남편의 외도에 자극을 받아 아내의 외도가 이루어졌음을 명확히 그리고 있는 경우는 3사례(5, 6, 18)에 불과하다. 비록 남편이 외도를 하고 있을지라도 그 사실을 모른 채 여주인공은 다른 남성과 외도에 들어간다. 따라서 남편의 외도가 아내의 외도를 촉발하는 것으로 그려지는 사례는 적은 편이다.

남편들의 직업은 대체로 대학 교수나 회사 사장 또는 기업의 고위 간부이다. 단 사례 9, 12, 15, 18의 남편들은 일반 회사원, 서점 주인 또는 실직자이지만 생활수준은 경제적 궁핍함이 묻어나지 않는 중류층이다. 아내들의 직업을 보면, 전업주부가 9사례이고 취업 주부(파트타임이나 계약직 포함)는 8사례이다. 대체로 아내의 연령층은 30대로서 결혼생활 10년을 전후한 시기에 있고 1명의 자녀를 두고 있다. 단 사례 16과 17은 20대 후반이나 30대 초반이며 자녀가 없는 것으로 추측된다.

2) 외도 영화에 재현된 여성의 욕구

결혼제도 밖의 성과 사랑의 관계를 통해서 기혼여성들이 추구하는 바는 무엇인가? 외도를 시작하게 된 동기, 만남의 진행 과정, 만남에 부여하는 의미, 외도를 통해서 얻는 보상에 드러난 여성의 욕구는 다음 세 가지로 나타난다. ① 세상과 소통하고 싶은 욕구, ② 친밀성의 욕구, ③ 성적 욕구. 시기별로 각각의 욕구가 부각되는 정도는 다르다. 이런 욕구들이 인간에게 본질적으로 내재된 것이라 해도 영화라는 대중매체를 통해 공적 공간에 표출되는 것은 특정 시기에 이르러야 가능하다.

① 세상과 소통하고 싶은 욕구—닫힌 세계로부터의 탈주

세 편의 〈자유부인〉은 개봉 시대는 다르나(1950년대, 1980년대, 1990년대), 공통적으로 집에서 살림만 하던 아내가 집 밖의 세상에 들어선 것을 외도의 계기로 묘사한다. 1956년판에서는 전업주부였던 주인공(선영)이 직장을 나가게 되고 돈만 있으면 세상만사 안 되는 게 없다고 설득하는 친구와 어울리게 된 것이 외도의 화근으로 그려진다. 1981년판에서는 여주인공이 허영끼 있는 유한 부류의 친구들과 어울리면서, 1990년판에서는 일 때문에 남편 이외의 남자를 만나게 되면서 부적절한 관계를 맺게 되는 것으로 그려진다. 이런 영화에서, 공적 영역은 외간 남자들과 불온한 친구들의 유혹이 도사리고 있는 위험한 공간이다. 따라서 기혼여성이 그들에게 할당된 생활영역, 즉 사적 세계를 넘어선 순간 그들의 성적 일탈은 예정되어 있었다.

집에서 살림만 해 왔던 여주인공에게 세상은 기이하고 충격적이고 매력적이었다. 1956년판에서, 화려한 차림의 여자 친구들이 맥주를 마시고 담배를 피우는 모습과 당시 "문화생활"(연하 애인의 대사)의 전당인 댄스홀에서 과감하게 노출하고 열정적으로 맘보춤을 추는 무희 등은 여주인공을 매료시킨다. 영화는 해방과 전후에 물밀 듯이 들어온 자유주의와 물신주의 풍조가 만연한 공간에 여주인공이 들어서면서 타락의 길을 걷게 된 것으로 묘사한다. 1981년과 1990년의 〈자유부인〉에서도 여주인공의 마음을 들뜨게 한 공간들은 그 시대를 대표하는 소비와 유흥과 쾌락의 장場이었다. 1981년의 선영은 젊은 남자를 따라간 민속주점과 여자친구들이 데려간 마사지 목욕탕과 의상실 및 패션쇼에서, 1990년의 선영은 남자가 데려간 생맥주집과 스포츠카의 야외 드라이브, 출판사의 댄스파티에서 젊고 풍요롭고 여유 있게 즐기며 살 수 있는 삶에 눈뜨게 된다.

그런데 여주인공의 집 밖의 세계에 대한 호기심과 그 세계에 들어서고 싶은 욕구는 내재적인 것이라기보다는 친구들에 의해서 조장된 것으로 그려진다. 1956년의 선영은 아직도 "춤을 못 추니?"라고 놀리는 친구 때문에 춤을 배우다 남자들과 애정 행각을 벌이게 되고, 1981년의 선영은 "무슨 재미로 세상사니? 집에만 박혀 맹추로 살고 있구나"라는 친구의 핀잔 때문에 세상에 구경 나왔다 남자들에게 배신당한다.

조신하게 살림만 하고 있던 여주인공에 비해서 그녀를 유혹하는 친구들은 세상 물정에 밝고 개방적이고 적극적이며 경제적 능력이 있고 양가집 규수에게 금기시되는 술, 담배, 외도, 방종한 성행위를 일삼는 여성들이다. 이는 세상의 모든 여성을 요조숙녀 아니면 요부로 나누는 이분법에 충실한 인물 설정이다(김유리, 1999). 또한 주인공의 친구들은 남편의 권위를 우습게 아는 여자들이다 : "남편에게 잡혀 살 필요 없어. 요즘이 어떤 세상인데"(1981년판), "시대는 변했어. 여자들의 의식도 바뀌었고. 단 한 가지 안 바뀐 것은 몇 백 년을 내려온 남자들의 가부장적 권위뿐이야"(1990년판). 특히 1956년판에 등장하는 친구는 "돈벌이 구멍을 훤하니 꿰뚫고 있고" 여자도 경제력이 있어야 인생을 즐길 수 있다고 여주인공을 설득하여 밀수품 뒷돈을 대게 만든다. "너나 나나 이제 시들어 가는 장미야. 이제 남은 건 어떻게 짧은 인생을 엔조이할 것이냐가 문제야. 그러려면 악착같이 돈을 벌어야 해." 1950년대 당시 기혼여성의 취업은 남편들에게 위험스럽고 불온한 것으로 인식되었다. 아내를 직장에 내보내는 남편은 "아내를 직장해방시켜 준 상당히 이해가 깊은 분"이란 감탄을 받을 정도였다. 따라서 "남편의 압제를 받지 않으려면 경제적으로 자립하는 능력을 가져야 돼. 남편이란 게 다 뭐야!"라는 불순한 말은 여주인공을 유혹하는 부정적인 캐릭터로 묘사된 여자들의 입에서나 나올 법한 이야기였다.

요약하면, 세 편의 〈자유부인〉에서 우물 안 개구리처럼 살던 여주인공의 성적 일탈은 취업이나 친구들의 유혹 또는 공적 세계의 유흥적이고 퇴폐적이고 물신적인 풍조에 의해 조장된 것으로 그려졌다. 그러나 1995년 이후의 영화들에서 그런 요소들은 더 이상 외도의 중요한 계기로 작용하지 않는다. 이제 외도는 완전한 전업주부에게도 가능하고(사례 8, 9, 11, 15, 16,

17, 18),[4] 여주인공을 세상 밖으로 유혹하는 친구들도 더 이상 존재하지 않는다. 이런 점은 여성들에게 공적 세계의 위험성을 전달하는 메시지가 이전보다 크게 완화되었음을 의미한다. 또한 여주인공이 외적 세계(친구, 취업, 또는 시대풍조 등)로부터 일방적으로 유혹당하지 않는다는 상황 설정은 여성들이 자신들의 내적 욕구에 따라 주체적으로 외도에 들어가는 측면을 부각시키고 있는 것으로 해석할 수 있다.

② 친밀성의 욕구

아내의 친밀성의 욕구는 1981년 〈자유부인〉에서부터 그려진다. 이런 욕구는 대체로 남편의 무관심에 대한 불만과 소통되지 않는 결혼생활에 대한 회의를 통해 구체화된다. 정서적 나눔이 없는 무미건조한 결혼생활에 대한 두려움과 불만은 1990년 여주인공의 대사에 잘 드러난다. "난 아주 작은 꿈을 가지고 결혼했어. 살며 같이 느끼고 깨닫고 차 한 잔을 같이 마실 수 있는 여유를 원했는데. 어디서부터 뭐가 잘못되었는지 […] 전혀 모르는 사람과 같이 살고 있다는 무서운 생각이 들어."

이런 상황은 남편의 무관심에 대한 아내의 불만이나 친밀성에 대한 갈증이 거의 드러나지 않았던 1956년의 〈자유부인〉과 대조를 이룬다. 1956년판에서, 남편의 무심함에 대한 아내의 불만은 아들의 공부를 봐 달라는 자신의 요구를 남편이 거절하는 상황에 국한되어 가볍게 처리될 뿐이다. 그렇다면 그 이후의 영화에서 그려지는 아내의 소외감과 남편의 무심함에 대한 불만은 어디에서 오는 것일까? 1956년판에서 대학 교수였던 남편의 직업이 1981년에는 자수성가한 기업 사장으로, 1990년에는 대기업 기획실장으로 바뀐 점에 주목할 필요가 있다. 이런 변화는 1970년대 이후 고도

---

4 남은주의 연구(1998)에서도 취업 여성들의 외도가 전업주부보다 높지 않다. 오히려 전업주부의 외도율이 약 2% 높게 나온다.

성장과 성공 이데올로기에 사로잡혀 '회사인간'이 되다시피 한 남편들의 분주함과 그로 인한 아내의 불만을 드러내기 위한 설정이다.

친밀함과 애정을 주고받는 결혼생활을 원하는 아내들과 달리, 남편들에게 그런 결혼생활은 현실이라기보다는 낭만적 환상이고 허영이다. 1981년 〈자유부인〉에서, 10년 이상 무관심 속에 방치되었다고 느낀 아내는 "이젠 살 만하니 외식도 하고 여행도 하고 인간답게 살자"고 남편에게 애원한다. 그러나 10원 한 장에 발발 떠는 수전노 남편은 "배가 부르군. 살 만하니까 날이 갈수록 엉뚱한 생각만 하는군. 허영이고 방탕이야"라고 핀잔을 준다. 〈정사〉(1998)의 남편은 섹스 뒤 아내가 집안일에 대해 이야기하지만 이미 코를 골고 있거나 아내를 배려하는 일을 수족관의 물고기에게 먹이를 공급하는 일쯤으로 생각한다. 이 남편은 "결혼한 사람이 사랑만 가지고 사는 것은 아니"라고 생각하기 때문에 결혼을 앞둔 처제에게 "열정도 한때뿐이고 살다보면 그 사람이 다 그렇고 그런 거"라고 서슴없이 말한다. 〈실락원〉(1998)의 남편도 아내에게 엄격하게 일방적으로 명령하는 권위적인 인물이다. 〈엄마에게 애인이 생겼어요〉(1995)의 사례 8의 아내도 자신의 외도를 남편이 의심할 정도의 관심이라도 바랄 정도다. 같은 영화의 사례 7의 남편도 애정이 없어서 이혼했다는 친구 얘기를 꺼낸 아내에게 "부부 사이가 다 그렇지. 억지 부리는 거야"라고 일축한다.

아내의 말에 귀 기울이지 않거나 무심하고 냉담한 이런 남편에 대한 불만은 아내의 외도를 촉발하는 요인으로 그려진다. 남편의 무관심과 엄격함 때문에 상처받고 지쳐 있던 여주인공은 사소한 관심에서부터 적극적인 애정 공세를 펼치며 다가온 남자들과 외도에 빠지게 된다. 〈정사〉의 애인은 무의식적으로 교통방송을 틀어놓고 운전하는 여주인공에게 음악 테이프를 선물하고 "아줌마 같이 보이지 않는다"는 찬사를 보낸다. 〈엄마에게 애인이 생겼어요〉의 사례 7의 남편은 출장 가서 본인이 애지중지하는 화초 안부만 물어 아내의 심기를 상하게 하지만, 그녀의 애인은 7년 전 여자가 입었던 보라색 옷을 기억할 정도의 관심으로 여자를 미소 짓게 한다. 1990년 〈자유부인〉의 애인은 누구의 엄마나 부인으로 불리면서 결혼 후 잊혀졌던 여자의 이름을 처음으로 불러 줄 뿐만 아니라 남편의 외도로 상심해 있는 여자를 위로하거나 꽃다발을 선물하는 자상한 남자다.

그런데 친밀성의 욕구로부터 시작된 만남이 진지한 사랑으로 발전하는 양상은 1956년과 1981년의 〈자유부인〉에서는 찾아보기 힘들다. 두 영화 속에서 여주인공과 애인 사이를 잇는 사랑의 감정은 없다. 단지 "남편과 애인 따로"(1981년판에서 연하 애인의 대사)라는 당시의 유행을 따르는 애인 타령만 있을 뿐이다. 1956년판에서 여주인공(선영)과 정사 직전까지 가게 될 중년 남자는 자기 아내가 경영하는 양품점에 와서 (아내의 부재 시) 여점원들에게 애인에게 줄 선물을 골라 달라고 스스럼없이 부탁한다. 선영 역시 댄스파티의 파트너로 그 남자를 초대하면서 "하루 저녁만 애인 대용품이 돼 주세요"라고 부탁하고 남자는 "이왕이면 애인으로 대우해 주세요"라는 희롱만 있을 뿐 그들 사이에 진지한 사랑이나 신뢰의 감정은 보이지 않는다. 젊은 애인(춘호) 역시 처음엔 선영의 환심을 사기 위해 미인이라고 칭찬하거나 그녀의 사진을 "마스코트로 삼고 사랑하는 것은 내 자유"라고 이야기하더니 그녀의 조카(명옥)와 미국행을 선택한다. 지금까지 자신을 "농락"했다고 격분하는 선영에게 그는 "아주머닌 제 마음을 받을 자격이 없으시죠. 엄연히 남편이 있으시니까"라고 비난하면서 명옥과 다정하게 웃으며 사라진다. 1981년의 춘호 역시 여주인공을 처음 만난 순간부터 유혹하더니 나중에는 다른 여자와 결혼을 발표하고 유유히 사라진다. 또 다른 남자(피에르 강) 역시 선영에게 옷을 선물하거나 그녀의 미모에 찬사를 보내며 환심을 사더니 여자에게 사기를 치고 잠적하여 그녀에게 정신적, 경제적 상처를 입힌다. 이처럼 1956년과 1981년의 〈자유부인〉에서 여주인공은 사랑이나 애인 운운하는 남자들에게 단지 농락당하는 것으로 설정되어 있다. 따라서 1981년의 여주인공이 남편 대신 애인들을 통해서 해소하려 했던 친밀성의 욕구는 애인들의 배신으로 끝내 충족되지 않는다.

1990년대에 들어서야 친밀함과 애정에 대한 기혼여성의 갈증은 진지한 주목의 대상이 된다. 그런 욕구는 더 이상 파렴치한들의 농락의 대상쯤으로 묘사되지 않는다. 여주인공은 남편 이외의 남성으로부터 새로이 신뢰와 사랑을 발견하고 그녀 역시 그런 감정의 대상이 된다. 그런데 이런 영화들에서 여자의 사랑이 처음부터 능동적인 모습으로 그려지지는 않는다. 남자가 망설이는 여자에게 무모할 정도로 노골적으로 감정을 표현한 뒤에야 그들의 관계는 진전된다. 〈정사〉에서, 연하 남자가 죄책감에 회피하는 여주인공을 만나기 위해 새벽까지 공원에서 비를 맞고 기다리거나 남편에 대한 질투를 감추지 않으면서 자신의 애정을 끊임없이 입증한 뒤에야 비로소 여자는 마음을 연다. 여자가 먼저 남자에게 접근하여 적극적으로 자신의 관심이나 사랑을 표현하는 영화는 거의 없다(사례 16과 17만 예외). 외도하는 여성들은 성 · 사랑 · 결혼의 사회적 규범으로부터 과감하게 벗어난 것처럼 보이지만, 애인과의 일탈적 관계는 여전히 평균적인 남녀 관계 공식(남자의 능동성 대 여자의 수동성)에 따르고 있다.

③ 성적 욕구

1995년 이후의 영화들은 기혼여성의 성적 욕구를 영화 전면에 부각시킨다. 여성들의 거침없는 성적 욕망은 통제되지 않는 욕망의 모습으로 부적절한 시간과 공간의 정사 장면으로 구체화된다. 〈실락원〉의 여자는 부친상을 당하고 검은 상복을 입은 채 조문차 내려와 있던 애인이 묵고 있던 호텔에서 성관계를 맺고 죄책감에 시달린다. 〈정사〉의 여자도 시댁 제사에서 잠시 빠져 나와 남자와 정사를 벌이고 〈밀애〉의 여자 역시 언니의 제사에 참석하기 위해 들른 친정 마을로 남자를 불러내거나 저녁에 창문을 넘어 잠옷바람으로 옆집의 애인을 찾는다. 또한 여주인공의 성적 욕구는 빈번하고 적나라한 정사 장면이나 성을 주제로 한 대화를 통해서 드러난다. 사례 8, 10, 12, 16, 17, 18에서 여주인공과 애인의 만남에는 애무나 정사가 빠짐없이 등장한다. 사례 8, 10, 18에서는 여주인공의 성욕과 만족감을 거침없이 표현한 언어들이 등장한다. 〈실락원〉의 여자는 "당신 이외의 사람과는 만족할 수 없는 몸이 되어 버렸다"고 고백하고, 〈해피엔드〉의 여자는 애인의 "친절"한 섹스를 칭찬하고, 〈밀애〉의 여자는 섹스 후 남자에게 수줍은 듯이 "내가 잘 했나요?"고 묻는다.

이처럼 기혼여성의 성적 욕구를 적나라하게 재현한 영화들은 세 편의 〈자유부인〉과 현저히 대조를 이룬다. 1956년판에서 여주인공이 시도한 두 차례의 정사는 그녀의 아들이나 상대 남자의 부인이 등장하여 초기 진화된다. 1981년판과 1990년판의 한두 차례 정사 장면도 희열하는 듯한 여자의 얼굴 표정을 클로즈업하는 데 그친다.[5] 이런 점으로 미루어보아, 1990년대 초만 하더라도 정숙했던 유부녀(여주인공)의 혼외 정사를 적나라하게 관객에게 제시하는 일은, 공공연한 에로영화가 아니고서야, 여전히 상당한 부담으로 작용했던 것으로 해석할 수 있다. 1980년대 여성잡지들이 성적 매력을 사랑받는 아내의 조건으로 강조하면서 부부간의 성적 만족을 높이기 위한 테크닉을 소개(정은희, 1992)했던 점으로 미루어보아, 아내들의 성적 쾌락에 대한 사회적 허용도는 당시에도 높았다고 추측할 수 있다. 그러나 1980년대 기혼여성의 성적 쾌락을 조장하고 장려하는 분위기는 남편과의 관계를 전제로 했던 것이지, 1990년대 후반의 영화에서처럼 외간 남자와의 관

5 소설은 아내의 성적 불만을 다루고 있지만 1956년 영화는 이런 측면을 담고 있지 않다. 1981년판에서는 남편의 소원함에 대한 불만과 성적 불만이 가세하여 여주인공의 외도를 유발한 것으로 묘사되지만, 외도를 통해 성적 욕구가 해소되는 측면을 1990년대 이후의 영화처럼 섬세하게 그리지는 않고 있다.

계에서까지 자유로이 표출될 수 있는 성을 이야기했던 것은 아니었다.

아내의 결혼 밖의 성에 대한 관심은 그녀의 성적 매력이나 가치를 전혀 인정하지 않는 남편에 의해서 촉발되기도 한다. 〈무소의 뿔처럼 혼자서 가라〉(1995)의 남편은 "너랑 자는 것은 재미가 없어"라는 모욕적인 말을 뱉으면서 당당히 외도를 일삼는다. 그래서 상처받은 여주인공이 다른 남자와 섹스를 가진 뒤 건넨 첫 마디는 "나랑 이러는 거 정말 좋아?"였다. 〈밀애〉(2002)의 아내 역시 애인과의 첫 섹스 후 "내가 잘 했나요?"라고 묻는다. 그녀의 결혼생활과 자존심은 "우린 아줌마가 평생 꿈도 못 꿀 사랑을 했어. 난 오빠를 통째로 빨아들인다고 했어"라고 말하는 당돌한 남편의 애인이 들이닥치면서 산산조각이 나 있었기 때문이다. 이런 아내들의 외도는 남편들로부터 부인당한 성적 존재로서의 자신의 의미와 가치를 발견하려는 시도로 해석할 수 있다.

기혼여성의 성적 욕구를 드러낸 기존 영화들은 대체로 친밀함의 욕구로부터 시작된 성을 그리고 있다(사례 6과 8은 예외). 남편으로부터 충족되지 않았거나 억압된 성적 욕구나 감정을 해소하기 위한 성적 모험만을 그리는 영화는 드물다. 다른 남자의 성적 매력에 굴복해서라기보다는 호감이나 사랑을 느껴서 시작된 만남 속에서 성관계가 진전되는 것으로 설정되어 있다. 이런 설정은 쾌락에 눈먼 여성을 표현하기 위해 주인공의 내면 심리는 보여 주지 않고 과도한 정사 행위만 내세운 '애마부인' 시리즈(정민아, 1999)와 같은 포르노성 외도 영화와 크게 대조를 이룬다.[6]

다시 말하면, 외도를 통해 성적 욕구를 해소하는 아내를 그린 영화들은 그런 욕구와 쾌락이 친밀감과 애정이란 감정을 전제로 한 뒤 표출되게끔 설정해 왔다. 그런데 파격적으로, 2002년에 개봉된 영화 세 편은 이런 패

6 노골적인 성애 묘사에 초점을 맞춘 에로영화로서 크게 흥행에 성공했던 '애마부인'은 1982년에 제작되어 1996년까지 총 13편이 시리즈로 만들어졌다(정민아, 1999).

턴을 완전히 뒤집고 있다. 세 편 모두 사랑 없는 섹스로부터 출발한 관계를 그리고 있다. 이런 영화들 사이에 차이가 있다면 성관계가 지속되면서 사랑이 싹트느냐(사례 16과 18) 아니면 끝까지 사랑 없는 성관계가 이루어지느냐(사례 17)의 차이이다. 성과 사랑이란 감정을 분리시키려는 영화들은 감정적 얽힘으로부터 도피하려는 후기 산업사회의 정서 구조(조주현, 2000)를 본격적으로 담기 시작했다고 볼 수 있다.

〈밀애〉에서 여자의 외도는 낯선 남자가 제안한 섹스를 수락하면서 시작된다. 남편의 외도로 상처받고 무기력한 삶을 살고 있는 여자에게 남자는 4개월 동안의 섹스를 제안하면서 절대로 사랑한다는 말을 해서는 안 되는 게임의 규칙을 제안한다. "사랑한다고 고백하고, 결혼이라는 거래를 하고, 육체를 허용하는 순서가 보험 같아서" 싫은 이 남자에겐 섹스만이 목적일 뿐 여자와 얽히는 관계는 싫다. 그러나 그들의 만남은 의도치 않게 사랑으로 발전되어 남자는 세상의 마지막 날에도 여자만 생각할 것이라고 고백하게 되고 여자 역시 그 남자와 사랑의 도피행을 선택한다. 그들의 사랑과 성의 방식은 '사랑이 전제된 섹스' 개념을 해체하는 점에선 급진적이지만, 종국에 사랑과 섹스를 병행시키는 점에선 온건하다.

〈결혼은 미친 짓이다〉의 여주인공 역시 첫 만남부터 주저 없이 성관계를 맺다 사랑의 감정을 느끼게 된다. 다른 남자와 결혼한 후에도 그 관계를 지속하는 여자는 다른 사람들보다 "좀더 바쁘게 살 뿐"이라고 주장하면서 자신의 이중생활을 당당하게 여긴다. 이 경우, 그녀와 남편 사이엔 사랑 없는 섹스가, 외도 관계에서는 사랑 있는 섹스가 펼쳐질 가능성이 높다. 결혼제도 안에서는 사랑 없는 섹스도 당연시될 수 있지만, 결혼제도 밖의 성은 사랑이 있을지라도 비도덕적으로 보는 사회적 시선을 여주인공은 두려워하지 않는다. 이런 모습은 '사랑을 전제로 한' 성 개념뿐만 아니라 일부일처제의 성적 배타성 원칙에 대한 공공연한 도전이다. 외도와 결혼을 병행하겠다는 욕구는 이제 남성뿐만 아니라 여성 안에서도 꿈틀거리고 있는 것으로 그려진다.

보다 파격적으로, 〈생활의 발견〉은 사랑 없는 섹스만을 그린다. 섹스만 있을 뿐 두 사람 사이에 감정의 소통은 끝내 이루어지지 않는다. 이틀 동안의 만남을 설정한 것 자체가 섹스 없는 사랑을 드러내기 위한 장치일 수 있다. 물론 그들 사이에도 사랑의 표현은 있지만, 그런 언어들은 상투적이라 공허하다. 우연히 만나 몇 시간 후 가진 섹스 중 그들은 서로 사랑한다고 말한다. 여자가 쓴 "당신 속의 나! 내 안의 당신!"이란 메모는 남자가 직전에 만났던 다른 여자도 애용했던 구절이다. 두 번째 만남에서 남자는 발기가 순조롭지 않자 "우리 죽을까요? 섹스하지 말고 깨끗하게 있다 죽었으면 좋겠어요"라고 이야기하지만 여자는 그런 제의가 어이없다는 듯 "왜요?"라고 반문한다. 동반자살을 제의할 정도로 남자가 고통스럽게 여자를 사랑한 것도 아니고, 설혹 그렇다 치더라도 여자는 그와 새로운 관계를 시작하려는 의도가 전혀 없다.[7] 그녀는 길에서 만난 어린 시절 기억 속의 남자와 일회적인 섹스를 즐겼을 뿐이다. 기존 영화들과 달리, 이 영화는 여주인공의 외도를 정당화하기 위해 결혼 이후 불가피하게 찾아온 사랑을 배치하고 있지 않다. 사랑 없는 유희적 성을 그림으로써 역설적으로 영화는 오히려 사랑의 상투성을 비판한다.

3) 욕구(외도) 제어장치

영화 속에서 여성의 외도를 심리적으로나 물리적으로 제어하고 방해하는 기제는 무엇인가? 1956년과 1981년의 〈자유부인〉에서 기혼여성의 성적 욕망과 성적 일탈에 대한 제어 기제로 가장 많이 활용된 것은 모성 이데올

7 남자 앞에서 여자는 남편의 지위와 명예와 인품을 자랑하고 좋은 사수를 가진 남편의 덕을 보고 살겠다는 점쟁이의 말에 흐뭇해하고, 포기하려는 남자에게 미련을 주기를 반복하다 끝내 약속을 지키지 않기 때문이다.

로기다. 그리고 일부일처제 성 규범을 벗어난 일탈자들은 가정과 사회로부터 축출되는 방식으로 응징된다. 이런 영화들은 여성의 욕망을 드러내되 그 욕망에 다시 철퇴를 가하는 이데올로기와 제재 방식을 배치하고 있다. 결혼제도를 벗어난 성적 방종이 야기하는 치명적인 결과들을 보여 주면서 성적 일탈을 경계하는 고전적인 통제방식(훅스, 2005)이 사용되어 왔다. 그러나 1990년대 이후의 영화들에서 이런 외도 제어기제나 제재 방식은 영향력을 잃고 있다.

① 모성 이데올로기

어떤 성적 욕망도 없는 순결하고 도덕적인 어머니, 자식을 위해서라면 자신의 욕구를 희생할 줄 아는 어머니는 결코 전통 사회의 이미지만은 아니다. 1956년과 1981년의 〈자유부인〉에서 모성 이데올로기는 외도를 제어하거나 비판하는 수단으로 배치되어 있다. 이런 영화에서 자식의 존재는 여주인공의 어머니로서의 역할과 의무를 환기시키는 작용을 한다. 1981년 〈자유부인〉에서 남편의 냉담함 때문에 방황하던 아내가 젊은 남자와 애정행각을 시도하다 소스라치게 놀라며 멈추는 까닭은 아들의 얼굴이 떠올랐기 때문이다. 여기에서 자식은 어머니로서의 본분을 자각하거나 죄책감을 유발하는 심리적 동인이다. 그뿐만 아니라, 자식은 물리적으로도 어머니의 외도를 제어한다. 1956년판의 경우, 아들이 대문을 열고 들이닥치며 "엄마"라고 부르는 소리는 여주인공이 시도하려던 정사를 멈추게 한다.

또한 아이의 존재는 남편이 아내의 외도를 비난할 수 있는 가장 중요한 근거로 작용한다. 1956년판에서, 춤 배우느라 귀가가 늦는 아내에게 남편은 "아이도 돌보지 않아서 거지꼴"이 되었다거나 "고아처럼 내버려" 두었다고 나무란다. 또한 아내의 외도를 알게 된 후 그녀를 문전박대하면서 모성을 저버린 여자라고 비난한다. "허영에 가정을 버리고 어머니로서의 의무를 향락으로 바꾼 당신이 무슨 면목으로 돌아왔소? 만약 한 조각 양심이 있으면 깨끗이 여기서 물러나요." 남편은 아내에게 집을 떠나는 것이 자식에 대한 "어머니로서의 도리"라고 훈계한다.

그뿐만 아니라 자식은 모성을 저버리고 자기 욕구에 충실한 어머니 때문에 심각히 상처받는 존재로 그려진다. 1956년과 1981년의 〈자유부인〉은 아이가 쫓겨난 엄마와의 이별을 고통스러워 하는 장면을 장황하게 묘사하면서 관객의 눈물샘을 자극한다. 특히 1981년판에서는 엄마를 애타게 찾으면서 울어 대는 아이나 그런 아이를 몰래 지켜보며 처절하게 흐느끼는 여주인공의 모습을 슬픈 배경음악과 함께 여러 차례 보여 준다. 남편 몰래 아들을 만나다 남편이 아들을 낚아채 가자 여자가 차를 쫓아가며 절규하는 장면은 부정한 엄마가 치러야 되는 대가가 무엇인지를 보여 주는 강력한 영상 메시지이다. 1990년의 〈자유부인〉에서도 아이를 빼앗아 가는 시어머니 앞에서 눈물짓는 여주인공의 모습이 등장한다.

그러나 1995년 이후의 영화에서 울며 매달리는 자식의 모습이나 아이를 빼앗기는 어머니의 모습은 사라진다. 자식의 존재는 외도 전 단란했던 가정의 한때를 묘사하거나 어머니가 (일시적으로나 완전히) 외도를 접고 일상으로 돌아간 장면에만 주로 등장한다. 이런 설정은 더 이상 자식이 외도나 외도로 인한 이혼에 걸림돌이 되지 않는다는 메시지를 담고 있다. 자식 때문에 자신의 부적절한 감정이나 관계를 괴로워하거나 죄책감 때문에 그 관계를 청산하는 어머니의 모습은 거의 보이지 않는다. 오히려 자신의 부재 시 아이에게 사고가 생겼어도 당당한 어머니의 모습이 그려진다. 사례 7의 경우, 애인과 스키장에 갔다 늦게 귀가한 아내에게 남편은 "(아이가 아파) 엄마만 찾았는데 어째서 늦었느냐"고 화를 낸다. 그러나 여자는 기죽지 않고 남편이 평소에 아이에게 소홀하니까 자기만 찾는 거라고 항변한다. 아이에게도 별 미안한 기색이 없고 다만 친근하고 다정한 미소를 지을 뿐이다. 그녀의 미소는 외도에 빠진 어머니에게도 자식에 대한 애정은 변함 없음을 시사한다.

심지어 외도 주인공들의 심리나 행위에만 초점을 맞추면서 그들의 가족을 영화에서 거의 배제시킨 경우도 있다. 사례 9, 16, 17에는 아내나 남편의 외도에 분노하는 배우자도, 엄마를 그리워하며 울며 보채는 아이도 전혀 등장하지 않는다. 사례 9의 남편은 아내의 외도와 무관한 맥락에서만 등장하고, 사례 16의 남편은 전화상의 목소리로만 주로 존재하고, 사례 17의 남편은 그 또한 외도를 하고 있음을 암시하는 몇 장면으로만 처리된다. 이런 영화들에서 남편과 자식의 부재나 주변화는 그들의 존재가 아내나 어머니의 외도를 제어하는 힘을 상실하고 있음을 시사한다.

② 가정과 사회로부터의 배제

1956년과 1981년 〈자유부인〉에서, 결혼의 신성함과 일부일처제의 성적 배타성을 저버린 "용서받질 못할 여자"들은 가정과 사회로부터 축출되는 방식으로 응징되었다. 여주인공은 남편에 의해 집에서 쫓겨나거나 죽음의 형식으로 사회에서 추방당한다. 1956년판의 남편은 "당신 행실을 생각하시오. 이미 우리 두 사람의 거리는 멀어졌소. 각각 자기 길을 갑시다"라고 쏘아붙이면서 매달리는 아내를 문전박대한다. 여주인공보다 노골적인 애정 행각을 벌였던 친구의 말로는 자살로 처리된다. 1981년판의 여주인공 역시 남편에게 내쫓긴 뒤 자살을 시도한다.

1956년과 1981년의 〈자유부인〉에 배치된 자살 또는 병사病死로서의 죽음은 남편과 자식을 저버린 여자에게 따르는 "천벌"로 묘사된다. 이런 메시지는 외도에 따른 유산과 합병증으로 죽음을 맞게 된 1981년판의 친구가 여주인공에게 참회의 심정을 토로하는 장면에서 장황하게 제시된다.

가정을 버리고 돌아서는 여자의 마지막 길을 이 세상 모든 것이 외면하나 봐. 이젠 모두 잃었어. 남편도, 자식도, 돈도, 그리고 마지막 남은 내 인생마저도. 가난했지만 남편은 하늘이었고 자식들은 그 하늘의 소중한 별이었어. 뭐래도 여자의 행복이란 남편의 와이셔츠 단추를 달고 등교하는 아이들 도시락을 싸 주는 것이었는데. 그런 남편과 자식을 버린 나, 그래서 이 세상에서 버림을 받는 거야. 이제 누구도 원망하지 않아. 이렇게 누워 내가 외면했던 남편과 자식에게 기도로 사죄하는 거야. 넌 하루빨리 남편에게 돌아가. 만약 남편이 용서하지 않으면 무릎 꿇고 빌어. 차라리 남편 손으로 널 죽여 달라고 해.

그러나 그 이후의 영화에서 자살이 여주인공의 말로로 설정된 경우는 단 2사례(9, 10)에 불과하다. 그뿐만 아니라 그런 사례들에서 보여 주는 자살의 의미는 〈자유부인〉의 자살과 전혀 다르다. 〈자유부인〉에서 여주인공의 자살은 외도에 대한 참회나 외도가 초래한 곤궁으로부터의 도피였다. 그러나 〈돼지가 우물에 빠진 날〉(1996년)이나 〈실락원〉(1998년)의 자살은 사후세계에서라도 사랑하는 남자와 함께 하기 위한 의식儀式이다. 전자는 애인이 살해되었음을 알고 그를 따라가는 죽음이고, 후자는 애인과의 동반자살이다.

또 다른 차이점은 〈실락원〉의 자살은 자신의 이혼 요구를 용납하지 않는 남편을 스스로 떠나기 위한 방편이다. 반면 1981년의 〈자유부인〉의 자살은 집을 떠나라는 남편의 요구에 내몰린 결과다. 〈실락원〉의 남편은 아내의 외도를 거세게 비난하면서도 이혼은 절대불가라고 선언한다. "놀아날 테면 놀아나 봐. 무슨 짓을 하고 다니는지 다 알아. 넌 불결하고 음탕한 여자야. 하지만 널 풀어 줄 생각은 없어. 이혼하지 않으면 넌 평생 내 아내야. 마음만 먹으면 간통죄로 쇠고랑을 채울 수도 있다구." 뺨을 때리는 등 잔인한 처사를 일삼는 남편은 집을 떠나는 아내에게 "못 가! 넌 갈 수 없어. 밖에 나가서는 놀아나도 네가 있을 곳은 여기야. 넌 아직 내 거야. 법석으로!"라고 고함친다. 그래서 이혼을 원하는 자신의 의지와 상관없이 "결혼이란 족쇄에 갇혀 버렸다"고 느낀 여자는 동반자살을 택한다.

이런 맥락에서, 죽음이란 극단적인 방식이 외도에 빠진 여성을 응징하고 제재하는 수단으로 동원되는 경향은 점차 약화되어 왔다고 볼 수 있다. 단 한 가지 예외는 〈해피엔드〉(1999)이다. 이 영화에서 무력감과 소외감에 빠진 실직자 남편에게 아내의 성적 일탈은 죽음으로까지 마땅히 응징해야 할 사건으로 그려진다. 더욱이 이전 영화들과 달리, 아내가 자살하는 형식이 아니라 분노한 남편이 아내를 처참하게 살해하는 충격적인 방식으로 아내의 외도에 대한 응징이 이루어진다. 이런 극단적인 상황 설정은 1997년 말 부터 한국사회를 강타한 대량 실업 사태가 남성들에게 야기한 위기감과 가정 해체에 대한 사회적 불안 속에서 가능했다. 1956년과 1981년의 〈자유부인〉이 동원했던 모성 이데올로기는 이 영화 속에서 남편이 아내를 살해하는 결정적 동기를 부여하기 위해 재등장한다. "아이에게 좋은 엄마"였으면 하는 자신의 바람과 달리, 수면제로 젖먹이를 잠들게 해 놓고 애인을 만나러 나간 아내에게 격분한 남편은 그녀를 죽음으로 응징한다.

4) 외도 후 선택한 삶

일부일처제 사회의 성적 배타성은 외도한 아내에게 현재의 결혼과 애인과의 새 출발 중 하나를 선택하게 만든다. 이 글에서 분석 대상으로 삼았던 영화들 중, 아내의 외도 후 결혼이 유지되는 사례는 8개이고 해체된 사례는 10개이다. 외도 후 궁극적으로 결혼 해체나 유지가 어떻게 이루어지고 있는지 살펴보자.

① 결혼을 유지한 여성들

〈자유부인〉 시리즈에 등장한 5사례의 외도 중 궁극적으로 결혼이 유지되는 경우는 단 1개(사례 1)에 불과하다. 그 경우도 아내의 자유로운 의사결정에 의해서라기보다는 외도가 발각된 후 참회하고 돌아와서 남편의 처분에 따른 것이다. 반면, 1995년 이후의 일부 영화(사례 7, 13, 14)에서는 아내 스스로 외도를 청산하고 결혼을 유지하는 방향으로 결단을 내리는 모습이 등장한다. 그러나 이런 사례들에서 결혼 유지는 여주인공의 적극적인 의미의 선택이라기보다는 외도 관계를 체념하는 데 따른 결과다. 사례 7의 아내는 이루어질 수 없는 사랑을 포기하고 힘들게 이별을 선택한다. 그녀는 외국으로 떠나기 직전까지 "단 몇 분 만이라고 같이 있고 싶어" 했던 애인을 만나 처음으로 "사랑한다"고 말하지만 결국 아쉬운 작별을 나눈다.

외도 관계를 청산하는 데 주요하게 작용한 요소는 그 관계의 불확실성이 야기하는 고통이다. 〈주노명 베이커리〉(2000)의 사례 14의 여주인공은 외도에 따르는 다른 어려움은 다 견딜 수 있지만 자신들의 관계가 "미래가 없는 것만큼은 견딜 수가 없어"서 헤어진다. 사례 7의 여자도 고층빌딩의 창밖을 내려다보면서 "여기에선 모든 것이 다 잘 보여요. 앞으로 우리는 어떻게 되는 거죠?"라고 불안한 심정을 내비친다. "글쎄요"라고 말할 수밖에 없는 남자를 보고 그녀는 희망이 없는 불확실한 관계를 끝내자고 제의한다. 그녀는 불투명한 관계에서 오는 "혼란과 방황의 터널을 빨리 통과하길" 바랐기 때문이다. 이런 여성들에게 결혼은 쉽게 무너뜨릴 수 없는 성벽과 같은 것으로 자리 잡고 있어서 궁극적으로 외도를 통해 다른 미래를 꿈꾸기란 거의 불가능한 것처럼 보인다.

아내의 외도가 표면화된 뒤(고백 또는 발각의 형식으로) 부부 사이에 긴장과 갈등을 겪은 후 화해하는 모습을 보인 사례는 4개(7, 13, 14, 15)이다. 사례 7의 남편은 아내가 외도 사실을 고백하자 "날 시험하는 거지?"라고 격분하면서 집안을 난장판을 만든다. 그러나 잠시 후 고개 숙인 채 슬픈 표정으로 앉아 있는 아내에게 결혼기념일 선물을 건네주면서 아내의 어깨를 감싸안는다. 남편에게 고백하지 않은 채 넘어갈 수 있음에도 굳이 고백의 과정을 거치는 것은 부부의 적극적인 화해를 이끌어내기 위한 설정이다. 〈베사메무쵸〉(2001)에서도 아내는 죄책감 때문에 남편에게 외도 사실을 고백하고 가출함으로써 가정은 잠시 심각한 위기에 빠지나 그녀의 귀환과 더불어 부부는 화해한다. 모욕감을 감수하면서 성을 거래했던[8] 아내 덕분에 보금자리를 뺏기지 않은 상황에서 남편이 아내의 외도를 탓할 수는 없었기 때문이다. 이 영화는 자식들의 보금자리를 지키기 위해 어머니가 자신의 성을 거래한 것이 부도덕한 것인지, 정서적 접촉 없는 성관계가 정조의 의무에 어긋난 것인지, 어떤 상황에서나 성적 배타성은 절대적으로 준수되어야 하고 위반 시 결혼은 해체돼야 하는지 질문한다.

그런데 외도를 정리한 아내를 남편이 용서하고 부부가 화해하는 사례를 보면, 남편 역시 외도 경험자임을 알 수 있다. 사례 7의 경우 외국 출장에서 샤넬 향수를 사와 선물할 정도의 여자와 만나다 헤어졌고, 사례 15의 남편도 경제적 지원을 대가로 유혹해 오는 여자를 철저히 뿌리치지는 못했다. 사례 13과 14 역시 부부 쌍방 외도다. 그럼에도 불구하고 이런 영화들에서 참회하고 화해하는 남편들은 자신의 외도는 당연시하고 아내의 외도만을 일방적으로 비난했던 〈자유부인〉의 남편들과 대조를 이룬다.

② 결혼을 해체한 여성들

아내의 외도 후 결혼이 해체되는 사례는 10개이다. 그런데 6사례의 결혼 해체는 외도한 아내의 죽음을 통해서 이루어진다. 1956년과 1981년 〈자유부인〉의 4사례 중 무려 3사례가 외도한 여성의 죽음을 그린 반면, 1990년 이후의 영화 14사례 중 죽음은 단지 3사례에만 등장한다(자살 1건, 동반자살

8 남편이 보증을 잘못 서 고생해 장만한 집을 압류당하고 4명의 자식과 거리에 나앉을 절박한 상황에서 아내는 1억의 대가를 받고 고등학교 시절부터 자신을 짝사랑해 왔던 남자와 하룻밤을 지낸다.

1건, 타살 1건). 외도 상대와 새 출발함으로써 현재의 결혼이 해체된 사례는 4개이다(5, 8, 11, 18). 그중 사례 18은 결혼 해체가 이루어졌지만 남자 애인이 사망하여 여자의 홀로서기가 시작된다.

외도한 아내가 이혼을 요구하면서 집을 떠나겠다고 선언하는 모습은 1956년과 1981년의 〈자유부인〉에서 남편들이 외도한 아내를 집에서 내치는 경우와 대조적이다. 〈엄마에게 애인이 생겼어요〉(1995)의 사례 8의 여자는 상대 배우자들에게 외도가 발각된 후 남편과의 "애정 없는 결혼"을 청산한다. 1990년대 이후의 영화 속에 등장하는 자살 역시 자신의 사랑을 실현하기 위해 선택한 방식으로서 성적 배타성 원칙과 정조의 의무를 요구하는 일부일처제 사회와의 타협을 거부한 것으로 해석할 수 있다(유지나, 1999). 어떤 방식으로든 스스로 집을 떠난 아내들에게 외도는 애정 없는 결혼을 떠나는 돌파구로 작용하고 있다.

〈밀애〉(2002)의 아내의 외도는 남편을 떠날 수 있는 의식적인 출구 찾기였던 동시에 잃어버린 자아를 찾아가는 계기가 되었다. 남편의 "구역질"나는 외도로 큰 상처를 받고 그를 더 이상 신뢰하지 않으면서도 결혼을 지속하는 자신을 혐오했기 때문이다 : "난 더 이상 옛날로 돌아갈 수 없어. 이젠 안돼. 그런데도 난 왜 이 집에서 네 옆에 붙어서 계속 살고 있을까? 삶이 하찮아, 언짢아서 미칠 것 같아." 이 여자는 "스스로 나빠지고 싶어서" 다른 남자가 제안한 사랑 없는 섹스 게임에 들어갔고 나쁜 여자임을 구실 삼아 집을 떠날 수 있었다. 그녀는 남편의 외도쯤 질끈 눈감아 주는 착한 아내로서의 삶을 더 이상 원치 않았기 때문이다. 그래서 애인이 교통사고로 사망하여 혼자 남게 되었어도 집으로 돌아가지 않고 홀로서기를 시도한다. "끝내 사랑한다고 말해 주지 못했던 연인"에 대한 기억이 있고 시간제 일용직이나마 자신의 일을 갖고 있기 때문에 그녀는 가난하나마 결혼 시절보다 충만한 삶의 에너지를 느낀다.

또한 의도하지 않았더라도, 외도가 결과적으로 틀 지워진 삶의 방식과 결혼을 벗어나는 계기로 작용하는 사례도 있다(5, 11). "늘 다니던 길로만 다니고 만나는 사람들만 만나고 뭔가 새롭게 해 볼 엄두도 못 내고 여행에서 집으로 돌아올 때가 가장 마음이 편했던" 〈정사〉(1998)의 여주인공은 길들여진 삶과 익숙해진 공간을 떠난다. 수족관의 물고기와 같았던 자신의 삶을 뒤로하고 여자는 브라질이란 낯선 세계로 애인을 뒤쫓아 간다. 아들과 남편 그리고 여동생 "그 모든 것을 합한 게" 자신이라고 생각했던 여자는 독자적인 개체로서의 삶과 행복에 눈뜨게 되면서 집을 떠난다.

③ 결혼과 외도를 양립한 여성들

1990년 〈자유부인〉의 남편은 늘 덤덤한 얼굴의 아내가 별다른 재미를 느낄 수 없다고 외도를 한다. 그리고 그의 외도를 반신반의하는 아내에게 적반하장 격으로 "뭘 알려고 해, 그게 그렇게 중요한 일이야? 그렇다고 딴 살림을 차렸어, 외박을 밥 먹듯이 하고 다녔어? 집에까지 와서 골치 아프고 싶지 않아. 보고할 필요도 못 느끼고. 당신한테 뭘 이야기해, 입 다물고 잠자코 있으면 돼"라는 폭언을 퍼붓는다. 그러나 아내의 외도 사실을 안 후 이 남편은 "천박하게 굴지 마, 그동안 쌓아올린 명예를 더럽히고 싶지 않아"라고 말하면서 이혼을 요구한다. 자신과 아내의 외도에 대한 이런 이중적 태도는 성별에 따라 다른 외도에 대한 허용도, 즉 결혼과 외도의 양립 가능성이 판이한 사회적 통념을 반영하고 있다. 결혼과 외도를 병행하는 것을 남성의 권리쯤으로 생각하는 남편들의 모습은 2000년 영화 속에서도 꾸준히 등장한다. 〈주노명베이커리〉의 사례 13의 남편은 "애인을 애인으로서 사랑하고 아내를 아내로서 사랑"하기 때문에 결혼과 외도를 병행할 수 있다. 그러나 그의 애인이 "미래가 없는" 관계를 더 이상 원치 않아서 그의 외도는 부득이 막을 내린다.

결혼과 외도를 병행할 수 있다고 믿는 남편은 아내의 이혼 요구에 응하지 않는다. 〈무소의 뿔처럼 혼자서 가라〉(1995)의 경우, "한 중대"의 여자를 갈아 치우는 남편에게 신물이 난 아내가 "헤어지자. 자유롭게 해 줄게"라고 제의하나 남편은 일부일처제의 모순까지 들먹거리며 이혼 제의를 일축한다.

> 그건(이혼) 우리 집안 문제지 당신 마음대로 되는 게 아니야. 또 당신만큼 날 자유롭게 해 주는 여자가 어디 있어? 우린 플라토닉 러브를 하는 거지. (…) 똑똑한 여자가 왜 그래. 일부일처제가 인간 본성에 얼마나 안 맞는지 잘 알면서. 아직도 제 마누라랑 자는 놈이 어디 있어.

그의 아내 역시 외도한 남편을 "해방"시켜 주는 것은 어리석은 짓이라고 생각한다. 남편의 외도로 괴로워하는 친구에게 그녀는 "제 입맛에 딱 맞는 남편 데리고 사는 여자가 어디 있어? (…) 헤어질 사유야 만들면 없는 사람 어디 있어?"라고 충고할 뿐만 아니라 "미쳤니, 누구 좋은 일 시키려고? 금방 새장가 안 갈 것 같아? 애들 눈칫밥 먹일 거야?"라고 말한다. 사례 8의 여자도 "바람 안 피운 남자가 어디 있다고 이혼하고 난리야"라고 이혼한 친구를 힐난한다. 그녀는 남편들이 외도를 했다 해서 아내들이 이혼을 들먹이거나 감행하는 것을 세상 물정 몰라 야단법석 떠는 것쯤으로 생각한다.

그런데 남자들에겐 결혼과 외도가 양립할 수 있다고 생각했던 이런 여성들은 자신의 외도에는 궁극적으로 이런 믿음을 적용하지 않는다. 사례 6의 여자는 한두 차례의 만남 후 이내 외도를 포기했고, 사례 8의 여자는 애인과의 새 출발을 위해서 이혼을 선택한다. 남자들의 외도를 그럭저럭 넘길 수 있는 대수롭지 않는 사건으로 생각해 왔던 그녀에게, 본인의 외도는 "애정 없는" 남편과의 관계를 청산할 수 있는 계기로 작용한다.

이처럼 외도와 결혼을 별 고민 없이 병행하는 생활은 남편의 몫이지 아내의 몫이 아닌 것으로 영화에서 그려져 왔다. 그러나 2002년 높은 관객 동원율(120만 명)을 기록한 영화 〈결혼은 미친 짓이다〉는 이중생활을 의도적으로 선택한 아내를 파격적으로 선보인다. 결혼이란 제도권에 들어가기를 꺼리는 애인 때문에 여주인공은 조건 좋은 남자(의사)와 결혼했지만, 남편에게 "들키지 않는 한" 정서적으로나 성적으로 만족스러운 애인과의 관계를 청산할 의도가 전혀 없다. 결혼을 통해서는 경제적 풍요로움과 지위를 얻고, 연애를 통해서는 친밀함의 욕구와 성적 욕구를 채우는 것이 마치 당당하고 경쾌한 신세대 여성의 삶의 방식처럼 제시된다.

이 영화에서 일부일처제의 비현실성을 빌미로 한 외도는 이제 여성에게도 가능한 것처럼 그려진다. 기대했던 결혼에 회의를 느끼면서 외도로 빠지는 다른 영화의 여주인공들과 달리, 그녀는 조건으로 맞춘 결혼에 처음부터 별 기대가 없었다. 아니 어쩌면 영화의 제목처럼, 정서적, 성적 만족을 기대하고 결혼에 들어가는 것을 그녀는 미친 짓으로 생각하는 듯하다. 현실적인 조건을 따져 체결된 결혼계약에서 그런 욕구를 충족시킬 수 없음은 너무도 자명하다는 의미이다.

그러나 애인이 처음부터 여주인공의 결혼 제안을 받아들였다면 그녀에겐 지금의 남편도, 외도도 없었을 것이라는 점과, 지금이라도 애인과의 결혼이 가능하다면 남편을 떠날 수 있는 가능성에 주목할 필요가 있다. 외도와 결혼을 거리낌 없이 병행하는 파격적인 삶의 방식을 선택한 것처럼 보이는 이 여성에게도 사랑하는 사람과의 결혼이 가능했다면(또는 앞으로 가능하다면) 그런 파격은 불필요한 것이 된다.

4. 외도의 욕구, 제재 방식 및 최종 선택의 변화

이 글에서 분석한 영화 속에서 여성의 외도에 작용하는 욕구나 그들의 외도를 제어하거나 응징하는 제재 방식 그리고 외도 후의 선택 양상은 지난 40여 년간 크게 변화해 왔다. 〈자유부인〉의 여주인공들은 가정의 울타리를 넘어 세상에 속하고 싶은 욕구와 정서적으로나 성적으로 소통할 수 있는 이성에 대한 욕구 때문에 외도에 들어간다. 이런 욕구들은 공사 영역의 분리와 남편의 권위가 당연시되는 결혼제도 안에서 여성이 느끼는 결핍을 적나라하게 드러낸다. 그러나 1995년 이후의 영화들에서 공적 세계의 위험과 유혹을 기혼여성의 성적 일탈과 연결하는 경향은 현저히 완화되었다. 그 대신 여성들의 친밀성의 욕구나 성적 욕구가 외도의 동기로 부각되고 있고 외적 유혹에 의해서보다는 자발적으로 외도 관계에 들어가는 측면을 그리고 있다.

남편의 무관심에 대한 불만과 소외감, 소통되지 않는 결혼생활에 대한 회의, 친밀함에 대한 갈증이 아내의 외도를 촉발하는 요인으로 그려지는 것은 1981년 〈자유부인〉에서부터다. 여성들의 친밀성의 욕구를 가시화한 영화들은 1970년대 이후 고도성장과 성공 이데올로기가 지배하는 사회에서 회사인간으로 살아가는 남편들의 분주함과 그로 인한 아내의 불만이 누적되어 있는 현실을 반영한다. 권위적이고 냉담한 남편을 대신한 부드럽고 다정한 애인의 이미지는 여성들이 선호하는 남성상의 변화를 의미한다. 여성들의 성적 욕구는 1995년 이후의 영화에서 본격적으로 표출되는데, 이런 영화들은 한결같이 사랑을 전제로 한 성을 그려 왔다. 그러나 2000년도 이후 섹스로부터 출발하는 아내의 외도가 그려지고 있다. 심지어 일회적인 성을 묘사하면서 그렇게 가벼운 성 때문에 과연 결혼이 해체될 필요가 있는지, 성적 배타성에 집착하면서 일회적이고 우연적인 일탈을 결혼 해체를 가져 올 정도의 위협적인 것으로 간주할 필요가 있는지 도발적인 질문을 던지고 있다.

모성 이데올로기는 외도를 제어하는 영향력을 점차 상실하고 있다. 1956

년과 1981년의 〈자유부인〉에서 자식의 존재는 자기 욕구에 충실한 부정한 엄마 때문에 상처받는 존재로 그려지거나, 여주인공의 어머니로서의 위치를 환기시키면서 남편이 아내의 외도를 비난할 수 있는 가장 중요한 근거로 작용했다. 그러나 1990년 이후의 영화에서 남편과 자식은 부재하거나 주변화된다. 이런 현상은 그들의 존재가 아내나 어머니의 외도를 제어하는 힘을 잃고 있음을 시사한다. 1956년과 1981년의 〈자유부인〉에서, 불륜을 저지른 '용서받지 못할 여자'들은 집에서 축출되거나 죽음의 형식으로 사회에서 축출되는 대가를 치렀다. 그런데 〈자유부인〉의 자살이 외도에 대한 참회나 외도가 초래한 곤궁으로부터의 도피였다면, 그 이후의 자살(사례 9, 10)은 사후 세계에서라도 사랑하는 남자와 함께 하기 위한 의식儀式으로 변모했다. 단지 예외적으로, IMF 체제하의 대량 실업 사태가 남성들에게 야기한 위기감과 가정 해체에 대한 사회적 불안 속에서, 아내의 불륜을 남편이 살인으로 응징하는 반동적인 모습이 잠시 등장한다(사례 12).

일부일처제 사회의 성적 배타성은 외도자들에게 결혼을 유지하든지 떠나든지 둘 중 하나를 선택하게 만든다. 결혼을 유지한 아내들은 적극적인 의미에서 현재의 결혼을 선택했다기보다는 부득이하게 외도 관계의 불확실성이 야기하는 고통 때문에 그 관계를 체념한 것으로 그려진다. 그럼에도 불구하고 아내의 외도가 표면화된 뒤 갈등의 과정을 거쳐 부부가 적극적으로 화해하는 설정은 아내의 불륜을 이혼이나 죽음으로 응징하거나, 부부 쌍방 외도였음에도 불구하고 아내의 외도만 처벌한 세 편의 〈자유부인〉과 현저한 대조를 이룬다.

결혼 해체를 단행한 아내들의 경우, 외도 후 남편에게 이혼을 요구하면서 집을 떠나겠다고 선언하는 모습은 1956년과 1981년의 〈자유부인〉에서 남편들이 외도한 아내를 집에서 내치는 경우와 대조적이다. 스스로 집을 떠난 여자들에게, 외도는 애정 없는 위선적인 결혼을 떠나는 돌파구로 작용했다. 또 다른 한편으로는 외도와 결혼을 병행하는 생활양식을 자발적으로 선택한 아내의 모습도 등장한다(사례 16). 이런 모습이 일부일처제의 성적 배타성에 대한 도전이었든 아니면 일부일처제의 모순을 빌미로 한 외도이었든 간에, 거리낌 없는 이중생활은 이제 여성들에게도 가능하다는 파격적인 메시지를 담고 있다.

이처럼 1956년에 〈자유부인〉이 개봉된 이후 40여 년 동안 외도 영화 속에 재현된 결혼제도 밖의 사랑·성의 관념과 실천 방식들은 크게 변화해 왔다. 그렇다면 이런 변화들이 현존하는 성·사랑·결혼제도에 갖는 함의는 무엇인가? 1956년과 1981년의 〈자유부인〉은 불륜에 빠진 아내가 치러야 할 대가를 강력히 부각시킴으로써 아내가 지켜야 할 정절의 의무와 성적 배타성 원칙을 경계하고 있다. 그러나 1990년 이후의 영화들은 애정과 배려 없는 결혼을 유지하는 것만이 능사인지, 그리고 사랑 없이 치러지는 결혼 내의 섹스가 사랑 있는 결혼 밖의 섹스보다 정당한지 질문하면서 일부일처제의 성적 배타성과 성조의 의무를 문제 삼아 왔다.

그럼에도 불구하고, 1990년 이후의 영화에서 혼외 사랑과 성을 통해 결혼제도 자체의 모순을 확연히 드러내는 데 초점을 맞춘 경우는 드물다. 단지 결혼이 여성에게 요구하는 폐쇄된 삶과 자아 상실에 대한 회의가 산발적이고 일회적으로 배치되어 있을 뿐이다. 여주인공은 현재의 남편과 결혼이 불만스럽기 때문에 그 결혼을 벗어나고 싶은 것이지 결혼제도 안의 여성의 삶의 방식에 근본적인 회의를 느끼지는 않는다. 단지 사랑의 속성(영원성)에 대한 불안, 즉 또다시 다른 남자나 여자에게 한눈 팔 수 있는 가능성에 대한 불안(사례 10, 18)만 가시화될 뿐 그들이 새로운 결혼관계에 들어갔을 때 그 결혼제도 안의 삶에 대한 불안은 부재하다. 결혼이라는 가부장적 제도에 또다시 속박될 것을 두려워한 나머지 여주인공들이 새로운 사랑과 결혼을 거부하지는 않는다. 운명적이고 진정한 사랑을 그리는 데만

몰두한 영화들 속에서 부부간의 불평등한 권력 관계나 역할 배분과 같은 가부장제 결혼제도의 모순이 선명하게 드러나지는 않는다.

이런 맥락에서, 사랑을 미화하고 낭만적 이데올로기를 재생산하는 데 급급한 영화들은 여성들로 하여금 사랑하는 남성을 통해서만 세상을 보게 만들거나 여전히 남성에 의해서 선택받는 여성상을 그림으로써 여성의 주체적 자아를 재현하는 데 한계가 있다는 비판에 부딪힌다(권명아, 2002; 김경·황혜진, 1999; 김시무, 1999). 권명아(2002)는 여성을 애틋한 로맨스와 진부한 가족관계 속에서 갈등하는 로맨스의 주체로 설정하는 것은 여성의 주체화 욕망을 간파한 대중문화 산업의 새로운 마케팅 전략에 불과하다고 비판한다.

그럼에도 불구하고, 이런 영화들이 문제 있는 결혼생활로부터 걸어 나갈 수 있는 용기를 가진 여성들을 제시하고 있는 점에 주목해야 한다. 1990년 〈자유부인〉은 남편의 외도와 폭력을 감수하는 무기력한 모습을 보였지만 궁극적으로 남편의 폭언과 협박에도 불구하고 "집을 떠나겠어요"라고 분명한 목소리로 단언하고 행동한다. 이런 모습은 결코 유약하거나 남성 의존적이지 않다. 반면, 1956년의 선영은 남편과 다툴 때 남편에게 물건을 집어던지고, 조카와 댄스홀에서 마주쳤을 때도 아주 태연하고 대담했지만 결국 문전박대하는 남편 앞에 머리를 조아리고 그의 처분만 기다릴 뿐이었다. 그러나 점차 일부종사하지 못한 여성이나 이혼녀에 대한 비난을 감수하면서, 또는 중산층의 안락한 삶을 뒤로하고 집을 나서는 여성들이 더 많이 영화 속에 그려지고 있다. 그들의 선택이 설혹 낭만적 사랑 이데올로기의 영향을 받고 있다 할지라도 그런 선택과 결단은 상당히 의미심장한 변화이다. 비록 그것이 가부장제나 일부일처제의 모순을 일격에 전복시킬 수 있는 힘은 부족하더라도.

같은 맥락에서, 1990년대 이후 영화에 묘사된 여성들의 최후의 선택과 그런 선택을 가능하게 한 본인의 용기나 상대 남자의 사랑을 굳이 과소

평가하면서 가부장제가 더욱 강화된 모습으로 나타난다고 주장(김유리, 1999)하는 것은 무리다. 자살이나 다른 남자와의 새 출발의 형태로 집을 떠나겠다는 여주인공의 결단은 버림받음에서 버림으로의 변화다. 비록 죽음이 자기 파멸적이라 해도, 여성의 혼외 정사나 이혼에 더욱 날선 칼을 들이대는 가부장적 일부일처제 사회로부터 버려지는 수동적 입장이 아니라 그 위선을 거부하는 주체적 결단으로 해석할 여지가 있다(유지나, 1999). 또한 남편의 외도에 대한 반발로 야기된 아내의 외도나, 외도와 결혼을 의도적으로 양립하는 아내를 설정한 영화들 역시 외도의 성차별적인 이중 잣대에 대한 도전이자, 여성에게만 과도하게 지워져 있는 정절의 의무에 대한 저항을 그린 것으로 해석할 수 있다.

물론 뚜렷한 주체화의 경험 없이 또 다른 남자와 동행한다는 점에서 그들의 새 출발은 위태로워 보일 수도 있다. 그러나 결혼이란 표면적인 모습은 동일하더라도 그 안의 삶의 모습은 다를 수 있다. 남자와 동행하는 삶을 선택했기 때문에 여주인공의 집 떠남이 철저히 녹립적이고 주체적인 삶일 수 없다고 속단하는 것은 무리다. 불행한 결혼을 운명으로 받아들이지 않고 'No'라고 말하고 행동할 수 있었던 경험은 그들에게 철저히 남성 의존적인 삶을 살아가지 않을 수 있게 만드는 자산이 될 수 있기 때문이다.

사랑과 성을 충실히 결합시킨 외도, 사랑 없는 섹스로 시작되는 외도, 심지어 일회성 섹스로 끝나는 외도를 그린 영화들은 결혼제도 밖의 다양한 사랑과 성의 방식을 제시하면서 결혼제도 안의 사랑과 성의 방식에 문제 제기를 한다. 사랑 없이 시작되는 섹스를 그린 최근의 외도 영화들은 결혼 내의 사랑 없는 섹스는 정당한가 질문하고, 일회적이고 가벼운 성을 묘사함으로써 상투화된 사랑과 과도하게 사랑에 집착하는 관계의 부담을 역설적으로 비판한다. 또한 결혼과 외도를 당당히 또는 은밀히 병행하는 여성을 그린 영화들은 성이 결혼 해체를 가져올 만큼 결혼의 절대적 부분이 아님을 암시하면서, 만약 외도로 결혼이 해체된다면 그것은 외도 자체에 의해서라기보다는 성에 과도한 의미를 부여하고 성적 배타성에 집착하는 강박관념 때문임을 시사한다. ■임인숙

참고문헌

공미혜. 2001. 〈혼외관계의 역동성과 성 정치학〉. 한국 여성학회 춘계학술대회 발표논문.

권명아. 2002. 〈차이의 마케팅 시대, '여성'이 취급되는 방식〉. 《現代文學》 제48권 제10호 : pp.163-180.

김경 · 황혜진. 1999. 〈한국 멜로 드라마의 변화와 수용〉. 유지나 외. 《멜로 드라마란 무엇인가》. 민음사.

김시무. 1999. 〈한국 멜로 드라마의 새로운 경향〉. 유지나 외. 《멜로 드라마란 무엇인가》. 민음사.

김예숙. 1995. 《외도, 결혼제도의 그림자인가》. 형성사.

김유리. 1999. 〈자유부인 영화들〉. 《멜로 드라마란 무엇인가》. 유지나 외. 민음사.

남은주. 1998. 〈남녀의 외도원인에 관한 연구〉. 대구효성가톨릭대 석사학위논문.

로손, 아네트. 1996. 《애인을 꿈꾸는 이유》. 민훈기 옮김. 한국언론자료간행회.

법원행정처. 1982-2002. 《사법연감》.

변화순. 1995. 〈가족 해체와 새구성〉. 《한국 가족문화의 오늘과 내일》. 사회문화연구소.

심영희. 1991. 《간통의 실태 및 의식에 관한 연구》. 한국형사정책연구원.

유지나. 1996. 〈〈자유부인〉의 열린 읽기〉. 《영상학보》 6. 동국대학교 연극영화학부.

유지나. 1999. 〈한국 멜로 드라마의 원형과 의미 작용 연구〉. 유지나 외. 《멜로 드라마란 무엇인가》. 민음사.

이동원. 1984. 〈실증적 조사를 통해서 본 한국의 부부관계〉. 박금순 편저. 《변화되어 가는 부부관계》. 보이스사.

이재경. 1993. 〈국가와 성 통제-성 관련법과 정책을 중심으로〉. 《한국 여성학》 9 : pp.8-29.

장필화. 1997. 〈결혼제도와 성〉. 《한국 여성학》 제13권 2호.

장필화. 1989. 〈성(Sexuality)에 관련한 여성해방론의 이해와 문제〉. 《한국 여성학》 5 : pp.49-79.

정민아. 1999. 〈에로틱 멜로 드라마 '애마부인' 읽기〉. 유지나 외. 《멜로 드라마란 무엇인가》. 민음사.

정은희. 1992. 〈오늘의 성문화와 부부의 성〉. 《한국 가족의 부부관계》. 사회문화연구소.

조주현. 2000. 〈낭만적인 사랑과 결혼이라는 이데올로기〉. 《여성 정체성의 정치학》. 또 하나의 문화.

천주현. 1993. 〈성별에 따른 혼외 성관계 허용 태도에 관한 연구〉. 이화여대 석사학위논문.

혹스, 게일. 2005. 《섹슈얼리티와 사회》. 임인숙 옮김. 일신사.

한국여성민우회. 1998년 상담통계. http://fc.womenlink.or.kr/

《중앙일보》. 1997년 1월 6일자.

《한겨레》. 2001년 6월 27일자.

한국영상자료원. 데이터베이스. http://www.koreafilm.or.kr/

Laumann, Edward O., John H. Gagnon, Robert T. Michael, & Strart Michaels. 1994. *The Social Organization of Sexuality : Sexual Practices in the United States*. The University of Chicago Press.

Thomson, E. & U. Colella. 1992. "Cohabitation and Marital Stability : Quality or Commitment?". *Journal of Marriage and the Family* 54(2) : pp.259-267.

동성애 정치학[1]

레즈비언의 젠더 정체성과 섹슈얼리티를 중심으로

1. 성 정체성의 복합성과 레즈비언

명백한 물질적 이해관계로 규정되는 계급정치학이 퇴조하면서 부각된 새로운 사회운동은 단일한 이슈를 중심으로 집단화하면서 주로 사람들의 사회적 정체성에 호소한다. 우리는 인종적, 민족적, 젠더적, 성적 정체성과 생태주의자, 평화주의자, 그리고 고스족 같은 각종 컬트 문화적 정체성들을 생각할 수 있는데 그 여럿은 서로 번역되는 부분과 상충되는 부분이 있어 모순적 복합과 탈구를 운위하게 한다. 예컨대 미국 사회에서 전형적 흑인은 대체로 중간 이하 계급이고 민주당 지지자 정도로 예상되지만, 공화당 흑인 판사라는 복합체가 가능하다. 운동이나 이슈가 개인들의 정체성들 중에 어느 것을 호명하는가, 한 개인은 어떤 존재로 자신의 개인성을 경험, 구성하고 어떤 주체로 자신을 상상하는가에 의해 정체성이 봉합되고 차이가 (새롭게) 구성된다. 정체성이란 말은 다소간 결정되고 변화될 수 없는 한

1 이 글은 《사회와 이론》 제10집(2007년 1호)에 게재된 논문을 부분적으로 수정, 보완한 것이다.

인간의 중요한 특성이라는 뜻이 강하고 그 특성을 보이는 사람들을 특정 인구 집단으로 고정시키는 기능을 한다. 그리고 그런 한계는 현실 정치에서 애호되고 강화된다. 그러나 실은 타자의 인위적 구성과 배제 없이 동일성은 유지되지 못하며 한 사람 안에서도 동일성은 상상적으로 구성된다.

성 정체성의 문제를 보자. 성이라 해석될 수 있는 영어는 섹스, 젠더, 섹슈얼리티다. 섹스는 흔히 연상되는 그것이 아니라 남녀 구분을 뜻하고, 젠더는 남녀 구분의 사회적 구성을 강조하는 용어이며 섹슈얼리티는 성적인 것the sexual의 총체라 할 수 있다. 섹스와 젠더 사이에는 성별, 성차, 여성임 남성임이 타고나는 것이냐 사회적 구성물이냐의 자연이냐 양육이냐nature vs. nurture의 문제가 있다. 그리고 섹스냐 젠더냐의 문제에서 어떤 쪽을 취하든 젠더(섹스) 정체성이란 것이 가능한데 그것과 섹슈얼리티의 사이에서는 젠더 정체성과 섹슈얼 정체성의 다양한 (디스)로케이션이 문제된다.

레즈비언은 성 정체성을 구성하는 두 차원의 (디스)로케이션을 바라볼 수 있는 전략적 지점으로 보인다. 보통 레즈비언에 대한 이론적 접근은 여성 섹슈얼리티에 대한 여성주의 내 논란으로 소개되어 왔고 그럴 때 사용된 것이 정치적 레즈비언 대 성적 레즈비언이라는 구분이다(김지혜, 1998 ; 연점숙, 2000). 정치적 레즈비언 대 성적 레즈비언이란 이분법은 레즈비언을 '여성 동성애자'라고 보면서 (여성이라는) 젠더 정체성과 (동성애라는) 섹슈얼리티 특성 가운데 어느 쪽을 강조하느냐의 형식 논리에 의거하는 바가 크다.[2] 그러나 동성애 정치사에서 레즈비언은 세 방식으로 호명되었다. 첫째, 어떤 이의 성적 지향이 동성애여서 성적 긴장감이 들고 욕망을 느끼

2 젠더 정체성과 섹슈얼 정체성이라는 용어를 쓰면서 후자의 경우 정체성이라는 강한 개념이 맞지 않는 경우가 많아 섹슈얼리티 혹은 '섹슈얼리티 특성'이라 쓰기도 했다. 이에 대해서는 스티븐 사이드먼(1999 : 350-356)을 보라. 그렇지만 (레즈비언) 정체성을 부정해 레즈비언 경험을 일시적인 성적 에피소드로 돌리거나 특정인에 대한 사랑이지 동성애가 아니라며 "그녀애자"라는 말을 쓰는 것도 문제다. 박김수진, 2005(a)를 보라.

고 사랑을 느끼는 대상이 생물학적으로 같은 성의 사람이다. 그런데 그이는 생물학적 여자다. 레즈비언은 여자 게이female gay다. 둘째, 그[3]가 동성애자라는 것은 분명하지만, 무엇보다도 (젠더가) 여자라는 것이 그의 정체성과 그가 직면하는 현실을 규정한다. 레즈비언은 여자/동성애자이고, 레즈비어니즘은 자신을 여자라고 생각하는 사람의 성적 상태, 특성인데, 그것은 다분히 여성주의 정치의 자장 안에 있는 의식적 선택적인 것이다. 셋째, 레즈비언은 이분법적 젠더 구분에 도전하는 존재이고 젠더 정치에서의 급진성은 다소간 성적인 것으로도 연결되어서 인습적이지 않은 성행위를 옹호하고 실행한다. 레즈비언은 동성애자(?)/여자(?), 혹은 퀴어다.

정치적 레즈비언 대 성적 레즈비언 이분법이 한계를 가졌다고 보는 이유는 '정치적'이라 할 때 그 사용자들이 생각하는 것은 페미니즘인데 레즈비언에게 정치는 페미니즘밖에 없는 것이 아니며, 또 '성적'이라 할 때 함축하는 바는 섹스 옹호적 자유지상주의인데 레즈비언 섹슈얼리티가 개인적인 성적 자유의 아젠다로 환원될 수 없기 때문이다. 그러한 한계는 여성이라는 젠더 정체의 자명성이나 결정성, 그리고 동성애자라는 정체성의 자명성과 결정성을 흔들지 않고 레즈비언을 이미 완결된 무엇으로 대상화시킨데 기인한다. 그러한 대상화를 깨기 위해서는 섹스, 젠더, 섹슈얼리티의 상호 연결과 비상응성 개념을 적극 사고해야 한다.

섹스, 젠더, 섹슈얼리티의 (디스)로케이션을 보기에 모니크 위티그M. Wittig(1935-)의 여자와 레즈비언 구분, 말하자면 "나는 여자가 아니다. 나는 레즈비언이다I am not a woman. I am a lesbian"라는 선언을 떠올리는 것이 유용하겠다. 여자가 아니라는 것은 여러 의미인데 일단 그것이 자기가 (생물

3 성문법sex grammar이 우리말에 있나? 그, 그녀라는 구분은 우리말의 영어화에 기인한 것 아닌가? 그이, 그니라는 구분도 있던데, 맞는 표현인지 모르겠다. 나는 그 구분을 쓰지 않겠다. 레즈비언의 어성인을 적극적으로 질문한다는 취지에도 그녀라고 하는 것은 맞지 않다.

학적) 남자라는 소리는 아닐 테고 분명 위티그는 생물학적 여자female다. 레즈비언은 동성애자 여성을 지칭한다. 그러고 보면 위티그의 말은 모순처럼 들린다. 모순을 벗어나 그녀의 말을 이해하려면 섹스와 젠더의 비상응 가능성, 그리고 젠더와 섹슈얼리티의 비상응 가능성을 도입해야 한다. 여자로 태어났다고 해서 다 여자가 되는 것은 아니다(female≠woman). 여자임, 여자다움 개념은 남자를 여러 모로 카운터 파트로 삼는데, 거기에는 남자를 성적 상대로 삼아 남자와의 사랑, 연애, 결혼, 성행위를 하는 존재라는 것이 주요하게 포함된다. 즉 여성이라는 젠더 정체성은 이성애라는 성적 지향상의 특성과 상호 관련되어 있다(woman⊃heterosexual). 그러므로 여자가 여자를 사랑하는 것은 소위 여성다움에 결정적으로 어긋난다. 여러 사회에서 여자의 톰보이 기질, 남성 복장 선호, 여성 간의 동성사회적 유대 등이 허용되거나 때때로 부추겨지더라도 여성들 간의 성행위로 가면 얘기는 달라진다. 동성애자라는 섹슈얼리티 특성이 여자라는 젠더 정체성을 뒤흔든다(homosexual≠woman).

그렇다면 여성 동성애자는 아예 불가능한가? 레즈비언은 자신의 '여성'을 의심하거나 '동성애'를 의심하면서 정체성을 둘러싼 고민을 껴안고 살아야 할 운명이다? 그렇지 않기 위해서는 여성 젠더의 내용을 대폭 변형, 확장하거나 '젠더 문제'와 '섹슈얼리티 문제'를 구분하면 된다. 후자를 매우 개인적인 용어로 설명하면 이렇다. "내가 침대에서 무엇을 하고 누구와 그것을 하는가는 나의 젠더에 의해 설명될 수 없다. 거꾸로 말해 나의 젠더는 내가 누구 혹은 무엇에 성적으로 끌리는가에 의해 설명될 수 없다"(Barale, 1992 : 533).[4]

---

4 그러므로 다음의 말은 약간의 보충이 필요하다. "한국의 레즈비언들은 대체로 여성으로서의 정체성보다 동성애자로서의 정체성에 더 많은 고민과 갈등의 시기를 보낸 사람들이다. 이는 여성으로서의 정체성보다 동성애자로서의 정체성을 갖는 것이 더 억압적이기 때문이다"(이해솔, 1999 : 386). 동성애자로 정체화하는 과정의 고민은 피치 못하게 여성 정체성에 대한 갈등과 얽혀 있다. 한 예를 들어 보자. "사랑하는 사람이

성 정체성 연구나 레즈비언 연구에서 섹스, 젠더, 섹슈얼리티 간의 상호 연결과 비조응성 개념을 적극 도입하지 못한 것은 섹슈얼한 것에 대한 우리 사회의 의도적 무지 탓인 것 같다. 레즈비어니즘이 주로 여성주의 시각에서 조명돼 온 것은 그 섹슈얼 차원의 누락 원인이자 결과다. 물론 여성 동성애와 여성주의에는 여성이라는 겹침이 있다. 그 겹침을 '같음'으로 본다면 레즈비어니즘을 여성주의의 일환으로 번역하려 하고, 겹침을 '다름'으로 본다면 레즈비어니즘을 여성주의와 상관없는 성 정치학의 의제로 치부할 것이다. 전자의 오류를 서구의 레즈비언 여성주의가 저질렀다면, 후자의 오류는 이를테면 2001년 한국 여성학회 해프닝에서 예를 찾을 수 있다.[5]

겹침은 다른 것들의 부분적, 복합적 만남이다. 레즈비언의 다름은 상투적으로 언급되는 저 성적인 차이뿐 아니라 여성임 자체의 의문시와 결부되기 때문에 여성주의로만 조명하기 어렵다. 여성주의 이론의 다채로운 전개에도 불구하고 그것이 '여성' 범주에 기대는 한 여성주의는 레즈비언이 제기하는 젠더 정치를 충분히 다룰 수 없다. 그러니 레즈비언 연구에서 탈락돼 온 동성애 정치학 등의 섹슈얼리티 이론을 부각시켜야 한다. 그런 면에서 '레즈비언'이란 말은 선호될 만한 호칭이다. 한국의 레즈비언도 '레즈비언인권연구소'의 발족에 즈음해 여성 동성애자, 여성 게이, 여성 이반이라는 호칭보다 레즈비언을 선호한다.[6] '여성'을 떼어 냄으로써 (이론적) 숨

생겼어요. 근데 그 사람이 여자라서, 솔직히 당황스러워요. 저는 남자인데 여자로 태어난 걸까요? 평소에 털털하다는 소리는 많이 듣는데요"(끼리끼리 상담집 : 33). 이런 식의 고민은 비단 레즈비언이라는 자기 정체화의 개념을 몰라서가 아니라 섹슈얼리티에 젠더 정체가 피치 못하게 연결되어 있기 때문이다.

5 한 여성주의자/이성애자가 레즈비언은 한국에 맞지 않는 존재이며 여성주의 안에서 사라져야 할 것이라는 취지의 발표를 하였는데, 동성애 공포증을 공공연히 드러낸 것으로 레즈비언 활동가들의 반발을 샀고, 문제가 확대되자 중견 여성학자가 나서 차별에 둔감한 것은 여성주의가 아니라고 정리해 버린 일이 있다. 그처럼 윤리적으로 질타해 논의를 일거에 정리해 버리기보다 여성들 안의 차이를 이론적으로 해명할 계기로 삼는 것이 낫지 않았나 싶다. 그 윤리적인 질타에는 억압받는 불쌍한 집단으로서 레즈비언이 여성주의에 시민권을 얻을 수 있다는 식의 희생자 정치학victim politics이 엿보이기 때문이다.

6 "2004년 '동성애자'라는 예의 수식어를 '레즈비언'으로 고쳐 달고 '제2의 커밍아웃'을 시도하고 있다. 그동안 동성애자 인권운동을 대표해 온 게이, 그리고 여성운동을 주도해 온 여성주의자에 대해서도 할 말이 많다. '차이'가 '차별'로 변질되는 것을 그 누구보다 경계해야 할 '동성애'와 '여성'의 범주에서까지 철저한 소

통을 튼 것이다. 이제 레즈비언이라는 지점에서 성 정체성의 복합적 면모를 분석해 보자.

2. 여성/동성애자 레즈비언과 레즈비언 여성주의

레즈비언이 여성이라는 것을 다소간 자명하게 받아들이고, 여성 동성애에서 여성 쪽에 방점을 찍는 입장이 가능한데, 그 집약된 표현이 서구에서의 레즈비언 페미니즘이다. 한국의 레즈비언도 대체로 이 입장이다. "레즈비언이란, 동성애자로 정체화한 **여성**을 의미한다. 여성이 같은 성을 가진 사람과 정서적, 정신적, 성적 교감을 나누고자 하는 욕구를 가진 적이 있거나, 가지고 있거나, 가질 계획이 있는 사람들 중에 스스로를 레즈비언으로 정체화한 사람을 의미한다"〔박김수진, 2005(a) : 12; 필자 강조〕. 그러면서 현하의 페미니즘에 대해서는 거리감을 표현한다. 그러나 그 거리감은 레즈비언을 다루지 못하는 페미니즘의 한계 때문이지 원론적인 반대는 아니다. 한 예로 "레즈비언 존재 자체를 페미니즘의 급진화를 위한 도구로 사용"하였다면서 레즈비언 페미니스트들을 공격하면서도 "우리는 '이미' 페미니스트입니다"라면서 "우리는 가부장제의 최대 피해자입니다. 우리는 남성 권력을 위해 구성된 이성애 중심주의의 최대 피해자입니다"라고 하는 (레즈비언 대표 이론가로 보이는) 박통(박김수진)의 입장을 들 수 있다〔박김수진, 2005(b) : 30-31〕.

따라서 게이에 대한 연대의식은 극히 드물어 보인다. 동성애건 이성애건 남자는 남자고, 한국의 남자는 모두 가부장적 마초다라는 근본적인 반감이 있어 보인다. 애초 '초동회'가 남녀로 분리되어 '친구사이'와 '끼리끼리'

외를 맛보아야 했던 레즈비언의 '커밍아웃'은 그래서 눈부시다"(《말》 2004년 7월호, 6쪽; 김수진 기자 글).

로 각각 발족된 것이 번번히 인용되는 사실인데 그것만으로 게이와 레즈비언의 대립을 과장하고 싶지는 않으나, 열악한 상황에서 감격스럽게 만난 동성애자들이 곧바로 남녀로 갈린 것은 특기할 사실이긴 하다. 여러 레즈비언 글에서 게이를 비판할 때 그 가부장성—함께 회의할 때 담배 피우는 레즈비언을 모욕한다던가, 목소리 큰 사람이 이긴다는 말 등—을 꼬집고 있다. (성적 문란 등 섹슈얼리티 관련 언급은 찾아볼 수 없었다.) 2004년 4월 11일에 있었던 '친구사이' 10주년 기념 토론회에서 인권운동 사랑방의 배경내는 〈친구사이 10주년은 한국 동성애 운동 10주년?〉이라는 글로 우리나라 성적 소수자 운동이 게이에 의해 주도되고 대표되는 현실과 '친구사이'와 '끼리끼리'가 연대를 이루지 못함을 지적하고 있다. 그 후 커밍아웃이냐 아웃팅 방지냐를 두고 게이와 레즈비언의 첨예한 입장 차이를 보이기도 했다(《말》, 2004년 7월호). 어떤 게이는 레즈비언이 분리주의적이고 너무 래디컬하다고 한다. 여러 모로 한국의 레즈비언(중 '끼리끼리' 계열)은 이제부터 볼 레즈비언 페미니즘의 특성을 갖고 있다고 할 만하다.

1) 레즈비언 여성주의와 강제적 이성애

서구의 레즈비언 여성주의는 페미니즘 내부의 전개다. 일찍이 게이 해방운동과 분리되어 여성주의자로 정체화한 레즈비언 일단이 주류 여성주의에 대해 문제 제기한 것이다. 레즈비언 여성주의는 게이 해방운동은 남성의 가치와 이해를 반영하고, 이성애 여성이 지배하는 자유주의적 급진적 여성주의 정통파는 이성애주의에 무심하다고 둘 다 비판하면서 자신이야말로 하나로 파악된 이성애주의/가부장제를 타격해 여성 억압을 끝내는 데 중심적이라 주장한다. 남성 지배적, 혹은 우익적 담론에서 항상 전투적 페미니스트는 레즈비언이라 공격받았지만 정작 주류 페미니즘은 레즈비언 여성주의자들의 주장을 여성주의에의 잠재적 위협 요소로 파악하거나 여성주의 의제와 정반대되는 것으로 치부했던 것이다. 이에 레즈비언 여성주의자들은 "레즈비언 페미니스트의 분석이 여성 억압을 이해하고 종식시키는 데 중심적이다"(C. Bunch, 1975; R. Hennessy & C. Ingram, 1997 : 54)고 주장하고 나선다.

레즈비언 여성주의가 그렇게 여성주의의 선봉을 자임하는 것은 여성 억압의 핵심이 강제적 이성애Compulsory Heterosexuality라고 보기 때문이다. "레즈비언 여성주의 정치학의 핵심은 하나의 제도, 그리고 이데올로기로서의 이성애가 남성 우월성의 초석이라는 것을 인정하는 데 있다. 그러므로 남성 우월성, 가부장제, 자본주의를 파괴하는 데 관심 있는 여성들은 레즈비언과 똑같이 이성애 지배와 싸워야 한다. 그렇지 않으면 우리는 여성 억압을 결코 끝장낼 수 없다. 이것이 내가 '이성애 문제the heterosexual question'라 부른 것이며 그것은 결코 '레즈비언 문제'가 아니다"(C. Bunch, 1975 : 56). 이성애주의는 레즈비언만의 문제가 아니라 여성의 문제이며 성애에 그치는 것이 아니라 지배와 억압의 문제다. 더욱이 이성애 지배는 모든 지배의 근간이다. "여성의 몸과 서비스에 대한 남자의 권리라는 제국주의적 가정이 이 사회 전반의 여러 다양한 지배 형태로 번역되었기 때문에 만일 일차적인 그 가정을 받아들인다면 다른 형태의 지배에 도전하기란 불가능하다"(C. Bunch, 1975 : 56).

이성애가 강제적이라 함은 그것이 개인의 의지와 행동을 강하게 제한하는 제도로 정착되어 있다는 뜻이다. 구조의 강제는 헤게모니적으로 작동한다. 즉 그것을 하도록 명시적으로 강요하는 것이 아니라 그것을 "거부할 때 심한 벌이 따른다는 의미"(클로디아 카드, 2004 : 91)다. 아무도 그녀에게 남자만 사랑하라고 강조하지 않는다. 대부분 이성애는 '당연시된 생활세계'이고, 자연화naturalization가 이루어져 있다. 그래서 보통은 반성의 지평으로 떠오르지 않는다. (그래서 아무 사심 없이 '남친 있어?'라고 물어 레즈비언 그녀를 아웃팅시킬 수 있다.) 당연시된다고 해서 제도로서의 이성애가 평화롭고 자연스럽게 작동한다는 뜻은 아니다. 이성 간의 낭만적 연애, 사랑, 결혼 관념은 그 경로를 따르지 않는 사람에 대한 갖은 구박과 제재를 동반한다. 그런 부드러운 폭력을 넘어 보다 딱딱한 폭력인 동성애 억압은 이성애주의의 불가결한 부분이다. '이반'은 "심리적으로 비정상이고 도덕적으로 열등하며 사회적으로는 일탈한psychologically abnormal, morally inferior, socially deviant" 자로 낙인찍혀, 의료적, 형사적, 사회적으로 처벌받는다. 그 분명하고 가혹한 처벌은 동성애 공포증을 낳고, 체계적으로 유포되어 심지어 이반 자체에게까지 내면화된다.

남성 혹은 남성 동성애자에게도 억압적일 수 있는 강제적 이성애주의가 여성주의 레즈비언에게 공격될 때, 거기에는 이성애를 남성적이라 보든가 이성애주의에서 남성은 억압되지 않거나 적어도 덜 억압된다는 전제(그와 아울러 남성 동성애자가 남자라는, 혹은 가부장적이라는 전제)가 필요하다. 그것은 첫째, 남성과 여성의 비대칭성gender asymmetry 관념에 기댄다. 모더니티에 중심적인 개념짝인 남-녀, 이성-감성, 능동-수동, 문명-자연, 정신-몸 등은 'a'와 'b'의 짝이기보다 'a'와 'not a'의 짝이다. 페니스와 버자이너는 서로 다른 둘이 아니라 페니스의 있고, 없음이다. 여성성은 남성성의 결여다. 여성은 부재이고 텅 빈 공간이다. 그것의 성질은 수동성이다. 배가 들어오기를 기다리는 항구, 나비를 기다리는 꽃, 명랑하게 꼬리치며 다가오는 정자를 묵묵히 기다리는 난자. 프로이트에서 여성적 리비도란—리비도는 그 충족과 해소를 향한 에너지를 상정하는데—일종의 형용모순이다. 능동적 여성 섹슈얼리티란 남성적 여성 섹슈얼리티, 즉 모순적이고 기괴한 결합이다. "욕망하며, 공공연하며, 주도적이며, 또 하나의 다른 여자를 향해 있는 여성의 성욕은 '남성의' 용어가 아닌 그 어떤 것으로 이해하기 힘든 문화적 어려움"이 있다(Butler; 여성문화이론연구소, 1997 : 351에서 재인용).

남녀의 절대적 구분과 대조, 그것의 불평등한 관계로 인해 이성애는 남성적 섹슈얼리티다.

둘째, 이성애를 남성적 섹슈얼리티로 보려면 섹슈얼리티와 젠더 간의 강한 상호연관이 전제되어야 한다. 섹슈얼리티와 젠더가 서로 번역되는 관계라서 젠더를 알면 섹슈얼리티를 알 수 있다는 것이다. 말하자면 스스로를 여자라 생각하는 것이 그녀의 섹슈얼리티—대상sexual object 선택, 섹슈얼리티의 목적sexual purpose 즉 성욕 충족 방식, 성적 환상의 내용 등—를 제한, 규정한다. 여성 젠더란 거부되고 금지된 사랑의 대상이 침전된 것이다. 너는 여자다, 고로 여자를 욕망해서는 안 된다. 한 번도 진정 소유할 수 없었던 엄마, 그래서 그 상실을 애도할 수도 없어 그저 멜랑콜리한 여성의 정신. 여성 젠더란 섹스의 목적을 지정해 준다. 너는 여자다, 고로 남자와의 생식기 결합으로 리비도를 해소해야 한다. 여성 젠더는 섹스의 방법, 혹은 섹스에 이르는 방법을 지정한다. 너는 여자다, 이성 간의 유혹 각본에 충실하라. "여성의 남성과의 차이에, 그리고 남성에의 복종에 의거하는 이성애적 어필"(Susan K. Cahn, 1993 : 348)을 추구하라. 갖가지 방식으로 페니스를 선망하라. 여성 젠더는 여성의 성적 판타지를 규정한다. 거기서 여성은 강간당하기를 꿈꾸고, 남성의 폭력에서 에로티즘을 느낀다. "지배와 복종의 성애화", 사도마조히즘으로서의 이성애에서 여성은 네거티브 역을 할당받는다. 보지 않고 보이며, 원하지 않고 욕구되며, 복종하며 쾌락을 느끼는.

첫째와 둘째의 전제는 결합된다. 엄밀히 구분된 여성, 남성은 현저히 다른 성격의 여성적 섹슈얼리티와 남성적 섹슈얼리티를 가지며, 양자의 비대칭으로 인해 남성적 섹슈얼리티는 이성애라는 정상의 전체를 점하고 여성적 섹슈얼리티는 '네거티브 정상', 부재하나 있고 이상한 것이 정상인 그런 어떤 로케이션이다.

셋째, 이성애의 강압성이 여성에게 유별나다는 레즈비언 여성주의의 주장은 제도로서의 이성애가 가장 강조하는 것이 이성애 결혼인데 그 결혼이 가부장적이어서 여성에게 훨씬 착취적이라는 관념에 기댄다. 가부장제 결혼은 여성을 가장/남편의 지배 아래 놓아 그녀의 몸과 노동 산물을 남편이 전유하게 한다. 그런데 여성에 대한 지배는 노골적이고 직접적으로 아내에게 향하기보다는 어머니인 아내에 대한 그것을 경유한다. 모성성은 가부장제의 근간이기도 하지만, 이성애주의의 정점이기도 하다. "레즈비언의 부자연스러움은 항상 재생산을 못하는 섹슈얼리티와 관련되어 있다"(하트, 1999 : 268). 여성의 정상성은 고추 달린 아이, '당신 닮은 아들'을 낳아 길러야만 증명된다.

루빈(G. Rubin, 1975)에 의하면 여성은 남성들끼리 주고 받는 선물이고 물건이다. 남자의 것이 되지 않는 여성, 남성 간의 교환 경제의 순환에서 누락되는 여성은 여성 교환을 매개로 하는 남성들 간의 관계를 위태롭게 한다. 결혼 안 하는 여성, 혼자 사는 여성, 여자끼리 사는 여성들은 의심받고 감시된다(재거와 스트럴, 1983). 그들은 "아버지의 중요성을 비웃는", "건방진 타락한 남성 혐오적 무심함"으로 비난받고, 그들의 몸은 "자율성과 통제 불가능성으로 부패된 육체"(하트, 1999 : 261)로 그려진다.

그렇다고 이성애 강압이 개인적 남녀 관계 속에서만, 혹은 가족제도 맥락에서만 일어나는 것이 아니다. 예컨대 애드리언 리치는 직장에서의 성희롱에 대한 캐서린 매키넌의 연구를 토대로 하여 강압적 이성애가 어떻게 직장 안에서 여성 차별의 근본 원인이 되는지를 지적했다. 이성애 제도는 사적 영역뿐 아니라 남녀의 차별 임금 제도, 가족 임금 이데올로기, 여성성을 배제한 조직 편제, 여성 노동의 섹슈얼리티화 등 공적 영역에서의 차별과 배제를 낳는다. 이성애는 정치적 제도다. 그러고 보면 가부장주의와 이성애주의는 거의 동의어가 되다시피 한다. 가부장적 이성애주의patriarchal heterosexualism라는 개념도 빈번히 사용된다. 페미니즘은 (가부장주의 타파의)

이론이고 레즈비어니즘은 (가부장제의 근간인 이성애주의 타파의) 실천이라는 결론이 자연스럽게 도출된다.

여성은 "남근적 질서에 이방인으로 관여되어 있"다(클레망 · 크리스테바, 2002 : 118; 필자 강조). 즉 여자는 남근적 질서의 외부에 있지 않다. 이 점을 주목한다면 여성이 자신에게 억압적인 질서를 그대로 내면화할 가능성이 돋보인다. '남자와 잠'으로써 "자신을 억압하는 체계를 영구화(샬럿 번치, 1983 : 233)"하는, "남성 정체화된" 여성으로 사는 것이다. 그러나 지배 규범과 자기 자신 사이에 끼여 살면서 아이러니와 불편을 느끼면, 그것이 더 이상 참을 수 없는 분노로 터져 나와 '다른' 여성성을 주장하게 되면, 그것이 '자신을 여성으로 생각하는 여성'이다. 그가 위의 '실천'을 담보하는 주체다.

2) 여성 정체화된 여성들의 레즈비언 연속체

여성 정체화란 '남성 정체화'를 거부하는 것이다. 남성 정체화란 자신을 남성과 동일시하여 남성적 지배 구조에 헌신하는 것이다. 그런 여성은 "가부장제 여성성", "합법성과 진정성에 대한 느낌을 위해 남성들과의 관계에 의존하는 '실제 여성'"(여이연, 1997 : 711)이다. 여성 정체화된 여성woman-identified woman이란, 정체성의 주요 차원으로 자신이 여성임을 강조하면서, 그 여성임을 여성주의적으로 정의하는 '진정한' 여성이다.

그러한 여성 정체화는 모든 여자의 물적 조건상 가능하다. 그리고 그러한 정체의 실체는 레즈비언이다. 레즈비언 페미니스트들은 여성주의 의식이 없는 레즈비언이란 있을 수 없다고 생각하는 것 같다. "레즈비언은 무엇인가? 레즈비언은 폭발의 시점까지 응축된 **모든 여성**의 분노인 것이다(래디컬레즈비언 3차년도 노트 〈여성 정체화된 여성〉; 조세핀 도노번, 1993 : 298에서 재인용; 필자 강조)." 레즈비어니즘은 정치적으로 선택할 수도 있고, 어릴 때부터의 내적인 충동을 따랐는데 결과적으로 정치성을 띠는 것으로 평가받을 수도 있으며, 어느 한순간 "진정한 하나의 체험"을 통해 레즈비언임/여성임을 자각할 수도 있다(도노번, 1993 : 300). 요는 레즈비언은 생물학적 결정이 아니라 다양한 계기에 다양한 정도로 선택하고 취할 수 있는 정체다.

레즈비언이 페미니스트인 것이 맞는 만큼 페미니스트가 레즈비언인 것은 맞나? 레즈비언이 여성에게 에로틱한 욕망을 느끼고 그 실현을 다소간 추구하는 존재라는 것은 부정할 수 없지 않은가.[7] "욕망이 거기 있어야 하고 그것은 적어도 얼마간 육화된다"(Stimpson; Weedon, 1999 : 63에서 재인용). 여성해방운동의 핵심이라고 촉망받는 레즈비어니즘을 실천할 때 이성애적 지향을 가진 여성들이 더 이상 나아갈 수 없는 어떤 한계 지점이 있지 않을까? 거기서 그들이 스스로를 남성 정체화된 인간으로 자책하지 않으려면 여성 간의 자매애를 레즈비어니즘으로 생각해야 할 것이다. 그래서 "여성 대 여성의 관계는 성의 역할을 수반할 필요가 없"고 관건은 이성애 이데올로기를 받아들이지 않는 것이이고 그렇기만 하면 "누구와 동침을 했건 하지 않았건 막론하고 귀어나"(번치; 도노번, 1993 : 303에서 재인용)라는 생각이 나온다.[8]

이러한 생각은 무엇보다 레즈비언을 재진술하는 동시에 그 정의를 확장하려는 노력으로 읽어야 한다. 이제껏 레즈비언은 병들고 패배한 개인이라는 의료적 정의나 기껏해야 성적인 선호와 변덕스런 개인주의 용어로만 호명되었을 뿐이다. "자신을 억압하는 것에의 저항은 병들었다는 표시가

---

7 이렇게 말한다고 해서 동성 연애와 동성애의 구분을 경시하는 것은 아니다. 동성애자와 달리 동성 연애자라는 호칭은 모종의 성행위를 강하게 연상시키면서, 인간의 전반적인 상태나 특성을 그의 구체적인 행동과 경험으로 축소한다는 문제가 있다. 이성애자라고 해서 항상 이성을 사귀고, 성교를 하는 것이 아닌 것처럼 동성애자라고 하여 같은 성의 (모두와는 물론 아니고) 누군가와 항상 연애를 하는 것도, 섹스를 하는 것도, 더구나 특정 방식으로 섹스를 하는 것도 아니다. 평생 섹스 한 번 안 하는 이성애자, 동성애자가 있을 수 있는 것이다. 게이로 커밍아웃하면서 사제의 순결 서약을 지키겠노라는 맹세는 그래서 가능하다.

8 그 같은 경향은 우리나라 레즈비언에서도 나타난다. "같은 동성애자라 하더라도 레즈비언과 게이의 정체성은 같지 않다. 그리고 레즈비언 정체성은 반드시 '성적 취향', '성 경향', '성 취향' 등과 연결되는 것이 아니다. '레즈비언 정체성'은 여성 정체성, 남성 정체성 등 젠더에 입각한 구분이 필요할 때나 이용하는 것이 바람직하다"〔박김수진, 2005(a) : 81쪽의 주4〕.

아니라 정신이 건강하다는 증거"(Shelly, 1969 : 573)인데 말이다. 자신을 하나의 집단으로 제시하려면 레즈비언의 숨겨진 역사를 복원하면서 드러나는 다양한 존재 방식을 포괄하고 그것의 사회 정치적 의미를 부각해야 한다. 리치의 레즈비언 연속체lesbian continuum가 그 노력의 산물이다. "나는 레즈비언 연속체라는 용어를 여성 정체성을 지닌 경험의 넓은 범위를 포함하는 것으로 의미화한다. 즉 그것은 단지 여성이 다른 여성과의 성기적인 성 경험을 가졌거나 의식적으로 그것을 욕망한다는 사실에 의해서만 정의되지 않는다. 우리가 그것을 풍부한 내적 삶을 공유하는 것, 남성 지배에 맞서 연대를 형성하는 것, 실천적이고 정치적인 지원을 주고 받는 것을 포함해 여성들 사이에 존재하는 여러 형태의 일차적 강렬함을 포괄하도록 확장한다면 '레즈비어니즘'의 개념들이 한정되어 있고 대부분 임상적이었기 때문에 우리가 포착하지 못했던 여성이 역사와 심리의 숨결을 파악하게 된다"(리치, 1980; 프리드먼, 2002 : 116에서 재인용).

다른 한편 레즈비언 연속체는 레즈비어니즘을 단일체가 아니라 에로틱한 것과 여성주의적인 것을 다양한 정도로 스펙트럼화할 수 있는 연속선으로 제시하여 혁명적 레즈비언뿐 아니라 숨겨진 레즈비언, 잠재적 레즈비언, 레즈비언 페미니즘에 동의하는 이성애 페미니스트를 '레즈비언' 깃발 아래 포괄할 수 있다. 그런 작업은 레즈비언의 성적인 것, 에로틱한 것을 그 오명으로부터 분리해 본연의 정치적 차원을 살리는 것이 궁극의 목표겠지만 그러기는 역부족이거나 일차적인 관심사인 여성 연대와 레즈비언의 정치적 주체화에 비해 덜 시급하므로, 성적인 것을 중화시키는 전략을 따른 것이다.

왜냐하면 지배 체제에서 여성 동성애의 재현은 과잉 성애화든 탈성애화든 성적인 것을 맴돌기 때문이다. 첫째, 과잉 성애화된 레즈비언 이미지. 남성들을 위한 포르노그래피는 어김없이 여자들 간의 섹스를 담고 있다.

"출산과 양육의 부담에서 벗어난 여성의 육체는 결국 365일 섹스가 가능한 24시간 오르가슴 직전의 흥분 상태를 유지하는 신천지가 된다"(한채윤, 2003). 그것은 남성의 성 편력과 정복에 다채로움을 제공해 준다. 그리고 항상, "하나보다 둘이 낫다"(Whatling, 1999). 그러나 레즈비언이 성 도구에 그치지 않고 위협적으로 될 때 그것은 "사이코, 킬러, 여괴"(김선아, 2001)로 인식된다. 그러다가 정반대로 바뀌어 남성적 성욕과 배치되는 것으로 그려지기도 한다. "짧은 머리와 발달하지 않은 가슴에 오토바이를 모는 터프한 여자"라는 스테레오 타입 말이다. 특히 스포츠 스타에 대한 레즈비언 마타도어는 스포츠=남성성, 그러므로 여성 스포츠 스타=남자화된 여자=레즈비언이라는 공식을 따른다(Cahn, 1993). "남성의 이익에 부합하는 레즈비언은 분명 반반한 얼굴에 쭉 빠진 몸매를 가진 여인이었는데 반대의 상황이 되면 돌연 레즈비언들은 우락부락한, 필시 이성애자였다고 해도 남성들에게 구제받기 힘들었을 여자로 변질되어 버린다"(한채윤, 2003).

둘째, 탈성애화되어 부정된 레즈비언. 게이에 비해 레즈비언은 '보이지 않는' 존재다. "강제적 이성애주의가 영속화되는 핵심적인 방법들 중 하나는 여성 정체화의 체험, 또는 레즈비언 체험이 드러나지 않게 함"(도노번, 1993 : 306)이기 때문이다. 지배자 남성은 약자들의 섹스를 주목하지 않았다. 보스턴식 결혼, 중국의 의자매sworn sisters, 남장 여인들, 그토록 많은 낭만적 우정들 등 레즈비언은 역사를 통해 여러 사회에서 있었다. 남자들이 진지하게 고려하여 기록하지 않았고, 레즈비언 섹스에만 매우 엄밀한 '성기의 증거genital proof'를 들이대 많은 것을 레즈비언 역사에서 누락시킨 것이다. "한 남자와 한 여자가 나란히 걸어가면 이성애적 관계로 본다. 그러나 역사가들은 한 집에 30년간 같이 살고 한 침대를 쓴 두 여자를 레즈비언으로 기록하지 않았다"(Jeffreys, 1984; Norton, 2002에서 재인용). 그렇게 무시되던 레즈비언이 어찌어찌 가시화되면 남성 사회는 그것을 대체로 낭만적인 우정으로 치부한다.[9] 이 역시 만만할 때와 위협적일 때가 다르다. "근대의 눈에는 레즈비어니즘으로 보일 것에 대한 남녀의 칭송이(있었)다. 권위 있는 남성 지도자들은 그것(여성들 사이의 정열적이고 일생에 걸친 우정)을 보편적인 인간 우정의 도덕적 모범으로 생각했다. 1880년과 1920년 사이에야—과학사가인 마거릿 로시터에 따르면, 여성들이 임금을 벌고 남성들과 똑같이 과학에 진입하기 위한 가장 강력한 투쟁에서 패배한 기간과 대략 일치하는 때인데—레즈비언이라는 딱지가 붙었다. 성 차에 관한 정신분석학과 생의학 연구는 독립적인 여성들이 서로를 지원하는 것을 방종이라고 규정함으로써 정당성을 획득했다"(샌드라 하딩, 2002 : 166-167).

남성 지배 체제에 위협적으로 되었을 때 레즈비언은 그 정치적 의미—남성의 정치 경제적 권력에 대한 도전—는 결코 언급되지 않고 성적 방종과 타락의 낙인이 찍혀 단죄된다는 것은 주목할 만하다. 그렇다면 레즈비언 페미니즘이 레즈비언에 대한 과잉 성애화, 즉 전적으로 성적인 것에 의거해서만 레즈비언을 보는 개념을 경계한 것은 자연스럽다. 그리하여 성적인 것은 레즈비언 의미 부여에서 의식적으로 누락되거나 억압되었다. 이는 여성의 성 해방이 여성의 성적 예속과 착취를 심화시킬 수 있다는 페미니즘의 '섹스 반대anti-sex' 조류를 배경으로 한 것이기도 하다.

3) 레즈비언의 여성적 섹슈얼리티

이성애적 섹슈얼리티가 남성적 섹슈얼리티와 동일시된다면 동성애는 여성적 섹슈얼리티다. 그래서 레즈비언 여성주의에서 이성애 대 동성애는 이성애 대 여성의 (새로운, 진정한) 섹슈얼리티라는 이분법으로 수정된다. 그

9 태혜숙 외, 《한국의 식민지 근대와 여성공간》(여이연, 2004)에는 소춘(김기전), 〈요때의 조선 신여자〉; 김윤선, 〈또다른 신여성—노처녀 제2부인 동성애자〉; 현루영, 〈여학생과 동성애문제〉 등의 글이 실렸다. 길박세상, 《20세기 여성 사건사》(여성신문사, 2001)에는 〈신여성의 동성연애—아주 특별한 친구 '엑스자매'〉, 〈나도 남자처럼 살아보겠다—강향난 단발 남장 사건〉 등이 소개되어 있다.

럴 때 여성적 섹슈얼리티란 첫째, 말 그대로 여성의, 여성끼리의 섹스를 의미하고 둘째, 가부장제에 규정되고 지배되는 남성적 섹슈얼리티와 다른, 더 나은 섹스를 의미한다. 게이의 섹스가 동성 섹스이기만 하다면 레즈비언 섹스는 동성 섹스이자 여자의 섹스인 것이다. 그 좋음은 가부장적, 남성적 섹스의 부재로 인한 좋음(좁은 의미로는 남자와 섹스하지 않는다, 근본적으로는 남성적 가치에 물든 섹스를 추구하지 않는다), 그리고 여성성의 재조명과 적극적 가치 부여에 기댄 여성 섹슈얼리티의 좋음, 즉 앞에서 네거티브 정상이라 다소 무리하게 부른 것의 포지티브 정상으로의 복권에 따른 좋음으로 설명된다.

새로운 여성적 섹슈얼리티의 특징은 무엇보다 여성이 주체라는 것이다. 즉 대상, 남성 성욕의 대상이자 목적이고 파트너 또는 거의 물건으로 다뤄지는 대상이 아니다. 주체성은 자신의 몸과 생활방식에 대한 인정과 가치 부여, 성 문제에서의 자기결정과 실행 등을 의미한다. “남자의 욕망 대상인가 여부와 상관없이 성적인 가치와 힘을 가진 존재로 자신을 바라볼 수 있게 되어야 한다”(벨 훅스, 2002 : 199-200). 둘째, ‘여자 식의 에로틱’은 몸의 한 부분에 제한되거나 오로지 몸에만 제한되는 것이 아닌, 오드리 로드가 묘사했듯, “신체적이든, 감정적이든, 영적이든 간에 기쁨을 공유하는 것”, 그리고 일을 공유하는 것에 존재하는 어떤 에너지, “무력함이나 체념, 실망, 자기 무화, 의기소침, 자기부정 같은 원래 나의 것이 아닌 주어진 존재 상태를 덜 기꺼이 받아들이게 만들어 주는, 힘을 북돋는 기쁨empowering joy”(리치, 1984; Weedon, 1999 : 61에서 재인용)이다. 그것을 좀 자세히 보자.

첫째, 여성적 섹슈얼리티는 생식기 중심적이지 않다. 여성의 성감은 ‘분산적’이다. 그것은 성감대가 여러 곳이라는 뜻만이 아니라 남성적 상징계에서처럼 둘러싸거나 코드화할 수 없다는 뜻이다. 여성적 섹슈얼리티는 “몸에 그치지 않”지만 몸을 도외시하는 것이 아니다. 여성 생물학에 기대

몸은 적극적으로 가치평가된다. "여성의 생물학적 특성—클리토리스, 유방, 자궁, 질 등에서 발산되는 충만하고 강렬한 육체적 감각, 달의 영향을 받는 월경 주기, 여성의 육체에서 일어날 수 있는 생명의 잉태와 결실—은 우리가 알고 있는 것보다도 훨씬 근본적인 영향을 끼치고 있다. (…) 우리의 육체성을 운명이 아니라 자원으로 볼 수도 있으리라고 생각한다"(리치, 1995 : 44). 여성의 생물학적 특성에는 "실제적인 권력"이 내재해 있다(리치, 1995 : 45; 필자 강조).

둘째, 여성끼리의 관계는 감성적, 영적이다. 그것은 자매애로 지칭되기도 하고 어머니와 딸의 유대 관계에 비견되기도 한다. 여여 관계는 일단 동일성에 대한 애착으로 설명된다. "남자라는 타자에 의해 묶어지지 않는", 그래서 "이성애 여자보다 더 여성적인" 레즈비언들의 평등한 연대라는 찬양이 거기서 나온다(Phelan, 2001 : 117).[10] 그러한 호모에로틱 모델은 차이와 불평등을 에로틱한 것으로 보는 남성적 이성애와 확연히 구분되는 특징인 것은 사실이다. 동일성의 에로틱화는 자기 자신이나 자아 이상에의 사랑으로 연결된다. "레즈비어니즘, 무엇보다도 다른 여성에 대한 사랑과 한 여성으로서의 자기 자신에 대한 사랑으로 이해된 그것은 생명을 구하고 자아를 사랑하는 정치적 저항이 되었다"(비디 마틴; Calhoun, 1995 : 10에서 재인용). 자기애적 동일화와 레즈비언 욕망은 자주 혼동된다.

셋째, 관계에서 추구하는 것은 생식기나 성감대, 몸의 생리적 반응의 총합으로서의 오르가슴이 아니라 기쁨이다. 섹스가 아니라 사랑을! 여성 동성애에 대한 여러 실증 조사는 여성이 섹스를 묘사할 때 인간적인 관계, 존

10 레즈비언 관계는 평화롭고 평등하고 우애스럽기만 한 것인가. 〈끼리끼리〉는 수평적 폭력을 의제화하고 있다. 케이, "우리의 문제는 우리의 몫- 우리 안의 성폭력을 어떻게 해결해 나갈 수 있을까"라는 글은 자신의 경험을 지나가는 말로 언급하면서 주로 성폭력 개념의 이성애 중심성을 문제 삼고 있다. "여성들 간에서 성을 매개로 폭력이 일어날 수 있다는 것을 이해하는 사람은 그리 많지 않다. (…) 같은 변태인 애들끼리 무슨 성폭력 운운이냐 정도일 것 (…)"(http://kirikiri.org/spboard). 레즈비언의 억압과 배제를 강조하는 것은 당연한 측면도 있지만 그의 밝고 명랑한 생활도 부각시켜야 한다. 김희연(2004)이 그런 움직임의 예다.

중과 신뢰, 우정, 지속성 등의 어휘가 많이 등장하며, 섹스를 보다 넓은 인간관계의 맥락 속에 넣고 싶어 한다는 특징을 주목한다. "저는 친밀감에 중점을 두고 있어요, 살과 살이 맞닿으면서 느끼는 친밀감, 꼭 오르가슴이 아니어도"(박민선, 1999). 애정과 섹스가 서로 넘나드는 때조차 오르가슴은 그들에게 완전히 다른 성질의 것이다. "내가 사랑을 할 때 정말로 맛보고 싶은 것은 성을 '정신화하는 것', 바로 그것이에요. 그러나 남자와 섹스를 할 때는 전혀 이 '정신화하는 것'을 경험할 수가 없었어요"(자닌 모쉬 라보, 2003 : 489; 필자 강조). 이 '정신화된 기쁨'이 어느 정도 '성적' 열락인지는 알 수 없다. 아무튼 레즈비언의 관계는 복수의 파트너, 성 크루즈 등으로 묘사되는 게이에 비해 지속 기간이 길고, 성적 배타성과 정절이 높으며, 헌신도도 높다고 운위된다. 심지어 '일부일처제적'이라 묘사되기도 한다. (레즈비언의 에이즈 감염률이 게이는 물론이고 이성애 여성보다 낮다는 것도 이 맥락에서 언급된다.)

넷째, 그 기쁨은 "권력을 갖게 하는 기쁨"이다. 섹스가 아니라 권력을! 레즈비언이 남성 권력에 반기를 들고 독립을 추구할 때 그것은 성적인 것만이 아니라 경제, 정치적인 것이기도 하다.[11] 그 힘, 권력이 추구하는 것은 '여성적 가치'에 기반한 여성 공동체를 구축하는 것이다. "그것은 비위계적이고, 영적이며, 일부일처제와 제국주의처럼 다른 인간을 소유하길 원함으로써 생겨나는 질투가 없는 것일 것이다. 그것은 비인종차별적이고, 비연령차별적이며, 비계급차별적이고, 경제적이든 성적이든 비착취적일

11 "킨제이는 교육 연수와 레즈비언 행위 간의 강한 상관관계를 발견했다"(D'Emilio,1997 : 173). 남자로부터의 독립은 물질적 조건이 확보되어 자신을 부양할 수 있을 때, 생존을 위해 남자의 선의와 남자와의 관계에 기댈 이유가 없을 때 가능하다. 레즈비언 인권운동에 헌신하는 학생들의 발표에 의하면 경제적 독립에 대한 고민과 관심이 지대하다고 한다. 그러나 현실은 만만치 않다. "최고 부자가 게이 커플이고 여성 남성 이성애자 커플이 다음이에요. 지지리궁상은 레즈비언 커플일 수밖에 없죠"(한겨레신문 김순배 기자의 박수진 인터뷰. http://blog.naver.com/mrnew). 이 말이 맞는지는 실증 조사가 필요하지만, 제한되고 분리된 여성 노동시장 현황과 빈곤의 여성화라는 일반적 상황에 비춰 크게 틀리지 않을 것이다.

것이다. 그것은 여성 우호적, 아동 우호적일 것이다. 그녀들은 여성이 부패한 가부장제에서 발을 빼 남성적 가치가 침투할 수 없는 자신들의 자족적이고 '여성 정체화된 여성' 공동체를 설립하면 여성 문화가 형성될 것이라고 믿었다. 그 공동체들은 결국 하나의 강한 레즈비언 나라Lesbian Nation를 건설하게 될 것이니, 그것이 반드시 지리적인 실체일 필요는 없고 다만 하나의 마음 상태일 수 있지만 나라와 세상을 그 위험한 경로로부터 벗어나게 해 줄 만큼 힘 있는 것일 것이다"(Faderman, 1991; Weedon, 1999 : 64-65에서 재인용).

'섹스가 아니라 사랑을', '섹스가 아니라 권력을', 이 두 모토로 레즈비언 페미니스트의 섹슈얼리티를 요약할 수 있다. 사랑과 권력으로 설명되는 이것이 과연 섹슈얼리티이기나 한가. 정치적 레즈비어니즘에서 섹슈얼한 것은 체계적으로 희석된다. "성기적 성욕genitality은 뭉뚱그려진 에로티시즘에 자리를 양보하고, 에로티시즘은 관능sensuality에, 관능성은 '주로 감정적 강렬함'에, 그것은 다시 실천적이고 정치적인 지지에 양보한다"(힐러리 알랜; Calhoun, 1995 : 11에서 재인용). 그리하여 얻은 것은 형이상학적 생물학에 기대 신비화되고 규범화되고 또 다시 자연화된 여성 섹슈얼리티다. 그 정당성은 남성적 섹슈얼리티에 대한 비판을 넘어 "레즈비언들의 성적 실천의 정당성을 박탈함으로써 획득된다"(김지혜, 1998 : 84).

4) 차이의 사라짐?

레즈비언 여성주의 개념들은 많은 여성들에게 다른 여성들과 자신이 맺는 관계에 대해 사고하는 방식을 긍정하고 해방시키는 것으로 받아들여졌다. "페미니즘 운동은 많은 여성에게 자신을 레즈비언으로 규정할 수 있는 심리적 공간을 제공했다. 남성 비판에 집중한 이데올로기와 남성과의 이성애라는 (신념과 실행의) 모순은 종종 정체성 위기를 야기했던 것이다. 레즈비언 페미니즘으로 그들은 정치와 개인 삶의 모순을 해소할 수 있었다"(D'Emilio, 2003 : 36). 그러나 그것은 '지나치게' 성공한 듯하다. 영국의 여성운동에서 그 영향은 부정적으로 평가되기도 한다. "레즈비어니즘 그리고/혹은 분리주의는 놀라웠고, 여성들이 자매애의 우산 아래에서 물러난 첫 번째의 '주목할 만한' 움직임을 낳았다. 모든 이성애 여성은 기껏해야 믿을 가치가 없는 봉이거나 최악으로는 적극적 협조자로 불렸다(S. Ardill & Aue O'Sullivan, 1987; Weedon, 1999 : 64에서 재인용)." 이성애자 여성주의자들은 적절히 대응하지 못했다. "이성애주의에 참여하는 것, 이성애 섹스를 하는 것은 여성 억압에 협조하는 것이라는 견해를 적절히 반박하지 못했고, 그들은 죄책감을 느꼈다. 남자에게 의존하는 것은 너무 간단하게도 명백히 '잘못'된 어떤 것이 되었다. 이제 그들은 새로운 일탈자이고 반면 레즈비언 페미니스트들은 페미니즘의 전위에 서게 되었다"(Clark, 1987; Weedon, 1999 : 64에서 재인용).

레즈비언 쪽에서는 그런 사정이 좋았을까? 페미니즘 전위에 떠올려진 것을 모든 레즈비언이 환영한 것은 아니다. 페미니스트 정체화가 없거나 약한 레즈비언은 레즈비언 페미니즘에 반감을 갖게 된다. 레즈비언 페미니즘은 이성애의 실행을 보다 적절히 분석하려는 노력을 침묵시킬 뿐 아니라 레즈비어니즘에 대한 다른 입장 전개를 억압할 수 있기 때문이다.

여성 연대는 여성이라는 우산 개념 속에 여성을 가로지르는 많은 차이들—계급, 인종, 나이, 성 지향의 차이들을 적절히 다룰 때 가능하다. 차이의 억압과 무화는 가능하지도, 소망스럽지도 않다. '차이에 민감한 여성주의'는 레즈비언의 차이를 제대로 다룰 수 있을까? "레즈비언은 여성을 볼 뿐 아니라 욕구하고 열정을 느낀다. 이것이 레즈비언과 이성애 여성—페미니스트이건 아니건—간에 존재하는 불일치의 일부인 것은 확실하다. 이성애 여성은 남자들이 그렇듯 레즈비언들이 자기를 성적 대상으로 볼지도 모른다고 두려워한다. 많은 레즈비언, 특히 페미니스트 의식화의 결과로 커밍아웃한 이들은 글을 쓸 때 섹슈얼 이메저리를 사용하지 않으려 한다. 그러나 이것은 생산적이지 못한 회피다. **레즈비언이 이 세상에서 존재하는 방식은 성적인 것이다**Lesbian being-in-the-world is sexual. 우리를 다른 여자로부터 구분하는 것은 많은 부분 우리의 섹슈얼리티다(Zimmerman, 1993; Weedon, 1999 : 63에서 재인용; 원래의 강조)."

레즈비언 여성주의가 섹슈얼리티를 편협하게 다룬 것은 정치적, 논리적 결과다. 경직된 젠더 이분법의 고수와 젠더와 섹슈얼리티가 직결된다는 생각은 레즈비언 섹슈얼리티에 대한 풍부한 접근을 불가능하게 한다. 이론적 전략인 탈성화 경향은 정치적으로 선호됨으로써 강화된다. 여성 섹슈얼리티의 착잡함, 그로 인한 성 해방의 양가성은 성에 대한 옹호일변도나, 자유주의적 해방론을 위험한 것으로 생각하게 하긴 하지만 (아마도 궁극적으로는 섹스 혐오에 기반한) 탈성화 전략은 자패적으로 보인다.

무엇보다 문제인 것은 상호 배려의 합법적인 (여성)섹슈얼리티란 개념은 또 하나의 정상을 세우는 것일 뿐이어서 이성애적 정상성은 하등 손상되지 않는다. 그 속에서 레즈비언은 섹슈얼리티 부분에서는 또 하나의 정상이고, 다만 젠더상으로만 탈법자라는 건데 기실 레즈비언 아닌 많은 여성들도 그렇고 그럴 수 있다. "게이의 혁신성은 섹슈얼리티의 영역에서 보다 현실화되며 반면 레즈비언의 혁명성은 가부장적 젠더 관계에서 발휘된다"(조성배, 2003)는 생각은 안이한 이분법이자 레즈비언에 대한 왜곡이다. 성적인 것을 무장 해제함으로써 페미니즘 대열에 서는 것은 자신의 강함 자체를, 아니 강함이든 약함이든 자신의 존재 일부를 철회하는 것이다. 그리하여 레즈비언 여성주의는 자신의 다름을 충분히 드러내지 못했고, 자기 안의 다름을 억압했으며, '다름'이 세상의 변화에 기여할 몫을 줄였다.

이러한 한계에도 불구하고 레즈비언 여성주의의 공로는 폄하될 수 없다. 그것은 보이지 않는 존재였던 레즈비언을 공적으로 드러내고 성적으로 타락하고 병든 개인이라는 낙인에서 분리해 집단적 정치적 주체로 세웠다. 여성주의의 강제적 이성애 비판과 젠더 불평등 분석은 레즈비언 이론과 실천에 중요한 자원이다. 레즈비언의 섹슈얼리티와 정체를 이해하는 데 빠져서는 안 되는 매우 중요한 관점과 인식을 제공하는 것이다. 자신이 서 있는 곳으로 인해 고도로 정치적일 수밖에 없는 레즈비언은 한편으로 일체의 신비화와 관념화를 거부하고 다른 한편 보편적 억압론이나 희생자 수사에서 벗어나 구체적이고 적극적인 자기 정립을 해야 할 것이다.

3. 동성애자(?)/여성(?)－퀴어로서의 레즈비언

동성애자라는 섹슈얼 정체성을 해체해 섹슈얼리티 특성이나 지향으로 만들고 동시에 자명한 것으로 여겨진 '여성임'을 문제에 빠뜨릴 때 레즈비언은 동성애자/여성(?) 나아가 동성애자(?)/여성(?) 나아가 비인습적 젠더/섹슈얼리티 행위자, 퀴어라 할 수 있다. 이러한 성 정체성의 해체와 (디스)로케이션은 차이에 민감해진 페미니즘, 게이 정치학의 퀴어 정치학으로의 전환, 그리고 정체성 정치학의 포스트모더니즘적 판본화의 맥락 속에 있다.

1) 퀴어 정치학과 정상성 체제

동성애 정치학이 정작 섹슈얼리티를 언급하지 않고 "점잔 빼는 이상을 조장"(템신 스파고, 2003)한 것은 역사상 불가피해 보인다. 동성애자들은 미국에서는 (세대 코호트를 규정하는 사건이라 할) 스톤월 항쟁을 계기로 거리로 나와 서로를 확인하고, 커뮤니티를 형성하고, 해방운동, 인권운동을 했다. 그들의 전략은 무엇보다 동성애자란 "남자를 사랑하는 남자", "여자를 사랑하는 여자"라는, 즉 섹스 대상 선택상의 다름만 있을 뿐 보통의 남자, 여자와 다를 바 없다고 하는 한편, 동성애 지향이라는 다름도 선택에 의한 것이 아님을 강조하는 것이었다. 그것이 종족적/본질주의적 정치(ethnic/essentialist politics)다. 만일 동성애가 생득적 특성에 의한 '소수민족(성)'이라면 동성애자는 다른 소수민족들처럼 동등한 권리를 주장할 자격이 있게 된다. 이러한 게이 정치는 꽤 설득력이 있어 (미국에서는) 성적 지향에 의거한 차별을 철폐하는 데, 적어도 차별의 부당성을 대중적으로 인식시키는 데 성공한다. 그러면서 동성애 권리 운동은 동성애의 긍정적 이미지 창출에 진력한다. 그리하여 '같음'의 담론이라 할 만한 것이 지배적이었다.

게이 해방운동은 (레즈비언 여성주의도 포함한) 여성주의와 공유할 것이 많다. 그것은 이성애주의와 성차별에 대한 투쟁이기 때문이다. 그러면서 양자는 한계도 공유한다. 무엇보다 '정치적으로 올바른 성'이라는 관념으로 인해 지배 담론에 포섭된다.

이러한 사정에 대한 비판은 '급진적-자유의지론적 페미니스트'들의 '자유'의 기치 아래 이루어진다. 대표 주자인 게일 러빈은 젠더와 섹슈얼리티의 절대적 구분에 의거한 남성의 나쁜 섹스와 여성의 좋은 섹스라는 개념을 비판하며 도대체 좋은 섹스는 뭐고 나쁜 섹스는 뭐냐고 묻는다. 성의 본질론, 불평등한 젠더 관계로 인한 비대칭적 위험이라는 생각은 일소당한다. 문제는 성적 자유의 억압이다. 남녀를 막론하고 개개인은 법과 질서의 이름으로 성적 자유를 제한하고자 하는 사회의 시도들로부터 최대한도로 자유롭기 위해 모든 성적 금기사항들을 파괴해 나가야 한다. 러빈은 레즈비언 사도마조히즘의 대표적 옹호자다. 나아가 아동에 대한 성적 학대나 착취라 하여 비판받을 여지가 가장 많은 소아성애까지—"무해한 성적 변형"이라면—괜찮다고 한다. 이러한 급진적 주장은 성적 행동의 이슈에서 개인의 자유로운 선택을 강조하는 경향의 극단이다. 나로선 요령부득인 자유지상주의는 일단 접어두고 레즈비언 페미니즘에 대한 비판은 경청할 여지가 많다. 그녀는 "진정성에 대한 주장이 '다른 여성을 향한 여성의 사랑과 욕망에 대한 지속되는 거부와 금지, 주변화에 대한 방어로 작용'하는 것을 주목한다".

자유지상주의 입장은 '성적 선호sexual preference' 개념을 사용하는데, 그것은 욕망과 성적 실행들을 소비 선택과 동일한, 산발적이고 선택적인 취향인 양한다. 그에 비해 '지향orientation'은 두텁다. 즉 지속적이고 아마도 타고나는 한 사람의 정체성을 겨냥한다. 그러나 '지향'을 동성애냐 이성애냐(그리고 그 중간으로 안이하게 제시되는 양성애냐)로 제한하는 용법이 일반적으로 통용되는 것에서 알 수 있듯, 성적 지향 관념은 이성애의 상대 짝으로서 동성애를 특권화시키면서 다른 성들을 배제한다. 이성애적 식민지배의 내부 파트너로 간택된 동성애라고나 할까. 이성애-동성애 짝이 억압하는 다른 섹슈얼리티들로는 우선 성 대상 선택상으로 양성애와 '비인습적' 대상애가 있고, 성적 실행 방식상으로 사디즘, 마조히즘, 페티시즘 등이 있다. 또 하나의 범주로 성전환자trans-sexual(혹은 trans-gender)와 복장 전환자transvestite, drag가 있다. 이성애/동성애 짝은 성 대상의 생물학적 성이라는 차원으로 성을 좁히고, 이분법으로 말끔하게 분류되지 못하는 모호하고 불안정한 존재를 억압한다.[12]

레즈비언 내부의 섹스 전쟁은 비인습적 레즈비언 섹슈얼리티를 적극적으로 재평가하면서 게이 정치의 급진화로서의 퀴어 정치를 견인한다. "레즈비언들이 퀴어를 처음 고안해 냈다. (…) 동성 혐오적 인습과 페미니스

12 대상 선택에서 섹스/젠더에 주목하는 것은 그 밖의 참조사항을 무시한다. 첫째, 남자의 것이든 여자의 것이든 동성애는 특정 인물보다는 특정 표시, 기호, '식'에 끌린다는 주장이 있다. 그가 동성이어서, 더욱이 나와 같아서 선택하는 것이 아니라 "아주 특별한 표지들을 기준으로 성적으로 끌린다"는 것이다(실비안느 아가젠스키,2004:158-159). 둘째, 칼리피아는 한 글에서 자신을 바이섹슈얼이 아니라고 하면서 그 이유를 남자랑 잘 때는 그의 생물학적 성이 아니라 남자의 성적 실행과 그의 게이 정체성에의 집착 등과 같은 것이 선택 이유로 작용하기 때문이라 한다. "내가 남자와 잔다면 그것은 그가 그의 생물학적 성에도 **불구하고** 나를 끌만하게 내 섹슈얼리티의 어떤 면면(SM이나 fisting 같은)을 공유하기 때문이다"(Hemmings, 1998: 97; 원래 강조).

트 게토를 넘어서 젠더와 섹슈얼리티를 해체시키는 〔…〕 퀴어는 레즈비언 들에 의해 시발된 성 논쟁의 기능인 것이다"(Smyth, 1992 : 김지혜, 1998 : 103에서 재인용). 레즈비언 현실의 적극적 재평가는 레즈비언 여성주의와 게이 정치가 억압했던 양대 세력인 양성애자와 트렌스(젠더, 베스타이트)의 복권 투쟁이기도 하다. 게이 정치학이 "성적 지향은 고정되고 이분법적이라는 관념"을 견지하는 한 모호하고 변화되는 것을 배격할 수밖에 없다.[13] 남성에게도 끌리고 여성에게도 끌리는 양성애는 '같음 추구quest for the same'를 통해 '순수한' 게이 연대나 레즈비언 연대를 이루려는 입장에서 보면 '물을 흐리는' 자다. 그래서 게이 정치에는 양성애 공포증이 있다. "버틀러조차 양성애 지향을 인정하지 않았다. 그이의 이성애 대 퀴어(거기서 동성애는 특권적)라는 이분법에서 양성애는 '그 사이in between' 혹은 '양쪽의 얼마간 some of each'에 불과하다"(Phelan, 2001 : 128).

또 게이 정치학은 여성, 남성 범주를 문제 삼지 못하고 게이와 레즈비언의 (젠더상의) 차이를 강조하여 지배적인 젠더 규범에 도전하지 못한다. 동성애자가 차별과 억압을 받는 이유가 오직 그들의 성적 행위나 지향 때문인가? "직업 차별을 경험한 레즈비언, 게이, 바이섹슈얼의 1/4도 넘는 이가 젠더 표현 때문에 차별받았다는 조사 결과"가 있다. 요는 "젠더 규범에서의 일탈도 중요한 억압 이유다"(Phelan, 2001 : 117). 달리 말해 동성애자들은 성 대상 선택의 다름뿐 아니라 젠더(표현)에서도 다르다는 것이다. 초기 성과학자의 도착invert 개념에 대항하기 위해 동성애자가 젠더상으로도 다르다고 보는 것은 틀린 이론으로 치부되었으나, 이 점은 근래에 새롭게 인정되고 있다. "같은 성 간의 성적 욕망은 젠더 역전과 관련 있다"(Vicinus, 2004 : 3).

13 바우먼의 '합법적 이성' 개념을 통해 설명할 수 있다. "전형적인 근대의 실천 즉 근대정치, 근대지식, 근대생활의 내용은 애매모호함을 없애기 위한 노력이다. 즉, 정확하게 규정하기 위한 노력-정확하게 정의할 수 없거나 정의하지 못하는 모든 것을 억압하고 제거하기 위한 노력이다"(Seidman, 1999:461에서 재인용).

젠더 역전 가운데 드래그가 버틀러에게서 화려하게 복권된 반면 성전환자들은 그렇지 못했다. "성전환자는 레즈비언 여성주의 담론의 여성 구성을 위해 필요한 결정적 타자다. 제프리즈는 트렌스섹슈얼리티와 트렌스젠더는 반페미니스트라고 주장했다. MTF(male to female)는 여성 공간을 점유하고 여자'인 척'하고 FTM은 여성을 포기하고 남성이기를 선택했기 때문이라는 것이다. […] 트렌스섹슈얼은 '(젠더 규범을) 몸에 쓰는' 젠더 체계의 지지자로 간주되다가 섹스와 젠더 간의 가정된 연계를 뒤집고 '탈문자화deliteralizing'하는 존재로 간주되다가 한다. 언제는 충분히 퀴어하지 않다고 욕하고 또 언제는 너무 퀴어하다고 비판하는 것이다(Phelan, 2001 : 123, 125)."

퀴어의 의미를 보자. 홀Donald E. Hall은 동사로서의 그것, 즉 '퀴어함queering'이 섹슈얼리티를 구분하는 기준이라 한다. 퀴어함은 "비정형적이고, 알고 짚어 내기 힘들고, 잠재적으로 변화 가능한, 그래서 무시간성, 고정성을 주장하는 분류 체계에 특정한 위협을 제기하는" 것이다. 그 퀴어함의 위협은 무엇을 지향하나. "그것은 관용이나 단순한 이익 대표의 소수화 전략을 거부하고, **정상성의 체제**regimes of the normal**에 대한 보다 철저한 저항을 좋아한다.** […] 자신을 이성애가 아니라 평범성에 대조해 정의함으로써."(M. Warner, 1993; Hall, 2003 : 15에서 재인용; 원래의 강조) 퀴어의 반대 항은 이성애가 아니라 정상성이고, 퀴어는 동성애만이 아니라 '정상적이지 않음, 평범하지 않음'이다. 다름, 독특함, 특이함, 기괴함, 캠프 미학 등이 그 내용을 채운다. (우리나라에서 동성애자를 지칭하는 것으로 정착된 이반은 애초 일반一般이 아닌 이반二般이라는 말이었으나 이정우가 이반異般으로 의미를 확충했다고 한다. 전자는 게이, 후자가 퀴어라 할 수 있다.) 그러한 퀴어하기는 주변화되었던 젠더적 소수집단과 섹슈얼리티 소수집단—예컨대 LGBT—만의 전유물이 아니다. '정상'인들 역시 퀴어하기로 정상적 젠더와 섹슈얼리티에 대한 급진적 재사고를 할 수 있다. 이브 세즈윅이 보편화 전략이라 말한 바처럼 말이다.

2) 레즈비언—여자도 남자도 아닌, 혹은 여성 개념의 해체

퀴어 정치는 젠더 정체성, 섹슈얼 정체성, 나아가 정체성을 의문시한다. 시간을 거쳐 다소간 변화되지 않는 안정된 구조로서의 정체성이라는 개념은 도전받는다. 게이-스트레이트, 남-여는 사회통제를 위해 사회적으로 생산되어, 유동적이고 불안정한 자아 경험을 고정시키는 일을 하는 억압적 이분법으로 비판된다. 앞서 언급한 위티그는 그래서 레즈비언이 여자가 아니라고 했다. "레즈비언 삶에 '여성woman'이라는 용어가 유용한가? '여성'은 너무 많은 이성애적 짐을 넘치게 싣고 있는 문화적으로 과부하된 용어라서 이성애적 남녀 이분법의 바깥을 욕망하는 레즈비언은 '여성'이 아닌 하나의 범주를 구축할 수밖에 없다"(1981; Hall, 2003 : 95에서 재인용). 본 절에서는 버틀러와 칼훈을 통해 레즈비언의 젠더 정체성 문제를 보겠다. 그들은 서로 다르게 '레즈비언은 여자'라는 명제를 문제에 빠뜨리고 다른 젠더 가능성을 모색한다.

주디스 버틀러는 포스트모더니즘에 의거해 여성 범주를 해체한다. 젠더를 왜 문제에 빠뜨리는가. 그것이 "젠더 위계와 강제적 이성애를 지지하는" 토대이고 보편적, 자연적 기초로 보이기 때문이다. 버틀러는 젠더 범주를 탈자연화하여 제도, 실천, 담론의 결과로 만든다. 젠더의 탈자연화는 다시 말해 '생물학적 성 → 젠더(정체성) → 섹슈얼리티 혹은 욕망'의 삼중 연계(이리가레이가 '평행이라는 낡은 꿈'이라 부른 것)를 끊고 셋의 이자 관계가 어긋나고 따로 노는 것을 해명하는 것이다. 거기서 몸은 중요하다. 몸의 언어, 즉 행위론이 개입된다. "몸의 카테고리를 탈자연화하고 재의미화하는 전략으로 나는 몸, 섹스, 젠더, 섹슈얼리티 범주를 두절시키고 그것을 이분법의 틀을 넘어 전복적으로 재의미화하고 풍부화하는 수행적 젠더 행위론에 기반한 일련의 패러디적 실천을 제안, 기술한다"(1990 : x). 여성을 특징짓는 여성적 행위는 그이가 여성(정체성을 갖고 있는 존재)이기 때문인가? "젠더 표현의 배후에 모종의 젠더 아이덴티티란 것은 없다. 정체성은 그 결과라고들 얘기하는 것의 '표현' 자체에 의해 수행적으로 구성된다"(1990 : 25).

있는 것은 젠더가 아니라 젠더 '표현'이고 그것은 의미 있다고 수신되는 제스처들을 반복하고 시간에 걸쳐 반복된 행위들이 스타일로 굳어져 소위 여성적 행위, 처신, 품행으로 된 것이다. 푸코에서 감시와 처벌을 통한 몸의 훈육이 현대인의 순치된 정신을 낳는 것처럼 버틀러에서도 반복된 행위가 젠더(정신)를 낳는다. "젠더는 몸의 반복된 스타일화다"(1990 : 33). 그러므로 젠더 정체성이란 것이 있다면 "자기동일적이고 시간을 관통해 같은 것으로 남아 있고 내적으로 정합적인 그런 정체성"(1990 : 16)이 아니다. 그런데도 그것이 이데올로기적으로 역전되어 '여성이기 때문에 여성적으로 행동한다'로 된다. 이제 모두 다 '있다고 가정된' 여성성을 성공적으로 연기하기 위해 애쓴다. 바야흐로 젠더 행동은 패러디로 된다. 그런데 패러디는 과장, 불일치, 내적인 혼동, 확장으로 점철된다.

버틀러는 게이와 레즈비언 하위문화에 흔한 젠더 역전을 패러디 실천의 극명한 예로 든다. "드래그는 젠더의 모방일까? 아니면 젠더 자체가 성립되는 의미 있는 제스처들의 드라마화일까"(1990 : viii). 답은 후자다. "**젠더를 모방하면서 드래그는 은연중 젠더 자체의 모방적 구조를 노출하고 그만큼이나 그것의 우연성도 노출한다**"(1990 : 137; 원래의 강조). '진짜 여자'가 아닌 생물학적인 남자가 여자 옷을 입고 여자처럼 말하고 행동함으로써 여자로 통한다는 것은 원래의 여자도 이처럼 연출된 것, 수행된 것이라는 사실을 폭로한다는 것이다. 드래그가 그만큼 성공적으로 여자로 통하느냐pass도 의문이지만 만일 그렇다 해도 그것은 원본을 잘 흉내냈다는 뜻 아닐까? "젠더 패러디 관념은 패러디하는 정체들이 흉내 내는 어떤 원본이 있다고 가정하지 않는다. 실은 패러디는 원본 개념 자체를 패러디한다. 원본은 없다. 있는 것은 원본이 있다는 "조절적 픽션"이다(1990 : 138). 패러디하는 주체는 어떤가. 자기가 쓰지 않은 각본을, 자기가 셋팅하지 않은 무대에서 연기하는 꼭두각시에 불과하다 해도 최소한 옷걸이, 허우대는 있어야 하지 않는가. 아니다, 에이전시도 없다. 있는 것은 반복 수행, 수행성performitivity이다. 버틀러는 니체의 도덕의 계보학을 인용한다. "함, 효과를 발함, 되어감의 배후에 '있음'이란 없다. '하는 사람'이란 기실 행위에 부가된 픽션에 불과하다. 행위가 전부다"(the deed is everything)(1990 : 25).

섹슈얼리티 문제에 대해서도 같게 얘기할 수 있다. 동성애는 이성애의 모방이 아니다. "동성애를 이성애의 전도 내지 편향으로 환원시키고자 하는 논증은 이성애적 헤게모니를 재차 견고하게 만드는 기능을 수행하는 것이다"(2003 : 497쪽의 주5). 그러나 기실 "특수한 종류의 이성애에 대한 이러한 확고한 정립은 그것의 근원적이지 않은 위상을 분명하게 입증해 주는 것이다"(1990 : 109). 이성애와 동성애는 연장선상에 있다. "부치/팸, 드래그를 그토록 잠재적으로 전복적으로 만드는 것은 그것이 이성애와 매우 가깝다는 것이다"(2003 : 85).

칼훈은 레즈비언은 '여성' 기호 아래 대표될 수 없다고 한다. 여성주의 레즈비어니즘은 "'여성'의 이름으로 레즈비언을 '다락방에 가둘closetting' 뿐이다"(Calhoun, 1995 : 9). 그가 설명하는 레즈비언의 성적 차이를 먼저 보자. 그는 그것을 레즈비언 사도마조히즘을 통해 설명한다. "사도마조히즘이 레즈비언에게 매력 있는 것은 단지 에로틱화된 폭력이 아니라 레즈비언 터부를 재현할 힘이 있고 […] 레즈비언이 이성애 여성과 다름을 재현할 힘이 있기 때문"(1995 : 17)이다. 칼훈의 레즈비언은 퀴어다. 즉 순응으로 힘을 잃을 수 있는 존재다. "어렵게 쟁취한 존경받을 만함은 매우 리얼한 상실감과 연결되어 있었다. 터부와 터부의 에로티시즘의 상실이라는"(B. Ruby

Rich; Calhoun, 1995 : 17). 잃어버린 터부를 찾아야 한다. 레즈비언 페미니스트는 터부를 바로 자신들이 헌신하는 페미니즘 자체에서 찾았다. "그래서 레즈비언 페미니스트들이 사도마조히즘을 그토록 강하게 찬양하는 것이다"(Calhoun, 1995 : 18; 원래의 강조). 여성주의에서 가장 금기시하는 사도마조히즘을 하는 것은 "남성 동일화된 이성애 형식을 채용함으로써 여자도 남성 정체화된 성 형식을 전유하고, 그것을 여성-정체화된 목적들을 위해 사용할 힘, 이성애 여성들은 할 수 없는 것을 할 힘을 갖는 것이 레즈비언의 차이라고 주장할 수 있게"(Calhoun, 1995 : 19) 된다는 것이다.

레즈비언의 젠더적 차이는 어떤가. "현대 레즈비언 정체성의 역사적 뿌리"를 찾는 글에서 비시너스는 로자 본휴가 1884년 쓴 편지, "그들은 내가 어떤 성에 속하는지 궁금해한다"에 주목한다. "사람들은 그토록 작고 늙은 남자가 그토록 활력 있다는 것에 놀라워한다"(Vicinus, 1992). 칼훈은 비시너스가 본휴에 대해 아는 것이란 "젠더 모호성을 즐기고, 나탈리 미카스와 열정적 우정을 맺었다는 것일 뿐 섹슈얼리티에 대해선 아는 바가 없는데, 왜 그(녀)를, 혹은 미카스가 아닌 그(녀)를 레즈비언의 대표로 정했을까" 묻는다. 답은 "'그/녀는 어떤 성에 속할까'라는 의문To which sex does s/he belong?을 불러일으키는 힘"(Calhoun, 1995 : 22; 필자 강조)을 가지고 있기 때문이다. (물론 부치만이 그럴 수 있다는 소리가 아니다. 부치던 팸이던 그런 질문을 제기한다면 레즈비언의 대변자로 인정될 수 있다.) 레즈비언은 "젠더 모호성"(Calhoun, 1995 : 22), "남성적임으로도 여성적임으로도 읽을 수 있는 그녀의 개방성"(Calhoun, 1995 : 34)에 그 정체의 본질이 있다.

레즈비언 페미니즘은 레즈비언의 차이를 제대로 다룰 수 없다면서 시작된 칼훈의 논의는 일견 섹슈얼한 것의 강조로 읽히기 쉽다. 그러나 그녀는 "동성 간 욕망은 자체로서는 레즈비언을 대변하지 않는다"(1995 : 22)고 한다. 일부 자유주의자들은 동성 간 욕망을 인정하면서도 자신을 레즈비언이 아니라 사소한 성적 차이만 있을 뿐인 '인간'이라고 보기 때문이다. 레즈비언 페미니즘의 레즈비언 차이의 누락은 "레즈비언 욕망의 탈성화가 아니라 레즈비언이 모호하지 않게 분명코 여자라는 것을 강하게 고집하는 것 때문"(1995 : 24; 원래의 강조)이다. 레즈비언은 "또 하나의 (여성) 젠더가 아니"(20)며 "'여성'과 '남성' 사이에 미끄러지는" 존재다.

그렇다고 칼훈이 여성 범주의 해체를 주장하는 것이 아니다. 여성 아님을 사고하려면 여성 개념이 있어야 하기 때문이다. 칼훈은 "탈자연화된 여성하에 레즈비언이 사라짐"(Calhoun, 1995 : 27; 원래의 강조)이라는 제하에 버틀러를 비판한다. 만일 여성이 본질적 의미가 없다면, 대신 여성이 되는 방법이 무수히 많다면, 사도마조히즘도, 딜도 사용도, 부치-팸도 다 그 일환이라면 레즈비언의 젠더 모호성 역시 그 속으로 사라지고 만다. 여성 범주의 해체란 실은 여성 범주의 확장이라는 것이다. "남성적으로 행동함으로써 그녀는 여성이라는 것이 무엇이냐의 의미 자체를 변화시킨다. 실로 그녀는 여성이라는 것이 의미하는 바를 전에는 배제되었던 문화적 가능성을 포함시킴으로써 확장한다"(Butler, 1989 ; Calhoun, 1995 : 28; 칼훈의 강조). 여성들 간의 차이를 수용할 수 없었던 총체화하는 '여성' 개념으로부터 벗어나려 의도되었던 여성주의 내의 시도가 이제 전혀 다른 방식으로 총체화하고 있다는 것이다.[14]

한 가지 짚고 넘어가자. (여성임이 분명한) 드래그건 (남자도, 여자도 아닌) 퀴어이건 레즈비언 젠더 정체성에 대한 이상의 논의는 분명 어떤 존재의 실존을 부정하는 것은 아니다. 마치 민족이 상상되었다는 말이 민족의 현

14 최근에는 '여성' 범주를 문제 삼는 것에서 더 나아가 '레즈비언'도 하나의 통일된 범주를 구성하지 않는다는 주장도 있다. 비시너스는 레즈비언이라는 호칭을 문제 삼는다. "럽은 '동성 섹슈얼리티same-sex sexuality'라는 말을, 베메트는 '레즈비언류lesbian-like'라는 말을 사용한다. 이유는 비슷하다. 보다 흐르고 유동적인 정체성, 아니 정체성보다는 행위에 우선권을 주자는 것이다. 생식기가 같은 두 몸이 상관하는 성적 행위는 다양하다. 생식기 유사성 사실보다 더 중요한 것은 여러 종류의 다름, 나이 차, 계급 차, 젠더 차다. 레즈비언이라는 말은 정체성에 대한 비역사적 집중을 낳는다. 분명히 편협하고 단정적인 말이다"(Vicinus, 2004 : xxi-xxii).

존을 부정하는 것이 아니듯 말이다. "정체성은 언제나 하나의 허구다. 그 복잡성을 억압하고 광범한 가능성에서 어떤 하나의 규정적 특성을 구분해 낸다는 의미에서 그렇다. 그러나 그렇게 말하는 것이 그것 때문에 내가 죽임을 당하거나 감옥에 갇힐 수 있다는 사실을 부정하는 것도 전혀 아니다. 그러므로 우리는 정체성의 두 측면, 그 현실성과 그 허구성을 파악해야 한다"(Hall, 2003 : 46).

3) 레즈비언의 비인습적 섹슈얼리티

'정상성 체제'에의 저항이든, '금기의 에로티시즘'이든 퀴어/레즈비언의 성은 실행하는 자나 파악하려는 자 모두에게 의지할 규범과 되뇌일 각본 없이 전혀 새로운 길을 닦는 것 같은 어려운 일이다. 전혀 새로운 것은 가능하지 않다 할 때 비순응적 섹슈얼리티 역시 기존의 것에서 착안하고 빌려오고 영향받을 수밖에 없다. 그리하여 퀴어/레즈비언의 실존적, 인식적 탐구는 반대자의 안티 테제에 함몰해 한 쌍의 안전한 정상으로 편입되거나, 정상 아닌 모든 것을 동일선상에 놓아 탈주적으로 보는 '탈주형이상학'이 되거나 하기가 쉽다.

레즈비언의 성행위를 둘러싼 섹스 전쟁은 부치-팸 논쟁, 사디즘-마조히즘 논쟁, 딜도 논쟁으로 이루어졌다. 뒤의 두 논쟁은 인습을 벗어나고 순응적이지 않겠다는 기치 아래 이제껏 '남성적인' 섹슈얼리티로 치부되었던 행위들을 일각에서 하는데 그것이 과연 옳으냐는 논쟁이라 할 수 있다. 예를 들어 사무아 집단Samois group의 일원으로 가학-피학증에 대한 대표적 옹호자로 꼽히는 패트 칼리피아Pat Califia는 특정한 성행위에 대한 찬반을 넘어 여성의 해방을 추구하는 입장에서 그렇게 한다. "여성도 지배 및 위계 서열과 연결 지어 성을 경험하고 있고, 해야 한다"(아이젠슈타인, 1986 : 250). 여성은 남성 세계를 비판하며 퇴각, 분리할 것이 아니다. "여성도 남성과 똑같은 행위를 할 수 있도록 학습해야만 하며, 동등한 자격을 갖추어 경쟁하는 방법을 학습해야만 하고, 또 남성과 대등한 입장에 서서 그들이 고안해 낸 구조를 도입해야 한다"(아이젠슈타인, 1986 : 250). 성만이 아니라 모든 면에서 여성은 분리주의를 취할 것인가, 남성적 무기로 싸워야 할 것인가의 노선 투쟁이 깔려 있는 것이다. 딜도 논쟁은 나아가 여성의 페티시즘이라는 이론적 난제를 제기하는데, 그로츠처럼 "레즈비어니즘의 경우 여성과 페티시즘 간의 얼마간의 관계를 상정하는 것은 가능할지 모른다(2001)"고 인정하거나 버틀러나 지젝을 빌어 "권력의 패러디적 재채용"으로, 즉 "그들이 하는 것은 남근 중심적이지만 전복적 웃음과 함께 그들은 어쨌든 그것을 하고 있다"고 설명할 수 있을 것이다(Findley, 1998 : 569, 575).

반면 부치-팸 논쟁은 복합적이다. 부치 팸을 어떻게 볼 것인가는 사실 섹슈얼리티에 대한 이 절보다는 젠더에 관한 앞 절에서 논의하는 것이 적절할 수 있다. 부치 팸은 탑-버텀 같은 것과 연결되어 강한 성적인 함축을 갖고 있지만, 그것은 일차적으로 레즈비언의 젠더 재현의 형식이기 때문이다. (젠더 문제와 섹슈얼리티 문제의 구분과 연결이 또다시 부각되는 지점이 부치-팸 논의다.)

상식적으로 부치를 레즈비언 관계에서 남자 역을 하는 여자, 팸을 레즈비언 관계에서 여자 역을 하는 여자라 한다. 그 '역'이 외모 치장이나 제스처 등 스타일의 선택에 불과한지 아니면 젠더, 섹슈얼 정체성을 외모로 나타내어 몸 표면과 마음의 심저가 일치된 것인지, 양자 사이에 다양한 스펙트럼이 있겠지만 여자의 여자 역과 여자의 남자 역이라는 말에서 여성 젠더의 다양함을 사고할 수 있다. 여자가 되는 많은 방식, 여자임의 여러 방식은 섹스와 젠더의 일치, 젠더의 고정성 관념을 고수한다면 생각할 수 없다. '여자 같은 여자female femininity'는 필요없는 반복이고 '남자 같은 여자female musculinity'는 모순이나 괴물인 것이다.

여성주의 지향의 레즈비언 측에서 부치-팸을 사고할 수 있는 방식이 그것이다. 거기서 부치는 남자 만큼이나 남자 같은 여자, 여성 혐오자, 떠들썩하고 과시적인 사이비 남성쇼비니스트이고, 팸은 완전 비가시적이거나 기껏해야 부치에 붙어다니는 의존적인 여자, 남자 대용으로 남자 같은 여자를 사랑하는 믿을 수 없는 (아마도 양성애인) 존재다. 그들 쌍은 이성애 커플을 모방하며 가부장적 젠더 관계를 흉내내고 지향한다. 한 고백을 보자. "나는 정말 여자를 좋아하지 않았다. 침대에서는 물론 그랬지만. 내 친구들은 모두 남자였다. 뜨게질, 요리, 마스카라 등의 여성 역할을 거부하면서 나는 여성을 거부했다. 나는 속물적으로 (그리고 자기 파괴적으로) 여성을 성적 대상으로 삼았고 남자는 지적인 동료로 대우했다. 짧게 말해 나는 사이비 남성 쇼비니스트였다"(Shelly; Roof, 1998 : 27에서 재인용).

이런 식의 부치-팸 관계는 레즈비언 여성주의의 이상을 정면 배반하는 것이다. 중산층 중심의 레즈비언 여성주의에서 부치-팸은 여성 의식화를 못한 (강하게 시사하듯) 노동계급의 반페미니즘적이고 반정치운동적인 것으로, 레즈비언이 '해방'되기 위해서는 반드시 극복해야 할 폐습으로 치부되었다.[15] 부치-팸은 레즈비언 페미니즘의 저작에서 사라졌고 레즈비언 집단에서 클로젯팅되었다.

레즈비언 현실을 레즈비언 이론이 부정한다는 난관을 타개한 이가 버틀러다. "부치 팸을 정치적 불가능성으로 만드는 두 용어를 분리하는 데 성공했고, [⋯] 젠더 플레이 자체가 가진, 정치적으로 에로틱한 선택지로서

15 박수진(2004)의 표본에서도 알 수 있듯 대학 기반의 레즈비언은 모든 리서치에서 과대 대표된다. 우리나라 레즈비언 하위문화에서 부치-팸이 얼마나 실행되는지 알 수 없는 것은 그 때문이기도 하다. 페미니즘 지향의 레즈비언에서 부치 팸은 적극적인 의미를 평가하기보다 다음의 말처럼 부치 팸 역할이 고정되어 있지 않고 상대에 따라 바뀔 수 있으며, 별로 있지도 않은 것을 이성애 중심적으로 과장하는 것으로 본다. "레즈비언 사이에 남자 역할, 여자 역할 하는 말이 있는데 그건 이성애 중심의 사고에서 나온 편견이에요. '주로'라는 것이 없는 것 같아요. 상대방에 따라서 다르고 달라지는 것 같아요"(박민선, 1999:256). 그러나 레즈비언 바에서 "계산은 우리 부치가 한다"고 떠들썩하게 얘기하더라는 게시판의 글 등을 보면 부치 팸이 우리나라에도 낯설지 않은 것 같다. 치마씨, 바지씨라는 표현도 사용된다.

의 가능성에 주목"(Roof, 1998 : 33)하게 했다. 부치 팸은 이제 유력한 정치적 가능성으로 컴백했다. 특히 부치는 명예로운 전통으로 재해석, 변형되었다. "부치는 레즈비언 욕망의 정제되고 가시적인 체현이었다"(Munt, 1998 : 6).

흔히 사용되는 '부치-팸' 혹은 '부치/팸'이라는 용법은 그들 한 쌍이 하나의 주체 위치를 점하면서 상호 의존적인 실재임을 상정한다. 보통 부치는 가시적이고 팸은 비가시적이다. 시쳇말로 "부치는 그 외양으로 알려지고, 팸은 그 선택으로 알려진다"(Nestle, 1992 ; Whatling, 1998 : 75에서 재인용). 부치가 욕구한다면 팸은 욕구되기를 욕구한다. 부치가 욕망의 주체라면 팸은 욕망의 대상이다. 팸은 부치 없이는 퀴어하지 않다. 부치/팸이란 어법은 나아가 "커플 형태를 특권화하며, 젠더를 여기서 작동하는 최고의 유일한 차이의 동학으로 보는 한계가 있다"(Halberstam, 1998 : 60). 이런 얘기는 너무 말끔해서 본질화의 혐의를 걸게 한다.

할버스탬J. Halberstam은 양자를 분리해서 볼 것을 주장한다. 우선 그녀는 부치가 정치적으로 컴백되면서 부치에 대한 환상이 유포되었다고 꼬집는다. "부치임이 행운이고 특권이고 보너스여서, 단지 자기가 여성적 여자이고 남성성을 '결여'했다는 이유만으로 벌금을 물어서는 안 된다"고 하는 팸이 있는데, 실상 "부치 여성은 자신의 남성성을 보너스로 경험하지 않았으며 더 '운 좋다'고 인식하지 않는다"(Halberstam, 1998 : 57). 부치가 남성성을 재현한다고 해서 남성 특권도 누리는 것은 결코 아니다. "부치도 성차별에 고통받고 여성 증오를 경험한다. 부치들은 말 그대로는 아닐지언정 여성 문제female trouble로부터 면제되지 않는다"(Halberstam, 1998 : 64).

부치가 영웅이 아니듯 팸은 젠더 순응자가 아니다. 도건Lisa Doggan과 맥휴Kathleen McHugh의 '팸 선언Fem(me)inist Manifesto'에서 팸은 다음과 같이 정의된다. "팸은 자연에-의한-여자girl-by-nature의 운명을 거부한 선택에-의한-여자다. 양성 공용(즉, 100% 여성성에 대한 거부)에서 너무 많은 상실,

너무 적은 쾌락, 꼴불견 구두를 발견하는 팸은 여성성에서 의상과 걸음걸이와 윙크를 취하고서 도덕적 관심에 예속되고 찌그러진 비천한 섹슈얼리티의 조종을 울리고 다닌다"(1996; Halberstam, 1998 : 60에서 재인용). 팸은 "여성성의 삐딱한 증식a perverse proliferation of femininity의 재현이다"(윗글 : 60). 예를 들어 영화 〈불량공주 모모코〉의 주인공은 로코코풍 공주 옷을 입는다는 것만으로도 불량(?)하다. 여성성을 끝까지 '질러 버리는' 그는 순응적 존재가 아닌 것이다. 와틀링은 "팸므성femmeininity이 그 의미를 증식시키는 것은 그녀가 되고 싶다는 욕망과 그녀를 원한다는 욕망 사이의 공간에서"(1998 : 77)라고 한다.

앞서 본 칼훈이 찬양한바 '젠더 모호성을 불러일으키는 힘'을 팸은 어떻게 구현할 수 있을까? "초여성성hyperfemininity, 일종의 high femme drag가 하나의 가능성이다. 테레사 드 로레티스가 어떤 팸의 스트립 쇼를 '여성 젠더 기표들의 캠프적 재전유'라 규정했을 때의 그것이다. 그녀가 남성 기준에 비추어 아름답긴 해도 팸 다이크는 그 이미지를 중단시키고, 의도적으로 규칙을 깨는 일을 할 것이다. 팸은 가장 중요한 규칙을 깬다. 그녀가 관심 있는 관중은 남자가 아니라 여자다. 그녀는 레즈비언 쪽으로 눈을 반짝이며 웃었다"(Whatling, 1998 : 80). 한편 채트코비치Ann Cvetkovich는 팸의 욕망을 '적극적인 수용성active receptive'으로 보았다.

부치와 팸의 이러한 차이와 독자성을 인정하더라도 부치 팸의 제하에 말할 수 있는 것은 많다. 레즈비언 젠더 재현의 형식인 그것은 존재론이자 인식론이다. 문트는 부치/팸이 레즈비언 아비투스라고 한다. "부치/팸은 안으로부터 경험된 레즈비언 젠더다. 그것은 개진articulation의 양식이고 살아 있는 운동이다. 그것은 우리의 욕망을 우리의 몸이 말하는 방법이다. 짧게 말해 부치/팸은 레즈비언 욕망을 거주하게 하는 방법, 하나의 아비투스다" (Munt, 1998 : 2).

이상에서 본 레즈비언 섹슈얼리티는 터부의 에로티시즘 혹은 소위 남성적, 이성애적 섹슈얼리티의 의도적 채용과 변용으로 볼 수 있다. 그리고 그러한 섹슈얼리티상의 비순응성은 젠더 이분법의 타파와 경계 침범을 동반하지 않고서는 가능하지 않음을 주목하게 한다. 부치의 남성성의 과장되고 패러디적인 채용이든, 팸의 여성성의 삐딱한 증식이든 여성됨의 여러 방식이 있음을 인정해야만 레즈비언 섹슈얼리티의 적극적인 정치적 의미를 평가할 수 있다. 이러한 점은 섹슈얼리티에 대한 여성적 입장에 어떤 시사를 한다. 자본주의와 가부장제에서 여성의 성적 해방은 자해적일 수 있다. 그것에 대한 구체적 분석은 언제나 필요한 일이다. 그러나 일정하게 정의된 여성 개념에 집혀 있을 때 여성 섹슈얼리티의 충분한 구현은 불가능하며 이성애주의와 가부장제에 대한 도전 역시 예봉을 잃을 것이다.

4) 차이의 물신화?

게이 정치의 퀴어 정치로의 전환은 사회 변화를 배경으로 한 것이다. 주요한 변화로 계급투쟁의 퇴조와 정체성 정치의 부각, 억압 피억압 관념의 퇴조와 "패러디, 연행, 지배적 구성체의 전복"(Roof, 1998 : 34) 전략의 부각 등을 말할 수 있다. 퀴어 정치의 한계는 정체성 정치의 한계와 재현 투쟁, 문화투쟁의 한계를 공유한다. 무엇보다 그것은 물적 대립과 이해관계를 소홀히 한다. "섹스-긍정적인 퀴어가 차이들을 가로지를 것을 '주장'하는 동안, 그리고 '모든 비정상'이 그 품안에 안길 수 있는 동안, 또한 그 토대에서 다문화적 재현을 주장하는 동안, 그것은 또한 서로 다른 전선에서 정치적 현실을 표시하는 물적 비유사성(젠더, 계급, 민족성)에 대한 어떠한 고려로부터도 그러한 차이들을 평준화하고 심지어는 제거하는 것 같다"(Roof, 1998 : 34). 이러한 정체성 정치—자기동일성을 주장하기 위해 타자와의 차이를 강조하며, 그 차이의 재현 방식과 내용을 둘러싼 투쟁—가 물적 토대를 도외시할 때 그것은 “마치 집이 불타는 상황에서 가구를 재배치하는 것”이고 “벽에 투영된 그림을 분석하느라 분주한 나머지 벽 자체가 팔려 가고 있음을 눈치채지 못한” 것으로 전락할 수 있다(나오미 클라인, 2002 : 161-2). 차이를 강조하되 어느 차이에도 진정 예민하지 않고 모든 것을 패러디화하는 패러디 물신주의에 빠져 지배의 실정적 강고함을 도외시할 위험이 있는 것이다.

오드리 로드에 의하면 “차이는 세 방식 중 하나로 다뤄져 왔다. 가능하면 무시하라, 지배적이면 모방하라, 예속적이면 파괴하라”(1984 : 605). 각종 퀴어 영화, 드라마가 인기리에 방영되는 것을 보면[16] 퀴어가 담지하는 차이는 파괴할 수도, 무시할 수도 없는 것이 된 듯하다. 그것이 문화투쟁의 성과라기보다 소비 자본주의의 포섭과 동화로 보여 불길하지만 말이다.

퀴어는 인습타파적이고 비순응적인 섹슈얼리티를 실행할 자유를 통해 정상성 체제를 성공적으로 흠집낼 수 있을까? 구체적인 제도적 규율이 만들어지지 않은 ‘영도의’ 섹스는 두 위험을 십분 의식해야 한다. 새로움의 물신화와 새롭다고 우기며 헌것을 복제함. 그 사이의 길을 만들며 가는 것은 전위적 개인의 ‘자유’로 구현될 것이나 그 의미를 정치화하여 정상성 체제에의 도전으로 만드는 것은 집단 주체의 노력을 필요로 할 것이다. 푸코가 게이 정치학보다 페미니즘에 기대를 건 이유는 개인의 에로틱한 모험이 가 닿을 곳을 미리 본 자의 지혜는 아닐까. 금기를 위반하는 성적 실천을 한다고 해서 정치적으로 진보적인 사람이 되는 것은 아니며 섹슈얼한 주변성은 혁명성으로 자동 연결되지 않는다. 성적 주체와 정치적 주체화를 긴밀히 연결하기 위해서는 지배 예속 체제에 대한 지속적인 분석과 투

16 온스타일에서 13명의 남자 중 게이가 아닌 남자를 알아내면 상금을 받는 리얼리티 프로그램 〈플레잉 스트레이트〉 방영(《해럴드경제》, 2004.10.9)/ 멕시코와 아르헨티나에서 동성애자를 위한 관광 상품이 급증(《주간조선》, 2004.8.5) / 〈퀴어 애즈 포크〉, 새끈한 동성애자들이 ‘촌스러운’ 이성애자들의 스타일을 교정해 주는 〈퀴어 아이〉선풍 일으켜(《한겨레 21》, 2004.7.22) / 미국 최초 레즈비언 드라마 〈디 엘 워드〉(《일다》, 2004.3.8) 등의 보도가 있다. 영화 〈왕의 남자〉는 20대 초반 영화 주도 관객층에게 다소 무거운 내용인데도 이준기의 젠더 모호성과(성관계는 결코 없이 낭만적으로 그리지만) 동성애 코드가 그들에게 어필하고 있다.

쟁이 집단 주체에 의해 이뤄져야 한다.[17] 제도적 억압에 대한 개인 자유의 주장과 실행은 자유를 위한 근대의 투쟁에 가장 직접적인 모티프이자 견인차인 것은 확실하나, 섹슈얼리티 정치를 급진화하는 방식이 '자유'의 아젠다에서 가능할까는 나로선 회의적이다. 현대 자본주의 사회에서 자유는 거래의 자유로 화하고 성은 지극히 상품화되어 있는데 거래와 동의를 원천적으로 제한하는 제반 조건에 대한 논의—자유나 자율의 언어로 다루기에 한계가 있는 그것 없이는 성의 자유란 별 적극적 의미가 없기가 십상이다.

5. 글을 마치며

대단히 동성사회적인 한국사회에서 레즈비언은 보이지 않는 존재이거나 낭만적 우정 관계로 오해될 뿐이었다. 섹슈얼리티 정치가 본격화되고 레즈비언이 보이는 존재로 될 때 억압은 가중될 수 있다. 서동진의 우려대로 한국 같은 호모포비아 사회에서 권리투쟁도 요원한 판에 퀴어 정치는 "소란"을 일으킬 뿐일지도 모른다.

레즈비언이 드잡이하거나 가지고 놀아야 할 긴장은 여러 가지다. 첫째, 세즈윅이 말한 보편화와 특정화의 긴장이다. 모든 여자의 존재 조건상 가능한 것으로서의 레즈비언 존재냐 비교적 안정된 소수집단으로서의 레즈비언이냐의 긴장, 혹은 그 사이의 여러 스펙트럼을 처리해야 한다. 둘째, 여자임과 여자 아님의 긴장이다. 레즈비언은 가장 급진적인 여성주의자인가, 정상성 체제의 젠더 구분 자체를 뛰어넘으려 하는 퀴어인가. 가부장제

17 예를 들어 1997년 노동자대투쟁에의 동참 경험은 한국 게이운동에서 중대한 사건으로 자주 언급된다. 콜린 윌슨, 1998의 부록 pp.162-174의 연호수 발제문, 〈동성애자들이 노동자 투쟁에 결합한 이유는〉을 보라.

의 부정적 편입자 여성이 체제 변화의 주체로 되는 것은 '진정한' 여성, 여성주의 의식화된 여성 정체화된 여성으로서인가, 여성 범주 자체를 뛰어넘고 무력화하는 존재로서인가. 권력화된 특정 여성주의가 아니라 끊임없이 활력 있게 갱신되고 있는 여성주의는 레즈비언이 지속적으로 참조하고 제휴해야 할 이론이자 세력이다. 셋째, 섹슈얼리티에 대한 '여성'적 접근과 '퀴어'적 접근의 긴장을 다뤄야 한다. 성적이고 에로틱한 것에 대한 여성적 입장은 양가적일 수밖에 없다. 개인 혹은 인간의 성적 자유의 아젠다로 접근하는 것은 현하의 상품화되고 대상화된 여성 섹슈얼리티를 염두에 두면 위험해 보이는 것이 사실이다. 그러나 품위 있는 '여성적' 섹스라는 또 다른 극단은 불모적이고 억압적이다. 이성애적 정상 체제에 대한 레즈비언의 공격은 젠더와 섹슈얼리티 양 차원에서 금지된 것의 실행과 에로틱화나 이성애적, 남성적 행위를 의도적, 적극적으로 채용하는 것으로 이루어진다. 이는 추상적 개인, 혹은 인간의 무한한 성적 자유 모색과 분명 구분되는 정치적 의미가 있다. 레즈비언 섹슈얼리티는 소유와 지배의 욕망에 물들어 있는 현재의 섹슈얼리티에 대해 이것이 정상인가 묻고 회의할 수 있게 하는 유력한 세력이 될 수 있을 것이다.

레즈비언이라는 전략적 지점에서 본 정체성의 구성, 재구성, 접합, 탈구는 동질화와 이질화의 모순적 역학 속에서 살고 있는 현대적 주체의 복합성을 이해하게 한다. 그러한 이해는 그 모순적 정체를 구현하는 사람들 뿐 아니라 '정상성'을 육화 연출(?)하는 사람들까지도 지배하는 정상성 체제를 의문 삼고 문제에 빠뜨리게 할 것이다. 이것이 정체성 정치학의 의의다.

■ 김미영

참고 문헌

김선아. 2001. 〈레즈비언, 싸이코 킬러, 여괴〉. 《여/성이론》. 3호. pp. 216-232.

김지혜. 1998. 〈레즈비언/페미니스트 관점에서 본 서구 레즈비언 이론의 발전 과정과 역사적 의의에 대한 연구〉. 이화여대 여성학과 석사학위논문.

레즈비언인권연구소. 2004. 《레즈비언 권리와 여성주의》.

레즈비언인권연구소. 2005. 《커밍아웃의 정치학, 아웃팅의 윤리》.

박김수진. 2005(a). 《레즈비언 정체성 정체화 과정에 관한 연구》. 레즈비언인권연구소.

박김수진. 2005(b). 《창살 없는 감옥으로부터의 사색》. 레즈비언인권연구소.

박민선. 1999. 〈한국 레즈비언의 성과 삶〉. 한국성폭력상담소 엮음. 《섹슈얼리티 강의》. 동녘. pp. 242-275.

박수진. 2004. 〈한국 레즈비언 인권 실태에 관한 연구—20, 30대 레즈비언을 중심으로〉. 성공회대학교 시민단체학과 석사학위논문.

여성문화이론연구소 정신분석세미나팀. 1997. 《페미니즘과 정신분석》. 여이연.

연점숙. 2000. 〈레즈비언 페미니즘—성 정치성을 조망하는 효율적 프리즘〉. 김진영 · 연점숙. 《여성 문화의 새로운 시각》. 월인. pp. 341-365.

이해솔. 1999. 〈한국 레즈비언 인권운동사〉. 한국 여성의전화연합 엮음. 《한국 여성 인권운동사》. pp. 359-403.

조성배. 2003. 〈게이 남성의 소비 공간과 몸의 정치학〉. 연세대학교 석사학위논문.

한채윤. 2003. 〈레즈비언, 이성애주의를 횡단하여 탈주하는 육체〉. 레인보우 칼럼. 글번호29.

한국 여성성적소수자인권운동모임 끼리끼리. 2004. 〈한국 레즈비언 인권운동 10년사〉. 《진보평론》 20. pp. 39-68.

한국 여성성적소수자인권운동모임 끼리끼리. 2004. 《끼리끼리 상담 사례집》.

엘리자베스 그로츠. 2001. 〈레즈비언 연물주의?〉. 《여/성이론》 4호. pp. 198-219.

조세핀 도노번. 1993. 《페미니즘 이론》. 김익두 · 이월영 옮김. 문예출판사.

장 라플라슈 · 장베르트랑 퐁탈리스. 2004. 《정신분석사전》. 임진수 옮김. 열린책들.

게일 러빈. 1983(1978). 〈여성의 교환〉. 앨리슨 재거 · 로텐버그 스트럴. 《여성해방의 이론체계》. 신인령 옮김. 풀빛.
애드리언 리치. 1995(1976). 《더 이상 어머니는 없다》. 김인성 옮김. 평민사.
샬럿 번치. 1983. 〈반항하는 레즈비언들〉. 앨리슨 재거 · 로텐버그 스트럴. 《여성해방의 이론체계》. 신인령 옮김. 풀빛.
자닌 모쉬 라보. 2003. 《현대인의 성생활》. 정장진 옮김. 이마고.
템신 스파고. 2003. 《푸꼬와 이반 이론》. 김부용 옮김. 이제이북스.
헤스터 아이젠슈타인. 1986. 《현대여성해방사상》. 한정자 옮김. 이화여대출판부.
필리스 체슬러. 2000(1972). 《여성과 광기》. 임옥희 옮김. 여성신문사.
나오미 클라인. 2002. 《No Logo》. 정현경 · 김효명 옮김. 중앙M&B.
클로디아 카드. 2004(1995). 《레즈비언 선택》. 강수영 옮김. 인간사랑.
클레망 · 크리스테바. 2002. 《여성과 성스러움》. 임미경 옮김. 문학동네.
제인 프리드먼. 2002. 《페미니즘》. 이박혜경 옮김. 이후.
샌드라 하딩. 2002(1986). 《페미니즘과 과학》. 이재경 · 박혜경 옮김. 이화여대출판부.
린다 하트. 1999(1994). 《악녀-레스비언 섹슈얼리티와 공격성의 표시》. 강수영 · 공선희 옮김. 인간사랑.
벨 훅스. 2002. 《행복한 페미니즘》. 박정애 옮김. 백년글사랑.
《말》. 2004년 7월호. pp. 144-163.
Barale, M. A. 1992. "When Jack Blinks : Si(gh)ting Gay Desire in Ann Bannon's Beebe Blinker". *Feminist Studies* 18 : 1 (Spring, 1992). pp. 533-549.
Bunch, C. 1975. "Not for Lesbians Only". in Hennessy, R. & C. Ingram (eds). 1997. *Material Feminism*. Routledge. pp. 54-58.
Butler, Judith. 1990. *Gender Trouble*. Routledge.
Butler, Judith. 1993. *Bodies that Matter-on the discursive limits of "sex"*. 2003. 《의미를 체현하는 육체》. 김윤상 옮김. 인간사랑.
Cahn, Susan K., 1993. "From the 'Muscle Moll' to the 'Butch' Ballplayer". *Feminist Studies* 19 : 2 (Summer, 1993). pp. 343-368.

Calhoun, Cheshire. 1995. "The Gender Closet : Lesbian Disappearance under the Sign 'Women'". *Feminist Studies* 21 : 1 (Spring,1995). pp. 7–34.

Case, Sue–Ellen. 1989. "Toward a Butch–Femme Aesthetic". *Discourse* 11 : 1 (Fall–Winter, 1988–1989). pp. 55–73.

Case, Sue–Ellen. 1998. "Making Butch : An Historical Memoir of the 1979s". in Sally Munt (ed). pp. 36–45.

D'Emilio, John. 1997. "Capitalism and Gay Identity", Roger N. Lancaster and Micaela & Leonardo (eds). *The Gender/Sexuality Reader–Culture, History, Political Economy, Routledge.*

D'Emilio, John. 2003. "The Gay Liberation Movement". in J. Goodwin & James M. Jasper (eds). *The Social Movement Reader.* Blackwell.

Findley, Heather. 1992. "Freud's 'Fetishism' and the Lesbian Dildo Debates". *Feminist Studies* 18 : 3 (Fall, 1992). pp. 563–579.

Green, Adam Isaiah. 2002. "Gay but queer : Toward a post–queer study of sexuality". *Theory and Society* 31 : 4 (August, 2002). pp. 521–545.

Halberstam, Judith. 1998. "Between Butches". in Sally Munt (ed). pp. 57–65.

Hall, Donald E., 2003. *Queer Theories.* Palgrave MacMillan.

Hemmings, Clare. 1998. "Waiting for No Man : Bisexual Femme Subjectivity and Cultural Reputation". in Sally Munt (ed). pp. 90–100.

Hennessy, R. & C. Ingram (eds). 1997. *Material Feminism.* Routledge.

Lorde, A. 1984. "Age, Race, Class, and Sex–Women Redefining Difference". in T. E. Ore. (ed). 2000. *The Social Construction of Difference and Inequality.* Mayfield.

Munt, Sally. (ed) 1998. *Butch/Femme-Inside Lesbian Gender.* Cassell.

Norton, Rictor. 2002. "A Critique of Social Constructionism and Postmodern Queer Theory". http://www.infopt.demon.co.uk/social22.htm.

Pederson, Lyn. 2003(1954). "The Importance of Being Different". in McCarty, T. P. & J. McMillian. (eds). 2003. *The Radical Reader.* The New Press.

Phelan, Shane. 2001. *Sexual Strangers-Gay, Lesbians, and Dilemmas of Citizenship*. Temple University Press.

Roof, Judith. 1998. "1970s Lesbian Feminism Meets 1990s Butch−Femme". in Sally Munt (ed). pp. 27−35.

Seidman, Steven. 1997. *Difference Troubles-Queering Social Theory and Sexual Politics*. Cambridge Uni. Press.

Seidman, Steven. 1999(1994). *Contested Knowledge*;《지식논쟁》. 박창호 옮김. 문예출판사.

Shelly, M. 2003(1969). "Notes of a Radical Lesbian". in McCarty, T.P. & J. McMillian. (eds). 2003. *The Radical Reader*. The New Press.

Stein, Arlene. 1997. "Sisters and Queers−The Decentering of Lesbian Feminism". *The Gender/Sexuality Reader*. Routledge,

Stein, Arlene. 2002. "Citizenship or Trasgression? : Dilemmas of the US Movement for Lesbian/Gay Rights". in P. Alperson (ed). *Diversity and Community*. Blackwell. pp. 131−140.

Vicinus, Martha. 1992. "They Wonder to Which Sex I Belong : The Historical Roots of the Modern Lesbian Identity". *Feminist Studies* 18 : 3. pp. 467−497.

Vicinus, Martha. 2004. *Intimate Friends :Women who loved women, 1778-1928*. The University of Chicago Press.

Whatling, Clare. 1998. "Femme to Femme : A Love Story". in Sally Munt (ed). pp. 74−81.

Weedon, Chris. 1999. *Feminism,Theory and the Politics of Difference*. Blackwell.

성매매방지법을 둘러싼 사회적 갈등과 섹슈얼리티 담론 변화[1]

1. 들어가는 말

90년대를 전후하여 사회 민주화가 가시화되면서 한국사회는 지역, 노사관계, 환경, 교육, 정치 등 각각의 부문에서 다양한 이슈와 연관된 갈등을 경험한 바 있다. 이러한 사회적 갈등의 증가는 비단 공공부문에만 국한되어 있는 것은 아니다. 세계화·정보화로 인한 빠른 문화 변동은 개인의 가치나 삶의 방식과 더욱 밀착되어 있는 젠더 관계 및 가족생활과 같은 사적 영역에서의 갈등 경험 또한 증가시키고 있다. 이제까지 한국사회는 집합적이고 가부장적인 사회 문화적 특수성으로 인해 가족생활이나 젠더 이슈를 둘러싼 공개적 갈등은 상당 부분 억지抑止되어 왔다고 볼 수 있다. 가족주의의 영향력으로 가족생활을 둘러싼 크고 작은 갈등은 공론의 장에서 논의되기 어려

1 이 글은 필자가 공동연구자로 집필한 연구보고서《가족·성별갈등 현황 및 정책과제》(경제인문사회연구회, 2005) 가운데 필자가 작성한 부분 일부를 발췌, 수정한 것이다.

웠을 뿐만 아니라 가부장적 성문화가 강하게 작동되어 왔다는 점에서 기성의 젠더 관계와 섹슈얼리티에 대한 도전은 제한된 수준에서만 이루어져 왔다.

그러나 최근 들어 급속하게 변화된 젠더 및 성 규범은 기성의 젠더 관계는 물론 가족구조와 사회 문화를 크게 변화시키면서 가족의 내적 갈등과 함께 사회적 갈등의 주요한 이슈로 표출되고 있다. 통상 갈등은 두 사람 이상의 구성원들이 자신의 몫이 줄어들거나 자신의 욕구가 상대방과 상충된다고 생각하는 과정으로서, 목표가 상충되거나 자신의 몫이 줄어들 때, 혹은 상대가 자신의 목표를 방해하고 있음을 지각할 때 표출되는 것이다 (Wilmot & Wilmot, 1978). 따라서 젠더 갈등 역시 개별 남녀를 위시하여 다양한 남녀집단 가운데 일방이 자신들의 권익을 침해하거나 침해당했다고 인지하는 순간 발생하는 것이 통례이다. 젠더 갈등은 성 범주로서 남녀의 역할 규정이나 권리와 관련되어 발생하는 것으로 주로 기성의 가부장적 성 질서에 대한 도전에서 비롯된다.

최근의 한국사회는 여성운동의 성과가 가시화되면서 기성의 가부장적 질서와 문화의 급속한 변동이 일어나고 있다. 따라서 이러한 변화를 적극 수용하는 여성들과 그렇지 못한 여성, 그리고 이러한 현실 변화에 쉽게 적응하지 못하는 남성들의 문화지체현상이 두드러지게 나타나고 있을 뿐만 아니라 동일한 성 범주에서조차 세대 갈등의 양상이 발견되고 있다. 이런 점에서 젠더 이슈를 둘러싼 최근의 갈등은 단순한 개인 차원의 적응의 문제이기보다는 새로운 젠더 관계와 질서라는 문화 변동의 과정으로 이해할 필요가 있다. 그러므로 현재 한국사회의 젠더 이슈와 연관된 갈등을 회피 가능한 것으로 축소, 은폐하기보다는 적절한 수준에서의 갈등 표출을 통해 각 이해 당사자의 입장과 갈등을 유발하는 다양한 사회 구조와 심리문화적 요인을 규명함으로써 합리적인 소통 기제와 합의의 토대를 마련하는 것이 중요하다.

특히 사적 영역을 둘러싼 세대·젠더 갈등은 사회 구성원의 근본 가치와 일상적인 삶의 태도와 직결되어 있다는 점에서 누구나 갈등의 당사자이자 피해자가 될 수 있다. 또한 일련의 갈등 과정 속에서 주도적이거나 수혜자의 지위를 상실하게 될 경우, 직접적으로 자신의 태도와 행위를 수정해야 하는 문화적 압력이 높다는 점에서 갈등으로 인한 피해의식이 매우 분명하다는 특징이 있다. 동시에 모든 사람들이 갈등의 주체자이거나 피해자가 될 수 있을 뿐만 아니라 실제로 갈등을 주도하는 대립적 관계가 모호하고, 갈등 해결의 최대 수혜자 집단이나 피해자 집단이 가시화되지 않는 경우가 많다. 따라서 흔히 가족이나 젠더 이슈 갈등의 경우에는 일반 시민으로서의 남성이나 여성을 대변하는 시민단체나 특정의 가치와 이념을 주장하는 운동단체들이 갈등의 당사자로 부각된다는 특징을 가지고 있다.

우리 사회에서 개인의 성적 욕망은 제도적인 혼인관계 틀 내로 제한되거나 성별에 따라 차별적인 규범이 적용되어 왔다. 그 결과 개인의 성적 욕망은 성별화되고, 여성을 크게 결혼 대상 집단과 남성의 성적 일탈 파트너 집단으로 구분하는 모순적 양상이 나타나기도 하였다. 특히 대가를 받고 남성들과 성관계를 갖은 여성들은 공공연한 게토 집단으로 이들의 인권이나 사회권은 쉽게 무시되어 왔던 것이 사실이다. 그러나 성매매방지법 제정을 기점으로 개인의 성적 욕망과 성 규범 및 이에 대한 사회적 제제의 정당성과 성매매, 그리고 성매매 여성에 대한 본격적인 논의가 시작되고 있다. 이에 본고는 젠더 규범이나 성질서와 연관된 갈등을 젠더 갈등으로 정의하고, 성매매방지법을 둘러싼 갈등을 젠더 이슈의 대표적인 갈등 사례로 살펴보고자 한다. 이는 무엇보다 성매매방지법을 둘러싼 갈등에는 비교적 분명한 이해 당사자와 다양한 이슈가 제기되고 있어 갈등 분석에 적합할 뿐만 아니라 이를 둘러싼 갈등 양상과 전개 과정을 통해 한국 섹슈얼리티 담론의 변화를 확인할 수 있기 때문이다.

2. 성매매방지법 제정과 갈등의 표출

1) 성매매방지법의 제정 배경

성매매를 바라보는 시각과 정책은 각 사회의 문화 전통과 윤리의식 등에 따라 매우 다르게 나타날 수 있지만, 크게는 입법정책상 금지주의와 규제주의, 폐지주의로 대별될 수 있다. 그러나 성매매를 범죄로 간주하고 처벌하는 금지주의 국가들 사이에도 성매매 행위자를 쌍방 처벌하거나 성을 사는 자만 처벌하는 경우, 그리고 성매매 여성만을 처벌하는 등 처벌의 대상과 범주에 대해서는 다양한 차이를 보여 준다. 이는 성매매와 성매매 여성을 바라보는 사회 문화적인 관점에 따라 그 처벌의 범위와 내용이 상이하게 규정되고 있음을 의미한다.

우리나라는 1961년 윤락행위등방지법에 의거하여 근본적으로 성매매 금지주의 태도를 견지해 왔다. 물론 입법 당시에는 도덕관념을 중시하여 윤락 행위자의 처벌 위주로 입법화되었지만, 수차례의 개정을 통해 성매매 여성의 선도·보호 강화 및 인권 보장의 규정 등을 보완하는 법률로 발전해 왔다. '윤락행위등방지법'(이하 윤방법)에 명시된 윤락 행위는 "불특정인을 상대로 하여 금품이나 기타 재산상의 이익을 받거나 받을 것을 약속하고 성행위를 하는 것"으로 규정하고 있다(유태희, 2000). 이 법에 따르면 성을 사는 남성과 성을 파는 여성은 물론이고 착취 고리에 있는 사람을 모두 처벌할 수 있음에도 불구하고, 그동안 한국사회에서는 법의 실효성이 의심될 만큼 거의 사문화되어 왔다고 해도 과언이 아니다.[2] 따라서 금지주의에 의거하여 성매매를 범죄로 규정해 왔음에도 불구하고 한국사회에서 성

2 더욱이 현장에서는 주로 성을 판매하는 여성들만을 단속의 대상으로 삼아 왔고, 윤락 여성이라는 호칭에서 알 수 있듯이 도덕적 견지에서 성매매 여성들은 타락한 자로 낙인하고 있다는 점에서 비판의 여론 또한 없지 않다. 특히 '윤방법'에 의해 성매매 여성이 구속되면, 그 기간만큼 포주에게 갚아야 하는 빚만 늘어나는 결과를 초래하여 이로 인한 예속 상태는 더욱 심화되는 악순환의 고리로 작용한 것이 사실이다(변화순, 2004).

매매는 근절되지 않았을 뿐만 아니라 오히려 성매매의 형태는 더욱 다양해지고 규모 면에서도 크게 증가해 왔다.

특히 최근에 와서는 성 산업의 규모가 총 GDP 대비 4%를 점유한다는 주장이 설득력 있게 받아들여질 정도로 규모 면에서 급속하게 성장하였으며, 다양한 정보·통신 기술의 발달로 성매매 알선과 구매 형태가 매우 다양화되고 있다. 한 통계에 따르면 2002년 현재 성매매 종사 여성은 최소 33만 명 정도로 추정되며, 이 가운데 겸업형 성매매 24,110명, 집창촌 9,092명, 기타 79,012명으로 분류되고 있다.[3] 또한 성매매 알선 업소는 약 8만여 개이며 성매매 관련 산업의 경제 규모는 연간 24조 원 정도로 추산되고 있다. 또한 성매매 형태는 특정 지역(윤락가)에서 이루어지던 "전통형 성매매"에서 룸살롱, 노래방 등 신종 서비스업(향락산업)과 결합된 형태, 특히 2차적 서비스로서의 "산업형 성매매"가 주류를 이루는 추세로 변화하고 있다. 여기에 더해 성매매 업소에서뿐만 아니라 2차 서비스 형태 혹은 인터넷과 휴대폰의 급속한 보급에 의한 전자형 성매매 등 다양한 형태로 성매매가 알선·제공되고 있다. 오늘날 성매매 시장은 유흥접객 업소나 성매매 알선 업자의 주도하에 이윤을 창출하는 하나의 산업으로 변질되어 1994–2002년간 풍속영업소는 약 26%나 증가하였으며(113,153개 → 142,619개), 행정 규제가 불가능한 스포츠마사지, 휴게방과 같은 퇴폐 업소 또한 급속히 증가해 왔다. 이를 반영하듯 1997-2002 동안 음란퇴폐 및 불법 변태 영업 단속 건수는 4.7배와 1.8배로 크게 증가하였으며, 윤락행위등방지법 위반 사건 역시 2002년 현재 1997년 대비 3.7배 이상 급증한 것으로 나타났다(여성연합·성매매방지법 제정특별위원회, 2003).

한국사회에서 성매매가 현행법상 불법으로 금지되어 있음에도 불구하

---

3 1998년 여성개발원의 연구 결과에서는 51만 명으로 추산된 바 있으며, 2001년 성매매 여성운동 단체인 새움터에서는 73만 명, 형사정책연구원의 2002년 연구 결과에서는 33만 명으로 추정한 바 있다.

고 근절되지 않는 것은 무엇보다 성매매를 불가피한 것으로 인식하는 성 이중적 태도가 상존하고 있기 때문으로 볼 수 있다. 한 조사 결과에 따르면, 성인 남성 2명중 1명은 "성매매가 인간의 존엄성을 해치는 행위"(43%)라고 인식하지만, 동시에 "성매매는 남자들의 성욕 해소 등을 위해 필요하다"고 인식하는 이중성을 보여 주고 있다(한국사회학회, 2004). 이와 함께 정보사회, 소비 중심 사회로의 전환에 따른 물질적 가치의 빠른 확산을 지적할 수 있다. 물질 중심적 가치의 확산으로 청소년들의 성 산업 유입이 빠르게 확산되고 있는데, 예컨대 집창촌 성매매 여성 가운데 성 산업에 최초로 유입된 연령은 평균 23.2세로 나타났으며, 18세 이전에 유입된 경우도 30.8%에 달한다. 그리고 이들이 밝힌 성매매의 가장 큰 동기는 '돈을 벌기 위해서'로 밝혀진 바 있다(한국보건사회연구원, 2001). 특히 인터넷 채팅 등을 통한 청소년 대상의 성매수가 증가하고 있어, 인터넷이 청소년 성매매의 새로운 매체로 악용되고 있음을 알 수 있다.[4]

한편 IMF 이후 증가한 사회경제적 불안정성 또한 성 산업의 확대와 연관되어 있는데, 이는 IMF 이후 산업구조 조정으로 서비스업이 이상 비대화되면서 잠재적인 성매매 알선업체가 증가한 것으로 볼 수 있기 때문이다. 또한 여성의 경제활동 참여 욕구의 증가에도 불구하고 여성의 취업 기회가 제한적인 성 불평등 구조 또한 주요 요인으로 지적될 수 있다.[5] 여성의 노동시장 진입 장벽은 결과적으로 성 산업에 유입되는 여성 인구층을 증가시키는 한 요인일 수 있기 때문이다.

또한 한국사회의 관대한 음주 문화와 접대 관행이 유지되는 사회 문화적 조건 역시 성매매를 부추기는 요인으로 지적할 수 있다. 산업화와 함께

4 성매매 제안을 받아본 적이 있다고 응답한 학생은 전체 응답자의 13.5%이고 성매매 제안을 받은 경로의 80.5%가 인터넷 채팅으로 나타나고 있다(청보위, 2002). 또한 2003년 청소년 성매매 검거 1,349건 중 83%가 인터넷 이용한 성매매로 밝혀졌다.

5 2002년 여성의 경제활동 참가율은 49.7%인데 비해, 남성은 74.8%다.

한국사회의 술 소비 수준은 꾸준히 증가되어 왔으며, 이러한 음주 문화의 확대는 잠재적으로 성 구매자를 증가시키는 계기로 작용하는 것이다. 남성이 성매매를 하게 되는 주된 계기는 술집, 룸살롱 등에서 음주를 하고 난 후 2차 형태로 성매매를 경험하는 경우가 많을 뿐만 아니라 이러한 행태가 하나의 접대 문화로 용인되고 있음에 비추어 볼 때, 남성들의 음주 문화는 성매매를 부추기는 주요인임을 알 수 있다.[6]

특히 90년대를 전후하여 동구권의 몰락과 노동 인구의 세계적인 유입 추세에 따라 외국인 여성들이 국내 유흥 산업에 유입됨으로써 성매매의 세계화 현상이 나타나고 있다. 한국의 성 산업은 2001년 7월 미 국무부가 세계 82개 국의 인신매매 실태와 동향 분석을 실시한 〈인신매매 및 폭력 피해자 보호법〉 관련한 보고서에서 한국을 인신매매의 원천지 및 경유지로 지목하고 최하위 3등급 국가로 분류할 만큼 번창하게 된다. 이 같은 성 산업의 급속한 성장은 다른 한편 성매매 여성의 경제적, 성적 착취와 피해수준을 더욱 심각하게 만듦으로써 이들의 인권 유린에 대한 지적이 끊이지 않게 되었다. 그러한 단적인 예는 바로 2000년 9월 군산시 대명동에 있는 속칭 '쉬파리골목'에서 발생한 화재 참사에서 성매매 여성이 쇠창살에 갇힌 채 그대로 숨지는 사건으로 나타났다. 그리고 이러한 참사는 성매매 여성의 심각한 인권 유린을 폭로하는 결정적 계기로 작용하면서 이들에 대한 업주의 선불금 횡포와 폭력 및 강제 구금 등 인권 유린에 대한 법적 장치와 강력한 대응 정책이 필요하다는 국민적 공감대를 형성하게 되었다.

성매매 산업이 지나치게 비대화된다는 사회적 우려 속에서 발생한 성매매 집결지의 화재 참사는 성매매 폐해에 대한 사회적 관심을 촉발하는 계기로 작용하였고, 이에 여성연합은 '군산시 대명동 화재 참사로 인한 성매

6 식품접객업이 허가제에서 신고제로 전환되고, 영업시간의 제한이 철폐되는 등 풍속 영업 관련 규제 개혁 조치로 풍속 영업소는 지속적으로 증가해 왔다.

매 여성 사망'에 대한 입장 발표와 동시에 관련자 공동 고발을 위한 기자회견 및 촉구 집회를 벌임으로써 성매매가 여성에게 가하는 인권 유린에 대한 사회적 경각심을 제고시키기 위해 노력하였다. 성매매 여성의 인권 보장에 대한 대중적 공감대를 바탕으로 여성단체가 발 빠르게 대응하기 시작한 결과, 2001년 1월에는 성매매방지법 제정을 위한 법률안 마련 전문가 회의가 개최되었으며, 동년 8월에는 '인신매매 전담 검사'가 지정되고, '인신매매 관련 범죄 합동단속반'이 편성·운영되기 시작하면서 인신매매, 성매매 범죄와 관련된 조직폭력배 등 성매매 관련 범죄가 실질적인 단속을 받게 되었다. 11월에는 성매매 알선 등 범죄의 처벌 및 방지에 관한 법률(안)이 청원되었으며, 한국여성단체연합에서는 성매매방지법제정 특별위원회를 구성하여 2002년 9월 '성매매 알선 등 행위의 처벌 및 방지에 관한 법률', '성매매 알선 등 범죄의 피해자 보호 등에 관한 법률'을 청원하게 되었다.

성매매 문제를 해결하려는 여성계의 노력은 2003년 2월 '대통령 중점 공약 사항'(제8호)의 하나로 성매매 방지가 의제로 선정되고, 6월에는 국무총리 국무조정실 산하에 성매매방지기획단이 마련됨으로써 가시적인 성과를 거둘 수 있게 되었다. 이듬해인 2004년 3월에는 성매매방지법의 국회 통과로 성매매방지 종합대책이 수립·발표되었으며, 9월 23일부터 성매매방지법이 시행되고 있다. 이는 무엇보다 성매매가 더 이상 개인 선택의 문제로 간주하기에는 너무 비대화, 산업화되고 있을 뿐만 아니라 그 안에서 성매매 여성의 인권을 유린하는 사건들이 끊이지 않고 발생하고 있기 때문이다. 또한 세계적으로 인신매매와 성매매 관련 범죄를 조직범죄로 규정하고 이에 강력히 대응하는 추세를 반영할 필요성이 맞물려 있다.

한국의 성 산업 역사는 현대사와 그 궤를 같이해 왔다고 볼 수 있다. 미군의 영속적인 주둔은 거대한 기지촌을 만들어 냈으며, 기지촌은 특별한 기술이나 학력이 없는 빈곤한 여성들을 유입하는 거대한 소비처로 성장해 왔다. 이런 점에서 성매매에 대한 논의는 민족주의와 여성 인권의 담론에서 이데올로기적으로 강력한 호소력을 가지는 이슈인 셈이다. 더욱이 우리나라는 2000년에 비준한 유엔 국제조직범죄방지협약의 '여성과 아동의 매매 예방 및 억제를 위한 의정서'에 따라 이의 이행을 위한 국내법의 정비와 대책 마련이 필요한 시점이었다. 특히 2001년 미국의 인권보고서에서 한국이 국제적인 인신매매의 송출지 내지 경유지로 지적되는 외교적 사건은 결정적으로 성매매 관련법을 재고하게 만드는 사회적 배경이 아닐 수 없다. 그리고 이러한 상황 속에서 때마침 발생한 군산 성매매 집결지 화재사건은 그동안 비약적으로 성공한 주류 여성운동의 역량과 힘을 성매매방지법 제정으로 결집시키는 주요 계기로 작용한 것이다.

2) 성매매방지법을 둘러싼 갈등과 제 입장

여성계와 정부의 주도로 제정된 성매매방지법은 법의 구체적인 시행과 함께 법의 실효성에 대한 논란이 끊이지 않고 있으며, 일부 성매매 여성들이 성매매방지법에 공개적인 이의를 제기하고 집단행동을 표출하기 시작하면서 점차 갈등 양상으로 비화되었다. 무엇보다 성매매 여성들을 성매매 구조의 가장 큰 피해자로 인식하는 대중적 정서 속에서, 그리고 성매매방지법에서조차 피해자로 규정된 성매매 여성들 스스로가 자신들의 생존권을 억압하는 성매매방지법의 폐지를 요구하는 상황은 상당히 혼란스러운 것이 사실이다. 이들의 저항과 집단행동에는 여성운동 단체들이 지적하는 바와 같이 일정 부분 '포주의 강요'나 '스톡홀름 신드롬'적 요소가 전혀 없다고 보기는 어렵다. 그럼에도 불구하고 자신들 스스로를 성 노동자로 규정하고 노동권을 주장하는 현재의 상황은 성매매 근절을 위한 법 개정이 갖는 도덕적 정당성에 상당한 도전을 가하는 일이 아닐 수 없다.

엄밀히 말해, 성매매방지법을 둘러싼 갈등은 주된 성 구매자인 일반 남성과 성 판매자인 성매매 여성의 갈등이 아니며, 성매매방지법을 둘러싼 여성계와 남성 수구세력 간의 갈등도 아니다. 오히려 성매매 여성과 관련 업소 업주가 성매매방지법에 대한 문제를 제기하고 집단행동을 보여 줌으로써 이들과 정부, 여성단체 등이 주된 갈등의 주체로 나타나고 있다. 예를 들면, 일부 성매매 여성들과 업주들은 성매매방지법을 주도한 주류 여성단체와 정부에 대한 항의방문과 공개성명을 발표하고 있지만, 정부와 여성계에서는 아직 심각하게 대응하지 않고 있다. 그러나 성매매방지법을 둘러싼 대중매체의 보도 내용이나 태도 혹은 각종 토론회에서 나타난 내용들을 분석해 보면, 성매매 업소의 근절에 따른 이해관계에 의한 갈등에서부터 성매매를 바라보는 시각과 이것의 해법을 둘러싼 근본적인 시각의 차이가 엄존함을 알 수 있다.

법 제정을 주도하고 강력한 시행 의지를 밝힌 정부 측에서는 성매매방지법의 시행으로 성매매 업소에 대한 집중적이고 대대적인 단속을 통해 '성매매는 범죄'라는 사실을 확실히 인식시켰다고 평가하고 있다. 그러나 다른 한편 이 법의 강력한 집행으로 인해 중간 착취자들이 위협을 느끼게 되자 사상 초유의 집단반발과 집단행동이 수면 위로 떠오르게 되면서 비로소 신문과 매스컴에서는 성매매 관련 기사가 다루어지기 시작했다. 이로써 성매매방지법 제정 과정에서 이미 충분히 제기되고 검토되었어야 할 내용과 쟁점, 예컨대 현재의 상황에서 성매매 금지주의를 지속할 것인가 아니면 현재의 폐해를 줄이기 위한 방안 모색과 함께 기존의 법안을 폐지함으로서 성매매 합법화를 택할 것인가 등의 원론적인 문제 제기가 시작되면서 오히려 성매매방지법의 제정과 실시로 성매매 관련 분쟁이 증폭되는 양상을 보여 왔다. 성매매방지법에 대한 입장과 각각의 평가는 크게 다음의 세 가지로 정리할 수 있을 것이다.

① 성매매방지법에 대한 긍정적 입장

성매매방지법의 정당성과 효과성을 지지하는 입장은 주로 여성계와 여성가족부로 대변되는 정부로, 이들은 성매매 피해 여성의 인권 보호와 고질적인 한국의 접대 문화가 크게 개선되었다고 평가한다. 또한 성이 매매 가능한 것이라는 일반적 통념에서 성매매를 범죄 행위로 바라보는 인식의 전환은 그야말로 고질적인 성 의식 개선의 계기를 마련함은 물론 이로 인한 건전한 가족문화의 활성화를 기대하고 환영하는 분위기 또한 강하게 나타나고 있다(변화순, 2004).

이러한 평가는 성매매방지법 시행을 앞두고 여성가족부가 실시한 성매매처벌법 관련 국민의식 조사 결과와 특별법 시행 이후의 조사 결과를 통해서도 일부 확인된다. 조사 결과에 따르면, '성매매가 심각하다'는 응답은 무려 93.9%에 달하고, 응답자의 94.9%는 성매매가 사회범죄 행위라는 사실에 동의하며 73.4%의 응답자가 성매매특별법에 의한 처벌의 효과성을 기대하고 있는 것으로 나타났다(여성가족부, 2004). 또한 성매매특별법 시행 1주년을 앞두고 실시된 온라인 조사 결과에서는 성 구매 경험이 있는 남성 응답자(497명)의 86.7%가 특별법 시행 이후 성 구매 횟수가 줄었다고 응답한 바 있으며, 전체 응답자의 53.8%가 성매매는 사회적 범죄라는 주장에 동의하지만 남성(48.2%)[7]에 비해 여성(73.5%)의 공감 수준이 훨씬 높게 나타났다(《경향신문》, 2005년 9월 22일자, 1면). 전체 응답자의 61.8%는 성매매방지법이 성매매를 억제하고 왜곡된 성문화를 바로잡는 등의 긍정적인 효과를 크게 평가하고 있었다. 그러나 다른 한편으로 성매매방지법 시행에 대해선 응답자의 대부분(95.6%)이 알고 있으나, 성 구매 경험 남성의 26.4%만

---

7 조사 결과를 분석해 보면, 조사 대상자 가운데 남성은 921명으로 이 가운데 대략 54%에 해당되는 남성이 지금까지 한 번 이상의 성 구매 경험이 있다고 답했다. 특히 30대와 40대가 70%의 높은 비율로 나타났으며, 성구매 이후의 만족 수준은 10.7%이며, 성 구매 남성의 56.9%는 성 구매 행위에 대해 가족에게 죄책감을 느낀다고 답했다(《세계일보》, 2005년 9월 22일자 26면).

이 성 구매를 하면서 위법성을 의식해 실효성은 기대에 못 미치는 것으로 나타났다(《국민일보》, 2005년 9월 21일자).

성매매방지법 제정으로 성매매와 관련된 강제적 성 착취와 감금 등 강압적 수단에 의해 국제적으로 이루어지는 인신매매는 정부의 강력한 단속으로 최근 감소하는 추세인 것은 분명하다. 이러한 성과는 최근 미국의 인권보고서에도 그대로 반영되어 최하위 3등급 국가로 분류된 지 1년 만인 2002년에는 1등급으로 재분류된 바 있으며, 현재까지 1등급 상태를 유지하고 있다.

② 성매매방지법에 대한 부정적 입장

아직까지는 신고한 성매매 피해 여성들이 받는 협박 등의 후유증이 발생하고 있으며 당장의 생계 수단을 상실한 것을 비관하여 자살한 성매매 여성 등의 관련 사건 소식도 들리고 있다(CBS 경남방송, 9월 21일). 하지만 보다 근본적인 것은 성매매방지법은 기본적인 인간의 욕망과 신체에 대한 국가권력의 간섭이라는 입장을 견지하면서 성 문제에 국가가 법률로 개입하는 것에 반대하는 일부의 자유주의자들과 여성과 다른 남성의 성욕을 인정하려는 일부 보수주의자들의 주장이 상당히 강하게 유지되고 있다는 사실이다. 특히 보수 언론을 중심으로 한 성매매 관련 기사를 분석해 보면, 성매매방지법 제정으로 인한 부정적 효과에 많은 지면을 할애하고 있다(김은주, 2004).

실제로 경찰청이 발표한 성범죄 단속 결과를 보면, 단속 실적이 날로 저조해짐을 알 수 있다. 지난 1년간 성매매 적발자의 추이를 살펴보면, 20대의 경우 32.8%로 법 시행 이전보다 2.7% 줄어들었지만 30대와 40대의 경우는 각기 28.9% → 33.4%, 17.6% → 18.4%로 늘어났음을 알 수 있다. 직업별로는 직장인(40.6%)은 법 시행 이전보다 1.6% 줄어들었으나 자영업자(30%), 전문직(2.1%), 공무원 등은 1%가량 늘어나 경제적 능력이 상대적으로 약한 계층에서는 성 매수가 줄고 있지만 경제적으로 비교적 안정된 연령대와 직업에서는 오히려 성 매수가 늘어났음을 의미하는 것이다. 지난 1년간 성매매 집결지(집창촌) 업소는 법 시행 이전의 1,679곳에서 1,061곳으로 36.8%가, 성매매 여성은 5,567명에서 2,653명으로 52.3%가 각각 줄어든 것으로 발표되었지만 법 시행 6개월을 맞아 지난 3월 발표한 실적과 별 차이가 없다(《경향신문》, 2005년 9월 21일, 12면).[8]

이러한 사실에 근거하여 한편에서는 필요악으로 공창제를 주장하기도 하고 다른 한편에서는 성매매방지법의 실효성을 저울질하는 형태로 혹은 성매매 방지에 따른 풍선효과를 주장하거나 성매매 금지에 따른 성폭력의 증가를 우려하기도 한다. 또 다른 한편에서는 한국의 엄격한 법률 때문에 해외를 경유한 성매매가 증가할 것을 우려하는가 하면, 냉정한 현실 분석에 근거한 것인 양 경기 침체의 여파를 걱정하면서 현재 한국사회에서 경제를 볼모로 할 만큼 탈성매매 정책이 우선적인 것인가를 반문하고 있다. 그러나 성매매특별법에 대한 가장 강한 반대는 성 노동자회를 결성하고 자신들의 목소리를 내고 있는 일부 성매매 여성들과 성매매 업주, 그리고 집창촌 주변상인연합회들이다. 성매매특별법이 경제를 망친다는 아우성은 물론 생활고를 비롯한 부작용이 속출하고 있다는 점에서 특별법의 효력에 의문을 제기한 것이다. 더욱이 성매매의 피해자로 규정된 성매매 여성들이 자신을 엄연한 비정규직 노동자로 규정하고, 자신의 생존권 보장을 요구하고 있다. 이들은 성매매특별법으로 성 노동자들을 음지로 몰아넣어 안전을 보장받을 수 없을 뿐만 아니라 자신들을 성매매 피해 여성으로 규정하면서 반복되는 단속과 오명, 낙인을 가한다고 주장하고 있다.

8 3월 발표한 집결지 업소는 1,679곳에서 1,071곳으로, 성매매 여성은 5,567명에서 2,736명으로 각각 줄었다. 후반기 6개월간의 단속 결과는 10곳(0.2%), 성매매 여성은 83명(1.4%)이 감소하는 데 그친 것이다.

③ 절충주의적 입장

세 번째로는 성매매방지법의 제정을 원칙적으로 인정하지만 단속의 문제점과 후속조치의 미흡을 지적하는 중도적 입장이 있다. 이러한 시각은 무엇보다 그동안 성매매에 종사해 온 수십만 명의 여성들이 다른 방법으로 살아갈 수 있도록 하는 실질적 조처가 대단히 미흡하다는 점에서 적극적인 후속조치 없이 법집행의 원칙만을 강조하는 성매매방지법을 비판하는 것이다. 또한 현재 성매매의 가장 심각한 문제는 집창촌 같은 공개형 성매매 업소가 아니라 확산일로에 있는 음성형 성매매임에도 불구하고 현재에 집중적인 단속이 이루어지는 곳은 가시적으로 통제가 가능한 집창촌에 집중되어 있음을 비판한다. 이러한 입장에서는 체계적인 성매매 후속조치와 함께 탈성매매 여성을 위한 실질적인 지원책 마련에 보다 많은 관심을 보이고 있다.

3. 성매매방지법을 둘러싼 갈등 구조와 전개 과정

1) 갈등 구조와 갈등의 이해 당사자

① 시민으로서의 일반 남성과 여성

성매매특별법을 둘러싼 갈등의 주체는 일반 시민으로서의 남성과 여성으로 구분할 수 있다. 여성을 성적 대상으로 비하하고 여성의 신체와 성을 매매해 왔을 뿐만 아니라 여성들을 정숙한 여성과 그렇지 않은 여성으로 구분해 온 남성 중심적 성문화가 성매매특별법의 제정과 실시로 인해 상당한 변화를 겪게 된다는 점에서 최대의 수혜자는 성매매 피해 여성과 일반 여성들이다. 이에 비해 오랜 기간 가부장적 성 관행에 익숙해진 수구적인 남성들은 다양한 형태로 성매매특별법에 대한 거북한 속내를 표출하고 있다. 그러나 상당 부분 여성 인권의 보호라는 사회적 명분으로 인해 이들의 심리적 거부감은 직접적인 방식으로보다는 간접적이고 우회적인 형태로 표출될 가능성이 농후하다.

이 가운데 성매매특별법을 반대하는 대표적인 남성 측 논거는 바로 성매매방지법은 기본적인 인간의 욕망과 신체에 대한 국가권력의 간섭이라는 입장을 견지하면서 성 문제를 국가가 법률로 개입하는 것에 반대하는 일부의 자유주의적 주장이다. 이는 특히 보수 언론을 중심으로 한 성매매 관련 기사를 통해 여실히 드러나고 있는데, 한국의 주류 언론들은 성매매방지법 제정으로 인한 부정적 효과에 많은 지면을 할애하고 있음을 알 수 있다(김은주, 2004). 예컨대, ○○일보는 9월 24일자 34면에서 성매매방지법 시행 1주년을 평가하면서 "욕망을 방에 가두고 문을 잠그면 창문으로 빠져 나간다"는 비유를 들어 인간의 성행위는 본능이기 때문에 성이 존재하는 한 성매매도 존재하며, 따라서 성매매는 결코 법이나 단속으로 해결될 수 없다고 기술하고 있다. 이러한 언론의 태도는 성매매방지법안에 대해 원론적으로는 동의를 표한다고 밝히면서도 관습을 깨기 어렵다거나 미국 금주법의 실패 등을 들며 실효를 거두지 못할 것이라는 점을 되풀이해서 보도함으로써 사실상 반대하는 입장을 보여 주고 있다.[9]

또 다른 주장들은 여성과 다른 남성의 성욕을 인정해야 한다는 남성 수구 세력들이 논거다. 이에 근거하여 일부는 필요악으로 공창제를 논의하

9 먼저 △△일보는 9월 26일자 〈기자의 눈—'그것'이 법으로 가능할까〉라는 칼럼을 통해 "법률의 엄격한 집행은 때로 최악의 부정의가 될 수도 있다는 반박"이라고 주장하며 미국의 금주법이 "술 마시는 '관습'을 법이 변화시킬 수 없었다"고 보도했다. 이어서 칼럼은 법안 때문에 "오히려 평범한 시민의 법적 안정성을 해칠 우려가 크다. 성매매 업주 외에 자발적으로 성매매를 한 여성과 성을 구매한 남성을 모두 처벌 대상으로 하고 징역형까지 규정하고 있기 때문"이라고 주장, 성매매를 관습 정도로 인식하고 있음을 보여 주는가 하면 이 법안이 시민들의 권리를 침해할 수 있다는 주장하고 있다. 한편 ○○일보는 10월14일자 만물상 〈총각들의 저녁식사〉에서도 "사람이 정욕을 누르지 못함을 말과 원숭이에 비유한 '의마심원意馬心猿'이라는 말도 있다. 요즘 우리 사회의 성 풍조가 아무리 개방적이라 해도 연인에게서 사랑과 욕구를 함께 해결할 수 있는 총각은 많지 않을 것"이라며 미혼 남성의 성 구매를 당연시하는 듯한 기사를 보도하고 있다.

거나 성매매방지법의 실효성을 저울질하고 성매매 방지에 따른 풍선효과와 성폭력의 증가를 우려하기도 한다. 일부는 한국의 엄격한 성매매방지법률 때문에 해외를 경유한 성매매 증가를 기정사실화하는가 하면, 냉정한 현실 분석에 근거한 것인 양 경기 침체의 여파를 걱정하면서 현재 한국사회에서 경제를 볼모로 할 만큼 탈성매매 정책이 우선적인 것인가를 반문하는 등 다양한 외양과 논거로 그들의 불편한 심기를 우회적으로 표출하거나 성매매특별법을 비판하고 있다.

② 일부 성매매 피해 여성과 업주, 그리고 여성단체와 정부

성매매특별법을 둘러싼 또 다른 갈등 당사자들은 바로 일부 성매매 피해 여성들과 관련 업주들이다. 이들은 특히 성매매특별법의 시행 이후에 주로 갈등 당사자로 부각되고 있으며, 최근의 집회와 성명서 등을 통해 성매매특별법의 폐지를 주장함으로써 정부 및 여성단체와 마찰을 빚고 있다. 물론 여성계와 정부는 성매매 피해 여성의 인권 보호와 고질적인 한국의 접대문화가 크게 개선되었다는 점에서 이들의 성매매특별법 폐지론을 일축한다. 정부와 여성계는 성매매특별법의 시행 이후 성이 매매 가능한 것이라는 일반적 통념에서 성매매를 범죄 행위로 인식하기 시작하는 등 고질적인 성의식이 개선되었다고 보고 있다. 특히 성매매방지법 제정 이후 성매매와 관련된 강제적 성 착취와 감금 등 강압적 수단에 의해 국제적으로 이루어지는 인신매매는 정부의 강력한 단속으로 최근 감소하는 추세로 나타났다.

그러나 성 노동자회의 결성을 통해 자신들을 성 노동자로 규정하고 성매매특별법의 폐지를 요구하는 일부 성매매 피해 여성들과 성매매 업소 업주, 그리고 집창촌 주변 상인연합회들은 성매매특별법의 시행으로 경제적 어려움이 배가됨은 물론 생활고를 비롯한 부작용이 속출하고 있다는 점에서 특별법의 효력에 의문을 제기하고 있다. 실제로 경찰청이 발표한 성범

죄 단속 결과를 보면, 단속 실적이 날로 저조해짐을 알 수 있다.[10]

더욱이 성매매의 피해자로 규정된 성매매 여성들은 성매매특별법으로 성 노동자들을 음지로 몰아넣음으로써 안전을 보장받을 수 없을 뿐만 아니라 자신들을 성매매 피해 여성으로 규정하여 반복적으로 자신들을 단속과 오명, 낙인을 가하고 있다고 주장한다. 또한 신고한 성매매 피해 여성들이 받는 협박 등의 후유증이 적지 않고 당장의 생계 수단을 상실한 것을 비관하여 성매매 여성이 자살하는 사건을 예로 들면서 성매매특별법의 폐지를 요구하고 있다(CBS 경남방송, 9월 21일).

2) 갈등 요인의 구조 분석

현재 한국사회의 주요한 이슈가 되고 있는 성매매방지법은 성매매 여성의 인권 유린에 대한 대중적 공감과 지지 속에서 출발했음에도 불구하고 도덕적 당위론에 압도되어 사전에 다양한 의견이 토론될 기회를 갖지 못한 채 법 제정이 우선되었다. 그러나 성매매특별법의 제정과 실시 이후에 나타난 이해집단의 이의 분출을 통해 성매매를 바라보는 시각과 해법의 근본적인 견해 차가 나타나면서 성매매를 둘러싼 갈등 양상이 오히려 부각되고 있다. 요컨대 성매매방지법 이후 피해 여성으로 간주된 성매매 여성들이 스스로 성노동자조합을 구성하고 자신들을 피해 여성이 아니라 당당한 노동자로 선언함으로써 성매매방지법은 '후폭풍'에 직면하게 된 것이다. 성매매방지법을 둘러싼 갈등 요인을 살펴보면 다음과 같다.

① 가부장적 권력과 성문화

성매매는 오랜 가부장적 관습이 일상적 관행으로 자리 잡은 성문화에 불

10 지난 1년간 성매매 집결지(집창촌) 업소는 법 시행 이전의 1,679곳에서 1,061곳으로 36.8%가, 성매매 여성은 5,567명에서 2,653명으로 52.3%가 각각 줄어든 것으로 발표되었지만 법 시행 6개월을 맞아 지난 3월 발표한 실적과 별 차이가 없는 것이다(《경향신문》, 2005년 9월 21일 12면).

과하다고 보는 여성주의 시각에 따르면, 성매매의 가장 큰 피해 집단은 성매매 여성이며 가해자는 구매자인 남성이다. 특히 급진주의적 여성주의자들은 "자신의 쾌락과 이익을 위해 여성을 대상화하고 여성을 사물로 취급하는 성매매의 경험은 결국 여성을 대상화, 사물화하는 성폭력의 경험과 일치"하고, 남성에게 "포르노는 이론이고 강간은 실천"이듯이 성매매는 돈을 주고 행하는 "연습 게임"이라고 언명한 바 있다. 급진주의적 논거는 성을 파는 사람이 왜 여성이며 주된 구매자가 남성인가를 설명함에 있어서는 아직도 유효하다. 물론 이러한 시각이 현재 성 산업의 완결적 분석을 가능하게 하는 것은 아니지만, 가부장적 문화 속에서 여성들은 오랫동안 교환 대상에 불과했다는 점에서 상당한 설득력을 가지고 있다.

이런 맥락에서 본다면 국가와 주류 여성운동계의 강력한 의지에 의해 제정된 성매매방지법은 남성의 오랜 관행적 권력을 전복시키는 상징적 사건인 셈이다. 따라서 이러한 성매매방지법에 대한 가부장적 남성 질서는 상당 부분 긴장할 수밖에 없으며, 기회가 주어질 때마다 성매매방지법의 무력화에 관심을 기울이게 될 것으로 예측할 수 있다. 따라서 현재의 성매매방지법을 둘러싼 갈등에는 적어도 표면화되지 않고는 있으나 보수적인 기득권을 상실하지 않으려는 남성들의 보이지 않는 일상적, 잠재적 저항도 주요한 갈등 요인의 하나로 작용하고 있다고 볼 수 있다. 특히 현재 주류 언론의 보도 태도는 이러한 남성 질서를 대변하고 있다고 추측할 만하다.

예컨대, 동아와 중앙 등의 언론은 성매매방지법에 대해 동의하고 있다고 하면서도 공급과 수요가 공존하기 때문에 단속이 실효를 거두지 못한다거나 주택가나 인터넷 등을 통한 음성적인 성매매가 증가하고 있다고 보도하였다. 이들은 관련 기사를 통해 지속적으로 인간의 성행위는 본능이기 때문에 성이 존재하는 한 성매매도 존재하며, 따라서 성매매는 결코 법이나 단속으로 해결될 수 없다는 주장을 견지하고 있다.

이들 주류 언론이 전제하듯이 성매매가 인권 침해이자 범죄라는 기본 전제에 동의한다면, 법안이 뿌리를 내릴 수 있도록 적극적으로 홍보하고 미흡한 점이 개선될 수 있도록 노력하는 것이 오히려 본연의 역할일 것이다. 그러나 조선, 동아를 비롯한 주요 언론은 업주와 성매매 여성들의 반대 목소리를 주로 반영하고 있으며, 성매매가 법망을 피해 음성화되는 등 실효를 거두지 못해 법안이 사문화될 것이라는 주장을 펴기도 한다. 따라서 법안에 반대하는 성매매 업소 여성들의 시위와 자살 시도를 상세히 보도한 반면 착취와 인권 유린이 행해지는 성매매 실태와 법안의 필요성은 대등하게 다뤄지지 않고 있음을 발견할 수 있다. 성매매가 유구한 역사를 지닌 관습과도 같은 것이어서 단속과 처벌은 실효를 거두지 못할 것이라는 논조는 '법안 물타기'를 하고 있다는 비판에서 자유롭기 어렵다(변화순, 2004).

② 성매매 여성의 정체성과 노동권

성매매방지법은 성매매 여성이 자발적인 성매매자라는 사회적 통념에 기반을 두는 것이 아니라 성매매 현장에서 일어나는 인신매매, 구금, 강간, 포주의 착취 등 인권 사각지대에서 신음하는 여성들의 비참한 현실에 대한 인식에서 출발하고 있기에 성 산업의 최대 희생자이자 피해자로서 규정하고 있다. 따라서 성매매 여성은 그러한 성적 착취 구조에서 자생적으로 탈출하기가 대단히 어렵기 때문에 공권력을 동원해서라도 그들을 구출해야 한다는 당위성을 확보하게 된다. 이러한 당위성은 그동안의 성 착취 구조로 인한 인신매매와 선불금 등의 폐해, 그리고 연이은 집창촌 화재 사건을 통해 충분히 확보되었다고 판단한 것이다.

그러나 성매매방지법의 제정과 실시 이후, 일부 성매매 여성들이 자발적으로 신고하여 탈성매매를 선택하고 자활의 길을 모색하는 것과는 달리 또 다른 일부 여성들은 성 노동자임을 선포함으로써 성매매 여성에 대한 정체성 규정은 상당한 논쟁을 야기하고 있다. 더욱이 노동자로서의 정체성과 노동권의 해석을 둘러싼 논쟁에 좌파 진영의 일부 여성주의자들이 뛰어듦으로써 논의는 더욱 확대될 전망이다. 성매매 여성들이 스스로를 성 노동자로 규정하고 노조를 결성한 것에 대해 지지하거나 반대하는 여론이 형성되면서 성차별적인 자본주의 사회에서 여성의 노동자로서의 정체성과 노동권 확보 방안에 대한 논의로까지 확대되고 있다.

예컨대 이들의 성 노동자로서의 권리를 옹호하는 진보 단체인 사회진보연대[11]는 성매매는 생계 유지를 위한 일이기도 하다는 점을 간과하고 성매매 여성들을 피해자라는 동일성으로 규정하게 되면, 그들은 구제하고 보호받아야 할 법, 정책 시행의 대상이 될 뿐, 권리 주체로서 성 노동자의 존재는 인정할 수 없게 된다고 본다. 따라서 이들은 한국에서 성 노동자를 둘러싼 논쟁은 여성 억압(빈곤과 폭력) 구조에 대한 분석을 심화하는 과정과 함께 이루어져야 하며, 모든 여성 노동자들은 극단적인 착취의 상황으로부터 보호받아야 하고 그것은 성매매를 반대하는 법이 아니라 그녀들에 대한 학대에 반대하는 법을 통해 이루어져야 한다고 본다.[12] 또한 이들은 성매매 여성들이 스스로를 조직화하여 인간으로서의 권리를 요구하는 것은 자신들이 '노동에 의한 대가로 생활을 영위하는 사람으로서 노동자'

11 성매매는 여성에 대한 폭력이므로 노동이 될 수 없다는 급진주의 페미니즘 이론은 왜 성매매 여성들이 성매매에 유입되고 남아 있는지를 설명할 수 있는 사회 구조적인 원인을 간과한 채, 성매매 여성들의 주체성을 무시하고 억압하는 한계를 갖는다고 비판한다. 이들에 따르면, '모든 여성'을 '모든 남성'의 희생자로 동일화하는 급진주의 페미니즘의 주장은 결국 이성애적 관계를 단절하거나 남성 성욕을 통제하는 전략으로 나갈 수밖에 없다고 본다. 따라서 이러한 관점에서는 성매매 여성은 성폭력의 피해자이며 성매매에서 자발이나 동의는 불가능하다고 여겨진다. 또한 성매매방지법과 같은 단일 이슈 중심의 투쟁이나 억압과 폭력의 원인에 대한 깊이 있는 분석이 결여되어 있을 뿐만 아니라 사법 체계의 호소는 여성의 성적 자기결정권에 대한 주장보다는 보호받아야 할 '정조'라는 통념에 의존하는 모순을 범하게 된다(호성희, 2005:25).

12 예를 들면, 포주로부터 부당하게 임금을 착취당하지 않을 권리, 남성 구매자의 폭력과 강간으로부터 보호받을 권리, 정당한 대가를 지불하지 않는 남성 구매자를 처벌할 권리, 평생 직업도 아닌 성매매를 자신이 원할 때 언제든지 그만둘 수 있는 권리, 자신의 의사와 상관없이 인신매매되지 않을 권리 등은 성매매를 금시하는 형법이 아닌 노동법이나 상법, 민법과 같은 여타의 법률로 보호할 수 있다고 주장한다.

라고 정체성을 갖는 것이므로 육체적인 거래라는 도덕적 기준을 고수하며 그녀들과의 차이를 강조하기보다는 인간이자 노동하는 자로서의 공통의 권리를 긍정하는 과정이 오히려 필요하다고 역설한다.

물론 모든 좌파 진영이 성매매 여성의 성 노동자로서의 정체성 규정에 동조하는 것은 아니다. 대표적인 좌파 계열의 노동연구소인 노동사회과학연구소의 채만수는 성 노동·성 노동자를 이야기하지만 거기에는 어떠한 자본제적 관계도 없다고 주장한다. 이들은 성매매가 비범죄화되면, 그것은 바로 성의 매매, 즉 그 '구매'와 '판매'가 합법화되는 것이라는 점에서 성 노동자로서의 권리 주장에 반대하고 있다. 이들은 성 노동자 권리 주장을 통해 합법적으로 성매매할 수 있는 성 노동자의 권리를 옹호할 수 있을지는 몰라도 "비범죄주의를 통해 성매매의 문제 해결을 통한 다양한 사회구조적인 원인들을 제거하기 위한 운동을 전개할 수 있다고 주장할 수 없다고 본다"며 성매매의 합법화 논의는 시대착오적인 것으로 일축해 버린다(채만수, 2005).

3) 갈등의 전개 과정

통상 대부분의 사회 갈등은 특정 사안에 대한 이견이 발생되고, 이를 둘러싼 개인이나 집단 · 조직의 물리적 행동과 시위로서 갈등이 표출되며 동시에 그러한 과정을 통해 합리적인 대안이 모색되거나 제도와 관련법의 제정을 통해 갈등이 소멸되는 갈등 주기를 갖는다. 그러나 현재 성매매 이슈의 경우에는 성매매 금지주의를 그대로 유지하면서도 법의 실효성을 높이고 성 산업의 피해자들을 보호하기 위해 대체 법안으로 성매매방지법이 제정 · 시행되었지만, 오히려 그동안 자신들의 주장을 공개적으로 제시하지 않았던 집단들이 특별법의 제정 이후 자신들의 요구를 공개적으로 표출하고 집단행동을 함으로써 갈등 당사자로 등장하고 있다. 따라서 이미 시행되는 법의 기준에서 본다면, 이들의 주장이나 행동은 불법적인 행위에 다름 아니라는 점에서 현재의 갈등을 법제도에 반발하는 과도기적 상황으로 간주할 수도 있다.

1961년 윤락행위등방지법의 제정 이래, 우리 사회는 줄곧 성매매 금지주의를 유지해 왔다. 성매매특별법 또한 성매매 관련 논의를 재연하거나 정책 기조를 바꾸기 위한 것이기보다는 성매매방지법의 적용 범위와 대상을 명확히 함으로써 성매매처벌법안과 성매매 피해자를 보호하는 법안의 마련이 주목적이었다. 그러나 성매매방지법이 강력한 집행의지와 법의 실효성을 높이기 위해 강도 높은 단속을 벌이기 시작하면서 일부 성매매 여성과 업소들은 강력히 반발하고 물리적인 행동을 시작함으로써 성매매 이슈 갈등이 현재 표면화되기 시작한 것이다. 요컨대 2004년 9월 성매매방지법이 시행되면서 법의 적실성과 유효성에 대한 논의는 지속되었지만, 성매매 여성 일부와 업주들이 성매매방지법의 철폐를 요구하면서 성매매방지법은 비로소 갈등 이슈로 가시화된 것이다.

더욱이 2005년 5월 이후 성매매 여성들은 자신들을 성 노동자로 규정하고 자신들의 노동권 보장을 요구하고 나섬으로써 성매매를 어떻게 보아야 하는가라는 근본적인 문제를 제기한 것이다. 여기에 더해 성매매 여성의 노동권 주장을 둘러싼 논쟁에 일부 운동단체들이 참여하면서 성매매방지법을 둘러싼 갈등이 확산되어 왔으나, 최근 들어 더 이상의 갈등적 양상은 드러나지 않고 있다. 따라서 성매매방지법 제정 이후의 크고 작은 갈등의 경험이 단순히 성매매방지법이 안착하기 위한 잔여적 갈등으로 지나가는 것인지 아니면 특정 계기와 함께 전면적인 재고를 요구하는 근본적 갈등으로 확대·전개될 것인지를 판단하기란 쉽지 않다.

다만, 본 분석에는 법의 기준이 아니라 공공의 장에서 자신들의 입장을 공개적으로 밝히고 물리적이고 집합적인 행동을 표현하는 이해 당사자가 존재하는 것은 분명한 사회적 갈등으로 규정할 수 있다는 점에서 하나의 갈등적 사건으로 성매매 이슈 갈등을 살펴보고 있다. 통상 갈등 연구에서는 갈등의 전개 과정을 몇 개의 과정과 단계로 구분하지만, 성매매 이슈 갈등은 성매매방지법의 제정 이후 오히려 갈등이 가시적으로 발화되고 전개되었을 뿐 그 이후 커다란 변화의 국면이 가시화되지 않았다는 점에서 구체적인 단계 구분보다는 갈등 이전기와 갈등의 발생으로 인한 충돌 지점만을 살펴볼 것이다.

① 갈등 발생 이전 단계

성매매 금지주의에도 불구하고 성매매는 지속적으로 확산되어 성 산업화의 부작용에 대한 논란이 끊임없이 제기되어 왔다. 특히 90년대를 기점으로 빠르게 확산된 물질주의적 가치와 정보통신 매체의 발달로 성매매 형태가 다양화되었을 뿐만 아니라 청소년을 대상으로 한 성매매의 확산과 성 산업이 비대해지게 되었다. 성 산업의 기형적 성장은 한때 성매매 여성의 안정적 공급을 위한 인신매매와 같은 범죄가 심각한 사회문제로 등장하기도 했다. 그러나 80년대 후반 이래 다양한 여성 관련법 · 제도의 정비를 통해 양성평등 사회의 제도적 여건이 확보되면서 여성을 성적 대상화로 전락하고 하나의 상품으로 매매하는 성 산업에 대한 비판적 인식 또한 고조되어 왔다. 그러나 성 산업과 성매매를 둘러싼 잠재적 갈등과 긴장은 군산시 대명동 화재참사로 성매매 여성의 참혹한 실상이 밝혀지면서 성매매에 대한 부정적 인식이 크게 증가하여 탈성매매 논의는 급물살을 타게 되었고, 여성계가 적극 이를 추진해 나감에 따라 성매매방지법(안)이 제정, 실시되었다.

② 갈등 발화 및 충돌기

성매매를 둘러싼 잠재적 갈등과 긴장이 상존해 있었지만, 갈등이 가시화된 것은 성매매특별법의 제정과 관련 종합 대책 발표 이후다. 종합 대책안에 따라 성매매특별법이 시행되자 이에 반발한 성매매 여성과 업주들의 항의집회와 시위로 갈등이 가시화되기 시작했다. 그러나 성매매 관련 갈등은 성매매 업주와 성매매 여성들의 시위를 통해 표면화되었지만, 보다 근본적으로는 성매매를 바라보는 자유주의적 진영과 남성의 이해를 충실하게 반영하는 보수주의자들 그리고 급진주의적 여성해방론자 및 좌파 시각의 공존에 기인한다고 보는 것이 타당하다. 따라서 이러한 경우 근본적인 견해 차이를 조율하는 설득 과정이 요구되지만, 탈성매매의 도덕적 당위성에 압도되어 그러한 의견 조율의 과정이나 협조를 위한 설득 기제가 충분히 마련되지 않은 상태에서 법률이 제정되었다는 점에서 갈등이 어느 정도 예견되었다고 볼 수 있다.

다음은 물리적인 충돌이 발생된 일련의 과정들이다.

① 2004년 3월 2일 성매매알선등처벌법 및 피해자보호법 제정 → ② 동년 3월 31일 성매매방지 종합대책을 수립 발표 → ③ 동년 9월 23일 성매매관련특별법 시행 → ④ 2004년 10월 미아리 텍사스, 영등포, 평택 성매매 여성 시위를 기점으로 제1, 2차 전국 시위 발생 → ⑤ 2004년 10월 21일 성매매 여성 자살 기도. 10월 25일미아리 성매매 여성 생활고 비관 자살 → ⑥ 2004년 11월 성매매 여성 단식농성 시작 → ⑦ 11월 성매매, 주변 상인 2천여 명 집회 → ⑧ 2004년 11월 성매매방지대책 추진점검단(비상설) 설치 · 운영 → ⑨ 2005년 3월 27일 성북구 하월곡동 집창촌 화재 발생(5명 사망, 1명 중태) → ⑩ 2005년 5월 3일 성 노동자 집회 실시 → ⑪ 2005년 6월 29일 성매매 여성들 5천 명 '성 노동자' 전국 조직을 결성 → ⑫ 9월에는 경기도 평택 지역의 성매매 여성 '민주성노동자연대'(민성노련) 80여 명의 성

매매 업주로 구성된 '민주성산업인연대'와 법외 노동조합의 결성 → ⑬ 민성노련의 정당성과 합법성을 둘러싼 논쟁 가열.

각기 다른 시각과 관점이 공존하는 가운데 성매매특별법을 둘러싸고 가시화된 최초의 물리적인 충돌은 2004년 10월 1일 미아리 텍사스, 영등포, 평택 성매매 여성들의 인천 시청 앞 시위에서 비롯되었다. 이어 10월 7일에는 성매매 여성과 관련 업주들의 제1차 전국 시위와 10월 19일 제2차 전국 시위가 여의도와 청량리에서 발생하였다. 이들은 여성가족부에 탄원서를 제출함과 동시에 성매매방지법의 제정을 주도한 한국여성연합을 항의 방문함으로써 여성계와 정부에 공식적인 저항을 선포한 것이다. 더욱이 2004년 10월 21일 성매매 여성의 자살 기도와 25일에는 생활고를 비관한 미아리 성매매 여성 자살 사건이 발생함에 따라 11월에는 성매매 여성들의 단식농성이 시작되고, 성매매 주변 상인 2천여 명의 집회가 동시에 발생하면서 성매매특별법을 둘러싼 물리적 갈등이 가시화된 것이다.

이에 정부는 2004년 11월 성매매방지대책 추진점검단(비상설)을 설치·운영하면서 지속적인 관련법의 정비와 입법 보완을 시도하였으며, 2005년 5월에는 성매매 방지 및 피해자 보호에 관한 법률의 일부 개정법률(안)이 마련되었다. 그러던 중 2005년 3월 27일 성북구 하월곡동 집창촌의 화재가 또다시 발생하여 5명이 사망하고 1명이 중태에 빠지는 사건을 기점으로 일부 성매매 여성이 주도해 온 시위와 업주들의 항의집회는 다소 소강상태에 접어들었다.

그러나 2005년 5월 3일에는 성매매 여성들이 자신들을 성 노동자로 규정하는 집회를 벌임으로써 성매매방지법안을 둘러싼 갈등은 보다 근본적인 쟁점 중심으로 전개되었다. 바야흐로 6월 29일에는 성매매 여성들 5천 명이 모여 '성 노동자' 전국 조직을 결성하였으며, 9월에는 경기도 평택 지

〈그림 8-1〉 성매매방지법을 둘러싼 갈등 단계별 전개 과정

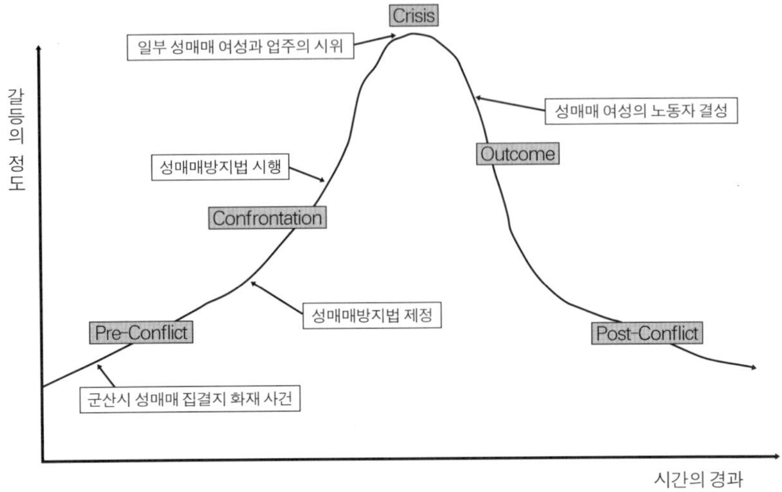

역의 성매매 여성들이 별개의 '민주성노동자연대(민성노련)'라는 법외 노동조합을 결성하고, 80여 명의 성매매 업주로 구성된 '민주 성 산업인 연대'와 28개 조항의 단체협약을 체결한 것이다.[13] 물론 이들(민성노련)은 한국노총과 민주노총에 성매매 여성이 노동자 지위를 인정받을 수 있는가를 질의한 결과 한국노총 관계자로부터 "노동자의 지위를 인정받기 힘들다는 의견이 우세하다"는 답변을 받은 상태다(《중앙일보》, 2005년 9월 24일, 12면).

위에서 언급된 갈등 단계별 특징과 내용을 시간의 흐름에 따라 특징적 사건을 배열하고 이를 중심으로 갈등의 정도를 파악하면 〈그림 8-1〉과 같다.

이러한 과정에서 알 수 있듯이, 근본적인 가치 갈등이 내재되어 있었음에도 불구하고 성매매방지법안을 둘러싼 갈등의 가시화는 이해 당사자의 또 다른 축을 구성한 성매매 여성들과 관련 업주의 집회에서 성매매방지법

13 노조에 속해 있는 이들 여성 200여 명은 업주 80명과의 단협에서 1일 10시간 근무 및 월 4회의 휴일 보장과 월 1회의 생리휴가, 연차휴가 12일 하계휴가 최소 3일 이상 보장, 가불금액의 소득공제와 조합 전임자 배치 등을 위시하여 인권 보호와 초상권 보호 등 28개 조항에 합의하였다(《중앙일보》, 2005년 9월 24일 12면).

안의 폐지가 요구되면서 시작되었다. 현재 성매매 이슈 갈등은 성매매 여성 스스로가 자신들을 비정규직 노동자로 규정하고, 반복되는 단속과 오명, 낙인으로 생존권을 위협받고 있다고 주장하고, 이들을 지지하고 동조하는 집단과 정부의 입장을 옹호하는 집단, 그리고 양자와는 다른 견해를 피력하면서 또 다른 방식의 해법을 제시하는 집단으로 나누어지면서 논쟁은 더욱 가열되고 있다. 무엇보다 노동법상 인정된 노조는 아니지만 성매매 여성이 국내에서 처음으로 노조를 구성하고 자신들을 노동자로 지칭하면서 노동권 보호를 주장하고 있을 뿐만 아니라 성매매방지법의 제정 과정에서 가장 큰 피해자이자 주된 구성원인 성매매 여성들이 철저하게 배제되어 법률이 제정되고 시행되어 왔다는 점에서 성매매방지법은 그 적실성에 대한 도전을 받고 있다.

4. 갈등 관리의 측면에서 본 성매매방지법 제정과 시행의 문제점

앞서 살펴본 바와 같이 성매매방지법안의 효력이 발생하고 법령에 따라 구체적인 활동이 전개되면서 이제까지 가시화되지 않았던 성매매 관련 이해 당사자들의 이견이 표출되기 시작하였다. 특히 최근에는 성 노동자로서의 정체성을 주장하는 일부 성매매 여성들의 움직임 속에서 이들을 지지하는 연대 세력이 자신들의 주장을 공표하는가 하면, 원칙적으로 성매매방지법의 실효성에 의구심을 표하는 다양한 수구세력들의 움직임들이 직·간접적으로 표출되기도 한다. 또한 성매매방지법의 실효성을 공고히 하기 위한 정책 보강을 요구하는 소리가 높아지면서 바야흐로 성매매방지법을 둘러싼 갈등이 서서히 표면화되고, 자신들 주장의 정당성을 과시하는 집회나 성명서가 발표되는 갈등 충돌기에 접어들고 있다. 급격한 성 산업의 확장과 이로 인한 문제를 해결하기 위해 여성계와 정부가 관련법을 제정하는 등 적극적으로 대처하였음에도 불구하고 이러한 갈등이 전개된 것은 무엇보다 정부와 주류 여성단체가 도덕적 당위성에 지나치게 의존해 왔다는 비판 또한 없지 않다. 정책결정 과정에서 지적될 수 있는 몇 가지 문제점은 다음과 같다.

1) 성매매 관련 당사자들의 의사결정 과정에서의 배제

구체적인 사안을 둘러싼 이해 당사자의 참여가 결여될 경우 대부분의 갈등이 필연적으로 발생하듯이, 성매매특별법을 둘러싼 사회적 갈등 역시 정책결정 과정에 이해 당사자인 성매매 여성과 관련 업주의 참여가 철저히 배제되어 그들의 입장이 정확하게 반영되지 않았음에 기인한다. 물론 이들은 법 제정 이전에도 윤방법에 의해 이미 불법행위자들이란 점에서 정책결정의 정당한 구성원으로 참여할 수는 없다. 그렇다 할지라도 성 산업의 주된 당사자로서 간접적인 방식과 경로를 통해서라도 이들의 견해와 실태에 대한 보다 종합적 의견 청취가 이루어져야 할 필요성은 여전히 남아 있다고 본다.

대체로 갈등발생에서 이해 당사자의 참여가 제한되는 경우 그 결정이 합리적으로 이루어졌다 하더라도 이에 대한 인식은 부정적이 될 가능성이 높다. 따라서 갈등의 성격에 따라 차이가 있기는 하지만(지속위, 2003), 정책과정에서 이해 당사자의 참여가 어느 정도 보장되느냐에 따라 정책의 찬성과 반대가 달라질 수 있다(윤영채·심문보, 2000)는 점을 고려한다면, 성매매방지법의 제정을 통해 피해자에서 수혜자로서의 지위 변동의 주역이 되는 성매매 여성들의 참여는 매우 필수적인 것이다. 이해 당사자의 참여는 그 자체로 바람직한 결정을 가져올 가능성이 높을 뿐 아니라 그들이 갖고 있는 지식이나 정보로부터 의사결정에 접근할 수 있어 장기적으로 갈등을 약화시킬 수 있는 기제로 작용한다.

그럼에도 성매매방지법안의 제정 과정 역시 정부에 의한 하향적 논리에 따라 일방적으로 결정Decide → 발표Announce → 방어Defend하는 엘리트지향적인 의사결정 관행을 지속하여 왔다. 물론 이 과정에서 주류 여성운동 단체인 여성연합의 활동과 의견이 매우 중요하게 고려되었다고는 하나 이들은 여론을 주도하고 설득할 수 있는 대의 기구일 뿐 성매매의 직접적인 이해 당사자가 될 수는 없다. 이러한 상황은 결과적으로 성매매 방지 대책에 대한 성매매 여성과 관련 이해자인 업주 및 인근 지역민의 대정부 불신을 초래하고 있다고 볼 수 있다.

2) 정보 공개 및 투명성 미확보

현대사회는 정보사회이며 정보는 그 양과 질에 따라 의사결정 및 정책결정에 영향을 미쳐 권력과 자원 획득에 지대한 요인으로 작용하고 있다. 정책 과정에서 이해 당사자들에게 정부가 충분한 정도의 정보를 제공하여 정책에 대한 올바른 이해와 합리적인 의사 표현의 기회를 보장해야 한다. 이는 정책 과정에 대한 합리성과 정당성을 확보하는 요인이 되며, 그만큼 정책 이해 당사자를 설득하거나 협조를 구하기가 용이하여 정책 갈등을 완화하거나 극복하는 방안이 될 수 있다. 그러나 성매매특별법 제정과 실시 이후 정부는 향후 정책의 집행 방향과 과정에 대한 구체적인 일정의 제시는 물론 탈성매매 이후 이들 여성에 대한 포괄적 지원 체계에 대한 명확한 정보와 확고한 의지를 제시하지 못함으로써 성매매 여성과 관련 이해 당사자들의 불안감을 제거하지 못해 갈등을 조장하고 있다.

3) 미흡한 보상 체계

정책 목표가 결정되고 정책 집행이 이루어지는 경우 그 정책으로 인하여 피해를 보는 정책 대상자에게 정부는 이에 상응하는 합리적 수준의 보상이 이루어져야 정책의 성공적인 집행이 가능해진다(Kunreuther & Easterling, 1990; 김정훈, 1996; 나태준, 2005). 그러나 당위론에 입각한 성매매방지법은 당장의 생계에 위협을 느끼는 기존의 성매매 업주와 성매매 여성들에게 새로운 대안을 제시하지 못함으로써 정책을 반대하고 갈등을 유발하게 만들었다.

4) 성매매특별법 정책 집행 과정 및 집행자에 대한 불신

정책이 집행되는 경우 대부분의 정책은 일회성보다는 지속성을 지닌다는 점에서 정책을 집행하고 관리하는 과정에서 상호 신뢰성은 매우 중요하게 작용한다. 그러나 성매매의 경우에는 그동안 단속 과정에서 나타난 일부 비리 경찰과 업주들과의 유착 관계가 철저하게 제거되거나 배제되지 않은 상태이기 때문에 성매매 여성들은 일선에서 성매매특별법을 집행하는 경찰들에 대한 신뢰감을 갖지 못하는 것이 현실이다. 이러한 정부 정책 집행자에 대한 불신은 결과적으로 성매매특별법의 안착을 방해하는 요인으로 작용한다.

5) 성매매 갈등의 조정자와 조정 기구의 미흡

정부의 입장을 이해시키고 성매매 여성들의 의견을 수렴할 수 있는 제도적 장치가 현재로서는 전혀 마련되어 있지 않다. 주류 여성단체의 활약에 힘입어 성매매특별법안이 마련되었지만, 그 과정에서 발생되는 다양한 현장의 소리와 당사자인 성매매 여성들의 의견을 지속적으로 청취하고 이견을 조율할 수 없었기 때문에 성매매방지법 제정 이후 시간이 경과함에 따라 자연적으로 해소 가능한 잠재적 갈등까지도 현재적 갈등으로 표출되고 있다. 따라서 성매매 여성, 업주, 성매매 여성의 주변 가족과 탈성매매 관련 기성 여성단체를 대상으로 기술적인 자문이나 권고, 중재, 지원 조치 등을 담당하는 조정 관련 조직이나 기구 및 인력을 안정적으로 운영할 필요가 있다.

6) 성매매 여성과 일반 시민을 대상으로 하는 설득 기제의 미흡

비합리적인 요구나 주장, 막연한 거부감과 같은 정치적 또는 심리적 요인은 갈등을 부추기는 하나의 요인이 될 수 있다. 남성의 성에 대한 과도한 집착과 그릇된 성문화가 오늘날과 같은 거대한 성 산업의 자양분이 될 수 있었음에도 불구하고 합리적인 젠더 관계와 성적 욕망에 대한 공론의 장이 부족한 한국사회에서는 성매매방지법을 둘러싼 해당 당사자 이외의 일반인들에게도 정서·심리적인 갈등을 제공하는 것이 사실이다. 요컨대 남성들에게는 막연한 공포와 가해자로서의 불쾌함이나 박탈감을 갖게 만들고 여성들에게는 피해자적 의식이나 과장된 분노를 조장하기 때문이다. 따라서 성매매방지법 제정 과정과 당위성에 대한 정확한 정보와 공론의 장을 제공함으로써 합리적인 근거가 결여되어 있는 막연한 두려움이나 피해의식을 제거해 줄 필요가 있다. 뿐만 아니라 변화하는 사회와 인간의 욕망과 성욕, 그리고 남녀 격차에 대한 과학적인 정보 제공이나 합리적인 논쟁의 장을 통해 새로운 성문화를 구성해 나갈 필요가 있다.

5. 결어 및 정책 제언

성매매방지법과 관련한 일련의 갈등은 갈등의 전개 과정상 갈등이 표면화되고 갈등 관련 이슈가 발화되는 지점에 있다. 또한 자신들의 이해와 요구를 공개적으로 표명하고 갈등 이슈에 따른 찬반 이해집단들의 연합이 이제 막 형성되고 표출되는 지점에 서 있다. 따라서 현재의 단계에서 요구되는 관리 전략은 무엇보다 핵심적 갈등 당사자와 그들의 성향을 파악하는 것이 무엇보다 중요하다고 본다. 특히 갈등 주체들이 주장하는 요구사항을 분석함으로써 이에 대한 대응 전략을 모색하는 것은 성매매를 둘러싼 일련의 갈등을 해소하거나 적어도 갈등 위험기를 향해 가는 성매매 갈등의 전개를 지체할 수 있는 중요한 대안점을 제공해 줄 것이다.

그러나 성매매 갈등의 경우에는 이미 성매매 행위와 행위자인 성매매 여성들을 자발적인 노동권을 행사하는 노동자나 생업으로 인정하는 것이 아니다. 성매매특별법은 주요 목적은 강제적인 덫에 빠져 있는 성매매 여성들을 위기의 피해자로 규정하고 이들을 법률적으로 구제하여 실제적인 탈성매매 경로로 인도하는 것이기 때문에 이해 당사자에 해당하는 성매매 여성들의 노동권은 성매매방지법이 폐지되기 전까지는 해결의 가능성이 없다고 본다. 따라서 현 시점에서 정부는 성매매 여성들이 자신들을 성 노동자의 정체성을 고수하기보다는 여타 노동자로 자리매김할 수 있도록 다양한 직업 모형을 개발하고 이를 지원하는 종합적인 자활 정책을 가시화함으로써 이들의 안전한 생업을 보장해 주는 정책안을 제시할 필요가 있다.

또한 성매매 여성들의 성 노동권 주장에 동조하는 일부 사회단체들이 주장하듯이 집결지의 단순한 폐쇄만을 가지고 성매매가 근절될 수 없다는 점에서 성이 시장화되고 판매되는 다양한 유통망을 지속적으로 추적하여 그야말로 실효성 있는 포괄적 성매매 방지 정책으로 거듭날 필요가 있다. 이를 위해서는 현재와 같이 성매매 여성들의 집회나 성명서를 통한 이해관계의 표명을 단순히 업주의 사주로 치부하기보다는 끝까지 이들의 견해를 청취하려고 노력하고 이들과 대화할 필요가 있다. 이러한 과정을 통해 성매매 여성들을 단순한 정책의 대상으로 취급하는 것이 아니라 정책 관련 주요 당사자로 인정하고 있음을 보여 줄 필요가 있는 것이다. 대화의 파트너로 인정받고 대화의 채널이 열려 있다고 믿는 순간 정책의 신뢰성은 높아질 수 있다는 점에서 이러한 노력은 곧 성매매특별법의 실효성을 높이는 하나의 전략이 아닐 수 없다.

이런 점에서 성매매 이슈 갈등을 단순히 밀어붙이기식의 정부 정책 방식이나 이에 저항하는 성매매 여성의 단순한 대결 구도로 파악하는 것은 옳지 않다고 본다. 성매매를 둘러싼 갈등 구도에는 기성의 남성 중심적인 성문화를 고수하려는 보수 남성 집단과 성매매 업소의 제거로 당장의 일자리를 잃게 되는 성매매 여성과 업주들의 손익 계산, 그리고 보다 넓게는 성의 상품화와 시장화에 반대하는 좌파 진영의 비판, 여기에 더해 성적 욕망에 대한 엄숙주의자들과 자유주의자들의 긴장과 갈등, 여성운동 진영의 내부적 차이와 같은 다양하고 복잡한 문제들이 함께 얽혀 있다. 따라서 성공적인 법의 집행이나 실효성의 수치를 통해 공과를 성급히 평가하기보다는 지난한 논의 과정을 거쳐 법의 실효성과 정당성을 확보하려는 노력은 성매매특별법을 둘러싼 갈등에서도 여전히 중요하다. 그리고 성매매에 대한 확고한 견해와 비전의 제시가 매우 중요하며, 이를 위해서는 다양한 이견들을 조율할 수 있는 신뢰할 만한 갈등 조정자와 기제 마련이 우선되어야 할 것이다. ■김혜영

참고문헌

김선희. 2005. 〈국책사업 갈등분석 및 합의형성 방안〉. 《국책사업 갈등관리와 합의형성》. 국토연구원. pp.1–25.

김은주. 2004. 〈성매매방지법 관련 언론보도 모니터〉. 《성매매방지법의 올바른 시행을 위한 긴급 토론회 자료집》.

김정훈. 1996. 〈고형폐기물 소각처리시설에 있어서의 입지결정과정〉. 《한국행정학보》30(1) : pp.63–78.

나태준. 2004. 《갈등해결의 제도적 접근—현행 갈등관련 제도 분석 및 대안》. 한국행정연구원.

나태준. 〈참여적 거버넌스와 ADR방식을 통한 공공갈등 관리시스템의 구축방안〉. 국제문제조사연구소 학술회의 발제논문. 2005.

민주성노동자연대 · 사회진보연대 · 세계화반대여성연대 · 여성문화이론 연구소 성노동연구팀 · 노동자의 힘 여성활동가 모임. 2005. 〈성매매방지법 1년 평가와 성 노동자운동의 방향과 전망〉.

변화순. 2004. 〈성매매방지법 시행과 관련해 제기되는 문제점과 대안〉. 《성매매방지법의 올바른 시행을 위한 긴급 토론회 자료집》.

원미혜. 1999. 〈우리는 왜 성매매를 반대해야 하는가?〉. 《섹슈얼리티 강의》. 동녘.

유태희. 2000. 〈한국사회에서 매춘여성의 지위와 인권문제〉. 인권재단 엮음. 《일상의 억압과 소수자의 인권》. 사람생각.

조진철. 2005. 〈합의형성 사례와 시사점〉. 《국책사업 갈등관리와 합의형성》. 국토연구원. pp. 29–64.

지속가능발전위원회. 2005. 《갈등관리시스템 구축방안 연구보고서》. 지속위 자료집. 2004–2005.

한국여성연합 성매매방지법 제정특별위원회. 2003. 〈성매매방지법 쟁점해소를 위한 간담회〉.

Kunreuther, Howard and Easterling, Douglas. 1990. "Are Risk–Benefit Tradeoffs Possible in Siting Hazardous Facilities?". *American Economic Review : Papers and Proceedings*. 80(2).

경향신문. 2005년 9월 22일자, 1면.
국민일보. 2005년 9월21일자.
동아일보. 9월 24/26일자, 34면.
세계일보. 2005년 9월 22일자, 26면.
중앙일보. 2005년 9월 24일/10월 19일. 12면.
www.pssp.org
www.pwc.or.kr

한국 성매매 반대 운동의 프레임 변화[1]

1970-2005년 기간을 중심으로

1. 한국 여성운동의 이슈화 전략과 성매매

한국의 여성운동은 짧은 역사에도 불구하고 많은 가시적 성과를 이뤄 내면서 한국 시민운동의 중요한 한 부문으로 자리매김해 오고 있다.[2] 다양한 여성운동조직들이 우리 사회 전반의 성차별적 의식과 제도를 개선하기 위해 여러 영역에서 활동을 전개해 왔다. 하지만, 운동의 대상이 되는 성차별적 의식과 제도란 오랫동안 지속되어 그 자체로서 이미 우리 문화의 한 단면으로 여겨지기에 이를 개선하기란 쉬운 일이 아니다. 따라서 여성운동 단체들에게는 구체적으로 특정 운동의 목표를 설정하고 전략을 구상하는 것이 중요한 문제가 된다. 즉 어떤 운동 이슈를, 어떻게 문제 제기하느냐가 운

1 이 글은 2008년《사회연구》15호에 게재되었던 논문을 부분적으로 수정, 보완한 것이다.

2 오늘날의 대표적인 여성단체들—한국여성단체연합(1987), 한국여성민우회(1987), 한국성폭력상담소(1991)—은 대부분 1980년대 말에 조직되었고, 90년대에는 여성 관련법들의 대규모 제 · 개정이 이루어졌다. 90년대 제 · 개정이 이뤄진 구체적인 법률과 시기는 다음과 같다. 이혼 시 아내의 재산분할 청구권과 양육권을 인정하는 가족법 개정(1990), 영유아보육법(1991), 성폭력특별법(1992), 여성발전기본법(1995), 가정폭력방지법(1997), 부모 양계 혈통주의를 채택하는 국적법 개정(1998), 남녀차별금지법(1999).

동의 성공과 실패를 결정하는 데 중요한 변수가 된다. 한국의 여성운동 단체들은 여성운동을 결집시키고 가시화하기 위해 주로 법과 정책을 개선하고 제안하는 전략을 취해 왔다. 성폭력, 가정폭력, 호주제 등 특정한 사안을 두고 전 여성운동 단체들이 연대하여 빠른 시간에 법 개정을 이루어 내는 여성운동 단체들의 전략은 단기간에 엄청난 성과를 이뤄 냈다. 물론 이러한 전략은 여성운동의 이념에 동조하지 않는 사람들로부터 강력한 반발과 비난을 샀지만, 지금껏 여성운동 단체들은 평등, 인권 향상, 여성 인력의 개발 등 보편적으로 부정할 수 없는 가치들을 토대로 정당성을 확보해 왔다. 그러나 이 글에서 다루고자 하는 성매매특별법 제정과 관련한 일련의 사건들은 기존 여성운동의 정당성을 약화시키는 계기로 작용하였다고 볼 수 있다.

우리나라에서 성매매는 GDP의 4.4%(농림어업 4.4%, 2002년도 기준)를 차지하는 대규모의 산업으로, 바람직하지는 않지만 엄연한 사회적 현실로 인정되어 왔다.[3] 이처럼 성매매가 정상화normalization된 상황에서 2000년에 일어난 군산 화재 사건을 계기로 전국적인 규모의 성매매특별법 제정 운동(이하 성특법 제정 운동)이 일어나게 되었다. 성특법 제정 운동은 과거 운동들처럼, 일정한 사건이 발생하여 공론화되면 이를 법 제정으로 연결시키는 전형적인 여성운동 전략이었다. 입법화 과정에서 많은 우여곡절이 있었지만 결과적으로 2005년에 법률 제정에 성공하면서 운동의 일차적

3 2002년 형사정책연구원의 조사 결과에 따르면, 한국의 연간 성매매 거래량은 1억 7천만 건으로, 이로 인한 연간 매출액은 24조 원이며, 성매매 업소 수는 80,100개로 한국의 중소기업(2000년) 285만 4천 개의 2.8%에 해당하는 수치다. 성매매에 전업으로 종사하는 여성 인구는 최소한 33만 명으로 추정되며, 이 수치는 20-30대 여성 인구 809만 명의 4.1%를 차지하고, 같은 연령대의 취업 여성 인구 412만 4천 명의 8.0%를 차지하는 엄청난 규모다. 이처럼 엄청나게 비대한 성매매 산업은 한국 정부의 암묵적인 방조와 지원이 없이는 불가능한 일이었다. 냉전 시기의 미군 주둔 기지로써 한국 정부는 기지촌을 묵인하거나 정화하면서 성매매 지역의 형성을 도왔고(Moon, 1997), 70년대 경제 성장을 위한 외화 획득의 일환으로 '기생관광'을 애국 행위로 간주하였다. 박정희 정권하에서 법적으로는 '윤락행위등방지법'을 제정하여 성매매를 불법화하였지만 동시에 기지촌을 보호하고 성매매 종사 여성들을 관리하는 모순된 정책을 시행하였다. 오늘날에도 동두천, 송탄, 이태원 등 기지촌 지역을 관광특구로 지정하고, 예술흥행비자(E-6)를 통해 외국 여성들을 성매매 지역으로 유입시키는 정책을 시행하고 있다.

목표를 달성하게 되었다.

그런데 여기서 성특법 제정 운동은 새로운 국면을 맞게 되는데, 법의 시행과 동시에 이 법을 통해 보호하고자 했던 성매매 여성들이 반대 시위를 일으키며 조직화되었기 때문이다. 이들은 여성운동 단체들이 내세우는 "성매매는 여성의 인권에 대한 침해다"라는 주장에 맞서 "성매매 종사 여성의 생존권을 보장하라"고 요구하였다. 이러한 여성운동 진영과 성매매 여성들의 갈등은 언론을 통해 '페미니스트'와 '하층계급 여성'의 대결 구도로 그려지면서 한국의 여성운동은 계급의식이 없고 성적으로 보수적인 부르주아 중산층 여성운동이라는 비판을 집중적으로 받게 되었다.

필자는 한국의 성매매 반대 운동의 변화를 프레임 분석frame analysis을 통해 살펴보고자 한다. 성매매 반대 운동을 분석 대상으로 삼은 이유는 이것이 한국 여성운동 전략의 전형적인 과정을 보여 주는 운동이며 동시에 그 한계를 보여 주기도 하는 운동이기 때문이다. 프레임 분석 방법을 사용한 이유는 여성운동이 조직과 자원의 열세에도 불구하고 성특법의 제정이라는 성공을 거둘 수 있었던 이유, 그리고 성매매 종사 여성들의 저항운동이라는 위기를 겪게 된 이유를 동시에 잘 설명할 수 있기 때문이다. 따라서 성매매 반대 운동 조직들이 어떻게 운동 전략으로써 프레임을 형성시키고 변화시켰으며, 그리고 결국에 프레임 분쟁을 겪게 되었는지 살펴보는 것은 사회운동에 관한 이론과 여성운동을 위한 이론 모두에 기여할 것이다. 이러한 목적에 따라 이 글에서는 운동 프레임의 내용과 특성에 따라 1970년대-80년대 중반(프레임 형성 시기), 80년대 말-90년대(프레임 변화 시기), 2000-2004년(프레임 확장 시기), 2004-2005년(프레임 분쟁 시기)의 네 시기로 구분하였다.[4] 그리고 각 시기별로 성매매 반대 운동의 목적, 성매매 현

4 성매매 반대 운동은 한국에서 약 40년간에 걸쳐서 형성되고 발전되었지만, 2000년 성매매특별법 제정 운동이 촉발된 이후에 본격적인 운동의 궤도에 오르게 되면서 급격히 진행되었다. 따라서 상대적으로 2000

상의 원인, 성매매 문제에 대한 책임 소재, 성매매 종사 여성들에 대한 프레임이 어떻게 발전하고 변화했는지 비교 분석할 것이다.

2. 사회운동의 전략과 프레임

사회운동에 대한 사회학적 연구는 운동의 형성, 전개 과정, 결과에 작용하는 구조적 측면에 중점을 두는 입장과 이에 참여하는 행위자적 측면에 중점을 두는 입장으로 대별된다. 먼저 초기의 고전적 집합행동론에서는 사회심리학과 구조기능주의에 배경을 두고, 사회체계의 불균형 혹은 사람들의 불만이 어떻게 사회운동으로 발전되게 하는지, 운동의 형성 조건에 초점을 두었다(Smelser, 1963; Turner & Killian, 1987). 이에 반대하여 70년대에 태동한 자원동원 이론은 사회운동을 정상적인 정치 과정에서 파생된 것으로 바라보며, 합리적이고 제도적인 사회운동 조직이 어떻게 자원을 동원하는지를 분석하였다(Tarrow, 1996; Kriesi, 1995; McAdam, 1982, 1996; McCarthy & Zald, 1997). 자원동원 이론의 공헌은 무엇보다 사회운동을 사회 불만 세력이 일으키는 일탈적인 현상이 아니라 합리적이고 제도적인 정치 과정으로 이해함으로써 사회운동론의 지평을 넓혔다는 것에 있을 것이다. 하지만 자원동원 이론은 운동 조직이나 운동 자원 등 객관적 측면에 초점을 맞춤으로써 사회운동에 있어 중요한 부분인 참여자들의 불만, 참여자들 간의 연대성, 운동의 의미나 이념의 문제와 같은 주관적 측면을 소홀히 취급하였다는 비판을 받게 된다(Buechler, 1993; Mueller, 1992; Melucci, 1985, 1995; Johnston & Klandermans, 1995; McAdam, 1997; Gamson, 1995; Eyerman & Jamison, 1991).

년 이후에는 성매매 반대 운동이 동원 가능한 자원이 확대되고, 운동 반대자와의 갈등이 고조됨으로 인해 프레임의 변화 역시 급격하게 이루어지게 되고 따라서 한 프레임에 해당하는 시기는 짧아지게 된다.

그리하여 사회운동 과정에서 나타나는 인지적 변화 과정을 분석하는 데 주력하는 구성주의적 이론이 등장하게 되는데, 이 중 프레임 분석은 자원 동원론, 정치과정론의 연구들과 통합함으로써 사회운동에 대한 하나의 종합적 이론으로 자리매김하게 된다(McAdam, McCharthy & Zald. 1996). 프레임은 "개인들이 자신의 한정된 활동 공간과 전체 세계에서 일어나는 일들을 위치시키고, 인식하고, 확인하고, 이름 붙이는 것을 가능하게 해 주는 해석의 틀schemata of interpretation"[5]을 말한다(Goffman, 1974 : 21). 사회운동을 새로운 규범과 가치를 발견하고 확산시키기 위한 인간들의 집합적 행동이라고 정의할 때, 어떤 사회운동이 출현하고 발전하게 되는 것은 결국 사회운동 참여자들이 당면한 기회와 제약을 해석하고 정의 내리는 방식의 변화, 즉 '인지적 해방'에서 출발하게 된다. 다시 말해 사회운동에서 기회나 자원과 같이 객관적인 조건으로 여겨지는 것도 어떤 해석 과정을 거치냐에 따라 전혀 다른 의미를 지닐 수 있게 된다. 스노우와 그의 동료들은 사회운동을 프레임을 정렬하는 과정으로 이해하면서 운동의 전개 과정과 프레임 정렬 과정을 연결시켰다(Snow et al, 1986). 이들에 따르면 사회운동은 먼저 운동 조직이 가지고 있던 이념적 틀과 운동 참여자들의 인지적 틀이 연결(프레임 연결 단계)되면서 발발하고, 운동을 둘러싼 사건들에 대한 의미들의 연관성을 명료하게 하는 프레임 증폭 단계를 거쳐, 개별적인 프레임이 해당 사회운동의 근본적인 목표 속으로 통합되는 프레임 확대 단계에 이르고, 최종적으로 참여자들의 전통적인 생활양식이나 가치관을 근본적으로 변화시키는 프레임 전환 단계를 거친다.

한편 사회운동에서 프레임이 역할을 하기 위해서는 세 가지의 핵심적 과

5 사회운동에서 프레임이란 개인적 차원의 인식틀인 스키마schema와 구별되는 보다 집합적 과정 속에서 형성되는 인식 틀을 말한다. 따라서 프레임은 단순하게 개인들의 태도와 지각의 총합을 넘어서 개인들의 인식들에 영향을 미치는 이데올로기나 문화와 같은 '인지직 구조cognitive structure'로 보아야 한다(Snow & Benford, 2000).

제를 충족시켜야 하는데 이는 각각 진단적 프레임, 처방적 프레임, 동기적 프레임이다(Snow & Benford, 1988). 진단적 프레임은 무엇이 문제인가를 규정하는 과정으로, '불의不義의 프레임'이 등장한다. 즉 정의가 침해되는 상황에서 피해자가 누구인지, 누가 이러한 사태에 대해서 비난받고 책임을 져야 하는지에 대한 합의를 형성하는 것이다. 그러나 이 과정에서 합의를 이루었다고 하더라도 그 자체만으로는 효과적인 사회운동으로 발전하기 어렵다. 제기된 문제를 어떻게 해결해야 하는지에 대한 처방적 프레임 및 운동에의 참여를 고무하는 동기적 프레임의 형성이 병행돼야만 사회운동 조직은 성공적으로 자원을 동원하고 반대자에 저항하는 행동을 개시할 수 있게 된다.

그러나 어떻게 한 사회운동 내에서 프레임이 구성되는지에 대한 논의만 가지고서는 프레임 분석은 한계를 지닐 수밖에 없다. 다시 말해 사회운동 내부에 대해서만 초점을 맞추다 보면 특정 시기 사회운동 조직이 왜 하필 다른 프레임이 아닌 그 프레임을 형성하였는지에 대해서는 설명할 수 없기 때문이다. 사회운동은 결코 고립된 상황에서 발생하지 않으며 다양한 행위자들(잠재적 지지자, 방관자, 지지자, 반대자 등) 및 조직들(행정 당국, 국가 통제 기구, 다른 사회운동 조직 등)로 구성된 유동적이고 때로는 적대적인 환경에 직면하게 된다. 따라서 사회운동 조직이 다양한 환경과의 상호작용을 통해 어떻게 프레임을 발전시키고 변화시키는가에 대한 연구도 중요할 것이다. 이런 지적에 대해서 스노우와 그의 동료들은 사회운동 조직 내부, 혹은 여타의 다른 사회운동 조직들 간에 운동의 중심 프레임이 되기 위해 경쟁하는 '프레임 분쟁'이라는 개념을 고안하였다(Snow & Benford, 2000). 물론 프레임 간 경쟁은 사회운동 조직들 사이에서만 발생하는 것은 아니다. 그리하여 졸드, 맥아담 등은 '전략적 프레임'이라는 개념을 통해 사회운동 조직이 처한 다양한 환경 속에서 어떻게 프레임을 변화, 발전시키는지에 대한 분석이 필요하다고 주장하였다(McAdam, McCarthy & Zald, 1996; McAdam, 1996b).

필자는 이 글에서 한국에서 발생한 성매매 반대 운동이 운동의 전개 과정에 따라 어떻게 전략적으로 프레임을 형성하고 변화시켰으며, 그리고 분쟁을 겪게 되었는지 분석하고, 또한 각 시기별 프레임이 성매매 반대 운동에 어떤 영향을 미쳤는지를 살펴보고자 한다. 시기별로 여성운동 단체들이 성매매 문제에 대해 어떤 진단적 프레임과 처방적 프레임을 형성하였는가가 분석의 중심이 될 것인데, 이는 성매매 반대 운동의 형성 시기부터 단체들이 중심이 되어, 그 운동의 대상을 주로 국가로 설정하였기 때문이다. 따라서 각 시기별 성매매 운동 참여에 관한 동기적 프레임은 분석 대상에서 제외하였다. 왜냐하면 여성단체들은 상대적으로 일반인을 대상으로 의식을 전환하거나 운동에 동참하게 하는 활동에는 소극적이었기 때문이다.

3. 성매매 반대운동의 도덕적 프레임 형성(1970년대-80년대 중반)

1) 운동의 전개 과정

한국에서 맨 처음 성매매 반대운동을 시작한 것은 기독교 여성단체였다. 사회운동이 탄압받던 70년대 유신체제의 권위주의 정권하에서도 기독교 조직은 국가가 그 조직 자체를 와해시킬 수 없었다는 점에서 당시 사회운동의 최후의 보루로서 작동하고 있었다(김두식, 1995). 여성 문제에 있어서도 기독교 여성운동은 본격적인 여성운동 단체가 형성되기 이전에 여성 노동자 투쟁, 정신대 문제 대책 활동, 원폭 피해자 지원 활동 등을 전개하면서 처음으로 이런 문제들을 우리 사회에 제기하였다. 최초로 성매매 문제에 개입하였던 단체는 '한국교회여성연합회'(이하 교여연)[6]로서 이들은 한국이

6 교여연은 1967년 '한국 교회 갱신과 현대사회 선교 그리고 여성분제 해결과 세계 평화의 과제'를 목표로 8개 교단 여전도회의 연합체로 설립되었다.

산업화하면서 성 산업이 기하급수적으로 팽창하고 이촌향도의 물결 속에서 가난한 농촌의 젊은 여성들이 성 산업에 유입되는 것을 보면서 성매매 문제에 대한 문제의식을 갖게 되었다. 그리하여 '윤락여성 미연방지사업'을 실시하여 상경한 여성들을 상대로 전단을 배포하고, 상담센터를 설립하여 이 여성들에게 쉼터를 제공하는 등의 활동을 하였다(민경자, 1999).

특히 교여연은 70년대 한일 국교 정상화 이후 일본인 관광객이 증가함과 더불어 성매매 종사 여성들의 수가 급증하는 것을 보고 '기생관광 반대 운동'을 전개하게 된다. 이들은 일본의 여성단체와 연대하여 일본인 기생관광에 대한 문제 제기를 하고, 일본인 섹스관광의 실태를 조사하였다. 또한 한국 정부에 관광 정책의 시정을 촉구하는 건의문을 발송하고 실태조사서를 배포하며 대학생들과 함께 섹스관광 반대 시위를 하기도 하였다. 이러한 활동은 '유신과업 수행을 가로막은 반정부 행위'로 간주되어 정부의 감시와 협박을 받았고, 결국 교여연 단체의 대표가 연행되어 운동 자체가 소강 상태에 빠져들게 되었다(이현숙, 1992).

그러나 유신정권이 끝나자 잠잠했던 기생관광 반대 운동이 다시 시작되었다. 교여연은 제주, 서울, 부산, 경주를 중심으로 전국적인 실태 조사를 시행하여 관광 요정의 실태 및 관광기생의 인권 유린 현장과 착취 구조 등을 밝히면서 관광기생들이 마치 일본 자본의 힘에 유린되는 '신정신대'와 다름없다면서 이를 방조하는 정부를 강력히 비난하였다(교여연, 1983). 그러는 와중에 정부가 서울올림픽을 유치하면서 해외 잡지에 한국 여성의 접대를 상징하는 광고를 게재하고, 외국인들에게 에이즈 검사를 면제해 주는 등 성매매를 통해 관광 수입을 올리려는 의도를 보이자 교여연, 여성의 전화, NCC 여성위원회, 한국여성신학자 등의 단체들이 정부와 서울올림픽조직위원회의 사과를 요구하고 에이즈 추방 캠페인을 벌이는 등의 활동을 하였다(이현숙, 1992).

2) 성매매에 대한 도덕적 접근

교여연을 중심으로 한 초기 성매매 반대 운동의 기반은 종교적 휴머니즘이었다. 이들은 한국사회가 자본주의화되어 가면서 정신적 가치보다 물질적 가치가 우선시되고 있는 점에 문제를 느꼈다. 물질 만능주의 사회가 사람들의 도덕성을 타락시켜 성을 하나의 상품처럼 거래할 수 있는 것으로 여기게 함으로써 성매매 현상이 발생했다고 보았다. 이와 같이 기독교 가치에 바탕을 둔 도덕적 프레임은 성매매의 원인을 자본주의에서 찾고 있음에도 불구하고, 자본주의의 구조적 문제나 계급문제에 대한 구체적인 인식은 부재했다.

> 사람을 당신 형상대로 창조하시고 만물을 다스리라고 하신 것은 사람이 세상의 주인이며 가장 귀한 존재라는 것을 명백히 하신 것이다. (…) 여기 사람이 사람 대접을 받지 못하고 인간 이하의 취급을 당하고 있는 아픈 현장이 있다. (…) 외화를 벌어들이기 위해 매춘관광까지 등장시켰으며 여성을 모독하고 국위를 실추시키면서 하나님의 선물인 성을 악용하여 기독교 윤리에 위배되는 사태로까지 몰고 갔다(교여연, 1983).

이들은 특히 개발정책이나 외화 획득이라는 목적으로 정부가 성 상품화의 풍조를 조장하고 있는 현상을 강력하게 비판하였다. 당시 정부는 수출주도형 성장 전략을 취함으로써 외국 자본 유치를 절대적으로 필요로 했는데 기술이나 자본의 투자 없이 쉽게 외화를 벌 수 있는 방법으로 관광산업을 장려했다. 해외 관광객을 유치하기 위한 법적, 제도적 장치를 마련하고, 관광기생들에게 허가증을 주어 호텔 출입을 자유롭게 하고 통행금지를 해제하는 등의 특혜 조치를 취했으며 또한 이들이 국가경제를 위해 얼마나 중요한 일을 하고 있는 지에 대한 교양교육 등을 통해 외국인에게 최고의 서비스를 하도록 독려하는 일을 하였다. 윤락행위등방지법에서 취하고 있는 금지주의와 다른 국가에 대한 이런 이중적 태도는 운동단체들로부터 큰 비난을 받았다.

> 여성 국민의 정조를 상품으로 하여서까지 외화를 벌어들인다면 5억불이 아니라 50억 불을 벌어들인다 하여도 그 시비는 마땅히 역사와 민족의 얼 앞에서 가려져야 할 것이다(교여연, 1983).

여기서 흥미로운 점은 국가를 비난하는 근거로 민족주의적 감정이 동원되었다는 것이다. 외화 획득을 위해 여성의 정조를 자원으로 삼아서 외국 관광객을 대상으로 장사를 하는 국가는 도덕적인 비난의 대상이 되었다. 초기의 성매매 반대 운동이 민족주의적 프레임으로 운동을 전개하였다는 점은 이들 단체가 일반적인 성매매보다 외국인을 대상으로 하는 성매매에 집중하였다는 사실에서도 드러난다. 한국 남성이 성매매를 하는 경우가 적지 않았음에도 불구하고 이들 단체의 활동은 압도적으로 일본인 기생관광이나 올림픽관광 정책에 맞추어져 있었다.

한편 도덕적 프레임은 성매매 종사 여성들을 바라보는 데서도 크게 다르지 않다. 초기의 성매매 반대 운동은 성매매 여성들을 자본주의로 인한 상업주의 풍토 속에서 가난하고 불쌍한 피해자로 그리고 있지만, 이들을 '윤락淪落여성'이라고 지칭하면서 도덕적으로 타락한 여성으로 바라보았다. "우리 선조는 빈곤을 사는 슬기와 여성의 절개를 물려주었다"(교여연, 1973년 12월 성명서 중)고 언급하고 성매매 여성들을 가난 때문에 절개를 저버린 슬기롭지 않은 여성으로 간주한다. 또한 성매매로 인해 이 여성들이 입고 있는 피해는 인권의 침해나 사회적 낙인이라기보다, 정조의 상실로 파악하고 있다. 특히 "낙화암을 수놓은 정절의 여인들, 진주 남강의 논개의 얼을 이어받은 우리의 딸들이 이국인들에게 몸을 팔아야 하는 억울한 현실"

(교여연, 1983)에서 나타나고 있는 것처럼 이 정조는 민족의 주체성과 순수성을 담보하는 의미에서의 정절이다. 정조가 본래 그 여성이 속해 있는 (남성) 집단의 도덕성을 담지하는 개념이라고 할 때(배은경, 1997) 여기서 성매매 여성들은 '이 땅의 어머니' 혹은 '우리 어린 딸'로 묘사되면서, 개인으로서의 여성이 아닌 전통적 공동체 안에서의 여성으로 여겨진다.

4. 인권 침해 프레임으로의 변화(1980년대 말-2000년)

1) 운동의 전개 과정

교여연을 중심으로 한 캠페인이 계속되는 가운데, 80년대 중반부터 가톨릭수녀연합회를 중심으로 성매매 여성들을 위한 쉼터운동이 형성되기 시작하였다. 이들은 업소에서 도망쳐 나온 성매매 여성들에게 머물 곳을 제공하고, 탈성매매를 위한 프로그램을 운영하였다. 이들 쉼터는 생활상담, 의료상담, 직업상담 및 교육 프로그램을 운영하는 과정에서 성매매 관련 법체계의 문제점을 여실히 느끼게 된다. 당시의 법에서 성매매 여성들은 '범법자'이기 때문에 정부의 보호나 사회복지 서비스를 전혀 받을 수 없었기 때문이다. 이처럼 현실적인 한계에 직면한 쉼터 조직들은 단체들 간의 지원활동과 국제 연대 활동을 위해 1986년 '매매춘 근절을 위한 한소리회'(이하 한소리회)를 구성하게 되었다. 한소리회는 성매매를 사회 구조적인 문제에서 발생하는 인권 침해 문제로 바라보고, 성매매 여성들을 일상적으로 지원하면서 이들이 현실적으로 가지고 있는 빚 문제, 포주의 폭력 문제 등을 해결하는 데 주력하였다(민경자, 1999).

그러던 와중에 1995년 성매매 여성들과 가출 소녀들의 재활기관인 경기도여자기술학원의 방화사건이 일어났다. 원생 40명이 사망하고 12명이 부상을 입은 이 사건을 통해 직업교육 시설이 실제로는 강제수용 시설과 다를 바 없으며, 원생들에 대한 온갖 비인간적 대우와 인권 유린이 자행되고 있다는 사실이 드러났다. 교여연과 한소리회는 '경기도여자기술학원 사건 대책'을 결성하고 진상 규명과 조속한 대책 마련을 위한 집회를 개최하였다. 이들 집회에서는 모순투성이의 윤락행위등방지법(이하 윤방법)을 유지하고, 대규모 강제수용 시설을 성매매 여성들을 위한 복지정책으로 내세우고 있는 정부의 무책임을 강하게 비판하면서 윤방법을 개정할 필요성을 제기하였다. 이러한 국면은 성매매에 대한 사회적 토론을 활성화시켜 성매매 여성에 대한 인권 보호에 대한 관심을 환기시키는 계기가 되었다.

동시에 이 사건은 그동안 성매매 문제에 무관심하였던 여성단체들의 자성을 촉구하는 계기가 되었다. 화재 사건 이후 한 여성단체는 성매매 문제가 여성운동의 이슈가 되어야 함에도 불구하고 그동안 여성운동에서 성매매 문제를 소외시켰던 현실을 반성하면서 성매매 여성들을 여성운동이 지향하는 '자매애'의 울타리에 들어오게 하자는 취지로 '매매춘 토론회'를 개최하였다(인천여성의전화, 1995).

그리하여 이제 성매매 반대 운동의 초점은 윤락행위방지법 개정 문제로 모아지게 되었다. 그동안 교여연이나 한소리회는 꾸준히 "윤방법은 성매매를 방지하는 데 효과적이지 않고, 성차별적인 조항들을 포함하고 있다"는 점에서 개정의 필요성을 주장해 왔었다. 정부 차원에서도 화재 사건으로 인해 정부의 성매매 관련 정책에 대한 여론의 비난이 거세지는 것을 무시할 수 없었다. 그리하여 1994년 보건사회부를 중심으로 윤방법 개정을 위한 공청회가 개최되었으나, 그 공청회 자리는 한국사회에서 성매매 문제에 대한 합의가 얼마나 이루어지지 않았는지를 여실히 보여 주는 결과만 초래하였다(민경자, 1999). 보건사회부에서는 성매매 여성들을 강제 입소시킬 수 있는 법적 근거와 보호기간 설정에 대한 타당성 마련에 중점을 두고 개정안을 마련하였고, 남성 토론자들은 성매매는 필요악이며 금지 정책이 실효가 없으니 차라리 공창제를 설치하자는 의견을 제시하였고, 여성 토론자들은 법이 실효를 거두려면 먼저 개정안에 깔린 성차별적 사고부터 바꿔야 한다고 주장하였다. 이 같은 공방 속에서 보건복지부는 결국 단독으로 법안을 발의하였고, 95년 윤방법이 개정되었다. 그러나 개정된 법안에서도 성매매의 원인은 성매매 종사 여성들에게 있다는 인식이 여전했고, 이는 결국 2000년의 성매매특별법 제정 운동으로 나아가게 되는 결과를 초래하였다.

2) 성매매에 대한 사회 구조적 접근

이 시기의 성매매 반대 운동의 프레임에서 가장 주목할 만한 변화는 성매매 문제를 개개인들의 도덕적 문제에서 발생하는 것이 아닌, 사회 구조적인 문제에서 발생하는 것으로 이해하였다는 점에 있다. 현장을 중심으로 활동하는 단체들은 성매매 문제를 개인의 인권을 심각하게 침해하는 법적, 제도적 문제로 규정하고 문제 해결에 있어서 가장 중요한 것은 이들의 인권 보호와 복지 증진이라는 점을 분명히 하였다. 하지만 이들은 성매매 문제를 착취당하고 소외받는 인권의 문제로 이해하면서 성 인지적인 관점 gender perspective을 취하지는 못하였다.

한편 80년대 후반의 여성단체들도 성매매를 개인의 윤리적 타락으로 바라보는 것은 문제의 본질을 은폐하는 것이며, 성매매를 계급문제와 제국주의의 사회구조적인 원인에서 발생하는 문제로 인식하였다. 이는 당시 여성운동 단체들이 진보적인 민족민주운동의 범위 내에서 여성 이슈를 제기하였던 경향을 반영하는 것이다. 이미경(1988)은 성매매의 원인을 산업 구조의 왜곡과 지역사회 해체라는 거시적인 사회경제 문제에서 찾고 있다. 성매매 문제는 '가난한 여성'의 성이 착취되는 것이며 따라서 성매매 반대 운동도 계급 타파로 역량을 기울여야 한다고 주장하였다. 한편 여성단체연합은 '제국주의 성 침탈과 여성'이라는 특집을 통해 성매매는 일차적으로 계급 문제이며, 특히 한국사회와 같은 제3세계에서는 제국주의의 문제가 중요한 원인이라고 인식하였다. 이들에게 시급한 것은 계급 모순과 제국주의를 철폐하는 것이고 이는 민주화 투쟁을 통해서 달성될 것이기에 성매매 문제는 부차적인 것으로 간주되었다. 이처럼 당시의 여성운동 진영은 성매매 문제를 계급이나 제국주의 같은 거대담론으로 환원해 버렸고, 그 안에서 성 인지적인 관점을 확보하지 못한 한계를 지녔다.

이 시기의 프레임을 종합적으로 평가하자면, 성매매에 대한 도덕적 프레임을 넘어서 사회구조적 프레임으로 변화·발전하였지만, 그 사회구조적 원인에 대한 명료한 진단적 프레임을 형성하지는 못했다. 성매매가 사회적 문제가 되는 까닭이 여성들의 인권 침해인지, 자본주의 심화에 따른 불평등의 문제인지에 대한 합의를 형성하지 못하였고, 성매매의 원인에 대해서도 국가의 이중적 법과 행정 체계, 제국주의, 계급 등을 거론하였으나 이를 포괄하는 하나의 단일화된 프레임을 형성하지는 못했던 것이다. 이 같은 진단적 프레임의 분열은 결과적으로 성매매 문제에 대한 처방적 프레임을 정교하게 만들어 내지 못했고, 따라서 국가 주도의 윤방법 개정이라는 유리한 정치적 기회 구조에서도 효과적인 전략으로 작용될 수 없었던 것이다.

5. '가부장적 여성 폭력'으로의 프레임 확장 과정(2000-2004년)

1) 운동의 전개 과정

기술원 화재 사건이 윤방법 개정으로 일단락되면서 한동안 특별한 이슈 없이 진행되던 성매매 반대 운동은 2000년 군산 대명동에서 성매매 집결지 화재가 발생하면서 본격적으로 성특법 제정 운동으로 발전하게 된다.

성매매 집결지 화재 사건이 2001년 부산 완월동, 2002년 군산 개복동에서 연달아 일어나면서 당시 언론은 대대적으로 성매매 여성들이 처한 빚과 감금 상태에 대해 보도하였다. 이에 대한 국민들의 동정적인 여론은 여성단체들이 성매매 반대 운동을 이슈화하는 데 매우 긍정적인 분위기를 제공하였다. 이러한 상황에서 오랫동안 현장을 중심으로 쉼터운동을 해 왔던 새움터와 한소리회에 더하여 한국의 가장 대표적인 여성단체인 여성단체연합이 중심이 되어 '군산 집결지 화재 사건 대책위'가 구성되게 된다. 이들은 화재로 숨진 여성들의 장례식 및 보상 문제를 다루면서 성매매 방지 법안에 대한 논의를 시작하였는데 이것이 '성특법제정 특별위원회'로 발전하게 되었고 결국 2001년 여성단체연합의 입법 청원으로 이어지게 되었다. 이 시기에 이르러 성매매 반대 운동은 많은 여성단체들의 연대로 발전되었는데 한국의 대표적인 여성단체들(한국여성단체연합, 매매춘근절을위한한소리회, 새움터, 한국여성의전화연합, 한국성폭력상담소, 한국여성민우회 등) 거의 대부분이 성특법 개정 운동에 참여하게 되었다. 이들은 정부를 대상으로 하는 입법화 운동뿐만 아니라 전 국민을 대상으로 성매매 근절을 위한 서명운동, 성매매하지 않기 선언 등의 캠페인 운동을 동시에 진행하게 된다.

한편 여기서 법 제정과 관련한 중요한 정치적 기회 구조가 변화되게 된다. 미국이 2000년 10월 제정한 "인신매매피해자보호법"에 의해 미 국무부는 매년 세계 국가들을 대상으로 인신매매 실태 보고서를 의회에 제출하게 되었는데, 그 1차 보고서에서 한국이 최하 등급인 3등급 판정을 받은 것이다.[7]

7 3등급 판정 이유에 대해 미 국무부는 "한국은 인신매매의 발생국이자 경유국이다. 한국의 젊은 여성들이 주로 성적 착취의 대상으로서 미국을 비롯한 서방국가 및 일본으로 매매되고 있다. 또한 여러 국가 출신의 외국여성(주로 중국 여성)들이 한국을 통해 미국과 세계 다른 많은 지역으로 매매되고 있다. 비록 한국이 아시아에서 인권 · 민주주의의 선도국이지만, 한국 정부는 비교적 최근에 부상한 문제로서 점차 상황이 악화되고 있는 인신매매 문제에 대해 거의 아무런 대응을 하지 않았다. 인신매매 피해 외국인들은 불법 입국자로 취급되어 추방되고 있다. 인신매매 피해자 또는 동 피해자를 지원하고자 하는 NGO에 대한 정부의 지원은 없다"고 밝히고 있다(한국여성단체연합 외, 2002. 부록 중 '2001년 미 국무부 보고서에 언급된 대한민국(3등급)').

미국은 동시에 2003년부터는 3등급 국가를 인권 침해 국가로 규정하여 일정한 제재를 가할 것임을 선포하였다. 한국은 이 보고서에 대해 강력히 항의하며 정부 차원의 성매매 실태 보고서를 미 국무부에 제출하는 등 분주하게 대응하였다. 그 결과 2차 보고서에서 3등급 국가 중 한국만 유일하게 1등급으로 조정되었으나, 내·외부적으로 한국이 제출한 보고서가 허위·과장된 것임을 비판하는 목소리에 직면하게 된다. 정부는 매년 제출될 인신매매 보고서에 대응하기 위해 상시대책회의를 마련하는 동시에, 여성단체들이 청원한 성매매특별법 제정을 인신매매 방지에 대한 국가의 의지를 보여 주는 기회로 여기게 된다(법무부, 2001). 이는 성특법 제정 운동에 있어 유리한 정치적 기회구조로 작동하게 되었다. 즉, 그동안 국내 여성단체들이 성매매 문제에 대한 국가의 적극적인 책임성을 주장할 때 소극적인 방어 태도를 보였던 국가로 하여금 성매매특별법 제정을 중요한 국가적 과제로 인식하게 한 것이다. 결국 성특법 제정은 급물살을 타게 되어, 2002년 9월 한 여성 국회의원이 성매매보호법안과 처벌법안을 국회에서 발의하였고, 2004년 9월 국회 참석 의원의 만장일치로 법안이 통과되었다.

2) 가부장적 여성 폭력으로서 성매매 프레임

성매매특별법 제정 운동은 집결지 화재 사건이라는 성매매 종사 여성들의 죽음으로 시작되었다. 그러나 이 사건이 이전의 기술원 화재 사건과는 달리 의미 있는 성매매 반대 운동으로 발전할 수 있게 된 것에는 여성운동 단체들의 대대적인 개입이라는 변수가 크게 작동하였다. 이 시기에 와서야 여성운동 단체의 개입이 가능한 이유를 설명하기 위해서는 2000년의 여성운동 전반에 대한 이해를 필요로 한다. 여성운동은 90년대를 지나면서 많은 여성 관련법 제정 운동의 성공을 이뤄 내면서 조직의 규모 및 전문성 측면에서도 성장하였지만, 무엇보다 성매매 문제를 인식하는 프레임의 확장을 가능하게 할 만한 역량을 확보하였다. 90년대는 무엇보다 성 정치 담론이 빠르게 확산되었던 시기다. 이는 여타의 민족민주운동들이 가졌던 고민처럼 90년대의 여성운동 단체들도 제도적 민주화의 실현과 동구권의 몰락 속에서 독자적인 여성운동의 길을 모색하던 와중에, 성폭력이나 가정폭력과 같은 이슈들을 운동 이슈화하는 것이 여성 내부의 차이에도 불구하고 '여성 일반'의 정체성의 형성(Rose, 1977)을 가능하게 하였기 때문이었다. 특히 성폭력 반대 운동은 이 시기 여성운동의 가장 핵심적인 이슈라고 해도 과언이 아닐 만큼 중요한 이슈였는데, 성폭력 반대 운동이 여성운동에 가져다준 가장 큰 성과는 여성의 성과 몸에 대한 통제와 폭력을 '성적 자기결정권에 대한 침해'로 개념화하게 된 것이다(배은경, 1997). 물론 과거에도 강간이나 강제 추행 등은 범죄화되었으나 이는 여성 개인의 권리를 침해한 것이라기보다, 이 여성이 속한 (남성 부계) 집단의 권리를 침해한 '정조의 침해죄'였다. 그러나 성적 사기결정권은 자기 몸과 섹슈얼리티에 대한 결정은 여성 스스로가 내려야 한다는 근본적인 의미에서 신체의 자유 개념에서 도출(김명식, 2004)되었으며, 기본권의 하나로 여겨졌다. 이 같은 인식의 변화는 성폭력의 범위를 강간을 넘어선 다양한 종류의 성적 자기결정권을 침해하는 행위들로 확장시킬 수 있었고, 그리하여 '성적 자기결정권'은 여성운동의 개별 운동 부문을 넘어서 하나의 '마스터 프레임master frame'적 지위를 확보하게 되었다. 그리고 이 마스터 프레임은 성매매 역시 여성의 성적 자기결정권을 침해하는 폭력의 하나로 인식될 수 있게 하였다.

> 성매매 행위는 매춘 여성이 자신을 신체로부터 분리시키고 단편화된 신체의 일부에 대한 사용권을 남성 손님에게 위임하는 행위로서 인간의 기본권에 위해되는 것이라 할 수 있다. 성매매에서 남성이 여성의 몸을 임의대로

> 통제하고 사용할 수 있다는 사실은 강간의 특성과 같은 것인데, 매춘 여성에게 강간이나 폭력은 '화대 지불'의 유무에서 차이가 날 뿐 성매매 행위의 연속선상에 있다(원미혜, 1999).

따라서 성매매는 도덕성 타락이나 계급의 문제라기보다는 가부장적 여성 폭력의 문제가 된다. 성매매는 여성을 인간이 아닌, 육체로 환원하여 거래 가능한 상품으로 만들어 버리고, 여성을 지배하고자 하는 남성의 욕망을 실현하게 해 주는 기제라는 것이다. 이처럼 새로운 프레임을 가지고 여성운동 단체는 무엇보다 용어의 변화를 통해 일반인들의 인식 변화를 도모한다. 기존의 '윤락淪落'이나 '매춘賣春'은 성매매 종사 여성들을 도덕적으로 타락하고 문란한 여성으로 바라보게 하며, 성을 사는 남성들의 존재를 비가시화시키기 때문에 적절한 용어가 아니라고 주장하였다. 대신에 '성매매性賣買'라는 용어를 사용함으로써 여성의 몸과 성이 마치 물건처럼 거래되고 있다는 점을 강조하였다(한국여성단체연합, 2001). 따라서 매매의 주체는 남성 고객과 포주가 되고 성매매 여성은 그 대상이 된다. 결론적으로 성매매 여성은 여성의 몸을 통해 이윤을 획득하고자 하는 자본과 이를 소비함으로써 자신의 성적 욕구와 지배욕을 충족시키고자 하는 가부장적 남성 사이에서 착취당하는 피해자의 지위를 얻게 된다. 이는 성특법 제정 운동에서 사용한 '성매매 피해 여성' 혹은 '성매매된 자'라는 용어에서 더욱 적극적으로 나타나게 된다.

그러나 성특법 제정 운동이 성공하기 위해서는, "성매매는 여성들이 자발적으로 선택한 직업"이라는 인식을 극복해야 했다. 이 '자발적 선택론'은 성매매 여성들에게 면책특권을 줄 수 없는 가장 큰 이유로 작동해 왔기 때문이다. 여성운동 단체들은 '자발적 선택론'에 대응하기 위해 성매매 여성들이 성매매에 유입되기까지 존재하는 거대한 사회 구조적 원인을 강조하였다. 성매매가 존재하는 것은 개별 여성들이 성매매를 하기로 선택했기 때문이 아니라, 여성의 몸이 높은 이윤가치를 낳게 하는 성 산업과 여기에 결탁한 공권력이 여성들의 유입을 부추기기 때문이며, 더 나아가 여성의 가치를 폄하하는 사회 분위기, 성차별적인 노동시장, 가정폭력이나 성폭력의 가해자들이 여성들에게 제한적인 선택지만을 가지게 했다는 점이 부각된다. 따라서 개별 여성들의 선택과 동의 유무는 이들을 가부장적 사회의 피해자로 보게 하는 데 중요한 고려 요소가 아니라고 본다.

> 포주, 중간 포주, 감시원, 깡패 조직, 성매매 업소 집결지의 실제 경영주, 직업 소개소, 인신매매범, 성매매 고객, 경찰, 시의 주택과, 사회복지과, 위생과, 정치인, 지역 유지, 병원 등은 성매매와 직접적으로 관련된다. 뿐만 아니라, 여성들을 성매매로 내모는 강간범, 아내 구타 남성, 근친강간의 가해자, 여성을 우선 해고하는 기업주 등 이들 모두가 성매매와 관련되어 있다(한국여성단체연합, 2001).

그럼에도 불구하고 '성매매는 가부장제의 구조적 폭력'이라는 프레임에 대한 사회의 전반적인 지지를 획득하기 어려운 상태에서 운동단체들은 성매매 종사 여성들의 사례와 성 산업의 구조를 통해 이들이 구타나 강간, 감금을 통해 육체적 제약을 심하게 받고 있으며, 사슬처럼 얽힌 채무 관계로 인해 전혀 자발적인 선택을 할 수 없음을 적극적으로 알리면서 문제의 심각성을 고발했다.

> 많은 매춘여성들이 감금된 상태에서 매춘을 강요당한다. (…) 잠을 자는 시간에도 밖에서 문을 걸어 잠그는 것은 일반적인 일이며, 이러한 상황에서 탈출을 한다는 것은 불가능한 일이다(한국여성단체연합 외, 2000).

> 오늘 우리가 확인하는 '취업 각서', '현금 보관 각서' 등은 성매매된 여성이

> 성 산업을 벗어나지 못하게 만드는 현대판 노예 문서로서, 종종 피해자인 여성을 재산 범죄 피의자로 둔갑시키는 증거가 되곤 했습니다. 선불금이란 성매매된 여성이 차마 인간으로서 견딜 수 없는 고통을 벗어날 수 없도록 하는 올가미가 되곤 하는 것입니다(한국여성단체연합, 2002).

한편 '가부장적 사회경제 구조로 인한 여성 폭력'으로 진단적 프레임을 형성한 성특법 운동은 동시에 이 문제를 해결하기 위한 처방적 프레임을 마련하게 된다. 그런데 문제의 원인을 가부장적 사회경제 구조로 설정하게 되면, 운동이 추구하는 해결책은 너무나도 광범위한 것이 되어 버리고, 따라서 해결은 요원하게 될 것이다. 그래서 성특법 제정 운동에서 형성한 처방적 프레임은 성매매를 방치하고 포주들과 유착 관계를 가지고 있던 국가에게 성매매 폐지에 대한 높은 책임성을 부과하고, 성 산업을 팽창시킨 포주와 남성 구매자들에 대한 강한 처벌을 통해 성 산업의 수요를 단절시키는 것을 목표로 삼았다. 한편으로 피해자인 성매매 종사 여성들에게는 과거의 운동 방식같이 단순한 구조救助나 도덕적 설득으로 접근하기보다는 국가 차원의 적극적인 개입과 복지 서비스를 통해 이들이 성 산업에서 탈출하여 다른 직업을 가질 수 있도록 지원하는 정책이 필요함을 역설하였다.

결과적으로 성특법 제정 운동이 형성한 프레임은 많은 여성단체들의 연대를 가능하게 하였다. '성적 자기결정권의 침해'라는 마스터 프레임과의 연결은 다른 여성운동 단체들에게 성매매 반대 운동에 참여해야만 하는 당위성과 시급성을 불러일으키기 충분했던 것이다. 많은 여성단체들과 대학 내의 여성단체들에서 토론회가 진행되었고, 성명서가 발표되었으며, 성매매 문제가 공론화되었다. 그리고 이 시기의 프레임은 동시에 미 국무부의 인신매매보고서 작성이라는 정치적 기회 구조의 변화를 전략적으로 이용 가능하게 하였다. 성매매를 성적 자기결정권을 침해하는 반인권적 행위로 규정함으로써, 대규모의 성 산업을 팽창시키고 성매매 종사 여성들을 방치한 국가에 대해 체계적인 비판을 할 수 있게 되었다. 정부가 성매매 문제를 해결하기 위해 적극적으로 나서지 않는다면 대한민국은 국제사회에서도 '반인권 국가'로 낙인찍혀 심각한 타격을 입게 될 것이라고 주장하였다.

> 만일 한국 정부가 기지촌에서 일상적으로 자행되는 인신매매 현실에 대해 알고 있음에도 불구하고 이를 근절하기 위한 법률 제정과 이에 근거한 노력을 기울이지 않고 있으며, 또한 이를 알고도 보고서에서 누락시킨 점이 발견되고, 나아가 한국 정부에 대한 재조사가 미국 상원에서 진행될 경우 한국 정부와 미군이 성매매와 인신매매를 방조, 묵인 내지는 용인하고 있다는 책임을 벗어날 길은 없다. 따라서 지금이라도 한국 정부는 **인신매매 1등급 국가로서의 면모**를 갖추기 위한 노력에 시급히 나서, **국가 차원의 망신을 예방함**과 동시에 명실상부한 성적 인신매매 및 성매매 방지를 위한 노력에 나서야 한다(한국여성단체연합, 2002, 강조는 필자).

하지만 성매매 철폐가 하나의 국가사업이 되면서 애초의 목적이었던 '가부장적 폭력으로부터 여성 인권의 보호'라는 목적은 점점 약화되고, 마치 사회 정화 운동과 같은 모습을 띄게 된다. 즉 성매매는 범죄화되었지만, 이는 실제 종사 여성들의 인권 보호와 시민권 획득을 위해서라기보다는 '더럽고 폭력과 범죄의 온상'인 성매매 집결지를 해소하기 위한 것으로 여겨진 것이다. "IT 강국이자 민주화를 효율적으로 이뤄 낸 국가가 미국 국무부의 2004 인신매매보고서에서 성적 착취 목적으로 매매되는 여성의 '근원지, 목적지, 중간 경유지'로 지목된 부정적 이미지를 벗어 던지기 위해 이제는 성매매를 근절해야 한다"(여성부, 2004)와 같은 정부의 입장에서 성매매 여성의 인권에 대한 고민은 찾아볼 수 없다. 강력한 법집행 의지를 보이기 위해 불가피했을 것으로 보이는 성매매 집결지 특별단속은 그 시행 자체가 문제가 아니라, 단속으로 인해 성매매로부터 이탈하게 될 종사 여성들에 대한 대책이 미비했다는 점에서 문제다. 집결지 여성 자활지원센터가 전국에 고작 2개소에 350명 수용 가능한 상황에서 법을 집행하였다는 것은 그만큼 무엇에 우선순위를 두고 있는가를 보여 주는 것이다. 또한 성특법에서는 과거 인권 침해 소지로 비난받았던 선도보호 시설에 대한 조항이 삽입되는 등 인권의 측면에서 본다면 성특법이 오히려 윤방법보다도 더 후퇴했다는 평가를 듣기도 하였다.

6. 프레임 분쟁—성매매 종사 여성들의 생존권 투쟁(2004-2005년)

1) 운동의 전개 과정

성특법의 제도화와 시행은 성 노동자 운동이라는 저항운동을 출현시킨 계기가 되었다. 여성들의 탈성매매와 사회 적응을 위한 정책과 지원 체계가 미비함에도 불구하고 우선적으로 가시적인 성과를 낼 수 있는 집결지에 집중적인 단속을 시행하였기 때문이다. 그 결과 각 지역 집결지에서 성매매 여성들이 생존권을 보장해 달라는 시위가 간헐적으로 일어났고, 마침내 국회 앞에서 12개 지역에서 모인 3천여 명 여성들의 집회가 이루어졌다. 과거에 어떤 형태로든 네트워크를 갖고 있지 못하였던 성매매 종사 여성들이 이처럼 짧은 기간에 조직화에 성공한 것은 '한터'라는 성매매 업주들의 모임을 통해서 가능했다. 그렇기 때문에 여성단체와 여성부는 이들의 시위는 포주들에 의해 강제적으로 동원되었고 대응의 필요가 없다면서 성매매 여성들의 면담 요구에 전혀 응하지 않았다. 그리하여 성매매 종사 여성들은 결국 여성부 앞에서 소복 농성을 벌이며 "여성부는 해체하라"는 구호까지 외치게 되었다. 이처럼 성매매 종사 여성들의 저항이 직접적으로 여성부 및 여성단체를 향하게 되자 기존의 성매매 반대 운동을 전개해 왔던 여성운동가들은 큰 혼란에 빠지게 되었다.

성매매 종사 여성들은 처음에는 변화된 법으로 인해 자신들의 생존 수단이 박탈되게 생겼으니 법에서 약속한 대로 2007년까지 집결지 폐쇄를 보류하거나, 폭력이나 강제가 없는 성매매에 대해서는 직업으로 인정해 달라는 요구를 주장하기 위해 길거리로 나섰다. 그러나 점점 언론의 조명을 받고, 여성부와 협상하려는 노력이 결렬되면서 이 여성들은 점차 독자적인 조직화의 필요성을 인식하게 된다. 한편 이들의 활동은 국제적인 여성주의 진영의 관심을 받게 되어 세계여성학대회나 세계여성행진에 참여하게 되었고, 국내적으로도 노동운동단체 및 다른 여성단체들의 지원을 받으면서 점점 성 노동자로써의 집합적 정체성을 형성해 나가게 된다. 그리하여 2005년 이들은 '민주성노동자연대'(이하 민성노련)를 결성하고, 민주노총과 한국노총에 가입을 신청하였다. 그러나 이들은 합법적인 노조로 인정받지 못하고 양대 노총으로부터 가입을 거절당하게 된다.

2) 성 노동자의 노동권 프레임 형성

성매매 종사 여성들의 저항 행동은 처음에는 단순히 경찰들의 단속 때문에 업소가 문을 닫자 당장 일을 할 수 없어 생계가 곤란해진 상황에 대한 반응으로 시작되었다. 이들은 성특법에서 제공하는 지원 정책은 자신들의 현실을 고려하지 않아 실효성이 없고, 정부가 제공하는 지원금이나 직업훈련 프로그램으로는 자신들의 경제적 문제를 해결할 수 없다고 주장하였다. 성매매 종사 여성들은 여성부가 자신들의 '생존권'을 박탈했다고 주장하는 동시에 여성운동하는 사람들은 자신들보다 훨씬 높은 사회경제적 지위를 가지고 있어서 자신들의 처지를 이해하지 못한다고 비판했다(한국여성종사자연합, 2004). 명료한 계급의식으로 발전하지 못하였지만 여성주의자들과의 사회경제적 지위 비교를 통해 자신들이 하층계급 여성으로서의 지위를 가지고 있음을 확인한 셈이다.

한편 이들은 철저히 사회적 관심으로부터 유리되었던 이전과 달리 공적인 논의에서 사회적 집중을 받게 되면서 자신들에 대한 사회적 시선을 처음으로 실감하게 된다. 일반사람들로부터는 범법자나 인간 이하로 취급당하고 여성단체에 의해서는 피해자로만 그려지는 이중적인 상황 속에서, 성매매 여성들은 그들의 목소리와 요구 사항이 쉽게 주변화되는 현실을 인식하게 되었다.

> 그렇게 기자회견하다가 뛰쳐나왔어요. [⋯] 딱 대놓고 '너네 죽어라' 이렇게 안 해도 뉘앙스라는 게 있잖아요. '아, 저 사람이 나를 씹는다, 나를 죽으라고 하는구나' 느낄 때가 있잖아요. 제가 그때 그런 기분이었어요, 진짜. 그래서 울면서 나오면서, 각 지역 대표들한테 저희가 전화를 다 했어요. '우리 도저히 못 참겠다, 우리를 완전히 인간 취급도 안 한다, **벌레 취급을 당했다**'고(언니네, 2004, 강조는 필자).

> 저희도 처음에는 이 법 찬성 많이 했어요. 진짜 피해받는 여성들 많아요. 집창촌도 형태가 많아요. 이 법이 군산 화재 사건 계기로 생긴 거잖아요. [⋯] 그니까, 여성단체 분들한테 진짜 말하고 싶은 거는, 본연의 자세로 돌아가서 원래 그분들의 취지대로 그런 피해 여성들을 도와주라는 얘기예요. 지금은 피해자가 아닌 우리를 상대로, '강요를 당한다, 피해를 당한다', **피해자로 만들어 버리고 있어요**(언니네, 2004, 강조는 필자).

이렇게 체계적으로 자신들의 존재가 주변화되는 상황에서 이들은 자신들 역시 인권과 시민권을 지니고 있다는 점을 호소한다. 여기서 흥미로운 점은 그들이 성특법에 반대할 수 있는 정당성을 성특법이 기반하고 있는 원칙, 즉 성매매 종사 여성들의 인권에서 찾고 있다는 것이다. 과거의 윤방법에서처럼 성매매에 종사하고 있다는 사실 자체로 범죄자의 처분을 받아야 했던 상태에서 벗어나, 자신들이 새로이 법적으로 보호해야 할 가치가 있는 대상이 되었다는 점을 인식하고 이를 자신들의 세력화의 근거로 삼고 있는 것이다. 성매매에 대한 사회적 낙인이 자신들의 권리 행사에 방해가 되는 요소이며, 자신들의 하는 일을 하나의 직업으로 인정함으로써 낙인을 제거해 달라고 요구한다.

> 내가 까놓고 업주들한테 얘길 했어요. '자~ 발등에 불이 떨어졌습니다. 하지만 당신네들은 당신네들의 목소리를 못 내지만, **우리는 우리의 목소리를 낼 수 있다**, 정당하게. 우리 생활하기도 힘들고 생계도 힘드니까 우리가 가서 얘기를 해보겠다, 돈을 좀 주세요' 그랬어요. 우리의 권리를 찾게 돈을 달라고 그랬어요(언니네, 2004, 강조는 필자).

> 우리나라에는 무수히 많은 직업들이 있습니다. 그중에 우리들처럼 몸을 파는 성매매라는 직업 또한 있습니다. (…) 우리들이 일을 하고 있는 이곳 집창촌의 존재를 수치스럽게 생각하기보다는 왜 지금까지 이곳이 존재하고 있는가를 생각해 보십시오(한여연, 2004).

결국 이들은 성특법 시행이라는 '갑자기 부과된 고통'으로 인해 무계획적으로 집합행동을 하게 되었지만 그 과정에서 자신들의 생존권과 시민권을 보장받기 위해서 무엇보다 성매매가 하나의 노동으로서 인정받아야 한다는 인식에 이르게 된다. 성특법이 실질적인 대책을 마련해 주지 못한 상태에서 '성매매 근절'이라는 원칙만으로는 자신들의 경제적 문제를 해결할 수 없고, 해외 이주나 음성적 성매매로 또다시 유입됨으로써 실질적인 인권은 더욱 열악해질 것이라는 인식을 공유하게 된 것이다. 또한 '성매매 근절' 원칙만으로는 성매매에 종사했던 자신들에게 부과된 낙인이 제거되지도 않는다는 점을 알게 되었다. 그리하여 이들은 처음에는 생존권 보장에 대한 요구에서 시작하였지만, 점점 성특법의 폐지와 성매매 합법화를 주장하게 되면서 자신들이 성 노동자라는 집합적 정체성을 형성해 나간다.

> 우리 성 노동자들은 그간의 치열했던 생존권 투쟁을 통해 인간으로서의 권리를 찾기 위해서는 우리들이 정체성을 가지고 주체화되어야 한다는 점을 배웠고, 이를 위해 좀더 견고한 조직을 필요로 하게 되어 오늘에 이르렀다. 우리는 '일하는 자' 즉 성 노동자로 자신을 규정했다. 이는 우리들이 사회적으로 당당하게 커밍아웃한 것과 같다. 우리들이 집회 때 마스크를 쓰는 건 부모 형제를 고려한 것이지 결코 수치스러워서 그런 게 아니다(민성노련 외, 2005).

성매매 종사 여성들은 스스로를 성 노동자로 정체화하고 노조를 결성하였고, 이러한 인식은 민성노련의 강령에도 반영되어 있다. 그 핵심적인 내용은 '성매매 여성들의 권리는 스스로 찾겠으며 자신들은 노동자'라는 것이다. 이들은 사회에서 하나의 주체적인 세력으로 자신들의 권리를 주장하기 위해서는 우선 합법적인 사회 성원으로 인정받을 수 있어야 한다고 주장하는데 이는 자신들이 하는 일이 '범죄'가 아닌 '노동'으로 인정받는 것에서부터 시작될 수 있다고 본다. 또한 흥미로운 점은 이들이 스스로를 '급진적 여성운동'에 대한 비판 세력으로 자리매김하고 있다는 점이다. 즉, 이들은 '급진주의 페미니즘'이 가진 기본적인 생각에는 동의하지만 성 억압만을 강조해서는 현실에 존재하는 다양한 불평등—경제적 불평등을 포함하여—으로 인한 여성문제들을 제대로 해결할 수 없다는 인식에 도달하였다. 따라서 앞으로의 여성운동은 다양한 조건의 여성들이 가지고 있는 '차이'에 기반하여 다양한 여성들의 목소리들을 반영할 수 있는 새로운 여성운동으로 거듭나야 한다고 주장한다(민성노련 외, 2005).

7. 한국 성매매 반대 운동 프레임의 한계 및 의의

한국의 성매매 반대운동의 프레임은 다음의 네 단계 과정을 거쳐 온 것으로 평가될 수 있다. 첫 번째 시기에는 문제의 원인으로 민족주의, 자본주의 등이 제기되었으나 이를 성매매 종사 여성과 성 구매 남성들의 도덕적인 문제로 명명함으로써 구체적인 운동의 대상과 해결책에 대한 명료한 프레임을 형성하지 못하였다. 한편 이러한 전략의 한계는 성매매 문제를 다른 민족 문제나 자본주의 문제에 비해 부차적인 문제로 여기게 함으로써 이 자체에 대한 특별한 관심을 받기 어렵게 하였다는 점이다. 두 번째 시기에 성매매 문제는 사회구조적 원인에 의해 야기된 인권 침해 프레임을 통해 이해되었다. 따라서 보다 적극적으로 이러한 사태를 방치한 국가에게 책임을 부과할 수는 있었지만, 성매매를 여성들의 자발적인 선택의 결과나 사회의 필요악으로 간주했기 때문에 성 구매 남성들에게 면죄부를 주는 반대 논리에 대항할 만한 프레임을 형성하지 못하였다. 세 번째 단계에 이르러서 성매매 반대 운동은 페미니즘 운동의 마스터 프레임인 '성적 자기결정권의 침해'라는 프레임으로 통합되었고, 이는 여성단체들의 연대를 가능하게 하였다. 이로써 성매매 운동은 단지 의식 개선 캠페인 수준을 넘어서 법 제정 운동으로 도약하게 되었다. 이 프레임하에서 성매매는 가부장적인 국가와 남성 집단의 공모로 발생한 문제로 이해되며, 국가에게 성매매를 근절할 적극적인 책임을 부여함과 동시에 피해 여성 지원이라는 새로운 정책 방향을 제시할 수 있었다. 때마침 미 국무부에 의해 한국이 인신매매 3등급이라는 판정을 받게 되면서 정부의 책임성이 국내외적으로 강조되는 상황에서 '성매매특별법' 제정이라는 운동 목표가 달성될 수 있었다. 네 번째 단계는 프레임 분쟁 시기로, 이 시기의 성매매 반대 운동은 성매매 종사 여성들의 저항에 직면하게 되었다. 저항 프레임으로서의 '생존권 문제'는 성매매 운동의 정당성에 대한 심각한 도전이었다. 그런데 이처럼 저항운동이 발발한 것은 단지 운동의 성공 결과인 법률의 제정, 이에 기반한 정책 집행의 부실함이 아니라, 성매매 반대 운동이 가진 '성적 자기결정권의 침해'라는 프레임 자체가 가지는 모순에서 비롯되었다. 성특법 제정 운동이 형성한 프레임은 여성운동의 과제인 '성차별의 철폐'를 위한 프레임이었지만 이는 성매매에 종사하고 있는 현실의 여성들을 포괄하기에는 한계가 있는, 너무나도 보편적인 프레임이었기 때문이다. 성매매가 가부장적 구조에서 발생하는 것이라면 가부장제를 극복하는 것이 목적인 여성운동에게 있어 성매매는 그 구조의 파생물인, 따라서 제거해야만 하는 대상이었다. 따라서 성특법 제정에서 보호하고자 하는 인권은 성매매 '피해 여성'의 인권이지 결코 '성매매를 하는 여성'의 인권이 될 수는 없었다. 그렇기 때문에 성매매 여성들의 생존권과 성적 자기결정권은 서로 배치되는 권리가 아님에도 불구하고, 성매매 여성들의 저항 운동은 기존의 성매매 반대 운동의 내부로 포함되지 못하고 여성운동의 외부에서 여성운동을 비판하는 세력으로 조직화되는 결과를 초래하였다.

지금까지 살펴본 성매매 반대 운동 조직이 형성한 프레임의 변화 과정 분석을 통해 다음과 같은 결론을 도출할 수 있다. 우선 각 시기별 성매매 반대 운동이 형성한 프레임은 운동의 기회 조건 및 제약 조건의 해석·이용, 지지자와 반대자의 설득에 매우 큰 영향을 미친다는 점이다. 특히 현재 한국 여성운동처럼 조직적 자원이 부족하고, 사회적인 지지가 크지 않은 운동에서는 전략적 프레임의 적절한 사용이 운동 성패에 핵심적임을 알 수 있다. 특정한 사건, 국내적 정치 상황, 국제적 맥락과 같은 기회구조의 변화를 어떻게 해석하고, 그 의미를 어떻게 확산시키며 반대자들의 프레임에 대항해 자신의 프레임의 정당성을 어떻게 확보해 나가느냐 하는 것은 사회운동 조직에서 매우 중요한 전략이다. 특히 성특법 제정과 같이 개혁적인 목표를 가지고 있는 운동에 있어서는 그 운동 프레임이 얼마나 보편적인 가치(자유, 평등, 인권과 같은)에 부합하느냐가 운동의 성공과 실패에 큰 영향을 미치게 된다. 그러나 한편으로 운동이 목표를 달성하더라도 그 프레임 내부의 모순이 드러나게 된다면 해당 운동은 심각한 타격을 입을 수도 있다. 이러한 모순은 잠재적 지지자들을 이탈시키는 결과를 초래할 수 있으며, 운동의 반대자들에게 반대의 명분을 제공함으로써 운동의 정당성을 훼손시킬 수도 있다.

따라서 사회운동에 있어 프레임의 사용은 신중한 숙고 끝에 이루어져야 한다. 운동의 성공을 위해 효율적으로 자원을 동원하기 위한 프레임 사용은 결국 프레임 분쟁에 의해 일순간 실패할 수 있다는 점을 고려한다면 운동 전략 프레임의 설정은 자원 동원과 내적 통합이라는 두 가지 관점의 종합적 고찰을 통해 이루어져야 할 것이다. ■이동주

참고문헌

김두식. 1995. 〈한국 민주화 운동의 사회적 기원—미시동원맥락과 프레임의 형성〉.《한국사회학》29(3).

김명식. 2004. 〈성적 자기결정권의 헌법적 근거에 대한 재고찰〉.《성균관법학》15(2).

민경자. 1999. 〈한국 매춘여성운동사—성 사고팔기의 정치사, 1970－98〉. 한국여성의전화연합 편.《한국 여성 인권운동사》. 한울.

민주성노동자연대 · 사회진보연대 · 세계화반대여성연대, 여성문화이론연구소 성노동연구팀, 노동자의힘 여성활동가모임. 2005. 〈성매매방지법 1년 평가와 성 노동자운동의 방향과 전망〉.

배은경. 1997. 〈성폭력 문제를 통해 본 여성의 시민권〉.《여성과사회》8.

법무부. 2001. 〈미 국무부 인신매매 보고서 검토 및 향후 대책〉.

여성부. 2004. 〈성매매 방지대책추진점검단 1차－7차 회의록〉. http://www.moge.go.kr. (검색일: 2006.06)

언니네. 2004. 〈성매매 여성이 성매매특별법을 말하다—한터여성종사자연합 김문희 대표와 이선희 부대표를 만나다〉. 웹진 언니네 특별기획. http://www.unninet.co.kr.

여성부. 2004. 〈성매매방지법 이것이 궁금하다〉. 보도용 팜플렛.《동아일보》(2004. 10. 21.).

원미혜. 1999. 〈우리는 왜 성매매를 반대해야 하는가〉. 한국여성연구소 편.《새 여성학강의》. 동녘.

이미경. 1988. 〈제국주의 성침탈과 여성〉.《민주여성》5호.

이현숙. 1992.《한국교회여성연합회 25년사》. 한국교회여성연합회.

인천여성의전화. 1995. 〈'매매춘 토론회' 자료집〉.

한국교회여성연합회. 1983.《기생관광—전국 4개 지역실태 조사 보고서》.

한국여성단체연합. 2001. 〈성매매방지법 제정을 위한 토론회〉.

한국여성단체연합. 2002. 〈인신매매, 노예매춘, 감금매춘 더 이상은 못참겠다. 성매매방지법 제정하라!〉. 군산 개복동 사건 홍보물.

한국여성단체연합 · 매매춘근절을위한한소리회 · 새움터 · 한국 여성의전화 연합 · 한국성폭력상담소 · 한국 여성민우회. 2000. 〈군산 화재 참사를 통해 본 성매매 해결을 위한 토론회〉.

한국여성단체연합 · 새움터 · 이주여성 인권연대. 2002. 〈미군 기지촌 성매매 실태와 성적 인신매매 근절을 위한 원탁토론회〉.

한터여성종사자연합. 2004. 〈탄원서〉.

형사정책연구원. 2002.《성매매 실태 및 경제 규모에 관한 전국조사》. 여성부.

Benford, Robert. 1997. "An Insider's Critique of the Social Movement Framing Perspective". *Sociological Inquiry* 67.

Buechler, Steven M. 1993. "Beyond Resource Mobilization". *The Sociological Quarterly* 34(1). pp.217–235.

Eyerman, Ron. & Andrew Jamixon. 1991. "Social Movements as Cognitive Praxis". in *Social Movements:A Cognitive Approach*. The Pennsylvania State Press.

Gamson, William A. 1995. "Constructing Social Protest". in *Social Movements and Culture*. University of Minnesota.

Goffman, Erving. 1974. *Frame Analysis*. Harvard University Press.

Johnston, Hank & Klandermans, Bert. 1995. "The Cultural Analysis of Social Movement". in *Social Movements and Culture*. University of Minnesota Press.

Klandermans, Bert. 1984. "Mobilization and Participation: Social Psychological Expansion of Resource Mobilization Theory". *American Sociological Review*. p.49.

Kriesi, Hanspeter. 1995. "The Political Opportunity Structure on New Social Movements: Its Impact on Their Mobilization". in *The Politics of Social Protest: Comparative Perspectives on States and Social Movements*. University of Minnesota Press.

McAdam, Doug. 1982. "Resource Mobilization: A Deficient Alternative". in *Political Process and the Development of Black Insurgency, 1930-1970*. University of Chicago Press.

_____. 1996(a). "Conceptual Origins, Current Problems, Future Direction".

in *Comparative Perspectives on Social Movement.* Cambridge University Press.

______. 1996(b). "The Framing Function of Movement Tactics". in *Comparative Perspectives on Social Movement.* Cambridge University Press.

______. 1997. "Culture and Social Movements". in *Social Movements: Perspectives and Issues.* Mayfield Publishing Company.

McAdam, Doug, McCarthy, John D. & Zald, Meyer N. 1996. "Introduction: Opportunities, Mobilizing Sturtures, and Framing Process-Toward a Synthetic, Comparative Perspective on Social Movements". in *Comparative Perspectives on Social Movement.* Cambridge University Press.

McCarthy, John D. & Zald, Meyer N. 1977. "Resource Mobilization and Social Movement: A partial Theory". *American Journal of Sociology* 82(6).

Melucci, Alberto. 1995. "The Process of Collective Identity". in *Social Movements and Culture.* University of Minnesota Press.

______. 1985. "The Symbolic Challenge of Comtemporary Movement". *Social Research* 52(4).

Moon, Katharine H. 1997. *Sex among allies: Military Prostitution in US-Korea Relations.* Columbia University Press.

Mueller, Carol McClurg. 1992. "Building Social Movement Theory". in *Frontiers in Social Movement Theory.* Yale University Press.

Rose, Vicki M. 1977. "Rape as a Social Problem: A Byproduct of the Feminist Movement". *Social Problem* 25(1).

Smelser, Neil J. 1963. "The Norm-Oriented Movement". in *The Theory of Collective Behavior.* The Free Press.

Snow, David A. & Benford, Robert D,. 1988. "Ideology, Frame Ressonance and Participant Mobilization". in B. Klandermans, H. Kriesi and S. Tarrow (eds.). *International Social Movement Research 1.*

Snow, David A. & Benford, Robert D,. 2000. "Framing Process and Social Movements: An Overview and Assessment". *Annual Review of Sociology* Vol. 21.

Snow, David A., Rochford, E. Burke Jr., Worden, Steven K. & Benford,

Robert D. 1986. "Frame Alignment Process, Micromoblization and Movement Participation". *American Sociological Review* 51.
Tarrow, Sidney. 1996. "State and Opportunities: The Political Structuring of Social Movement". in *Comparative Perspectives on Social Movements*. Cambridge University Press.
Tuner, Ralph H. & Lewis M. Killian. 1987. "Toward a Theory of Social Movement" in *Collective Behavior*. Prentice Hall.

지은이 소개

임인숙 | 고려대학교 사회학과를 거쳐 미국 텍사스주립대학(Austin)에서 사회학 박사학위를 받았다. 현재 고려대학교 사회학과의 부교수로 재직하고 있고 젠더, 가족 및 문화 영역의 연구를 진행하고 있다. 공저로 《여성과 문화》, 《가족과 기업》 등이 있고 《몸의 사회학》, 《몸과 사회》, 《섹슈얼리티와 사회》 같은 번역서가 있다. 〈유방암, 손상된 몸과 여성성의 위기감〉, 〈한국 언론의 부권상실론의 변화와 정치성〉, 〈남성의 외모관리 허용수위와 외모불안 지대〉 등의 논문을 써 왔다.

김혜영 | 고려대학교와 동대학원에서 사회학 박사학위를 취득한 후 현재 한국여성정책연구원 가족연구실의 연구위원으로 활동하고 있다. 관심 분야는 가족정책과 가족문화이다. 주요 연구로는 〈비혼 1인가구의 생활세계와 가족의식〉, 〈여성의 이혼과 빈곤〉, 〈이혼 후 자녀양육실태에 관한 연구〉 등이 있으며, 현재는 〈한국남성의 부성경험과 갈등에 관한 연구〉를 진행하고 있다.

김영란 | 고려대학교와 동대학원에서 사회학을 전공하였으며 문학 박사학위를 받았다. 현재 숙명여자대학교 정책산업대학원 부교수로 재직하고 있다. 주요 관심 분야는 사회복지정책, 사회적 위험, 그리고 여성의 빈곤 등이다. 최근 주요 논문으로는 〈한국사회에서 새로운 사회적 위험과 위험관리전략〉(《사회보장연구》 제24권 1호), 〈한국사회에서 이주여성의 삶과 사회문화적 적응관련 정책〉(《아시아여성연구》 제45권 1호) 등이 있다.

김미영 | 고려대학교 사회학과에서 석사 · 박사학위를 받고 고려대학교 등에서 강의를 하고 있다. 공동체주의 등의 사회사상과 섹슈얼리티 등의 문화 연구에 관심이 있다. 저서로는 《현대공동체주의—매킨타이어 왈저 바버》가 있고, 〈덕과 공동체—매킨타이어의 공동체주의〉 등의 논문을 써 왔다.

김수영 | 고려대학교 사회학과를 졸업하고, 동대학원에서 박사학위를 받았으며, 도쿄대학과 히도츠바시대학에서 객원연구원을 지냈다. 현재는 전북대학교 사회과학연구소에서 노인 돌봄에 관한 프로젝트를 수행하고 있다. 관심 분야는 가족사회학, 일본사회론, 여성사 등이다. 주요 연구로는 《한국현대여성사》(공저, 한울, 2004), 《서비스 사회의 구조변동》(공저, 한울, 2008), 《역사인식을 둘러싼 자화상, 외부의 시선》(공저, 선인, 2008) 등이 있다.

최은정 | 고려대학교와 동대학원에서 사회학과 박사과정을 수료한 후, 고려대학교와 외국어대학교 등에서 여성, 가족, 정보사회 관련 과목을 강의하고 있다. 1999년부터 사이버문화연구소의 연구원으로 있으면서 정보사회와 집단행동, 사이버문화와 여성에 대해 연구하고 있다.

이동주 | 고려대학교 사회학과에서 석사학위를 받고 현재 하버드대학교 사회학과에서 박사 과정을 밟고 있다. 〈한국의 성별 직종분리와 성별 임금격차에 관한 연구 – 직종분리의 수직적/수평적 효과를 중심으로〉(2007)를 주제로 석사논문을 썼다. 노동시장과 젠더불평등, 여성의 재생산권과 섹슈얼리티 통제 등에 관심을 가지고 연구를 진행하고 있다.

현대사회와 섹슈얼리티

초판발행 2009년 4월 10일
초판 1쇄 2009년 4월 10일
지은이 임인숙 외
펴낸곳 고려대학교출판부
www.kupress.com
kupress@korea.ac.kr
136-701 서울특별시 성북구 안암동
02-3290-4230, 4232
Fax 923-6311
찍은곳 한국컴퓨터인쇄정보

ISBN 978-89-7641-688-9 03330

값 15,000원

* 잘못 만들어진 책은 바꿔드립니다.